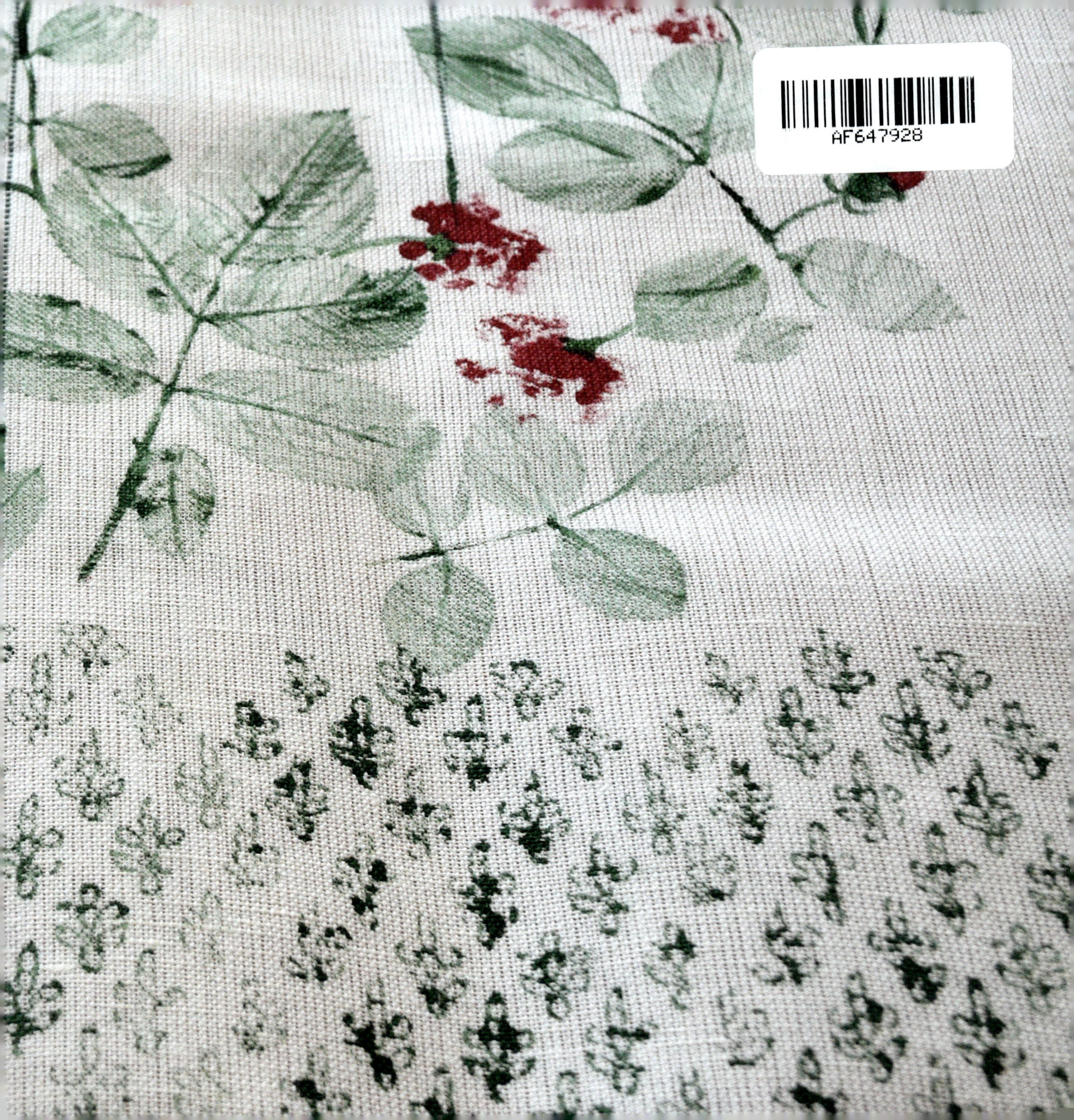

ELISABETH HASENÖHRL
ROMANA HASENÖHRL

STOFF DRUCK

Stocker

Umschlaggestaltung: DSR | Werbeagentur Rypka, Unterberg 58–60, 8143 Dobl/Graz, www.rpyka.at
Titelbild: Mona Lorenz, Gmunden
Bildnachweis: siehe S. 143

Bibliografische Information der Deutschen Nationalbibliothek
Die Deutsche Nationalbibliothek verzeichnet diese Publikation in der Deutschen Nationalbibliografie; detaillierte bibliografische Daten sind im Internet über http://dnb.d-nb.de abrufbar.

Hinweis:
Dieses Buch wurde auf chlorfrei gebleichtem Papier gedruckt. Die zum Schutz vor Verschmutzung verwendete Einschweißfolie ist aus Polyethylen chlor- und schwefelfrei hergestellt. Diese umweltfreundliche Folie verhält sich grundwasserneutral, ist voll recyclingfähig und verbrennt in Müllverbrennungsanlagen völlig ungiftig.

Auf Wunsch senden wir Ihnen gerne kostenlos unser Verlagsverzeichnis zu:
Leopold Stocker Verlag GmbH
Hofgasse 5/Postfach 438
A-8011 Graz
Tel.: +43 (0)316/82 16 36
Fax: +43 (0)316/83 56 12
E-Mail: stocker-verlag@stocker-verlag.com
www.stocker-verlag.com

ISBN 978-3-7020-1613-5

Layout und Repro: Werbeagentur Rypka GmbH, Unterberg 58–60, 8143 Dobl/Graz, www.rypka.at
Druck: Finidr, s.r.o., Ceský Těšín

ELISABETH HASENÖHRL
ROMANA HASENÖHRL

STOFF DRUCK

KREATIVE IDEEN FÜR DEKO UND KLEIDUNG

LEOPOLD STOCKER VERLAG
GRAZ – STUTTGART

INHALT

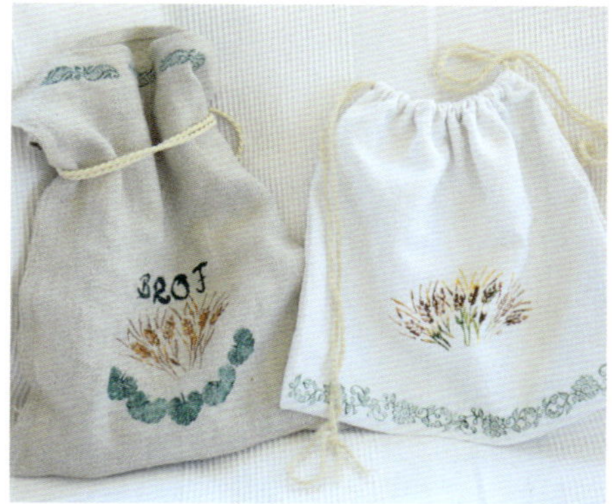

Brotbeutel (Seite 90)

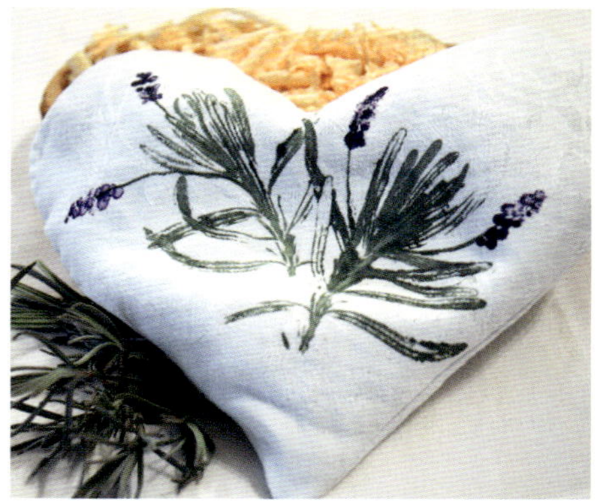
Lavendelherz (Seite 115)

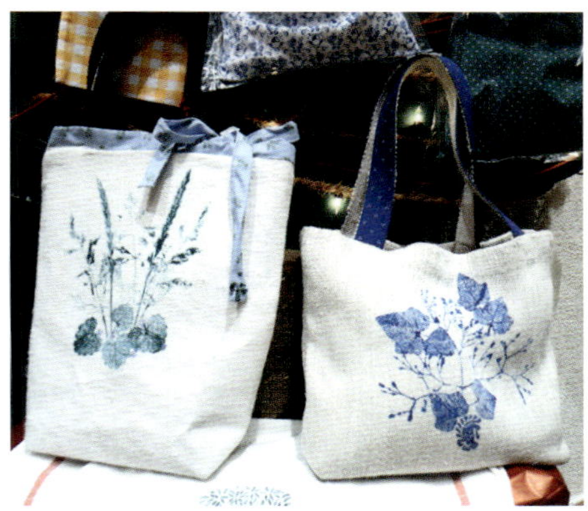
Selbst gemachte Taschen (Seite 137)

EINLEITUNG

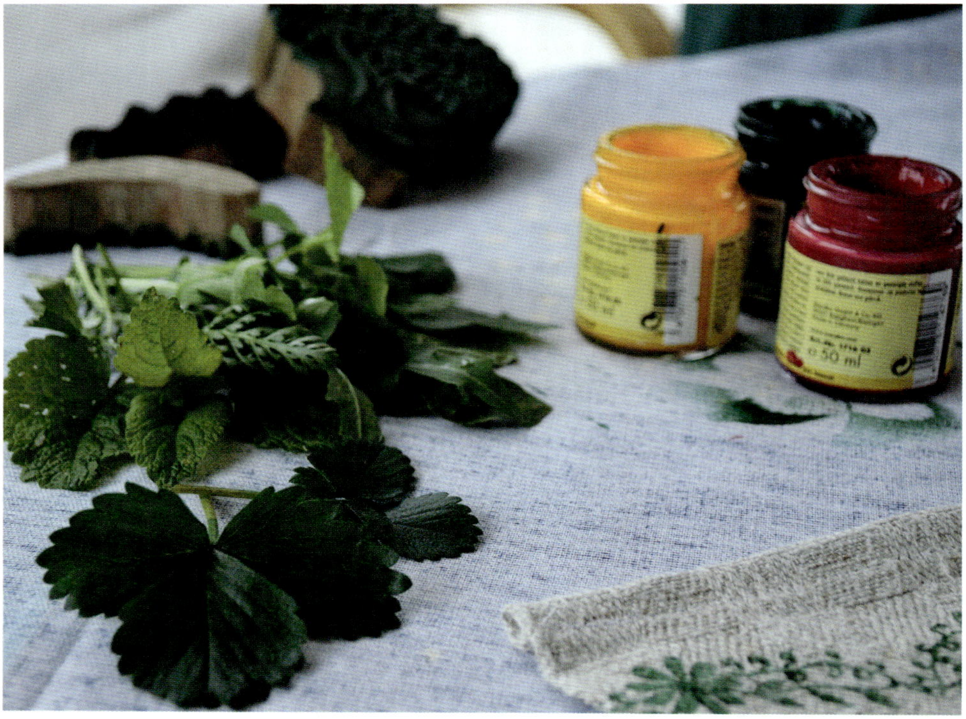

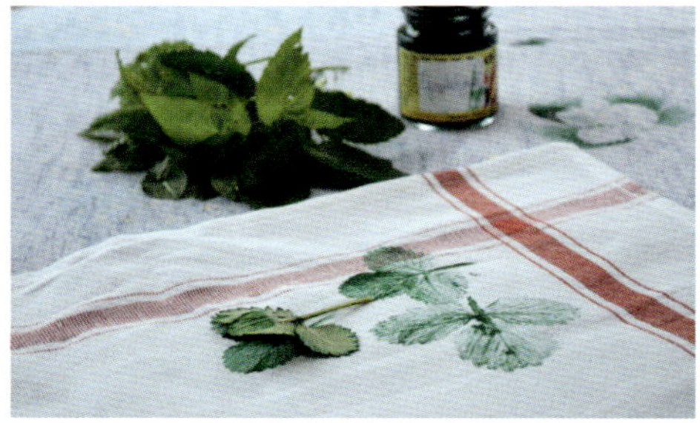

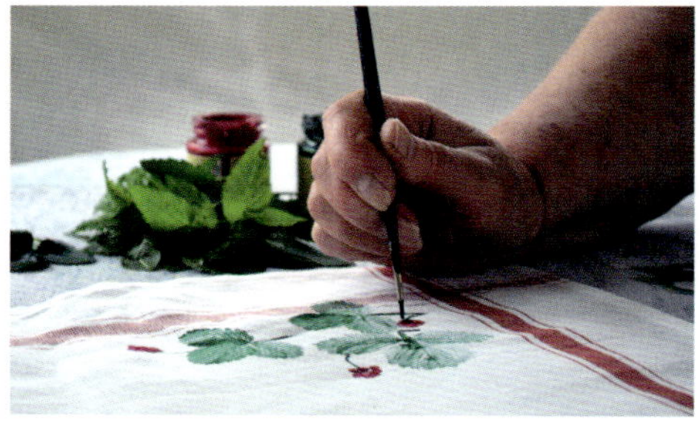

Links: Drucken mit Pflanzen – das Material liegt bereit!
Oben: Zarte Blätter zieren ein Geschirrtuch.
Darunter: Drucken, Malen, Nachgestalten – der kreative Prozess

Mit Stoffdruck gestaltete Accessoires sind persönlich und individuell. Die einfachste Form des Stoffdrucks ist vielen von uns noch aus unserer Schulzeit bekannt – der Kartoffeldruck! Mit Kartoffeln lassen sich klare Formen schnitzen und mit verschiedenen Farben auf nahezu jedes gewünschte Material drucken. Herzen, Sterne und kleine Borten können so zur Herstellung liebevoll gestalteter Textilgeschenke beitragen. Mit aufwändigeren Modeln aus Holz lassen sich ganze Kunstwerke auf textilen Materialien herstellen.

Für das gewisse Etwas bei der Gestaltung mit Modeln sorgen Pflanzen. Sie geben den gewählten Textilien eine ganz individuelle Note. Pflanzendruck vermittelt Emotion, Pflanzen erzählen über die Jahreszeit, in der sie wachsen, über die Gegend, aus der sie kommen, und über den Menschen, der sie verwendet. Blätter, Blüten und Ranken lassen sich hervorragend zum Bedrucken von textilen Materialien verwenden. Die bedruckten Textilien können als Geschenke für verschiedene Anlässe quer durch den Jahreskreis dienen oder auch weiterverarbeitet werden.

Elisabeth Hasenöhrl beschäftigt sich seit vielen Jahren mit dem Bedrucken von einfachen Haushaltstextilien wie Geschirrtüchern und Topflappen genauso wie mit der Herstellung von Taschen, Trachtenschürzen und Dekorationen für Haus und Garten. In diesem Buch wird die Technik des Stoffdruckens mit Modeln und Pflanzen genau erklärt, auf das Sammeln und Verwenden der Pflanzen wird ebenfalls eingegangen. Auch die Herstellung von verschiedensten Artikeln aus gedruckten Textilien wird Schritt für Schritt erklärt.

GESCHICHTLICHES

Textilien zu färben und zu bemalen zählt **zu den ältesten Handwerken der Menschheitsgeschichte**. Auch wenn nur vereinzelte Stücke so weit erhalten sind, dass man ausführliche Nachweise über verwendete Farben und Techniken zur Verfügung hat, so kann man immerhin die Textilfärberei in Europa bis in die Antike zurück nachweisen. Die Verwendung von Holzstempeln, also Modeln, zum künstlerischen Bedrucken von Textilien gibt es vermutlich genauso lange wie die Färberei, doch Funde, die den **Druck mit Modeln** belegen, existieren erst aus der Zeit **zwischen 200 v. Chr. und 200 n. Chr.** Aus dieser Zeit sind gedruckte Stoffverzierungen aus Japan bekannt, chinesische Drucke auf Seide sind aus der Zeit um 700 n. Chr. erhalten und aus dem alten Ägypten liegen noch gedruckte Stoffe aus dem 4. Jahrhundert n. Chr. vor. Funde aus Europa und Afrika liefern nachweislich mit Modeln bedruckte Stoffe, die auf das 6. Jahrhundert n. Chr. zurückgehen, aufgrund ihrer perfekten Gestaltung aber darauf schließen lassen, dass diese Technik auf eine längere Tradition zurückblickt.[1]

DIE ANFÄNGE

Ursprünglich stammt die Kunst des Stoffdruckens **aus Indien** und gelangte über den Nahen Osten bis nach Afrika. Im alten Ägypten war die Kunst des Batikens, einer Vorgängertechnik des sogenannten Reservedrucks, bereits im 1. Jahrhundert v. Chr. bekannt und die Stoffdruckkunst wurde in den darauffolgenden Jahrhunderten hoch entwickelt. In Europa bedruckte man in den ersten nachchristlichen Jahrhunderten hauptsächlich Stoffe, die rituellen Zwecken dienten, zum Beispiel Kirchendekorationen für die hohen Feiertage. Durch das

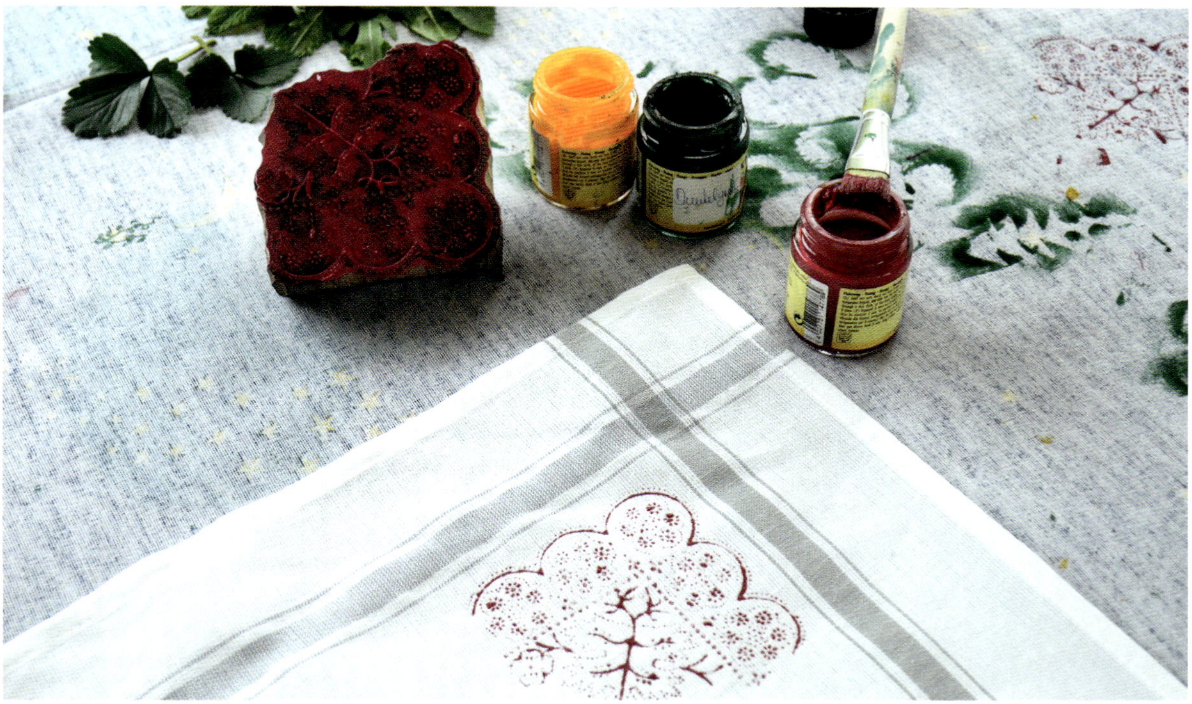

Erste Versuche mit dem neu erstandenen Model – im Mittelalter waren solche zart bedruckten Stoffe äußerst wertvoll.

[1] Vgl. Sandtner 1979, S. 19

Aufbringen von Gold und Silber mittels Druck wurden mit ebendiesen Materialien durchwirkte Stoffe imitiert. Die Model zum Bedrucken der Textilien wurden damals aus Holz geschnitzt, das Schnitzen von Modeln ist also mit der Entwicklung der Stoffdruckkunst eng verknüpft. Erste urkundliche Nachweise für diese „Formschneider", also die **Holzmodelschnitzer**, gibt es aus dem **Jahr 1397**. Damals wurde der Begriff des „Formschneiders" in Nürnberg urkundlich erwähnt, ein Jahr später in Ulm. Die von den Holzmodelschnitzern hergestellten Model wurden nicht nur zum Bedrucken von Textilien, sondern auch zum Bedrucken von Papier verwendet. Bis in das späte Mittelalter hinein war der Stoffdruck stark mit der Kirche verknüpft, kostbare Altarbehänge wurden genauso bedruckt wie Andachtsbilder auf Stoff.

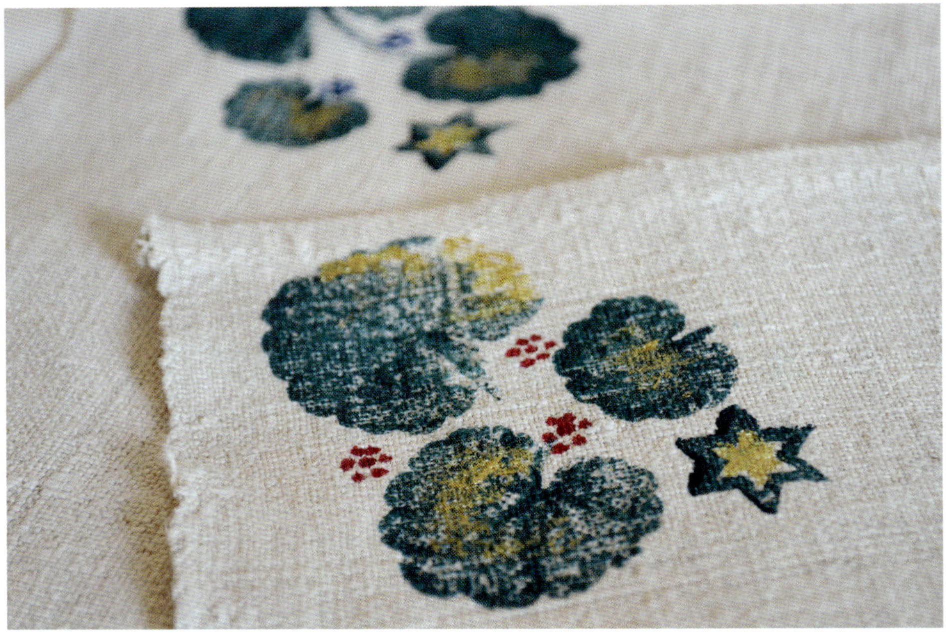

Bedruckte Leinenstoffe

DIE BLÜTE DER STOFFDRUCKKUNST

Ab dem 15. Jahrhundert kam bereits das Bedrucken von Seide mittels Kupferplatten zum Einsatz, mit der Verfeinerung dieser Technik im 17. Jahrhundert war die große Zeit des Stoffdrucks in Europa eingeleitet. Grund für den Boom der bedruckten Stoffe war die Tatsache, dass mit Metallplatten wesentlich sparsamer gedruckt werden konnte als mit Holzmodeln. Die Farbe musste nicht so dick aufgetragen werden und die Stoffe waren in der Folge nach dem Bedrucken mit Metallplatten nicht so steif wie nach dem Bedrucken mit Holzmodeln. Dies öffnete auch die Türen für das Bedrucken von Stoffen für Kleidungsstücke.

Hierbei gilt es klar zwischen dem Handwerk und dem industriellen Druck zu unterscheiden: Während die „Handdrucker" nach wie vor geschnitzte Model oder mit Messingteilen gestaltete Model verwendeten, kamen im industriellen Druck die reinen Metallwalzen in Maschinen zum Einsatz.[2]

Im **18. Jahrhundert** erfuhr der Stoffdruck in Europa noch einmal einen Aufschwung. Mittlerweile wurde auf Baumwolle gedruckt und bedruckte Stoffe für Kleidung folgten bereits Modetrends. Man hat vom händischen Bedrucken fast vollständig zum maschinellen Bedrucken gewechselt, ganze Stoffbahnen wurden mit Walzen bedruckt und danach zu Kleidungsstücken oder Textilien für den häuslichen Gebrauch verarbeitet. Das Bedrucken war nun nicht mehr nur kostbaren Stoffen für besondere Anlässe vorbehalten.

Während das Bedrucken von textilem Material großteils mittels Direktdruck erfolgt, also über das Aufbringen der Farbe zuerst auf einen Model und damit dann auf den Stoff, so gibt es auch noch andere Verfahren wie das „Reservedruckverfahren". Bei diesem Druckverfahren, das mit dem Batikverfahren verwandt ist[3], werden noch vor dem Färben Pasten auf den Stoff aufgebracht, die nach dem Färben wieder ausgewaschen werden und dann erst das Muster freigeben. Eines der bekanntesten Verfahren im Reservedruck ist der Blaudruck.

[2] Vgl. Sandtner 1979, S. 20 ff.

[3] Vgl. Sandtner 1979, S. 23 ff.

DER BLAUDRUCK

Der Begriff Reservedruck wird von der Vorgangsweise dieses Druckverfahrens hergeleitet: Während beim Direktdruck die gewünschte Farbe direkt auf den Stoff gedruckt wird, wird beim Reservedruckverfahren mit einer farbabweisenden Flüssigkeit das gewünschte Muster mit Modeln oder Walzen auf den weißen Stoff gedruckt, das Muster wird also vor dem Färbevorgang „bewahrt". Die farbabweisende, wachsähnliche Flüssigkeit, auch Papp genannt, wird nach dem Färbevorgang ausgewaschen.

HINWEIS

Blaudruck ist eine besondere Form des Textildrucks und erfordert viel Zeit, Geduld und altes Wissen. Für den Hobbygebrauch ist der Blaudruck nicht geeignet, es sei denn, man hat den Antrieb, sich mit viel Aufwand und einigen Investitionen in diese alte Kunst einzuarbeiten.

Wir möchten dieses spezielle Druckverfahren aber trotzdem vorstellen, sind für dieses Buch einer Einladung der Familie Wagner in Bad Leonfelden gefolgt und durften dort mehrere Tage verbringen. In der Blaudruckerei Wagner wird seit 1878 das alte Handwerk des Blaudrucks betrieben und zusammen mit der Blaudruckerei Koó im Burgenland zählt der Betrieb in Oberösterreich zu den beiden einzigen verbliebenen Blaudruckereien in Österreich. Vergleichsweise gab es 1823, zur Blütezeit des Blaudrucks, allein im Mühlviertel noch 17 Färbebetriebe, in ganz Österreich existierten vor 150 Jahren noch rund 100 Blaudruckereien. In Deutschland sieht die Lage ganz ähnlich aus, es existieren nur noch wenige Blaudruckereien.

ZUR GESCHICHTE DER BLAUEN FARBE

Um die Geschichte des Blaudrucks verstehen zu können, muss ein wenig in die Geschichte der blauen Farbe geblickt werden. In Mitteleuropa wurde bis ins

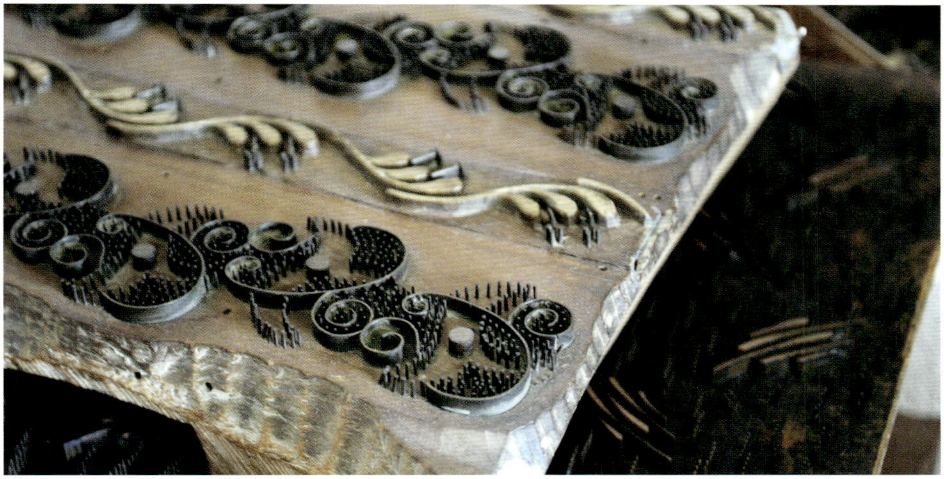

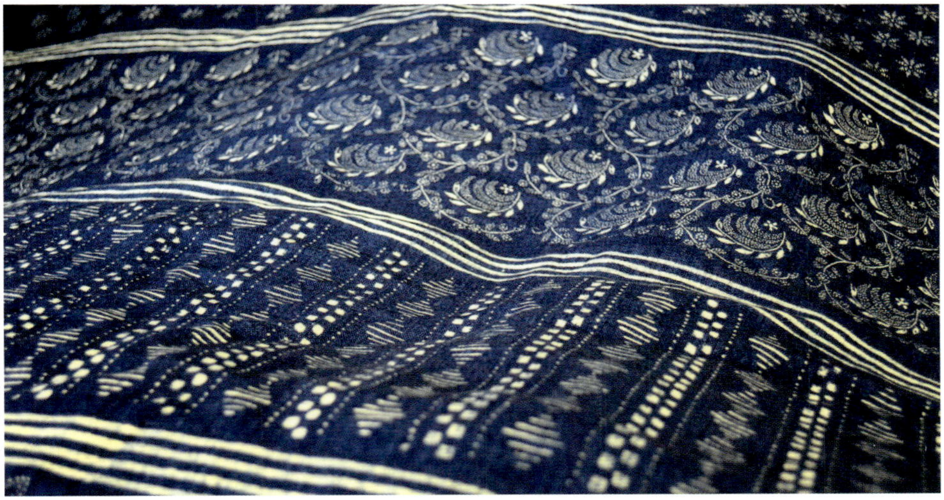

Oben: Neue Model werden in Kombination mit alten Beständen eingesetzt.
Unten: Das Mustertuch – hier kann der Kunde aus unzähligen Mustern aussuchen.

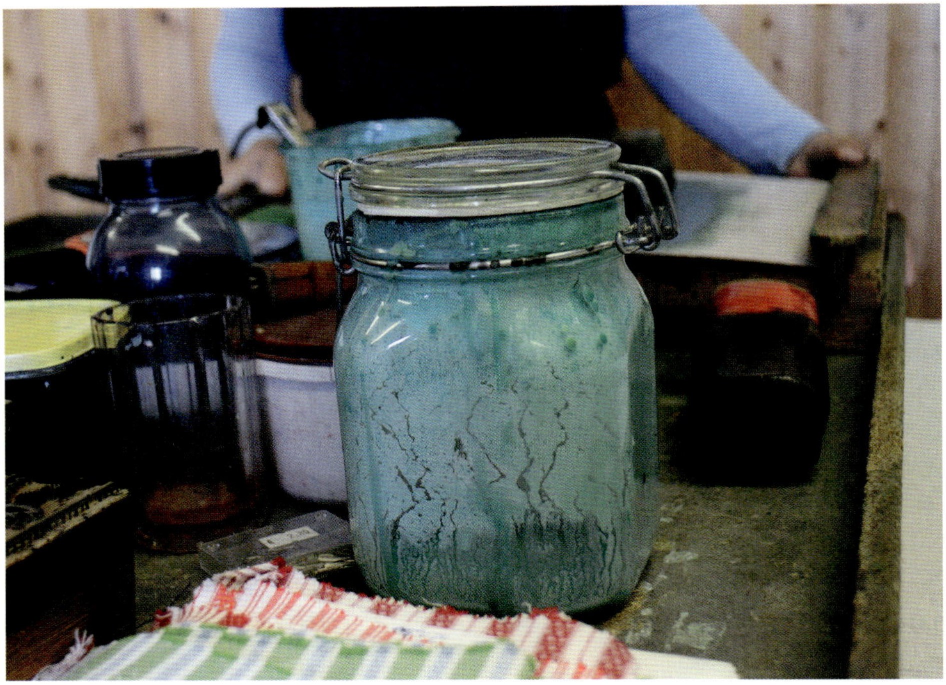

Impressionen aus der Blaudruckerwerkstatt

15. Jahrhundert mit Waid blau gefärbt. **Waid** ist eine heimische Pflanze, die denselben blauen Farbstoff enthält wie der aus Indien stammende Indigo, mit dem heute noch auf natürliche Weise blau gefärbt werden kann, allerdings in wesentlich geringerer Menge. Obwohl man Indigo auch in Europa bereits im Altertum kannte, so war es bis zur Erschließung des Seeweges nach Indien im 15. Jahrhundert nicht möglich, große Mengen dieses blauen Farbstoffs nach Europa zu bringen.[4] Waid war somit die Pflanze, mit der blau gefärbt wurde, und ganze Landstriche lebten vom Waidanbau und seiner Verarbeitung. Nachdem der **Indigo ab dem 16. Jahrhundert** in größeren Mengen nach Europa gebracht wurde, gerieten die Waidbauern und waidverarbeitenden Betriebe in ziemliche Bedrängnis. Man versuchte, auch in Europa Indigo zu kultivieren, was aber nicht gelang, und so wurde der importierte Indigo in einigen Regionen und Ländern verboten. Doch die Verbote nutzten nicht viel – zu überzeugend waren die hervorragenden Farbergebnisse, die die Farbe aus der fremden Pflanze hervorbrachte.

Die ältesten **Blaudruckfundstücke** stammen bereits aus dem 6. Jahrhundert und wurden im Grab des hl. Cäsarius, des Bischofs von Arles, gefunden. Es lässt sich jedoch nicht nachweisen, ob dieses Stück importiert war oder in Europa gefärbt worden war. Der Stoff aus dem Grab ist eindeutig im Reservedruckverfahren gefärbt und zeigt weiße Punkt- und Ringmotive auf blauem Grund. Ihre Verbreitung in Europa fand die Technik des Blaudrucks jedoch erst im 16. Jahrhundert, und zwar von den Niederlanden ausgehend.

Genauso wie das Blaufärben mit Indigo wurde die Technik des Blaudrucks aus Indien nach Europa gebracht, weshalb die im Reservedruck hergestellten, leuchtenden Stoffe die Bezeichnung „Indiennes“ bekamen. Der flämische Maler Pieter Coecke van Aelst brachte das technische Wissen um den Blaudruck 1530 von einer Indienreise mit in die Niederlande, 1678 wurde in Amsterdam die erste Baumwolldruckerei eröffnet, die mit Blaudruck arbeitete.[5] 1689 wurde die erste Blaudruckerei in Deutschland gegründet, von Jeremias Neuhofer und dem Färber Daniel Deschler. Die Augsburger Brüder Georg und Jeremias Neuhofer hatten in Amsterdam zuvor die Geheimnisse der neuen Drucktechnik ausgekundschaftet und mit diesem Fall früher Werksspionage den Blaudruck nach Deutschland geholt.[6]

VON FÄRBERN UND FORMENSTECHERN

Wie alle Handwerke war auch das Färbergewerbe im Mittelalter in Zünften organisiert, die unter anderem streng vorgaben, welche Tätigkeiten von welchem

[4] Vgl. Augustin 2015, S. 13 ff.

[5] Vgl. Augustin 2015, S. 19

[6] Vgl. Wagner, S. 10

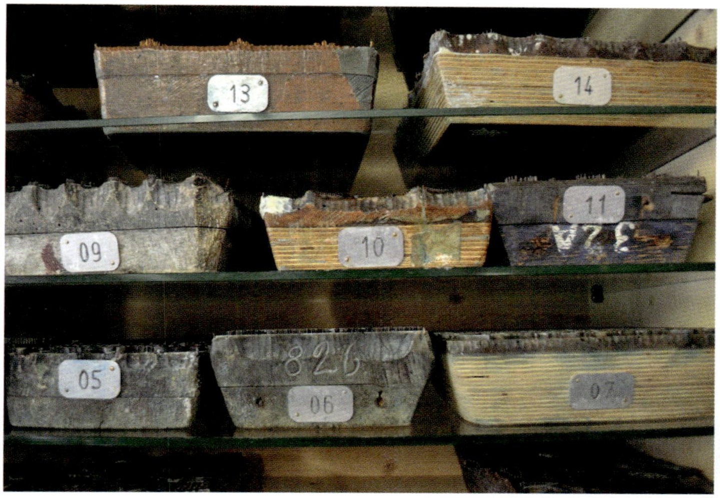

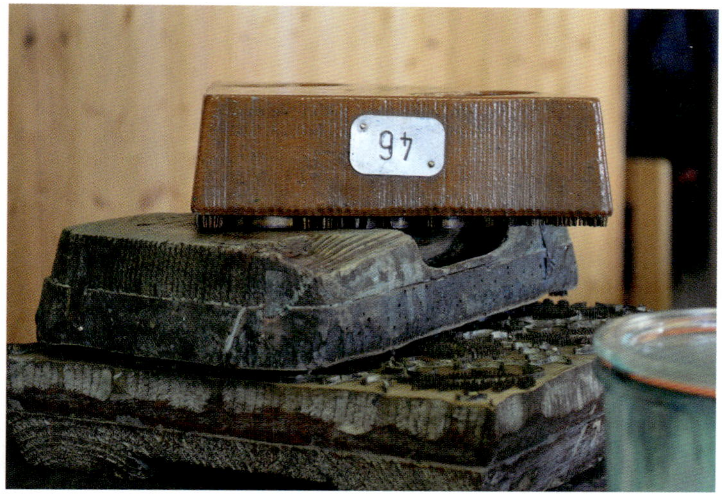

Historische Blaudruckmodel, immer noch im Einsatz

Handwerker ausgeführt werden durften, wie lange ein Geselle sich auf die Wanderschaft begeben musste, um sein Können und Wissen auszubauen und wie Meisterstücke auszusehen hatten. Die Zünfte stellten sich auf die zunehmende Spezialisierung ein und so wurden im Lauf der Zeit die Färber, die vorher zur Tuchmacherzunft gehörten, in einer eigenen Zunft organisiert, die sich in der Folge in „Schönfärber" und „Schlechtfärber" aufteilte. Zu den Schönfärbern zählten die Kunst- und Wollfärber, die vor allem Seide und Wolle färbten, zu den Schlechtfärbern zählten die Leinenfärber, denn Leinen wurde als wenig feiner Stoff eingestuft und war somit der armen Landbevölkerung vorbehalten. Die erste urkundliche Erwähnung für die Blaudruckerzunft stammt aus 1734 – in Ravensburg wurde eine Zunft für das „Blau- und Schönfärberhandwerk" gegründet. In manchen Regionen gab es eigene Blaudruckerzünfte, da die Blaudrucker sowohl drucken als auch färben mussten und somit nicht eindeutig zugeordnet werden konnten.[7]

Mit dem Aufschwung der Blaudrucker erlebte auch das Handwerk der Formenstecher eine Hochblüte. Von geschnitzten Modeln bis hin zu gestochenen Modeln, die mit feinen Messingelementen gestaltet wurden, entwickelte sich das Handwerk der Formenstecher bis in das Zeitalter der Industrialisierung immer weiter. Mit der Industrialisierung der Textilindustrie starb das Handwerk der Formenstecher langsam aus, die letzte Formenstecherei in Österreich stellte Ende der 1970er-Jahre ihren Betrieb ein.[8] Heute sind die Blaudrucker auf einzelne Modelstecher angewiesen, die diese Kunst noch beherrschen und auch in der Lage sind, alte Model wieder zu restaurieren und so die historischen Muster zu erhalten.
In Österreich sind heute noch zwei Blaudruckbetriebe aktiv, in Deutschland sind es acht. In der Tschechischen Republik und in Ungarn sind ebenfalls noch einige echte Blaudrucker am Arbeiten, viele dieser Handwerker trifft man zum Beispiel am jährlichen Färbermarkt im oberösterreichischen Gutau.

DIE VORBEREITUNG DES MATERIALS

Neben dem Bedrucken fein gewebter Leinen- oder Baumwollstoffe aus heutiger Zeit kommt es auch zunehmend in Mode, alte Stoffe mittels Blaudruck wieder aufzubereiten. Leinenballen, altes Handtuchleinen oder Mischgewebe aus Großmutters Zeiten erfahren somit eine Aufwertung und können zu Trachten, Tischwäsche oder anderen Werkstücken verarbeitet werden. Besonders die alten Materialien müssen vor dem

[7] Vgl. Nutz
[8] Vgl. Wagner, S. 14

Färbevorgang sorgfältig kontrolliert und vorbereitet werden, denn sie sind oftmals verschmutzt oder durch die lange Lagerung beschädigt. Altes Leinen muss heiß gewaschen werden, bevor es mittels Blaudruck verschönert werden kann, während das neue Leinen vom Ballen ohne weitere Vorbereitung verwendet werden kann. Material, das nicht vom Ballen kommt, sollte vor dem Bedrucken zudem gut gebügelt werden, damit keine Fehler durch Falten entstehen können.

Stoffe, die beidseitig bedruckt werden sollen, müssen nach dem Waschen mit Kartoffelstärke behandelt werden, um ein Durchdringen des Druckmusters zu verhindern. So wird es möglich, zwei Seiten ein und desselben Stoffes mit völlig verschiedenen Mustern zu bedrucken, eine Technik, auf die man sich bei Blaudruck Koó spezialisiert hat.

DER DRUCK

Nach den Vorbereitungsarbeiten werden die ausgewählten Muster auf das Leinen gedruckt – entweder mit Handmodeln, mit Walzen, die über Kurbeln bedient werden, oder mit halbautomatischen Druckmaschinen, die die großen Model maschinell auf den Stoff pressen.

Wichtigstes Ausgangsmaterial für einen gelungenen Blaudruck, egal ob mit der Hand oder maschinell erzeugt, ist der sogenannte **Papp**. Blaudruck ist wie gesagt ein Reservedruckverfahren, das bedeutet, dass das gewählte Muster nicht gefärbt, sondern von der Färbung ausgespart wird. Papp ist dabei die sogenannte „Druckreservage", das heißt ein Mittel, das, ähnlich wie beim Batikverfahren, die gewünschten Stellen vor der Färbung schützt. Die Rezeptur des Papps ist nicht vorgegeben, sie gehört zu den individuellen Geheimnissen jedes Blaufärbers. Was aber nicht fehlen darf, ist Gummi arabicum, das aus dem Saft einer Akazienart gewonnen wird. Was jeder einzelne Blaufärber dem Gummi arabicum noch hinzufügt, um den optimalen Papp zu erzeugen, gehört zu den bestgehüteten Geheimnissen alten Handwerks. Verschiedenste Papprezepte sind aber im Internet bereits veröffentlicht, wer sich also auf die Spuren der Blaufärber begeben möchte, wird dort fündig.

Das **Aufdrucken des Papps** mittels Handdruck oder einer Walzendruckmaschine erfordert Genauigkeit und Geduld. Jeder Fehler, der nun geschieht, wird nach dem Färbevorgang sichtbar. Wird mit einer Walzendruckmaschine gearbeitet, so kommt es darauf an, den Stoff vom Ballen sorgfältig in die Maschine einzuführen und auch wieder aufzuwickeln, um Fehler zu vermeiden. Der Papp wird in einen eigenen Behälter vor der Walze gegossen und automatisch aufgebracht.

Beim **Drucken mit dem Handmodel** wird der Stoff auf einem großen Arbeitstisch ausgerollt, ist eine Tischlänge bedruckt, kann der Stoff nachgezogen und bereits wieder aufgewickelt werden, denn dazu ist der Papp dann schon trocken genug. Zum Drucken mit dem Handmodel wird ein großes Stempelkissen vorbereitet. Der Papp wird darauf in der richtigen Stärke aufgestrichen und der Model dann hineingedrückt. Beides – sowohl die Stärke des Papps als auch die Druckstärke mit dem Model – ist ein Erfahrungswert, den jeder Blaufärber sich durch jahrelange Praxis erarbeitet.

Nach dem Bedrucken mit Papp muss der Stoff vor dem Färbevorgang mehrere Wochen durchtrocknen, sonst kann es beim Färben zum „Ausfransen" der Muster kommen. Geduld ist beim Blaudruck alles!

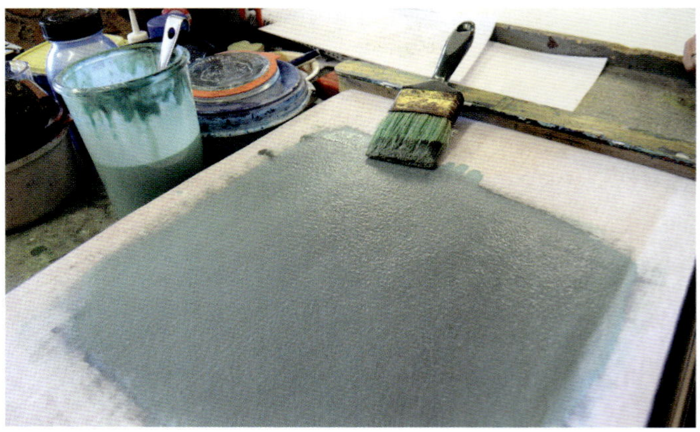

Der Papp wird sorgfältig auf das selbst gemachte Stempelkissen aufgestrichen.

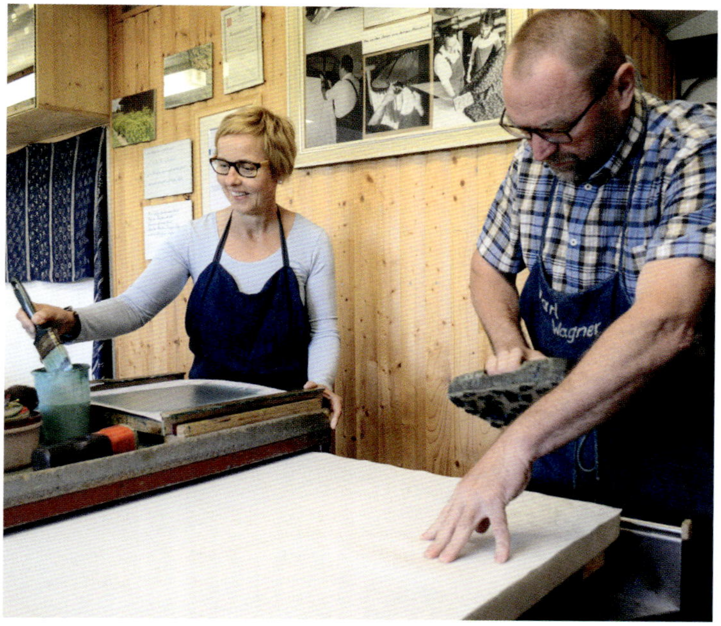

Teamarbeit: Frau Wagner streicht, Herr Wagner druckt.

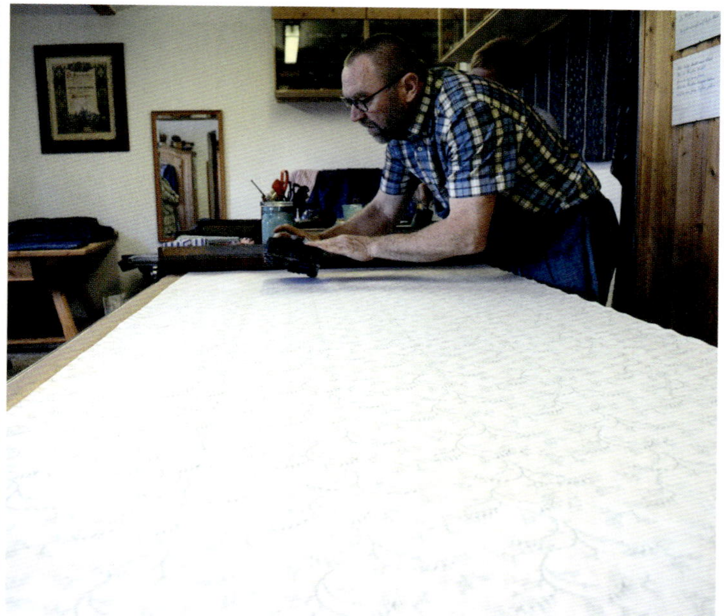

Sorgfältiges Arbeiten: eine Tischlänge Stoff

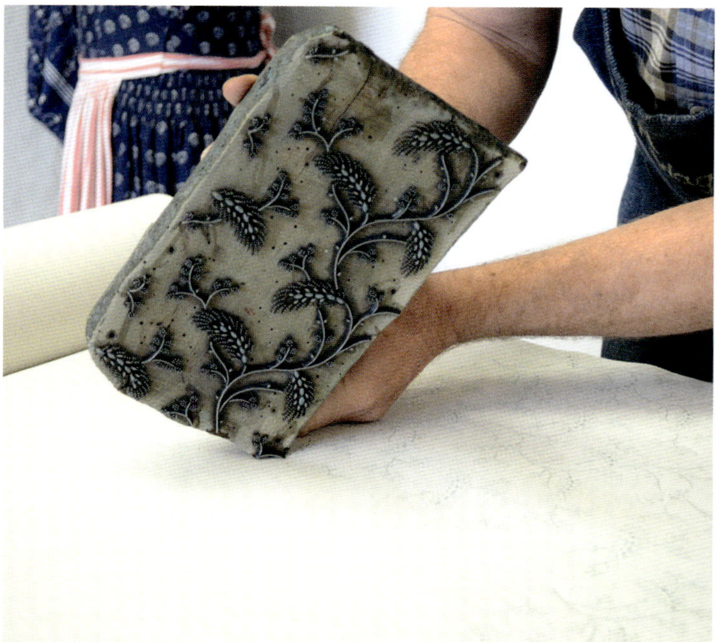

Der Ährenmodel im Einsatz

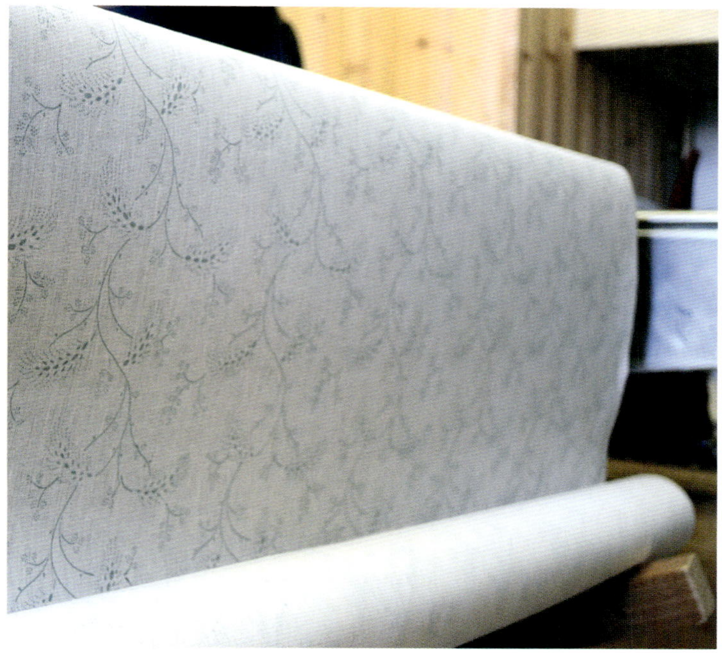

Der leicht getrocknete Stoff wird aufgerollt.

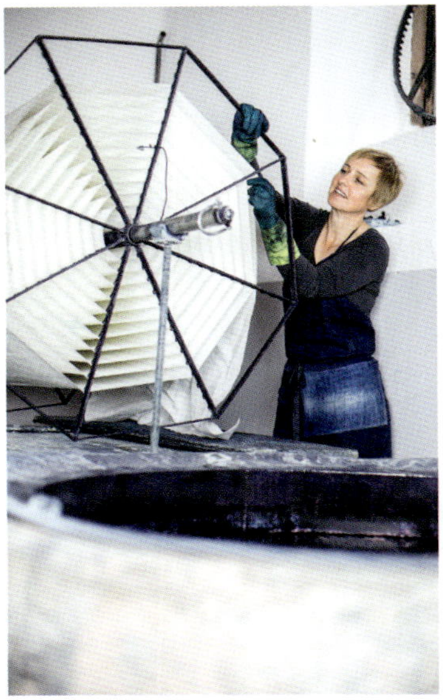

Lange Stoffbahnen werden in eine Spindel gespannt.

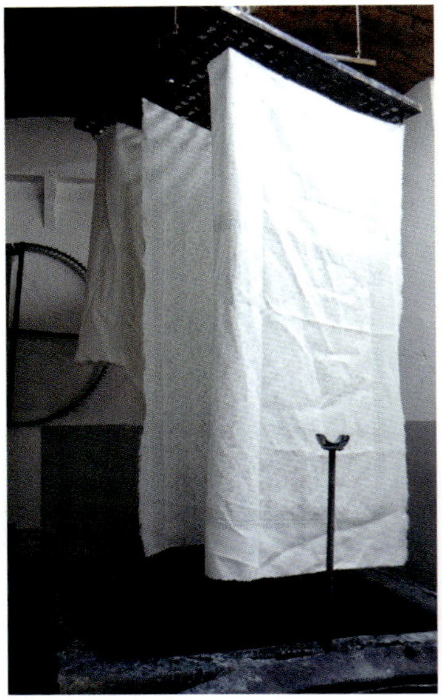

Einzelne Stoffbahnen werden aufgehängt und in die Küpe getaucht.

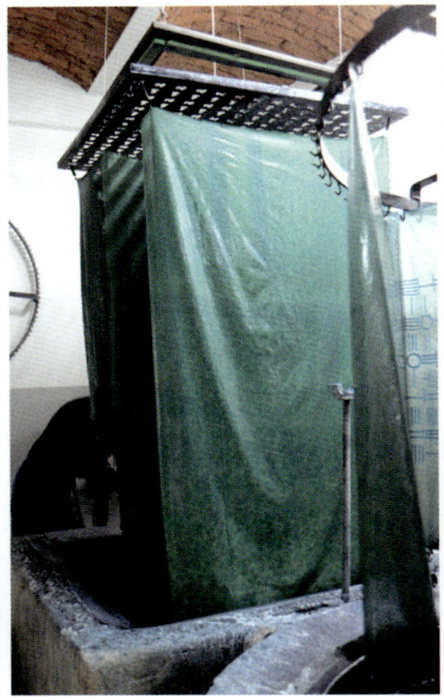

Der Stoff kommt aus der Küpe und ist zuerst grün.

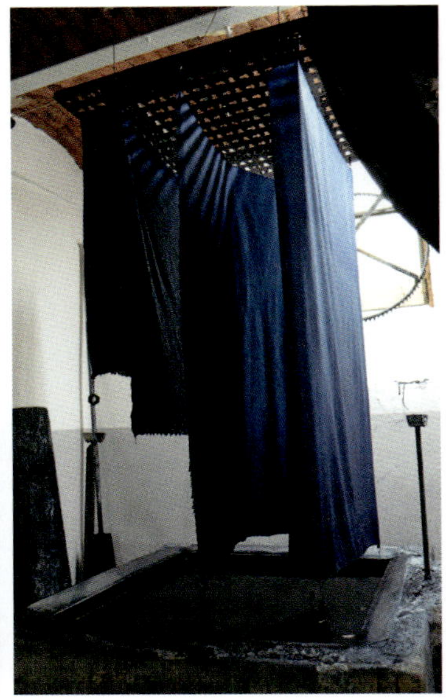

Erst im Kontakt mit Sauerstoff entwickelt sich die blaue Farbe.

DAS BLAUFÄRBEN

Traditionell wird auch heute noch mit einer Indigoküpe gefärbt. Wie erwähnt hat das Färben mit Indigo Tradition, Indigo ist neben Krapp (zum Rotfärben) und Reseda (zum Gelbfärben) eine der ältesten bekannten Färbepflanzen. Funde weisen auf die Verwendung von Indigo als Färbepflanze bereits um ca. 2.000 v. Chr. hin, allerdings nicht in Europa, denn hierher kam der Farbstoff erst im Mittelalter.

Wie auch beim heimischen Färberwaid ist bereits die Aufbereitung des Farbstoffes aus der Pflanze eine Kunst. Der in der Pflanze enthaltene **Farbstoff Indican** muss umgewandelt werden, um Indigo zu erhalten. Dazu wird die Pflanze noch vor der Blüte geerntet, die Blätter werden mit Wasser und Glukose eingeweicht und zum Gären gebracht, was die Umwandlung von Indican in Indoxyl bewirkt. Durch die anschließende Oxidation – hier wird durch ständiges Bewegen möglichst viel Sauerstoff in das Bad aus Pflanzen und Flüssigkeit eingebracht – fällt der blaue, wasserunlösliche Farbstoff aus. Indigo wird dann als Pulver oder in Platten gehandelt. Bevor man mit diesem Rohstoff färben kann, muss er verküpt, also in eine wasserlösliche Form gebracht werden. Dies geschieht beispielsweise mit Hydrosulfit und Soda, doch gibt es auch für die Küpen verschiedene Rezepte. Auch diese sind das wohl gehütete Geheimnis der Blaufärber, die ihre Küpen jahrzehntelang pflegen und damit arbeiten.

Vor jedem Färbevorgang wird die **Küpe** überprüft und jene Bestandteile werden frisch hinzugegeben, die notwendig sind, vor allem natürlich das Indigopulver. Jeder Färber kennt seine Küpe und weiß, ob sie in Ordnung ist oder etwas daran verändert werden muss.

In der Blaufärberei befinden sich die Küpen in großen Becken, in denen ganze Stoffballen Platz finden. Dazu wird der gut durchgetrocknete, mit Papp bedruckte Stoff entweder auf großen Spindeln aufgerollt, die es ermöglichen, einen ganzen Ballen zu beherbergen, oder einzelne Stoffstücke werden auf entsprechende Vorkehrungen gehängt.

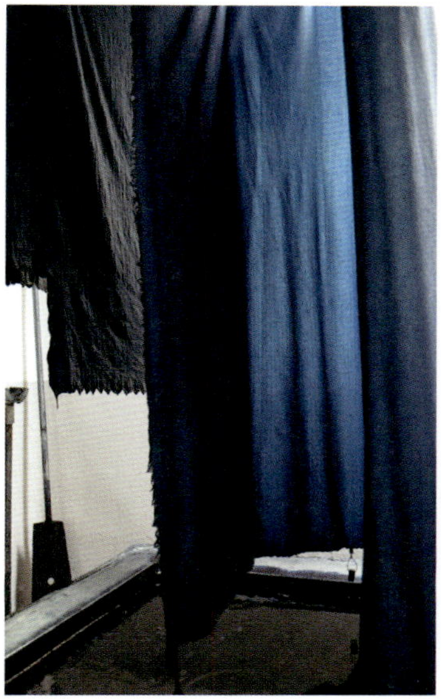

Der gefärbte Stoff darf in Ruhe abtropfen.

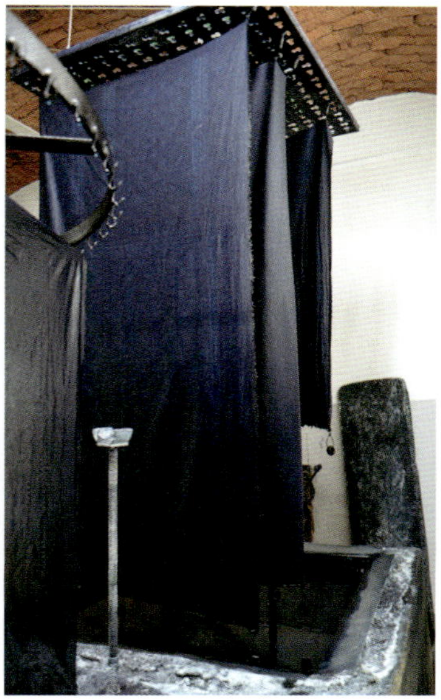

Nach mehreren Färbevorgängen ist das perfekte Blau erreicht.

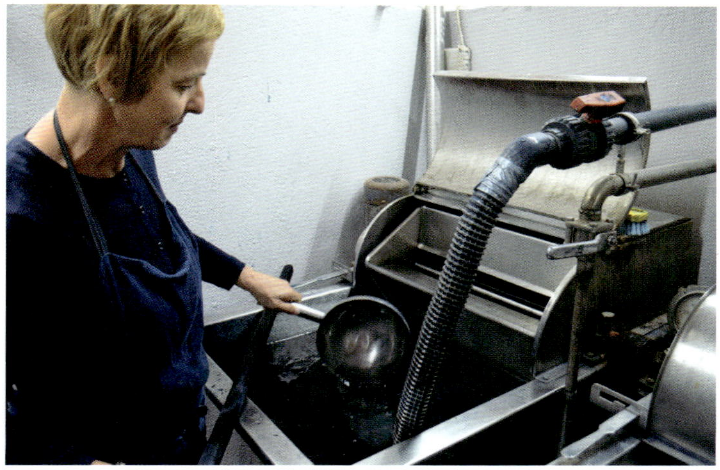

Der gefärbte Stoff wird mit Wasser und Zitronensäure gespült, um den Papp zu entfernen.

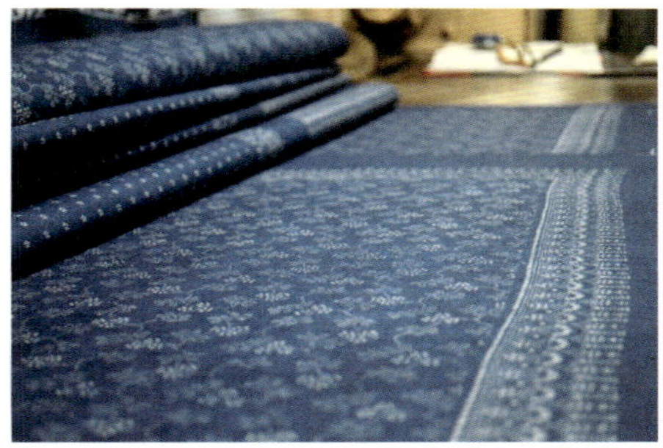

Fertig gebügelt: Meter um Meter feinster Blaudruckstoff

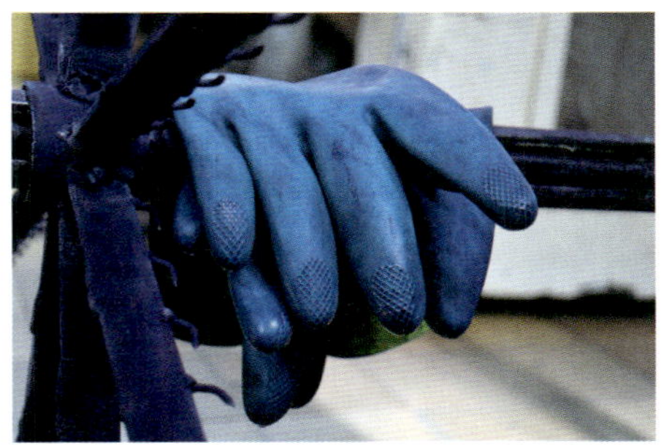

In der Färbewerkstatt wird alles blau, was mit der Küpe in Berührung kommt.

HINWEIS

Wichtig ist, dass der Stoff frei hängen kann und keine Falten entstehen, darum werden die Stoffbahnen mit kleinen Gewichten beschwert und dann vorsichtig in die Küpe eingebracht.

Dort bleibt der Stoff nicht länger als zwei Minuten, damit sich der Papp nicht lösen kann, und wird dann herausgenommen. An der Luft sieht der Stoff zuerst grün aus, da die blaue Farbe sich erst durch den Kontakt mit Sauerstoff eröffnet. Eine Aufgabe des Blaufärbers besteht darin, nach jedem Färbevorgang zu kontrollieren, ob der Stoff noch frei hängt und die einzelnen Bahnen nicht aneinanderkleben, denn sonst entstehen Farbfehler. Nach mindestens zehn Minuten an der Luft kommt der Stoff erneut in die Küpe. Dieser Vorgang wird so oft wiederholt, bis der Färber das gewünschte Ergebnis erreicht hat. Dieses Ergebnis hängt vom Zustand der Küpe, vom Material und auch davon ab, wie dunkel man färben möchte. Ist der letzte Färbevorgang beendet, lässt man den Stoff noch abtropfen und wäscht ihn dann mit Wasser unter Zugabe von Zitronensäure aus. Diese entfernt den Papp vom Stoff und erstmals kann man das Muster in seiner ganzen Pracht erkennen. Nach einem weiteren Waschvorgang und dem Trocknen und Bügeln ist der Blaudruckstoff dann bereit zur weiteren Verarbeitung.

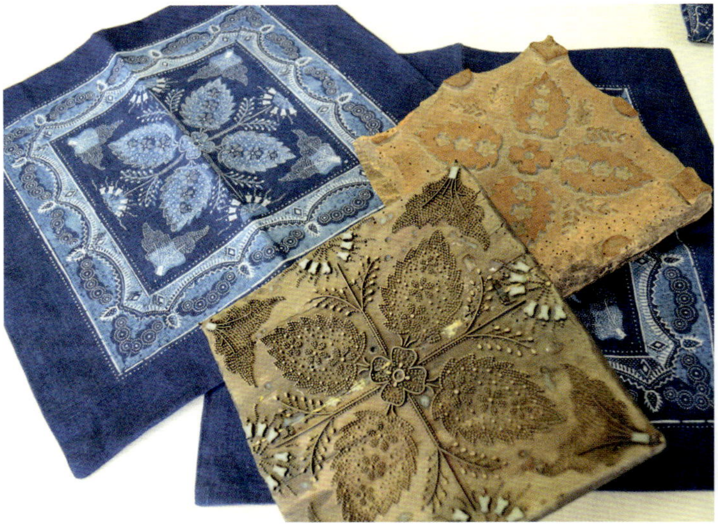

Zweifarbendruck mit den passenden Modeln

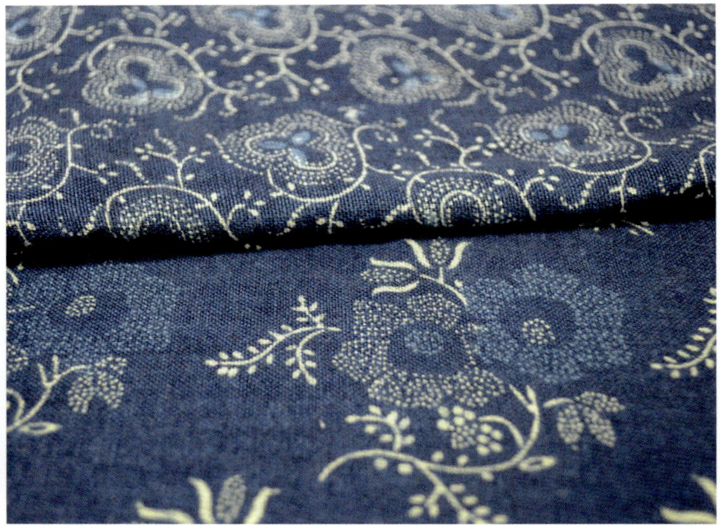

Feinste Blumenmuster in zwei Farben

BLAUDRUCK EINST UND HEUTE

Galt der Blaudruck auf Leinen lange Zeit als das Material für die wirtschaftlich schlechter gestellte Landbevölkerung, so hat sich dies maßgeblich geändert. Kleidung aus Blaudruckstoffen galt in der Vergangenheit als sehr widerstandsfähig, da aus zum Teil grobem Leinen gefertigt und schmutzresistent – auf den tiefblauen Stoffen konnte man Verunreinigungen kaum erkennen. Heute zählen heimische Leinenstoffe zu den kostbaren Rohprodukten und der Blaudruck erfährt eine Renaissance in der Trachtenmode und Kunst. Neben alten Modeln und Walzen mit traditionellen Mustern werden auch moderne Model hergestellt, wodurch neue Stoffmuster entstehen. Sonderwünsche von Kunden können erfüllt werden und auch der Zweifarbdruck kommt wieder zum Einsatz.

Für den **Zweifarbdruck** werden zwei verschiedene Model verwendet, die gemeinsam ein Muster ergeben. Mit dem ersten Model wird das Grundmuster aufgedruckt und der Stoff genauso behandelt wie beschrieben. Nach dem allerersten Farbvorgang lässt man den Stoff aber durchtrocknen und komplettiert dann mit dem sogenannten „Passmodel"[9] das Muster. Dann erst wird der Färbevorgang nach einem weiteren Trockenvorgang fortgesetzt. Das Ergebnis ist Blaudruck mit hellblauen Segmenten, der nun zunehmend wieder in Mode kommt.

Auch für **Designer und Künstler** wird Blaudruck in jüngster Zeit interessant. Da es sich beim Blaudruck um ein Handwerk handelt, das den Weg der Industrialisierung nicht gegangen ist, ist es auch möglich, beim Blaudrucker

[9] Der Model, der dazupasst

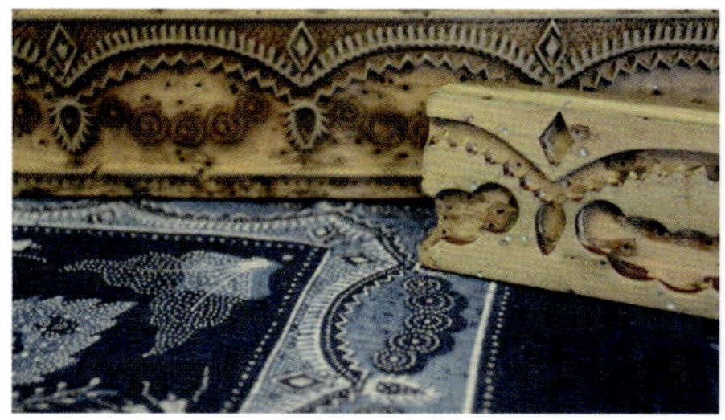

Bortenmodel mit zweifarbigem Druck

Einzelstücke anfertigen zu lassen, die mit selbst gestalteten Modeln erstellt werden. So wird es möglich, Designerstücke und Kunstwerke zu entwickeln, die ihre Wurzeln in altem Handwerk haben. Kunden, die in die Blaudruckwerkstätte kommen, haben die Möglichkeit, anhand eines Mustertuchs genau das Muster zu wählen, das ihnen am besten gefällt und es auch in Kombination mit anderen Mustern zu sehen – Mustertücher haben im Textildruck Tradition und in dem einen oder anderen Blau-

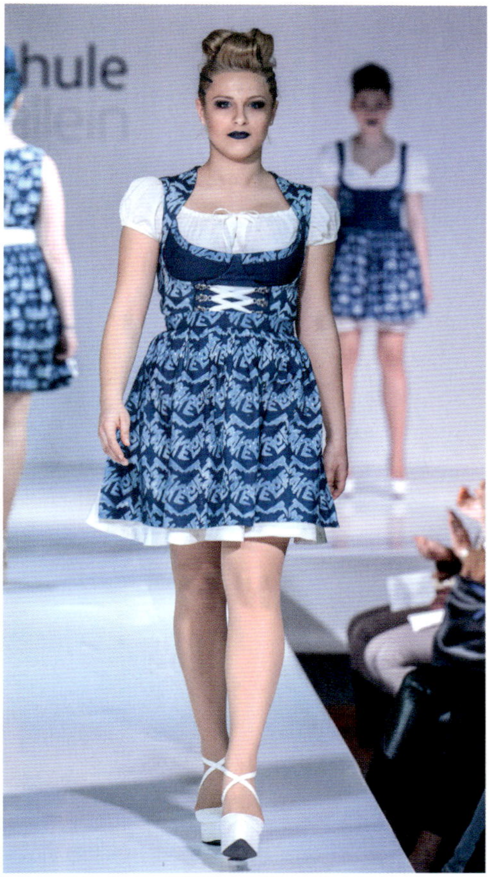

Designerstücke, mit Blaudruck gestaltet

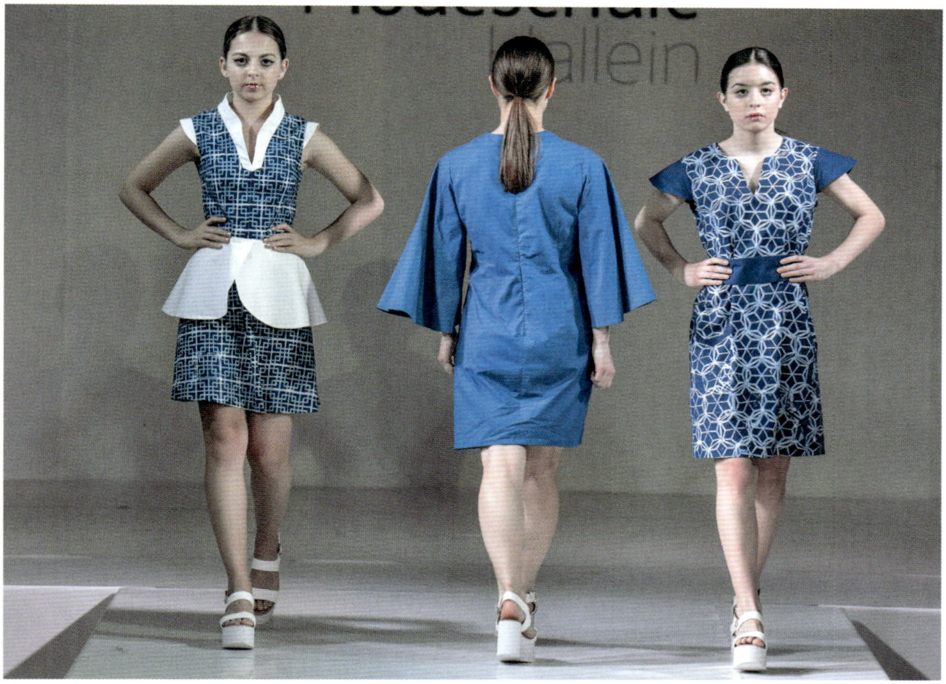

druckbetrieb existieren noch die alten Mustertücher, die von längst vergangener Zeit berichten.

Zeitgleich mit dem Boom, den alte Handwerkskunst wie das Blaudrucken gerade erlebt, sind nun auch die Modelstecher wieder gefragt. Nur noch wenige Handwerker beherrschen diese Kunst und ihr Können ist sehr gefragt, zum Herstellen sowohl kleiner Model für den Hobbybereich als auch großer Model für die Blaudrucker, die es noch in Europa gibt.

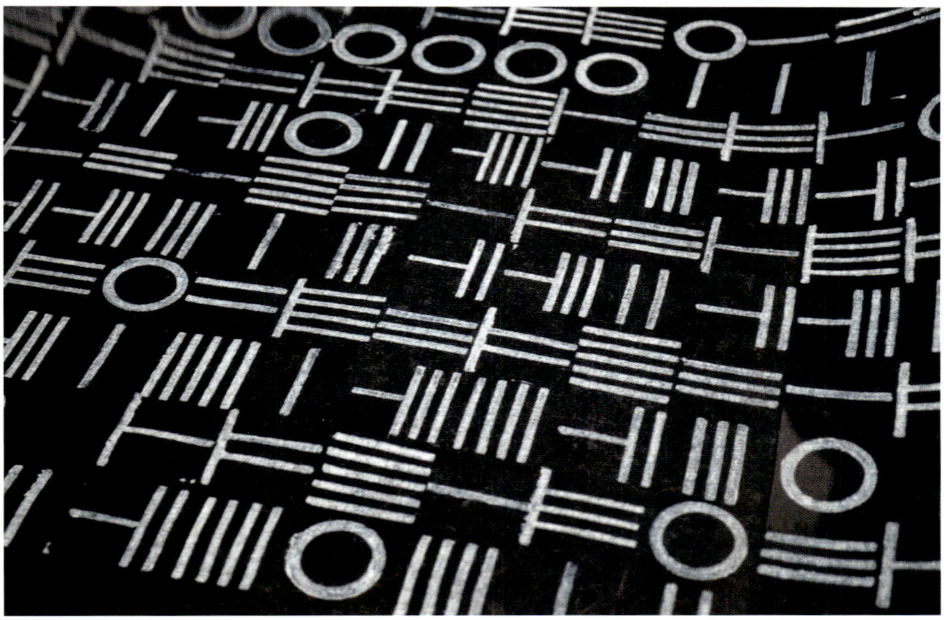

Moderne Kunst in alter Tradition

GRUNDAUSSTATTUNG FÜR DEN STOFFDRUCK MIT MODELN

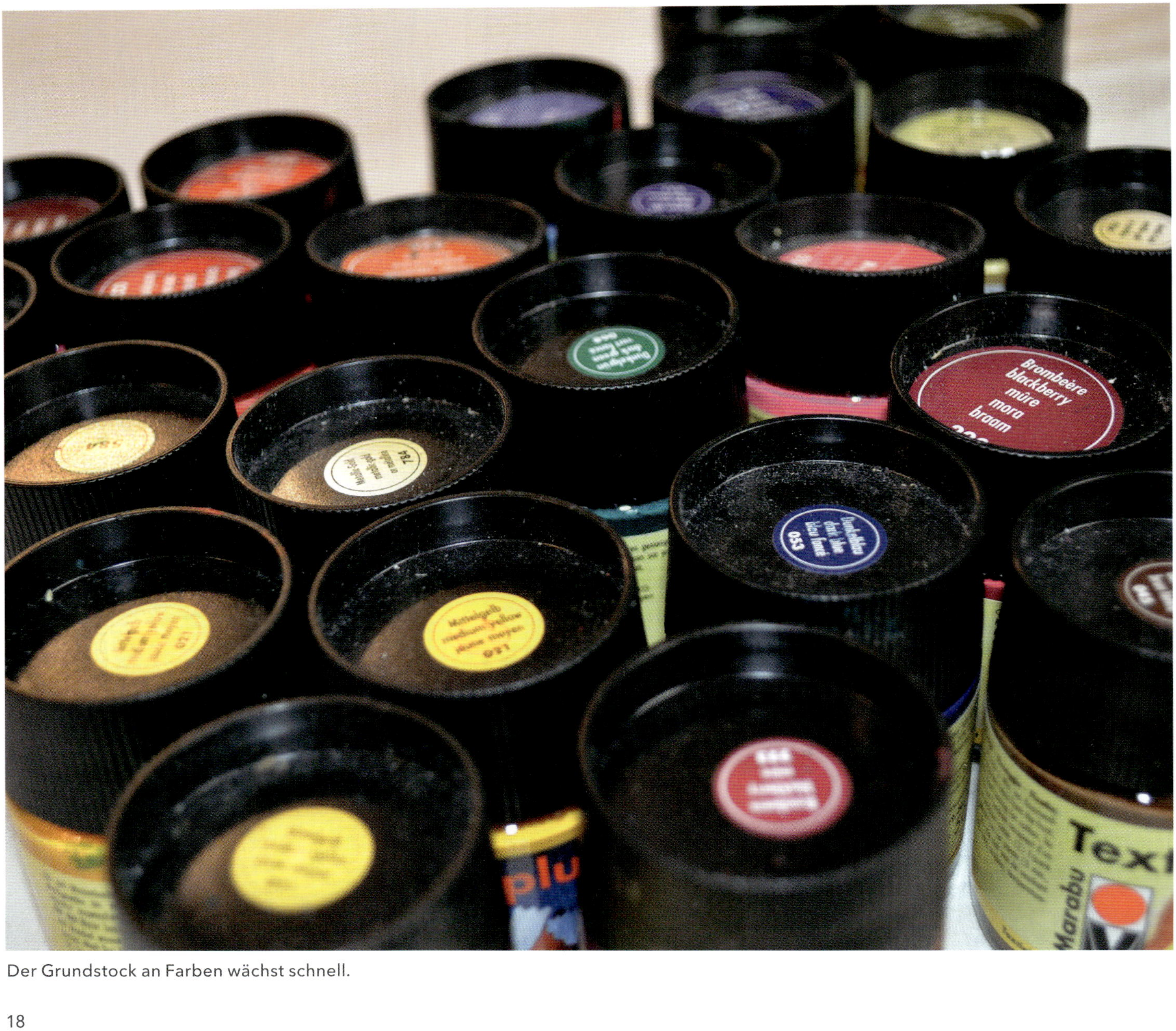

Der Grundstock an Farben wächst schnell.

Wie auch für das Kochen gilt ebenso für das Handwerk: Je qualitativ hochwertiger die Zutaten, desto besser auch das Ergebnis!

DIE FARBEN

Es sollten für ein gelungenes Ergebnis also keinesfalls alte oder gar leicht eingetrocknete Farben verwendet oder verschiedenste Farbreste gemischt werden, wenn man nicht weiß, ob sich diese auch mischen lassen und wie das Ergebnis aussieht. Sollte man unbedingt Farben aus Restbeständen aufbrauchen wollen, so empfiehlt es sich, diese an einem kleinen Probestück zu testen.

Grundsätzlich sollte man zum Stoffdrucken **qualitativ hochwertige Textilfarben** kaufen, die auch waschecht sind. Sehr billig hergestellte Farben sind oftmals nicht farbschön oder waschen leicht aus. Bei den Textilfarben, die im Handel erhältlich sind, sollte die Anleitung zum Fixieren genau befolgt werden, um sicherzustellen, dass die Farben auf den Textilien auch beim Waschen erhalten bleiben.

Beim Einkauf von Textilfarben sollte man auf der Verpackung nachlesen oder sich im Fachhandel beraten lassen, für welche Gewebe die jeweiligen Farben geeignet sind. Außerdem ist auch die Konsistenz der Farbe wichtig, mit sehr dünnflüssigen Farben kann nicht gedruckt werden. Die **Konsistenz** der Farbe sollte für Model geeignet sein, dann funktioniert das Drucken auch mit Pflanzenteilen. Wer mit wasserlöslichen Farben arbeitet, kann diese nach Belieben verändern und auch so weit verdünnen, dass feine Linien mit dem Pinsel nachgearbeitet werden können, wasserlösliche Farben eignen sich also ausgezeichnet für das Drucken. Die im Handel angebotenen Textilfarben besitzen meist gute Eigenschaften zum Drucken auf Baumwollstoffen, für Leinenstoffe müssen sie ein wenig mit Wasser verdünnt werden, da Leinenstoff die Farbe nicht so gut aufnimmt wie Baumwolle. Vor allem bei alten Leinenstoffen darf man ein wenig mit dem Verdünnen experimentieren, um die optimale Konsistenz der Farbe zu erhalten.

HINWEIS

Für die Erstellung der Produkte in diesem Buch wurden Farben verschiedener Anbieter verwendet und getestet. Bezugsquellen dazu werden im Anhang genannt. Die Konsistenz der Farben, die hier zum Drucken verwendet wurden, ist in etwa mit der von Acrylfarben vergleichbar.

Um möglichst naturähnliche Farben zu erhalten, empfiehlt es sich, die im Handel erhältlichen Farben zu mischen. Grüntöne zum Beispiel entsprechen direkt aus dem Farbtöpfchen selten den Grüntönen der Natur, hier darf mit Braun, Gelb oder Rot abgemischt werden. Zum **Mischen** kann man eine Mischpalette aus dem Farbenfachhandel verwenden, aber auch ein ausgedientes Tischset aus Kunststoff erfüllt den Zweck wunderbar. Bevor man größere Mengen Farben mischt, sollte man sich über das Mischverhältnis im Klaren sein, dazu verwendet man vorab kleine Mengen der gewählten Farben und mischt sie mit einem Spatel auf der Plastikunterlage durch.

Zum Drucken mit Pflanzen wird die Farbe Grün sehr oft zum Einsatz kommen. Neben der Veränderung der Farbtemperatur mit Braun, Gelb und Rot kann auch mit Schwarz abgedunkelt oder mit Weiß aufgehellt werden. Herbstfarben erreicht man durch das Mischen mit Rot und Orange. Die Freude am Mischen darf hier ihre Blüten treiben, denn es gibt kein Patentrezept für den „richtigen" Grünton. Jeder Mensch hat einen eigenen Geschmack, wenn es um die Farbgestaltung seiner Kunstwerke geht.

TIPP

Besonders gut gelungene Zufallsmischungen sollte man sich unbedingt notieren!

Neben herkömmlichen Textilfarben, die in Läden für Bastelzubehör von verschiedensten Anbietern zu erwerben sind, wurden für dieses Buch auch noch Spezialfarben verwendet. Zum Drucken mit Kindern, die gern mit den Händen arbeiten, empfehlen wir spezielle **Fingerfarben für Kinder**, die zum einen leicht wieder von den Händen abwaschbar sind, zum anderen aber trotzdem auf den Textilien fixiert werden können.

Textildruck ist nicht gleich Textildruck: Speziell für den Druck mit Modeln hat ein Drucker aus Bayern Farben entwickelt, deren Konsistenz genau auf den Modeldruck ausgelegt ist. Diese Farben enthalten eine perfekt dosierte Menge an Pigmenten und möglichst wenig Bindemittel und entsprechen damit hohen Umweltstandards bei gleichzeitig optimalen Ergebnissen. Auch diese Farben kamen für die Muster in diesem Buch zum Einsatz. Der Vorteil an den Farben liegt darin, dass ihre Konsistenz speziell für das Drucken mit Modeln entwickelt wurde und somit ein Verdünnen nicht mehr notwendig ist, auch nicht für alte, grobe Leinenstoffe. Alle Bezugsquellen sind im Anhang aufgelistet.
Fixiert wird das fertige Stück je nach Herstellerangabe mit dem Bügeleisen oder Dampfbügeleisen. Dazu sollten die Angaben auf den Farbtiegeln befolgt werden. Die meisten Textilfarben, die fachgerecht fixiert worden sind, sind bis 40 Grad, manche auch bis 50 Grad waschbar, sollten aber nicht heißer gewaschen werden. Textilfarben sind lichtecht, bleichen also in der Sonne nicht oder kaum aus. Somit können die hergestellten Produkte wie Tischdecken oder Polsterüberzüge auch für Terrasse und Garten problemlos verwendet werden.

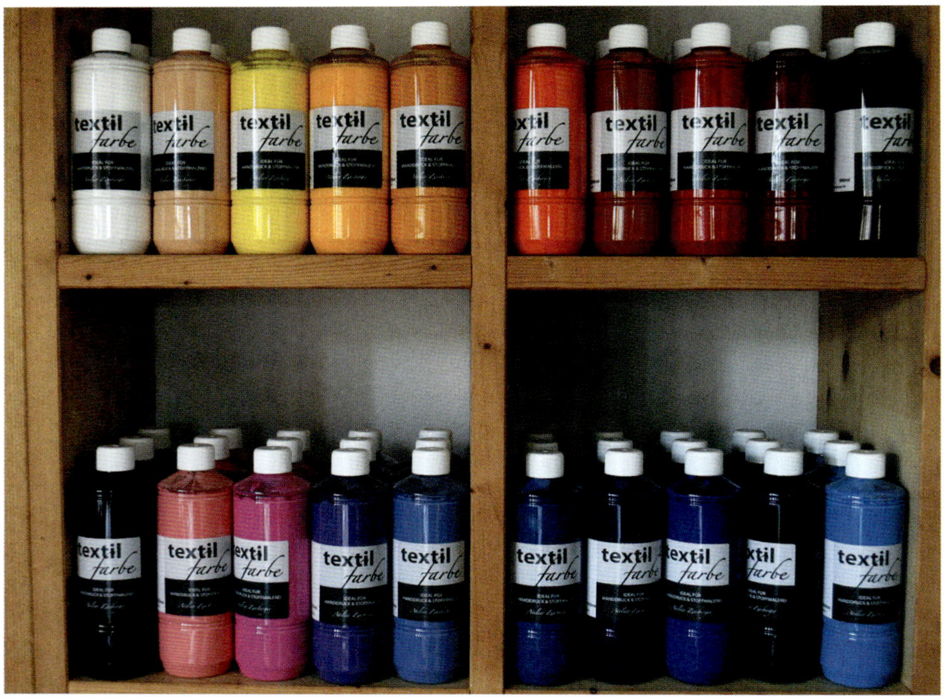

Spezielle Textilfarben für den Modeldruck

WICHTIG

Grundsätzlich sollte man beim Fixieren unbedingt seitenverkehrt bügeln – also mit dem Bügeleisen nicht am Aufdruck. Es empfiehlt sich außerdem, ein Tuch auf die bedruckten Textilien zu legen und mit diesem Schutz zu bügeln.

Zum Fixieren der Farben taucht oftmals die Frage auf, wie man dies früher handhabte. Hierzu ist festzuhalten, dass vor der Industrialisierung der Textilbranchen sowohl das Färben wie auch Bedrucken und Bemalen von Textilien sehr aufwändig war und die Ergebnisse dementsprechend kostbar. Kleidung wurde bei weitem nicht so oft und vor allem nicht so heiß gewaschen wie heute. Bedruckte und bemalte Textilien, die zum Dekorieren und Schmücken verwendet wurden, wurden meist gar nicht gewaschen, somit war das Fixieren der Farbe auch nicht notwendig. Es genügte, die Farbpigmente mit Leinöl zu vermischen und aufzutragen. Für ein schönes Ergebnis wichtig waren dabei Begleitumstände wie die genaue Abstimmung der Farbkonsistenz auf das gewählte Gewebe, die Unterlage, die nicht zu weich und auch nicht zu fest sein durfte, um den perfekten Modelabdruck zu gewährleisten, die Menge der Farbe auf dem Model und die Luftfeuchtigkeit. Das Bedrucken von Textilien war eine wirkliche Kunst!

SONDERFALL GOLD

Gold ist eine spezielle Farbe und wird vor allem für Weihnachtsdekoration und Weihnachtsgeschenke gern verwendet. Um die goldene Farbe auf den Textilien haltbar zu machen, kann man Acrylfixierer zu der goldenen Farbe mischen. Goldene Farbe wäscht sich sonst sehr leicht aus und es ist schade um die viele Arbeit. Viele Anbieter von Textilfarben bieten auch Goldglitter an, die Erfahrung hat gezeigt, dass dieser Glitter ebenfalls gut auf den Textilien hält. Voraussetzung für die Haltbarkeit von Gold ist natürlich auch wie bei den anderen Farben, dass man die Waschanleitungen einhält. Auf den Farbtiegeln oder Verpackungen werden diese Angaben aufgeführt. Für Geschenke, die mit Textilfarben gestaltet worden sind, können kleine Schildchen mit diesem Hinweis hergestellt werden, damit der Beschenkte keine böse Überraschung erlebt.

DIE PINSEL

Zu den Farben gehören natürlich Pinsel! Für die Grundausstattung des Pflanzendruckers empfiehlt sich eine Auswahl an **Borstenpinseln** in verschiedenen Stärken. Mit den Borstenpinseln werden die Model bestrichen, wenn man kein Stempelkissen verwendet. Für das Verzieren und Weitermalen an gedruckten Symbolen verwendet man feine Borstenpinsel oder Haarpinsel, die klare Linien hinterlassen. Ob man Haarpinsel oder Borstenpinsel zum Verfeinern seiner Werkstücke wählt, ist Geschmackssa-

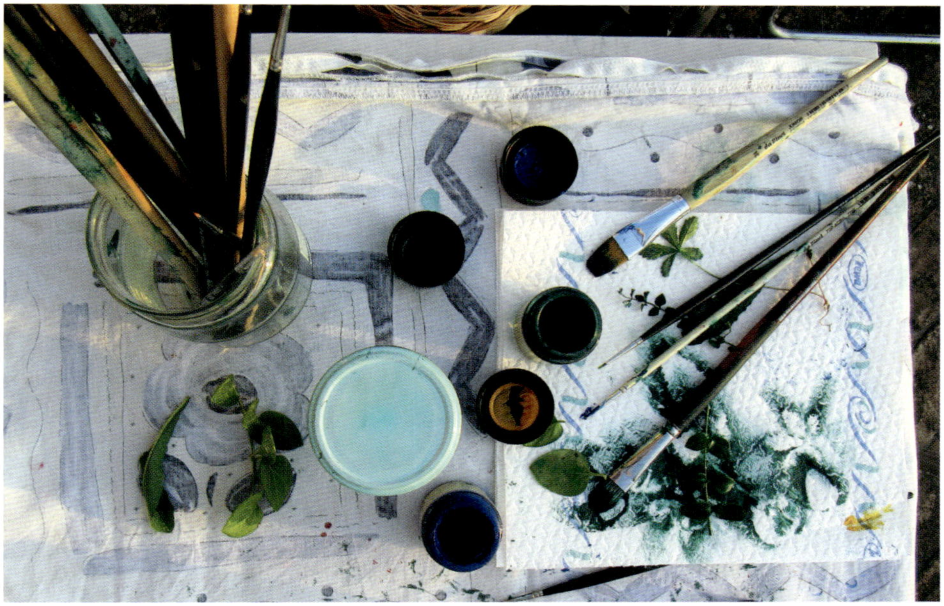

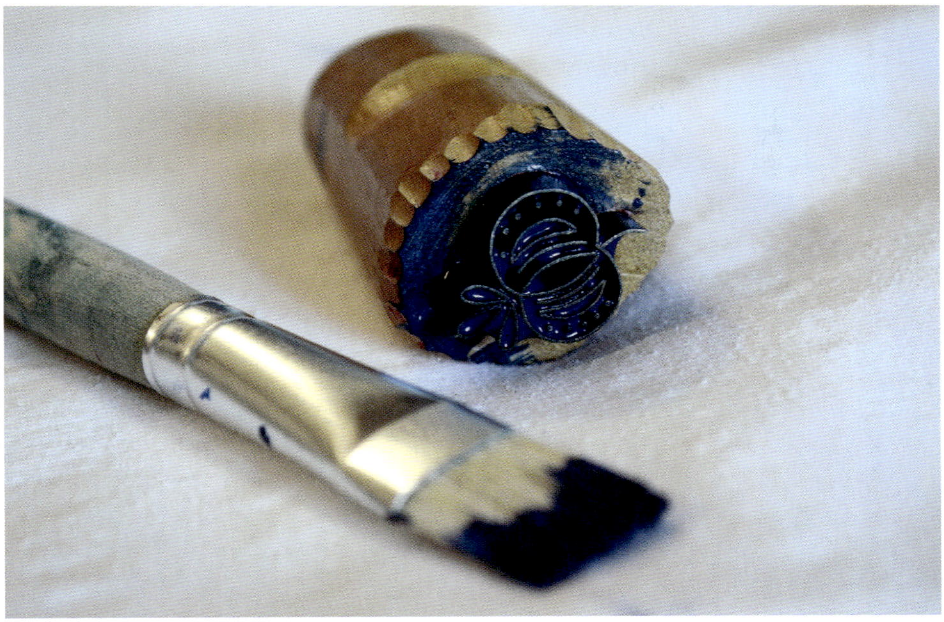

Oben: Borstenpinsel und Haarpinsel in verschiedenen Größen, Pflanzen und Farben
Unten: Mit dem großen Borstenpinsel wird der Model bestrichen.

che, **Haarpinsel** sind sehr weich und es bedarf ein wenig Übung mit Farbe und Technik, bis man damit gute Ergebnisse erzielt. Für den Druckanfänger empfiehlt es sich, zuerst nur eine kleine Auswahl an Pinseln zu besorgen und damit erste Versuche zu starten. Sehr bald wird sich herausstellen, mit welchen Pinseln man perfekt arbeiten kann.

Zusätzlich zu Pinseln kann auch mit **Wattestäbchen** oder mit selbst hergestellten Pinseln aus einem Schwamm gearbeitet werden. Mit diesen Hilfsmitteln können sehr feine Muster erzeugt oder eigene Strukturen entwickelt werden.

Kleine **Schwammpinsel** eignen sich besonders gut für das Drucken von zarten Blüten wie Rosenblüten. Für einen Schwammpinsel benötigt man ein Stück Naturschwamm, diesen erhält man im Bastelzubehör. Zuerst reißt oder schneidet man vom Schwamm ein etwa daumengroßes Stück ab. Der Schwamm muss dazu nicht nass gemacht werden, er bleibt trocken! Das Stück Schwamm wird an der Druckfläche ein wenig zerrupft, damit die Strukturen locker werden. Dann wird er an einem Ende fest zusammengerollt, vorsichtig in die Farbe eingetaucht und zum Drucken verwendet. Der erste Druck auf einem Stück Probestoff zeigt, ob die Farbmenge richtig gewählt ist oder ob man mehr oder weniger Farbe verwenden soll.

Möchte man das Schwammstück nicht direkt in der Hand halten, kann man es mit Blumendraht an einem Holzstäbchen befestigen und auf diese Art ver-

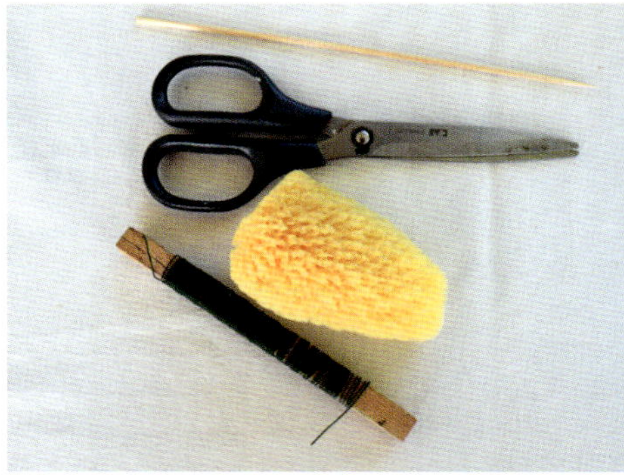

Die Materialien: ein Naturschwamm, eine Schere, ein Schaschlikstäbchen und Blumendraht

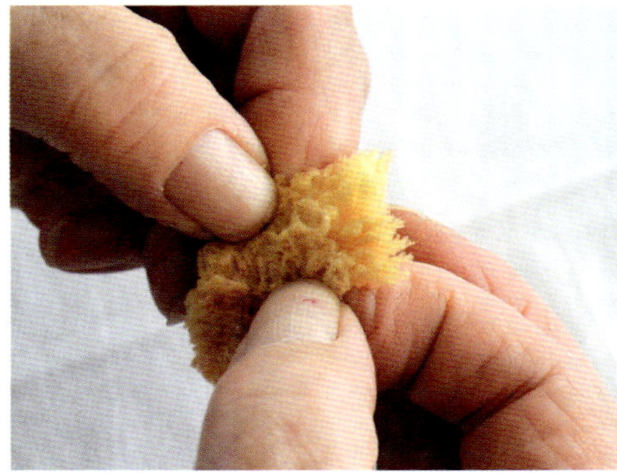

Ein kleines Stück Schwamm wird mit den Fingern zerrupft.

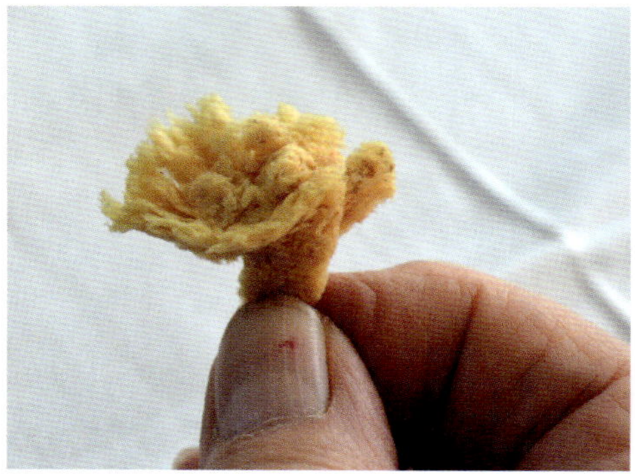

Der Schwamm kann nun verwendet oder an einem Stäbchen fixiert werden.

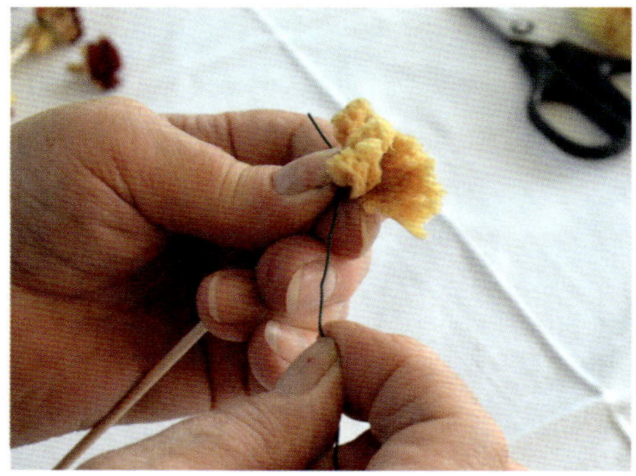

Mit Blumendraht fixiert man den Schwamm am Stäbchen und erhält so einen richtigen Pinsel.

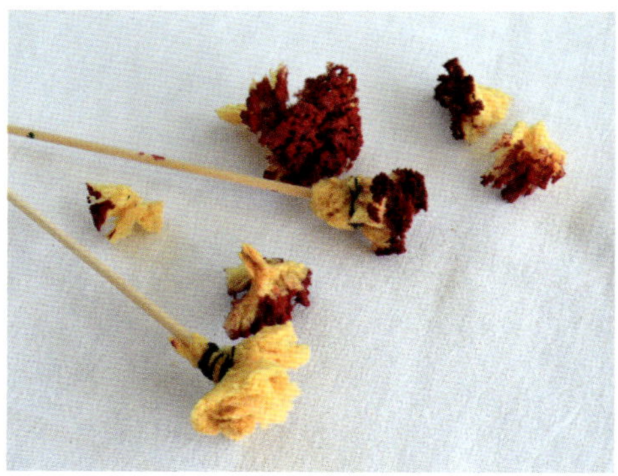

Verschieden große Rosenblütenschwämme

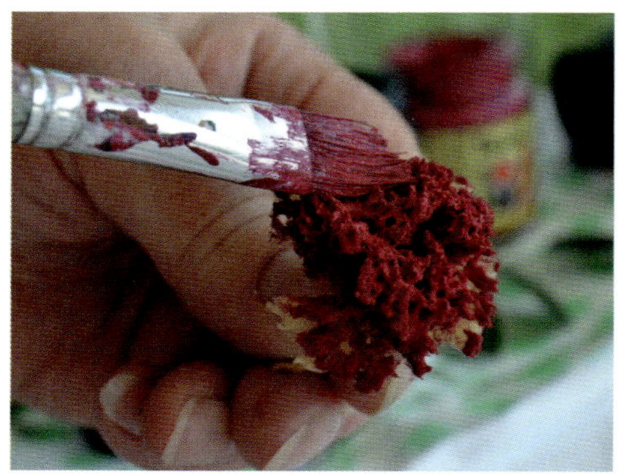

Der Schwamm wird mit dem Pinsel bestrichen oder vorsichtig in die Farbe getaucht.

wenden. Dieser Pinsel kann aufbewahrt und immer wieder eingesetzt werden, dazu muss er aber nach dem Drucken sorgfältig ausgewaschen werden. Aus dem Schwamm können Pinsel in verschiedensten Größen hergestellt werden und wenn man sie nicht an einem Stab montiert, sondern mit der Hand verwendet, kann man durch das Zusammenpressen des Schwammstücks auch noch andere Größen und Dichtegrade erzeugen.

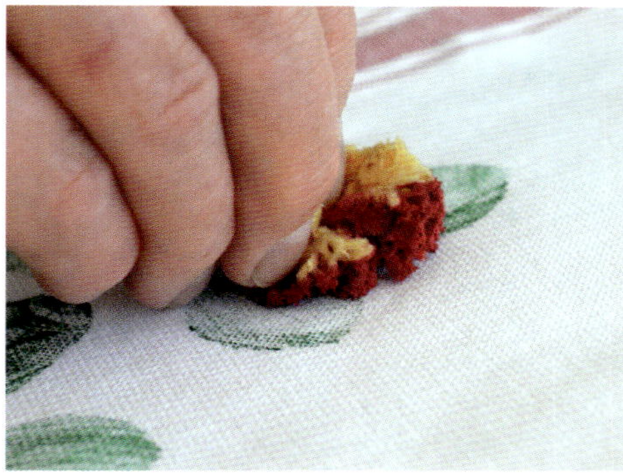

Drucken mit dem selbst gemachten Pinsel

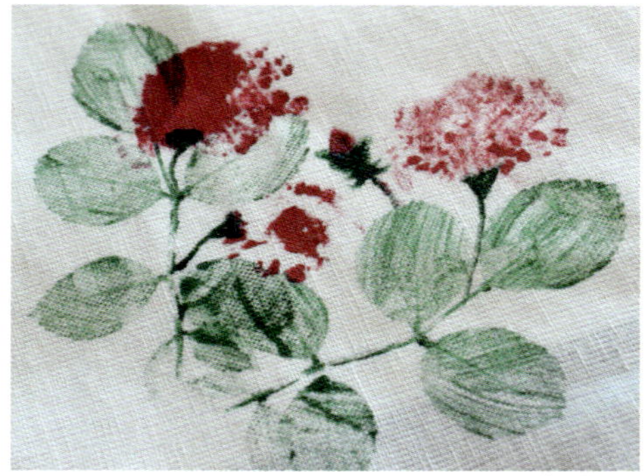

Rosenblüten in verschiedenen Größen und Druckstärken

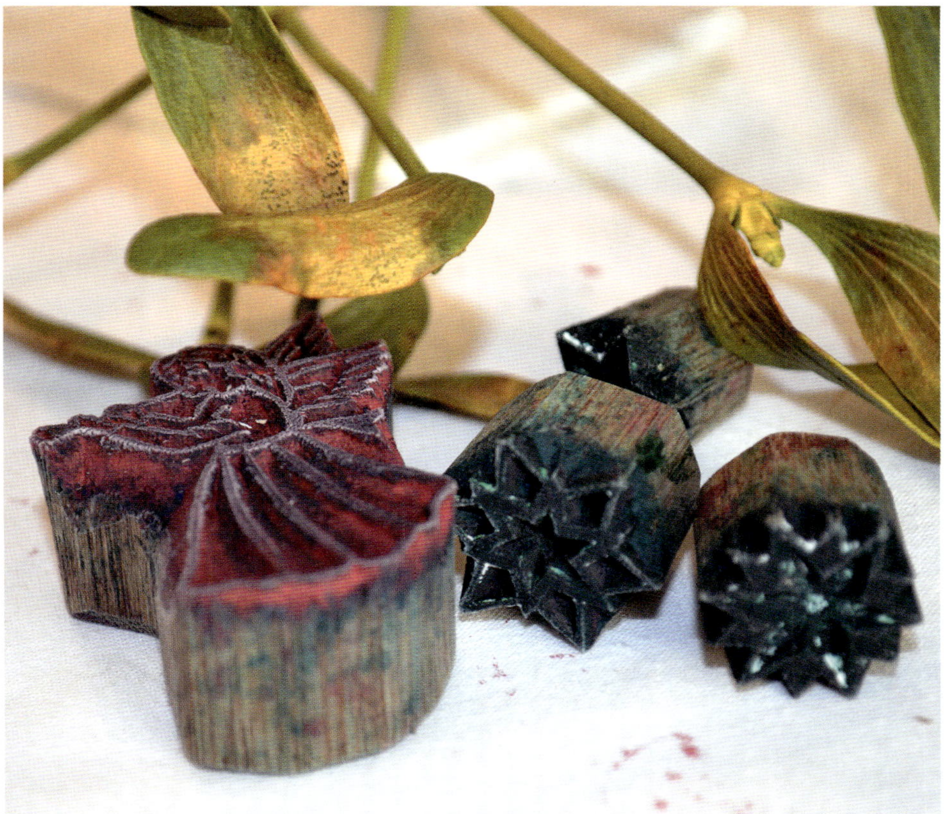

Kleiner Weihnachtsmodel mit Mistelzweig

DIE MODEL

Das Drucken mit Modeln hat eine lange Geschichte. Geschnitzte Model haben sowohl in Europa als auch im asiatischen Raum eine sehr lange Tradition, die bis heute erhalten ist. Dazu werden die gewünschten Muster aus dem Holz geschnitzt, eine langwierige, anspruchsvolle Arbeit. Einfache Model kann man mit einigen Schnitzkenntnissen auch selbst herstellen, die fein gestalteten Model aus diesem Buch sind jedoch von Profis geschnitzt.

GESCHNITZTE MODEL – SCHRITT FÜR SCHRITT

Um einen Model selbst zu schnitzen, wird ein passendes Stück Holz ausgesucht, für Schnitzanfänger sollte dies Weichholz sein. Profischnitzer verwenden gerne Obsthölzer, diese sind nicht so weich wie Linde oder Fichte und sind ein für die Modelschnitzerei übliches Holz. Für das Beispiel in diesem Buch wurde Fichtenholz verwendet, da dieses sehr weich und somit einfach zu schnitzen ist.

Das gewünschte Holzstück, etwas größer als das Motiv, wird **mit Schleifpapier geschliffen**, sodass die Oberfläche glatt ist und keine Holzfasern mehr stören. Danach wird das Holz noch mit einem sogenannten Flacheisen **geglättet**. Die Oberfläche muss keinesfalls völlig glatt sein oder eine Ebene bilden, leichte Unebenheiten wirken beim Druck oft lebendiger als völlig gerade Flächen. Nach dem Glätten der Oberfläche wird das gewünschte **Motiv auf das Holz gezeichnet**, es gilt schon bei diesem Arbeitsschritt „negativ" zu denken, sprich, klar zu definieren, was weggeschnitzt werden muss und was bleiben darf. Eine aufgezeichnete Linie wird somit nicht herausgeschnitzt, sondern das Holz rundherum. Darum müssen Linien dick genug sein, um sie nicht beim Schnitzen

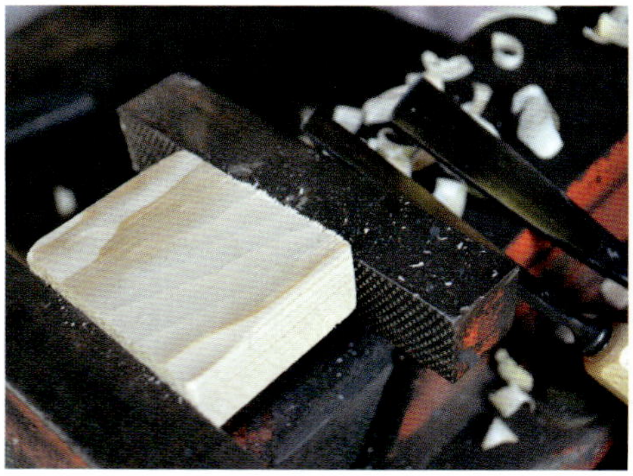

Ein Stück Holz, mit dem Flacheisen geglättet

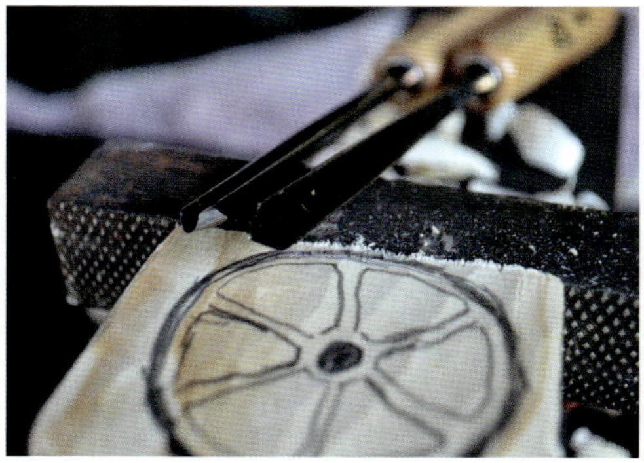

Das Motiv wird mit Bleistift aufgezeichnet.

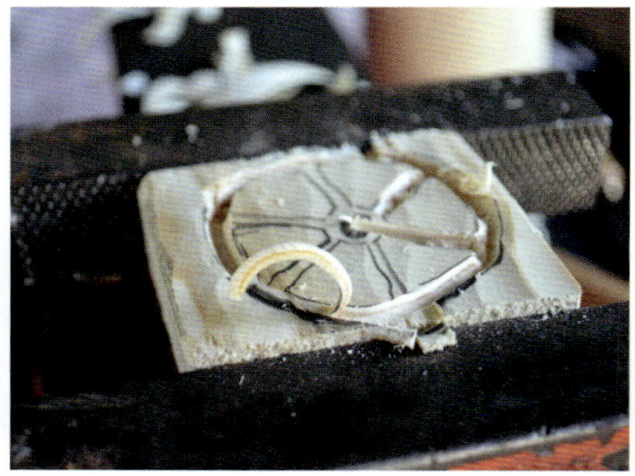

Das Motiv wird mit Hohleisen und Geißfuß freigelegt.

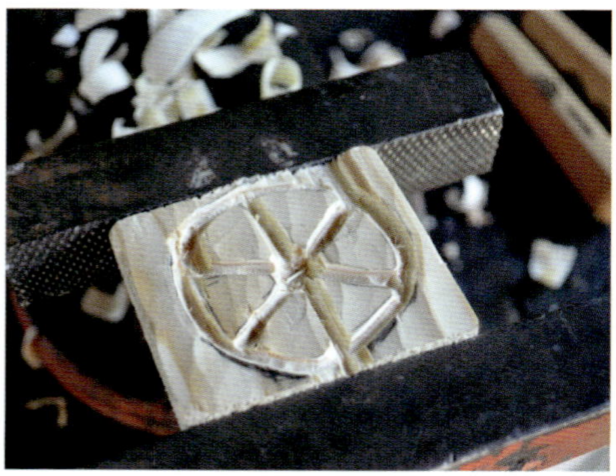

Ecken und Kanten werden mit einem kleinen Flacheisen nachgearbeitet.

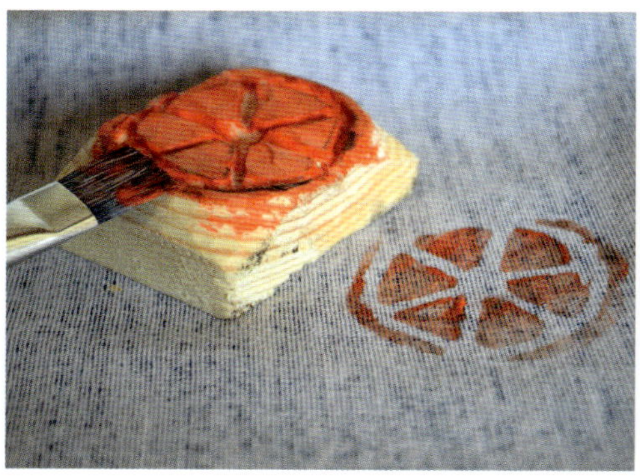

Ein Probedruck zeigt, wo noch Fehler wie abstehende Fasern oder ungewünschte Ecken sind.

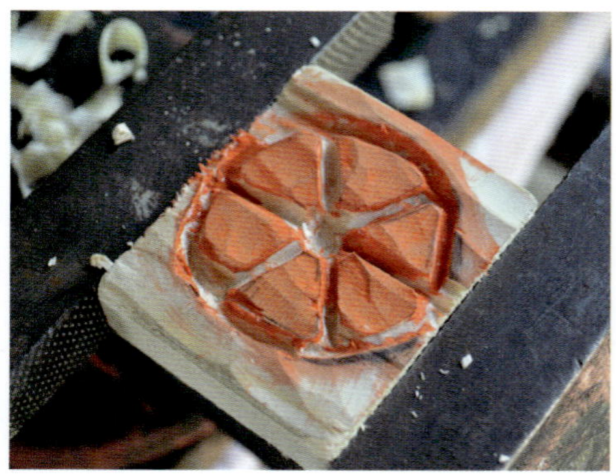

Der Model wird zum Nachbearbeiten noch einmal eingespannt.

zu gefährden, was Anfängern passieren kann. Für das Beispiel wurde eine stilisierte Orange gewählt, da hier dicke Linien zum Einsatz kommen und es auch nicht wichtig ist, exakte Abstände oder durchgehende Linien zu erhalten.

Nach dem Aufzeichnen des Motivs werden im ersten Arbeitsschritt die gezeichneten **Konturen mit dem sogenannten Geißfuß freigelegt**, sodass eine Rille entsteht. Hier gilt es immer zu bedenken: Möchte man, dass das Objekt freigestellt erscheint und die Umgebung farbig ist oder soll das Objekt farbig dargestellt werden? Für einen einfachen Orangenmodel wie im Beispiel soll die Orange farbig auf den Stoff gedruckt werden, das bedeutet, dass das Holz rund um die aufgezeichneten Linien entfernt werden muss.

Im zweiten Schritt wird die Umgebung des Motivs **mit einem Flacheisen oder Hohleisen abgetragen**, sodass die gewünschte Form deutlich herauskommt. Hier gilt es, vorsichtig und sauber zu arbeiten. Zum einen möchte man vermeiden, dass Holz aus dem Motiv absplittert, weil man zu ungestüm vorgeht, zum anderen soll die Form klar herausgearbeitet werden und es sollten auch keine Holzfasern überstehen. Alles, was Farbe aufnehmen kann, wird danach auch auf den Stoff übertragen!

Im dritten Arbeitsschritt geht es an die **Ausformung des Motivs**. Mit dem Geißfuß kann nachgearbeitet werden, Strukturen innerhalb eines Motivs können entstehen, feine Linien, die beim Druck dann keine Farbe übertragen, können geschnitzt werden. Es liegt an der Vorstellungskraft und Fantasie des Schnitzers, wie das Motiv am Ende aussehen wird, von einfachsten, reduzierten Maserungen bis hin zu künstlerisch ausgeformten, feinen Linien ist die Bandbreite groß und richtet sich auch nach dem Können. Die Verwendung dieses einfachen Holzmodels in Orangenform wird im Kapitel „Kleidung und Wäsche gestalten" gezeigt.

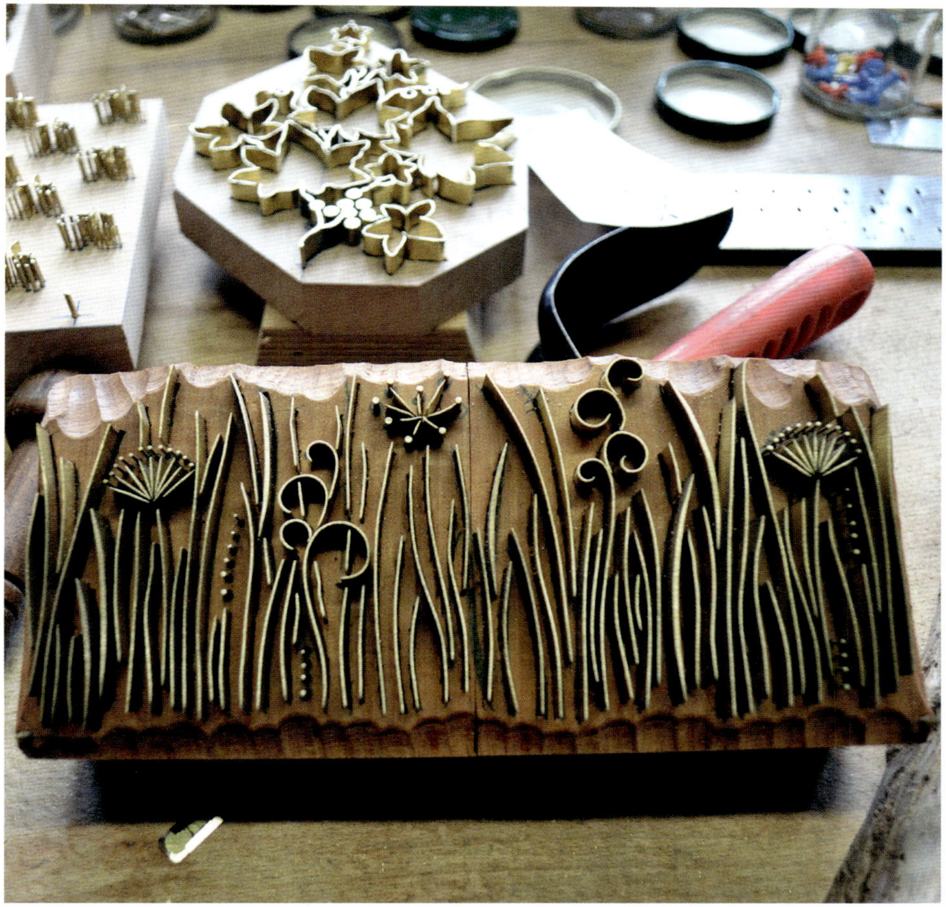

Gestochene Model haben eine lange Tradition und werden auch heute noch hergestellt.

GESTOCHENE MODEL – SCHRITT FÜR SCHRITT

In Mitteleuropa sind sogenannte „gestochene Model" sehr verbreitet, also Model mit Messingteilen, die in das Holz eingebracht werden. Die Kunst des Modelstechens war fast aus unserer Kultur verschwunden, hat aber nun wieder einen Aufschwung erlebt.

Für diese Art von Modeln wird traditionell Birnbaumholz verwendet, dieses muss trocken und sehr gut abgelagert sein, damit sich die Model später nicht verziehen. Birnbaumholz ist kurzfasrig, zeichnet sich durch stabile Faserenden aus und hat das ideale Gewicht für Druckmodel. Die gewünschte **Form** des Models wird **grob aus dem Holz geschnitten**, bevor es ans Stechen des Models geht, für längliche Muster wird einfach ein längliches Stück Holz in der passenden Größe gewählt.

Das ausgewählte **Motiv** wird **auf Papier gezeichnet**, kann aber auch von einer Vorlage kopiert werden. Muster können fortlaufend angelegt sein, also zum Beispiel Blumenmuster, Borten oder Karomuster, dann müssen auf dem Model auch Arretierstifte an den Rändern des Musters angebracht werden, damit man das entsprechende Muster korrekt fortlaufend führen kann. Dies ist speziell für den professionellen Stoffdruck von Bedeutung, als Hobbydrucker bedruckt man selten Stoffe in langen Bahnen. Neben Mustern und Borten können auch einzelne Motive hergestellt werden, vom Weihnachtsengel bis zum dekorativen Hirsch für das Herbstgedeck. Was auch immer der Modelstecher gewählt hat, das Motiv wird zuerst **mit Blaupapier auf das Holz übertragen.**

Dann werden die einzelnen **Segmente vorgestochen**, mit scharfen, kleinen Schnitzmessern oder runden Werkzeugen, je nach Aussehen. In die vorgestochenen Löcher, Schlitze und Formen im Holz werden dann **Messingteile eingebracht**, Drähte in allen Durchmessern für punktförmige Abdrücke, Messingplättchen für geformte Abdrücke. Die Messingplättchen werden zugeschnitten, geschliffen und geformt, bevor sie in das Holz geschlagen werden, die Drähte müssen zugeschnitten und angeschliffen werden. Der Modelstecher muss bei dieser Arbeit äußerst genau vorgehen, denn die einzelnen Teile des Models sollen zum Schluss eine gerade Oberfläche ergeben, die dafür sorgt, dass die Farbe gleichmäßig aufgedrückt werden kann. Außerdem sollen die Messingteile so im Model stecken, dass sie auch beim Feuchtwerden des Holzes und beim anschließenden Trocknen nicht herausfallen – eine Kunst, die gelernt sein will!

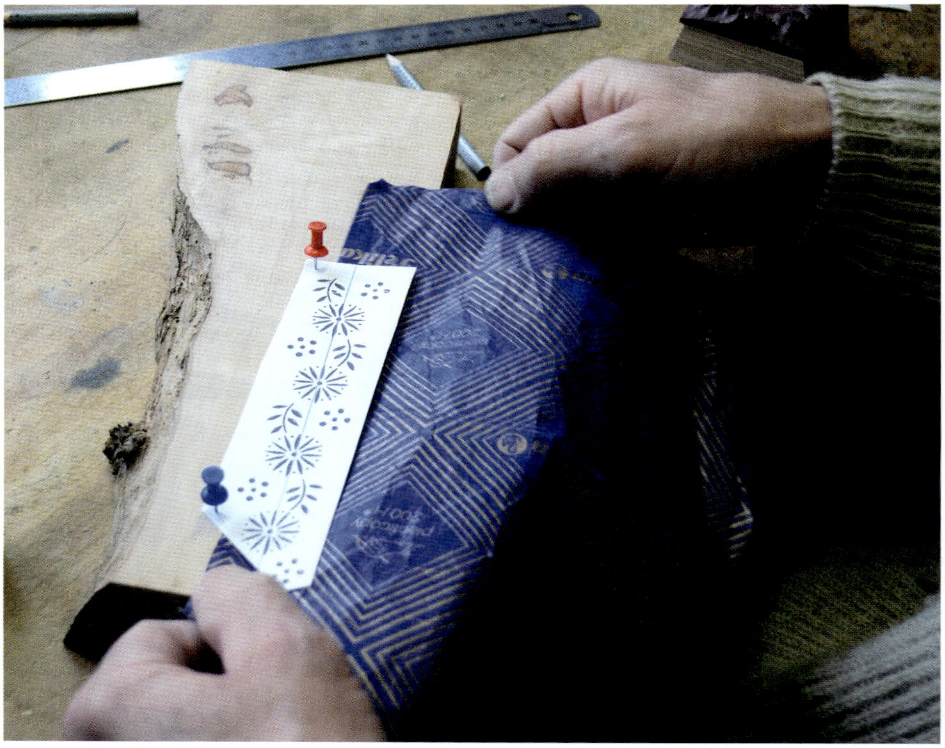

Das gewünschte Muster wird mit Blaupapier am Holz fixiert.

Nachdem das gewählte Motiv komplett an dem Model sichtbar ist, wird der Rand des Models noch mit einem Schnitzmesser geglättet und der Model wird so geschliffen, dass er sauber aussieht. Es wird ein Griff angebracht und zum Schluss das Holz mit Leinöl behandelt, bis es gesättigt ist. So wird das Holz gegen Nässe geschützt. Wie genau ein Model hergestellt wird, hat Modelstecher Eduard Zinsberger erklärt, der auch für die folgenden Bilder zur Verfügung stand.

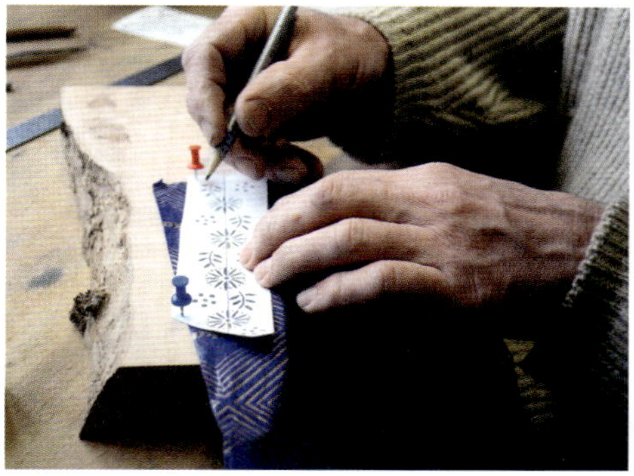
Das Muster wird mit Bleistift auf das Holz übertragen.

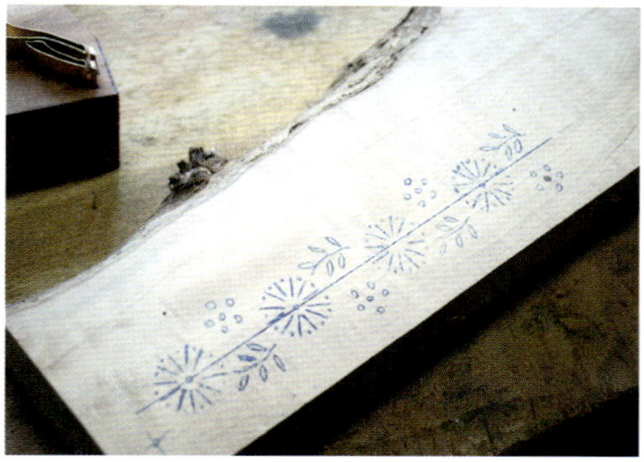
Das Muster, fertig zum Stechen

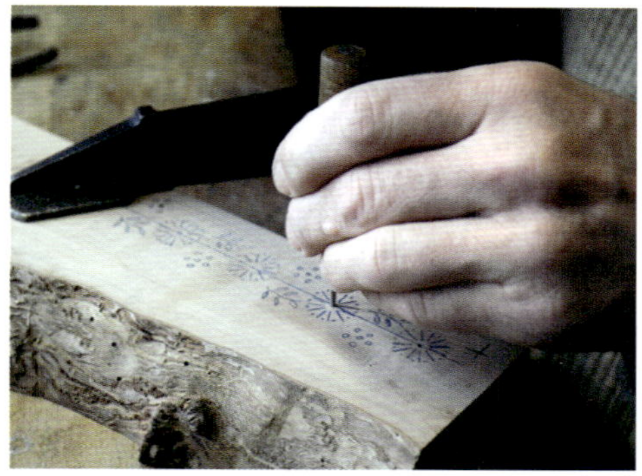
Das Muster wird vorgestochen.

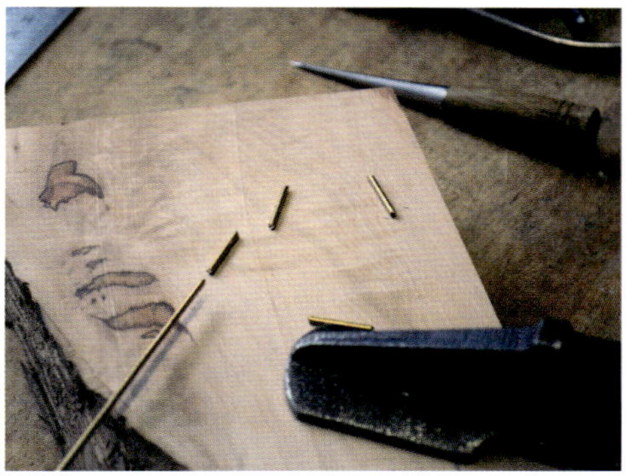
Aus Messingdraht werden gleich lange Teile zugeschnitten.

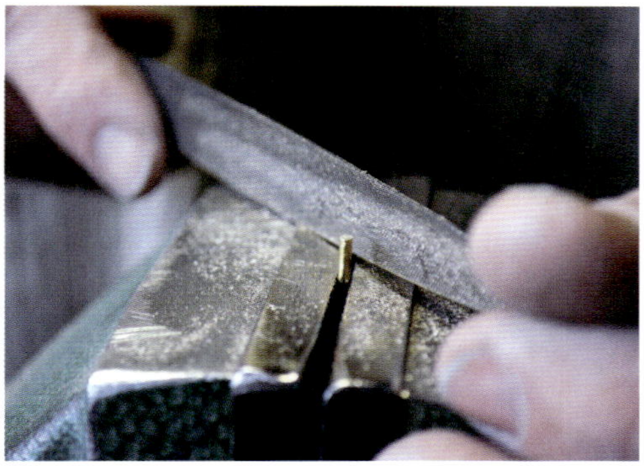
Die Drahtteile werden angeschliffen, um einen besseren Halt im Holz zu garantieren.

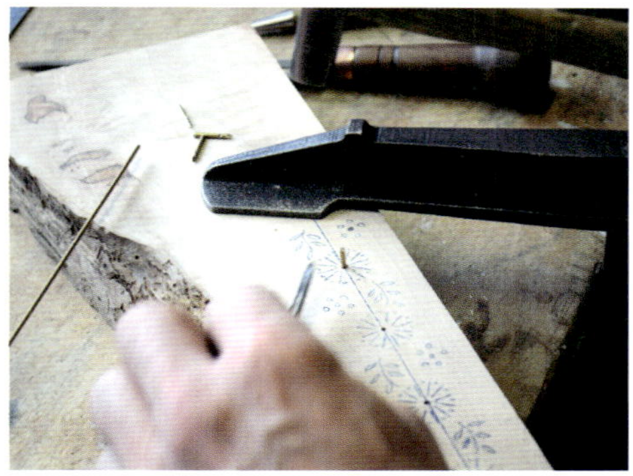
Ein Messingteil nach dem anderen wird in das Holz geschlagen.

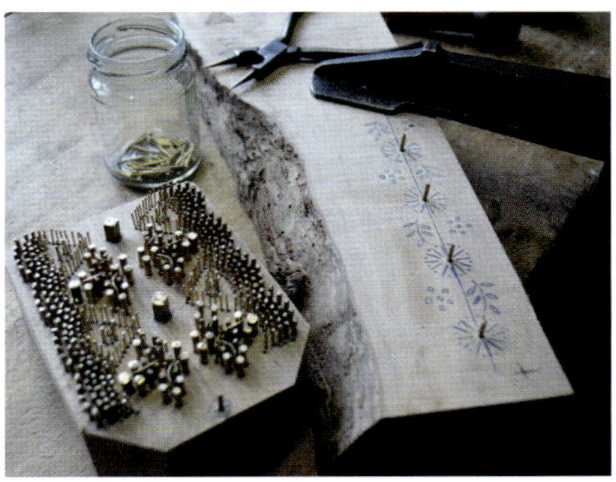
Ein fertiggestellter Model neben dem neu begonnenen

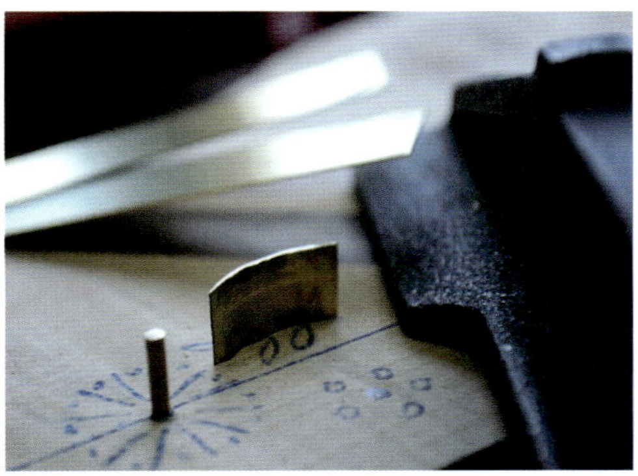
Drähte erzeugen punktförmige Abdrücke, aus Messingplättchen werden Formen gebogen.

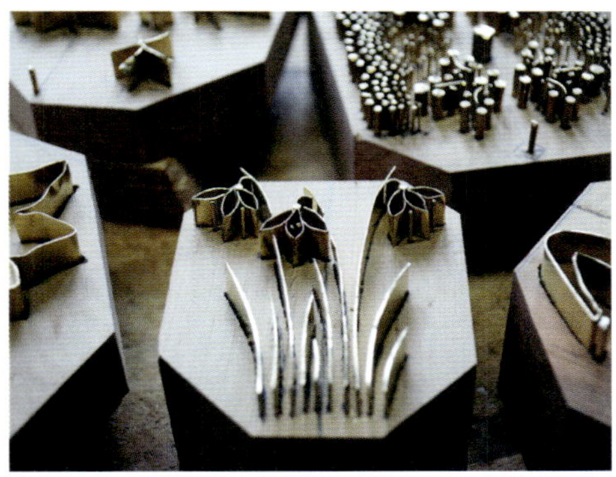
Verschiedene Model, das Holz ist noch unbehandelt.

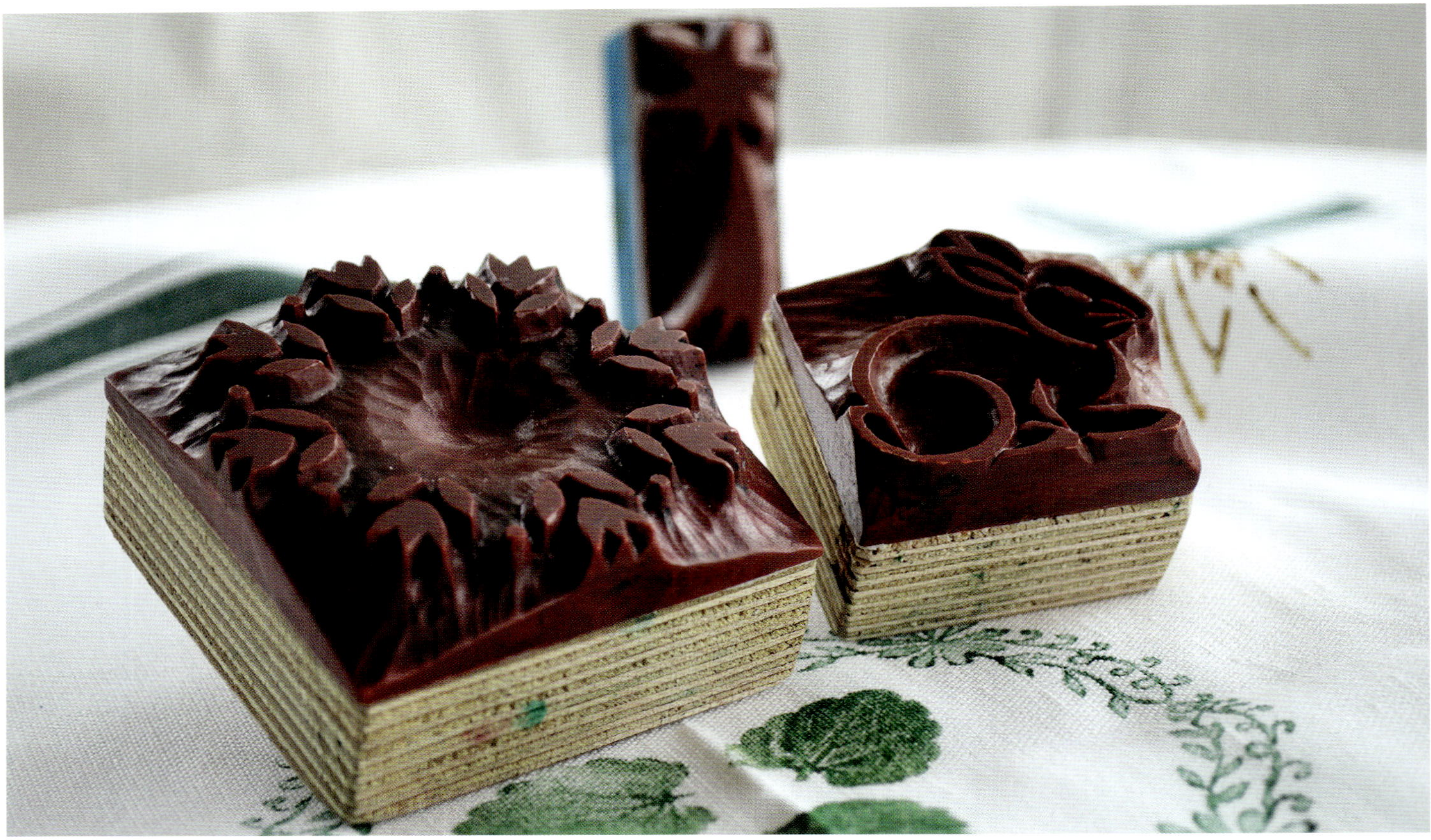

Verschiedene Model aus Kunstharz

Geschnitzte wie auch gestochene Model kann man **im Handel** erwerben, das alte Handwerk blüht wieder auf. Vielerorts findet man aber auch gebrauchte Model aus alten Handwerksbetrieben auf Märkten und Flohmärkten und selbstverständlich bietet es sich an, auch auf Urlaubsreisen nach Modeln Ausschau zu halten.

Auch **auf Märkten** in Italien und Frankreich, in Indien oder anderen asiatischen Ländern, in denen der Stoffdruck Tradition hat, lohnt es sich, Model zu kaufen. Für dieses Buch kamen beispielsweise auch Model aus Indien zum Einsatz, ein Land, das eine sehr rege Geschichte der textilen Gestaltung zu erzählen hat.

Seit einigen Jahren werden auch Model aus Kunstharz angeboten, die zu einem wesentlich günstigeren Preis als geschnitzte oder gestochene Model erhältlich sind. Zum Herstellen dieser Model wird eine Vorlage geschnitzt, die dann beliebig oft mit Kunstharz ausgegossen werden kann, der Nachteil ist also, dass man keine individuellen Model mehr erhält, sondern „Stangenware". Professionelle Textildrucker verwenden Model aus Kunstharz kaum, weil die Druckqualität den Anforderungen des professionellen Drucks nicht entspricht. Für den Hobbybereich ist das Verwenden von Kunstharzmodeln aber durchaus möglich. Am besten vergleicht man verschiedene Modelarten, um für sich selbst die individuell passenden Model herauszufinden.

Buchstaben drucken

Zum Drucken von Buchstaben werden neben kleinen Modeln auch **Schablonen** im Handel angeboten. Diese Schablonen werden auf den Stoff aufgelegt und mit einem runden Borstenpinsel wird der gewünschte Buchstabe ausgetupft. Wenn man mit dem Pinsel streicht, besteht die Gefahr, dass die Farbe unter der Schablone durchdringt und keine klaren Buchstabenformen entstehen. Auch beim Tupfen gilt es darauf zu achten, dass nicht zu viel Farbe verwendet wird.

TIPP

Beim Kauf der Buchstabenschablonen sollte man unbedingt nach durchsichtigen Schablonen fragen, denn sonst ist es kaum möglich, mehrere Buchstaben zu einem Wort zusammenzufügen und dabei auf einer Linie zu bleiben.

Nach jedem Buchstaben muss man diesen etwas antrocknen lassen und dann erst den nächsten Buchstaben anfügen, sonst kann die Schablone beim Auflegen einzelne Buchstaben verwischen. Beim Drucken von Wörtern oder Sätzen sollte man auf jeden Fall auf einem Stück Papier vorab probieren, wie das Ergebnis aussieht, denn zu viele Buchstaben können ein Werkstück rasch überfrachten und es sieht dann nicht mehr so aus, wie man es gewünscht hat.

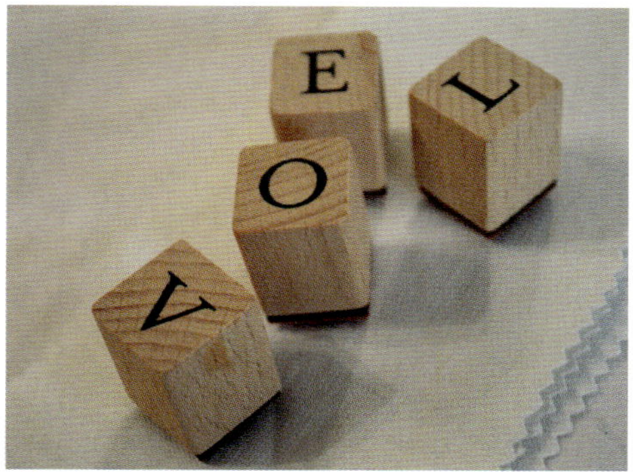

Die richtigen Buchstaben für die Valentinsgeschenke

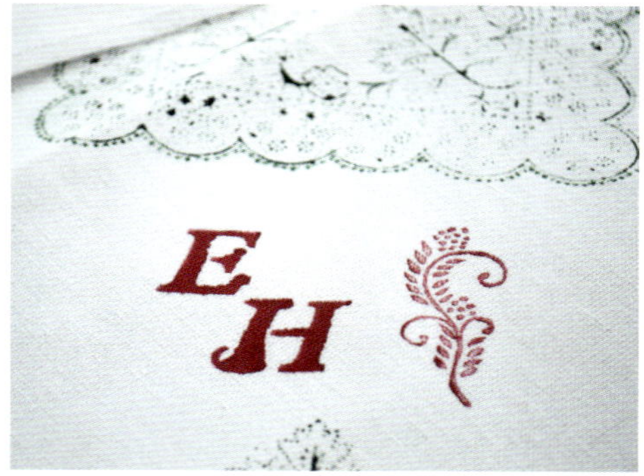

Initialen, mit Schablone aufgemalt

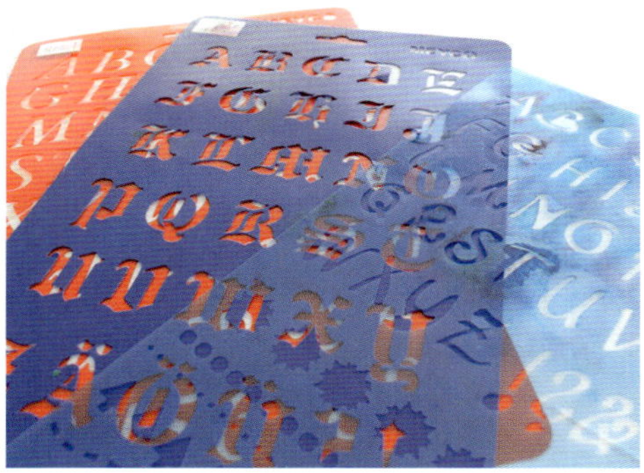

Schablonen in verschiedenen Ausführungen, am besten eignen sich durchsichtige.

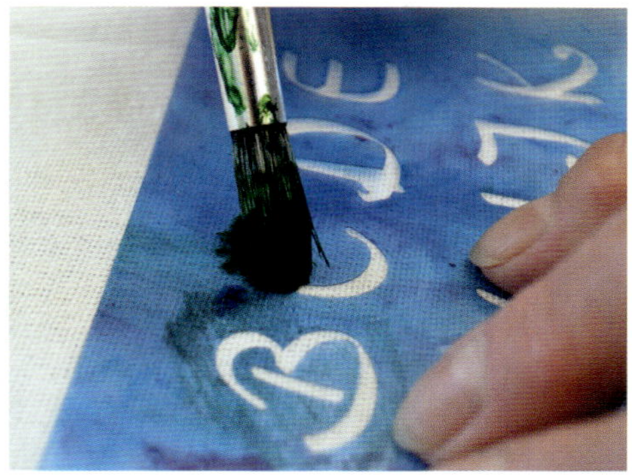

Vorsichtig wird der Buchstabe aufgetupft.

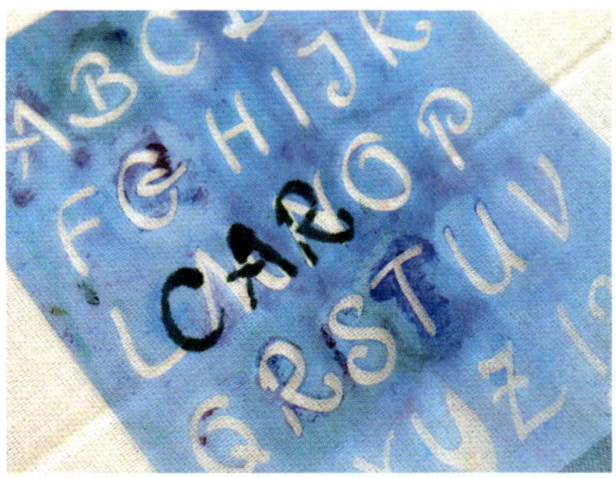

Die durchsichtige Schablone ermöglicht, auf einer Linie zu bleiben.

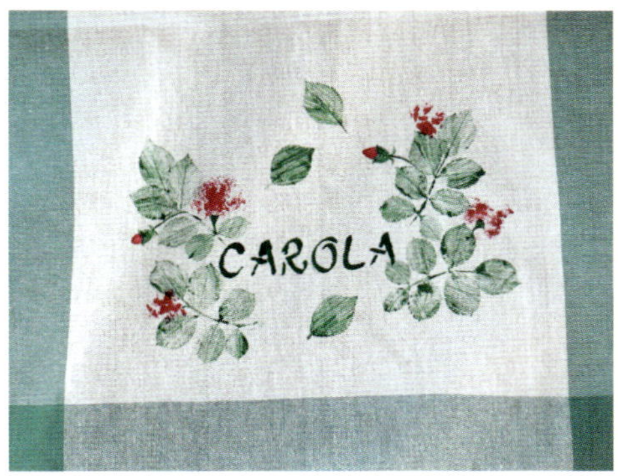

Das fertige Werkstück

LINOLSCHNITT

Für den Hobbybereich werden immer noch Model aus Linol verwendet, eine Technik, die in den 1980er-Jahren im Werkunterricht an vielen Schulen gelehrt wurde und so ihre Verbreitung fand, dann aber kurz in Vergessenheit geriet. Heute kommt der Linolschnitt vor allem im künstlerischen Bereich wieder zum Einsatz, mit den Modeln aus Linol werden Papier, Textilien, Holz und sogar Wände bedruckt. Selbst gestaltete Geschenkpapiere, Abschlussborten auf Wänden oder liebevoll entworfene Stoffe können mit Linoldruck perfekt erstellt werden.

Die Utensilien für das Arbeiten mit Linoldruck erhält man im Bastelzubehör oder Heimwerkerladen. Linolplatten in verschiedenen Stärken sowie ein einfaches Messerset mit auswechselbaren Messern empfehlen sich für die ersten Gehversuche. So kann man feststellen, welche Plattenstärken für das eigene Können und Vorhaben die besten sind und mit welchen Messern man am besten umgehen kann. Wie auch beim Schnitzen wird man nach den ersten Versuchen bald sein Lieblingswerkzeug gefunden haben, das in der Folge am häufigsten zum Einsatz kommt.

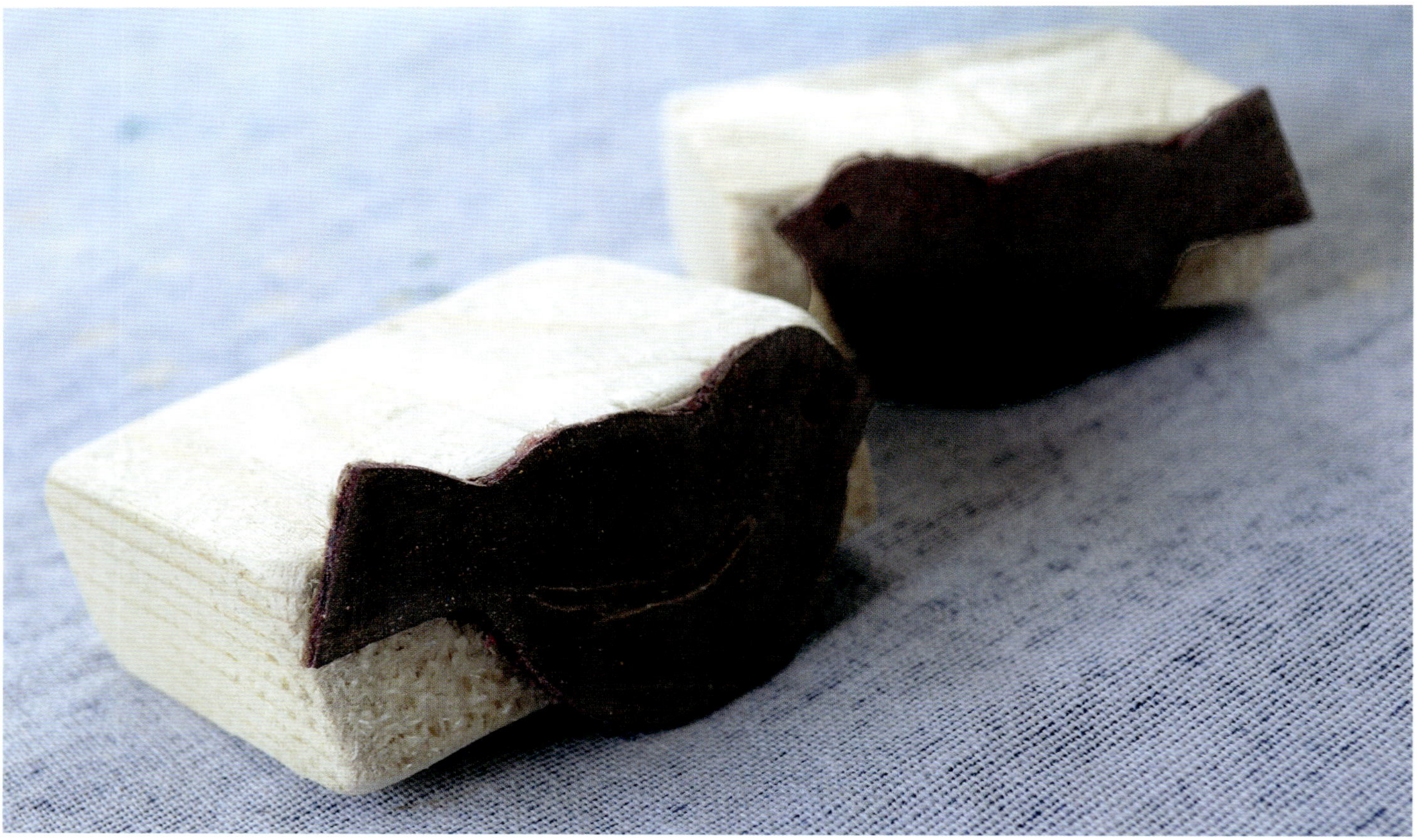

Vogelmodel aus Linol

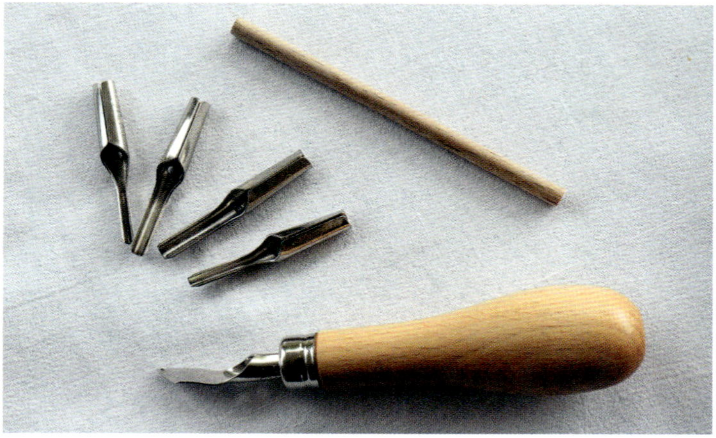

Das Werkzeug zum Bearbeiten des Linols erhält man im Bastelbedarf in den verschiedensten Preisklassen.

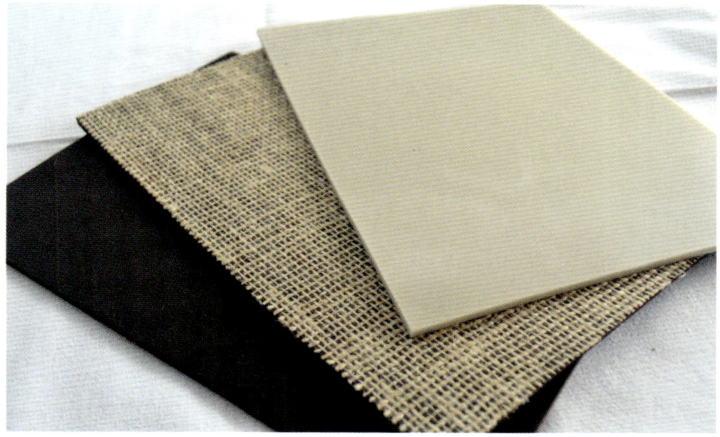

Linolplatten in verschiedensten Stärken

SCHRITT FÜR SCHRITT

Für den Anfänger empfiehlt sich auch bei dieser Technik, zuerst mit sehr einfachen Motiven zu arbeiten, bevor es an die aufwändige künstlerische Gestaltung geht. Vor dem Bearbeiten des Linols wird das gewünschte **Motiv auf Karton gezeichnet** und ausgeschnitten. Diese Form kann dann **auf das Linol übertragen** werden, ohne viel Verschnitt zu produzieren. Außerdem können vorher aus Karton geschnittene Motive einfach umgedreht werden und man hat somit auch die jeweils seitenverkehrte Variante zur Verfügung, so man das möchte. Das Motiv wird dann mit einem scharfen Messer **ausgeschnitten** und die Ränder bei Bedarf nachbearbeitet, sodass es keine Ecken und Einschnitte gibt. Wie auch beim Holzmodelschnitzen geht es erst danach an die Motivgestaltung. Das bevorzugte Werkzeug für dieses Bearbeiten sieht aus wie der Geißfuß aus dem Schnitzwerkzeugsortiment, ist aber etwas kleiner und für Linolschnitt geeignet. Beim Kauf des Linolschnittzubehörs sollte man mindestens ein scharfes Linolmesser und diesen Geißfuß erwerben, besser noch, man nimmt ein Anfängerset mit verschiedensten Messern.

HINWEIS

Egal, ob man sich zu Anfang für einfache Blätter, kleine Vögel oder wie im nachfolgenden Beispiel einen Mond entscheidet – alle Segmente, die man im Motiv wegschnitzt, übertragen beim Druck keine Farbe auf die Textilien und sorgen so für hübsch gestaltete Muster und Figuren. Sollte man nach dem ersten Druck feststellen, dass die ausgesparten Abschnitte zu dünn oder zu wenig tief geraten sind, kann man den Linolmodel weiter bearbeiten und nachbessern.

Das fertig ausgeschnittene und gestaltete Motiv kann, bevor es auf ein Holzstück geklebt wird, einmal auf einem Probestück Stoff getestet werden. Ist man mit dem Ergebnis zufrieden, klebt man das Linolmotiv auf ein vorbereitetes Stück Holz, denn dies vereinfacht das Drucken. Die kleinen Holzstücke werden im Vorfeld mit Schleifpapier bearbeitet, sodass das Holz glatt ist und Verletzungen durch kleine Holzfasern vermieden werden. Im günstigsten Fall ist das Holzstück groß genug, sodass das Linol nicht über den Rand des Holzes hinausragt. Sollte dies nicht möglich sein, so muss man beim Drucken darauf achten, dass man die überstehenden Linolteile extra mit dem Finger auf den Stoff drückt, um unterschiedliche Farbstärken zu vermeiden. Dies kann aber auch gewünscht sein! Wie bei vielen handwerklichen Techniken gilt es hier, zu experimentieren und den eigenen Stil herauszufinden.

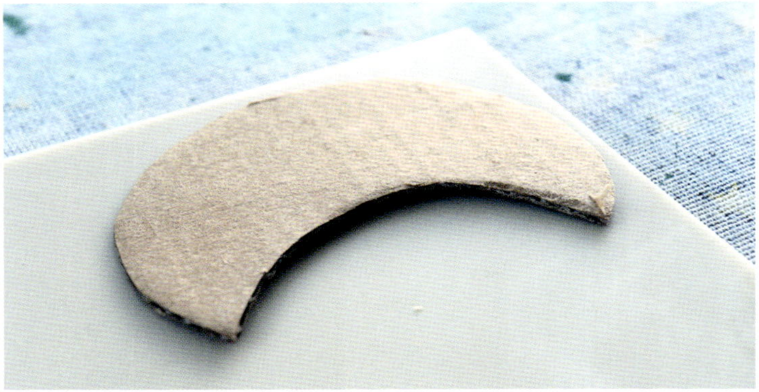

Die Kartonvorlage wird aufgelegt und nachgezeichnet.

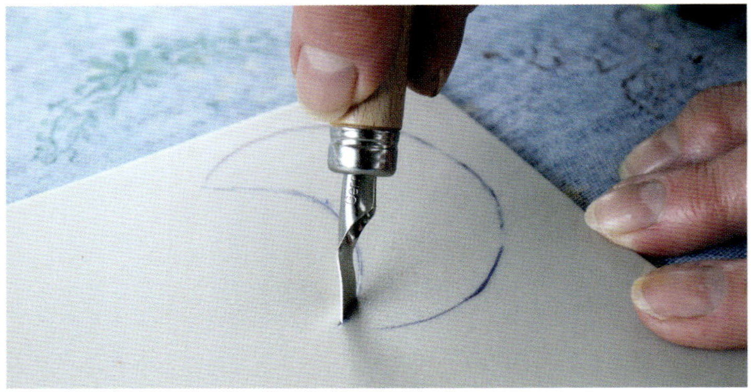

Mit einem scharfen Messer wird das Motiv ausgeschnitten.

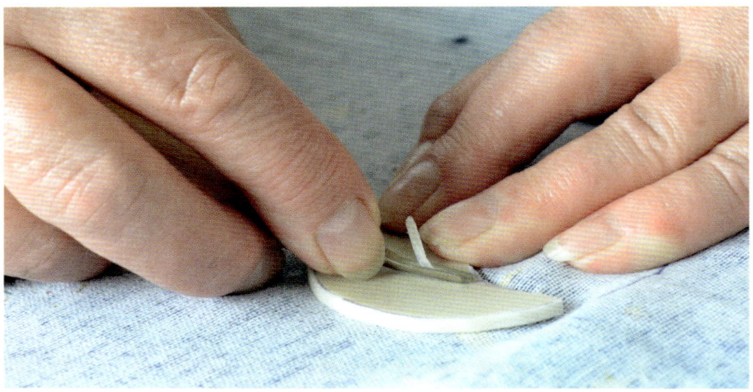

Nach dem Ausschneiden wird das Motiv nach Wunsch bearbeitet.

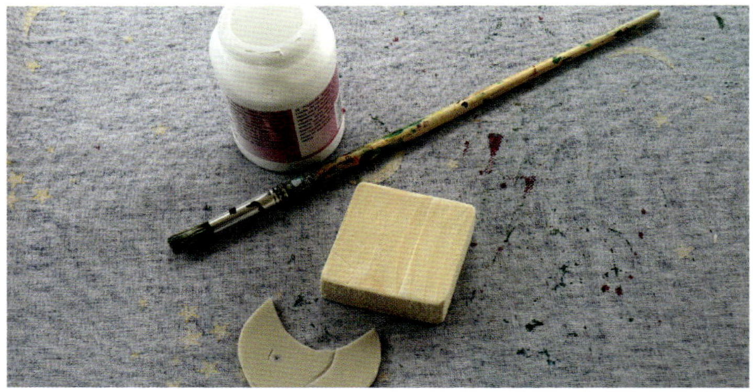

Zum Fertigstellen des Models benötigt man ein sauber geschliffenes Stück Holz, etwas Leim und einen Pinsel.

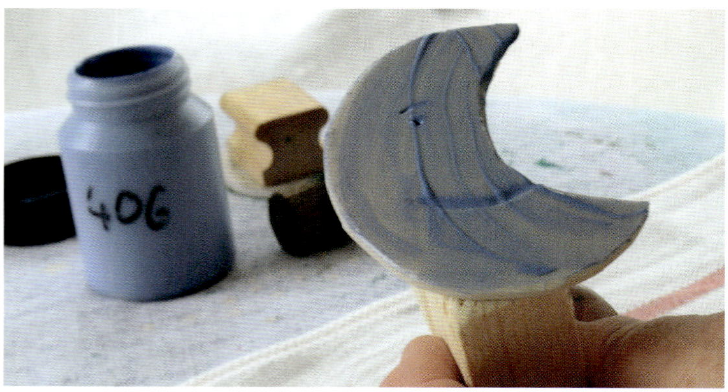

Der Model wird mit einem Pinsel mit der gewünschten Farbe bestrichen.

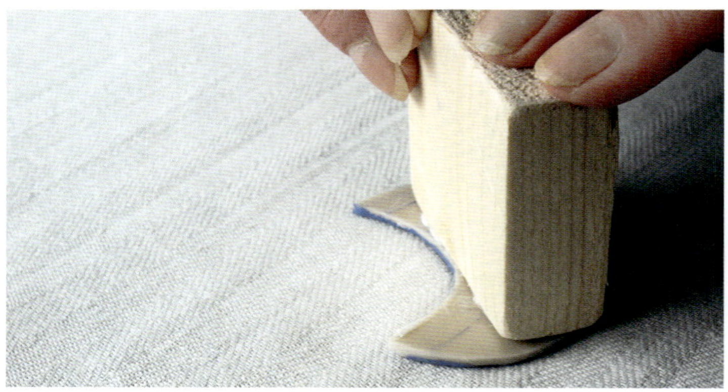

Nach einem ersten Probedruck auf einen Stoffrest kann das Werkstück in Angriff genommen werden.

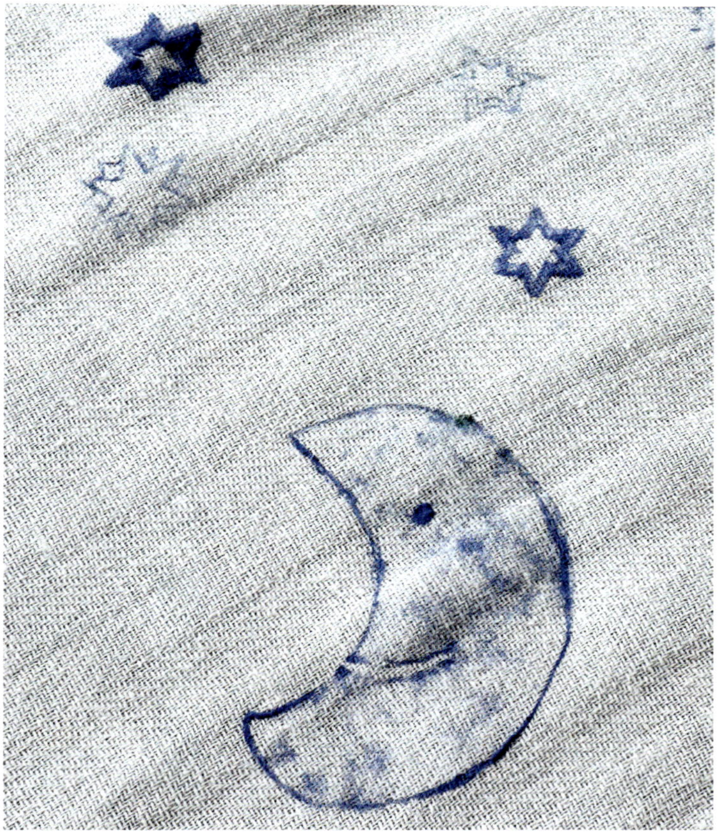

Mit wenig Farbe bestrichene Model ergeben feine, fast durchsichtige Formen, die mit dem Pinsel nachgearbeitet werden.

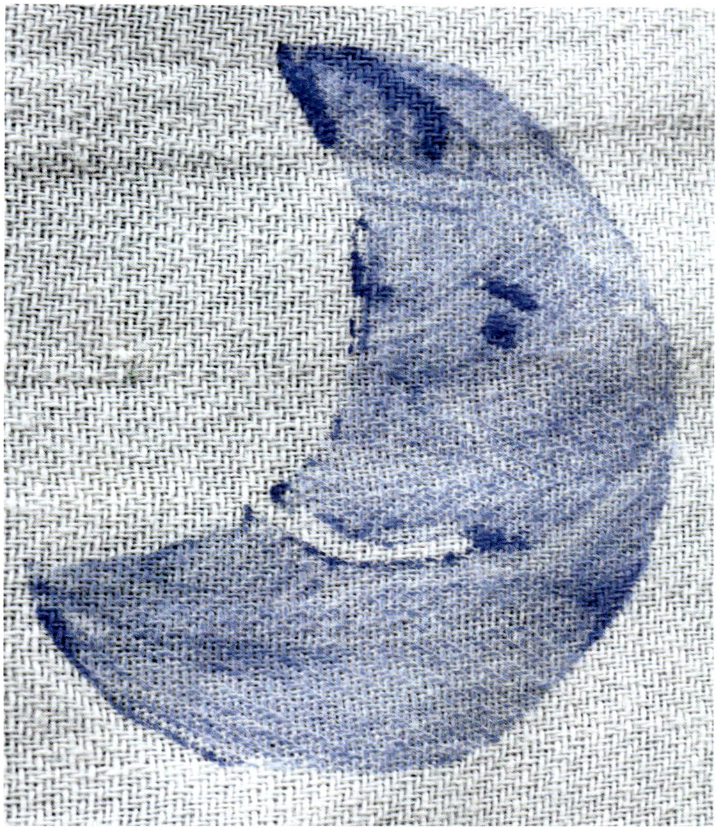

Mit viel Farbe bestrichene Model ergeben kräftige Abdrücke auf dem Stoff.

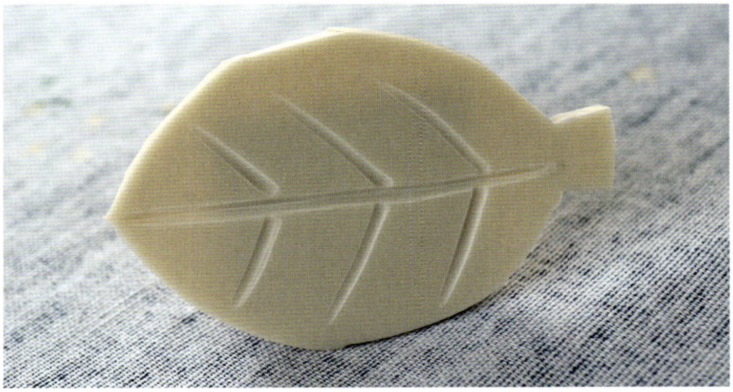

Ein Blatt, aus Linol gefertigt

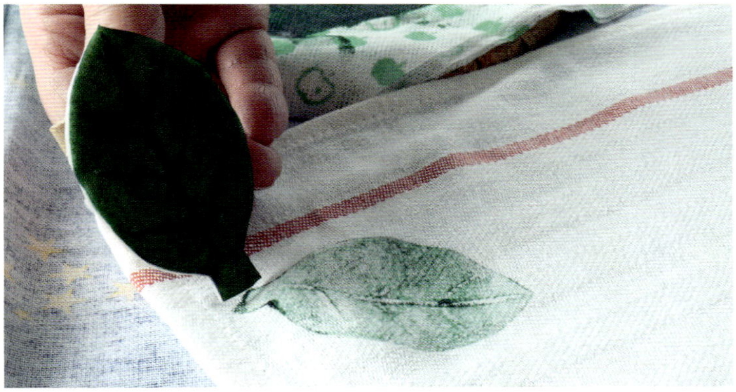

Der Blattmodel im Einsatz

TIPP

Aufwändige Muster werden auch für den Linolschnitt zuerst auf Papier gezeichnet und dann mit Blaupapier auf das Linol übertragen. Hier sollte man beim Kauf des Linols schon abklären, welches Blaupapier sich zum Übertragen auf Linol eignet, denn manche Blaupapiere hinterlassen keine Spuren auf Linol.

Das gewünschte Motiv kann auch frei auf die Linolplatten aufgezeichnet werden. Wie bei den geschnitzten Modeln gilt es dann genau zu definieren, welche Abschnitte Farbe übertragen sollen und welche nicht.

Beim Erstellen der gewünschten Muster und Motive ist die Vorstellungskraft gefordert. Große Flächen, die Farbe übertragen, können langweilig wirken. Große Flächen dürfen also mit dem Geißfuß „aufgelockert" werden, feine Linien, die eingeschnitzt werden, werden beim Druck dann ausgespart und machen das Motiv insgesamt heller.

Zum Aufdrucken nimmt man eine kleine Walze zur Unterstützung, diese ist im Bastelbedarf erhältlich. Den ersten Druckversuch sollte man auf einem Stoffrest wagen, um festzustellen, ob man beim Freilegen des Motivs auch sauber gearbeitet hat. Eventuelle Fehler lassen sich danach noch ausbessern, dazu wäscht man die Farbe von der Linolplatte, lässt diese kurz trocknen und arbeitet mit dem Geißfuß oder einem kleinen Flacheisen weiter.

Für das folgende Beispiel wurde ein modernes Dschungelmotiv für ein T-Shirt entwickelt.

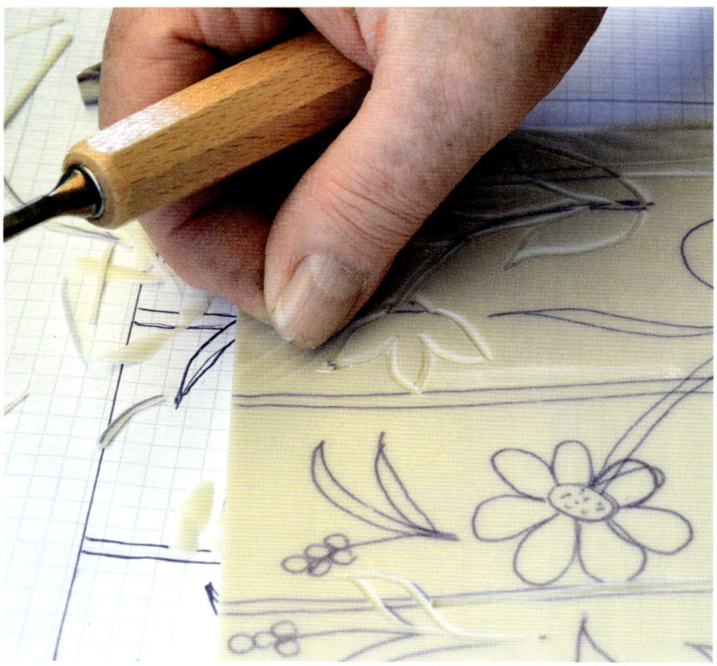

Das Muster wird auf die Linolplatte gezeichnet und dann mit dem Geißfuß freigelegt.

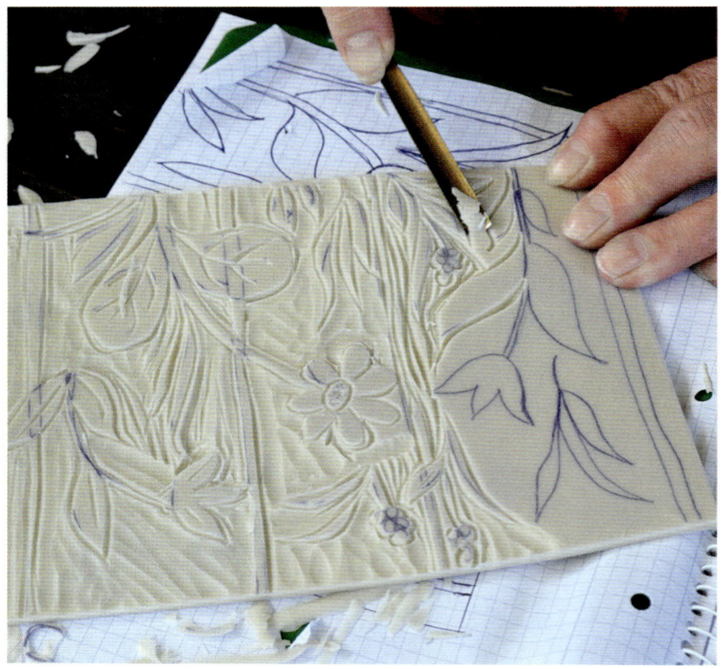

Was gedruckt werden soll, muss erhalten bleiben – volle Konzentration ist gefragt.

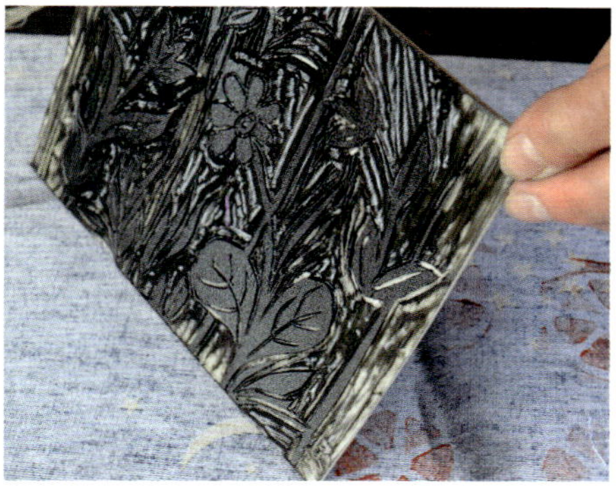

Die Linolplatte wird gleichmäßig mit Farbe bestrichen.

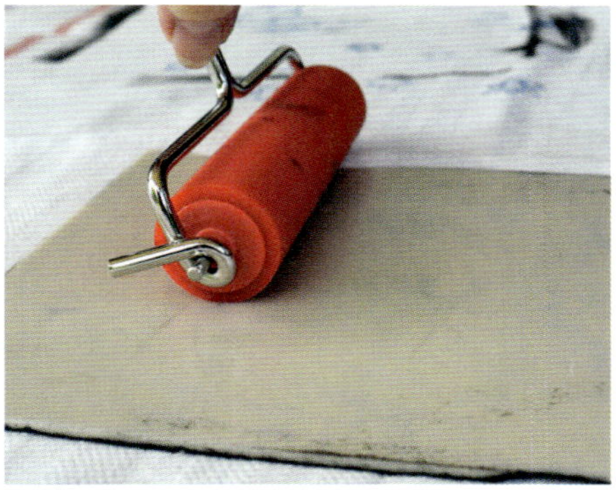

Mit einer kleinen Walze wird das Motiv unter gleichmäßigem Druck aufgedruckt.

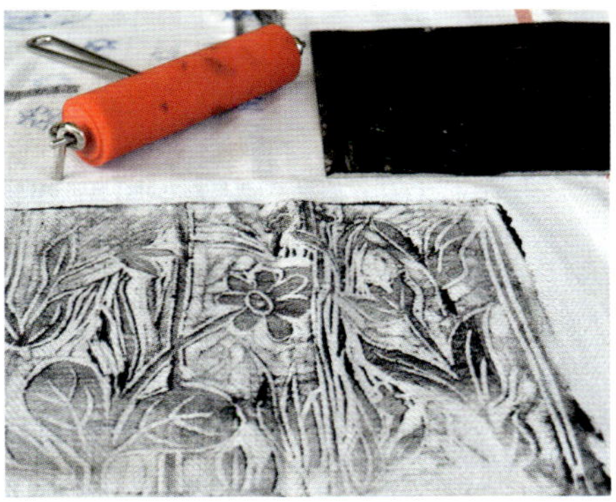

Ist man mit dem Motiv zufrieden, kann mit dem Linolmodel weitergedruckt werden.

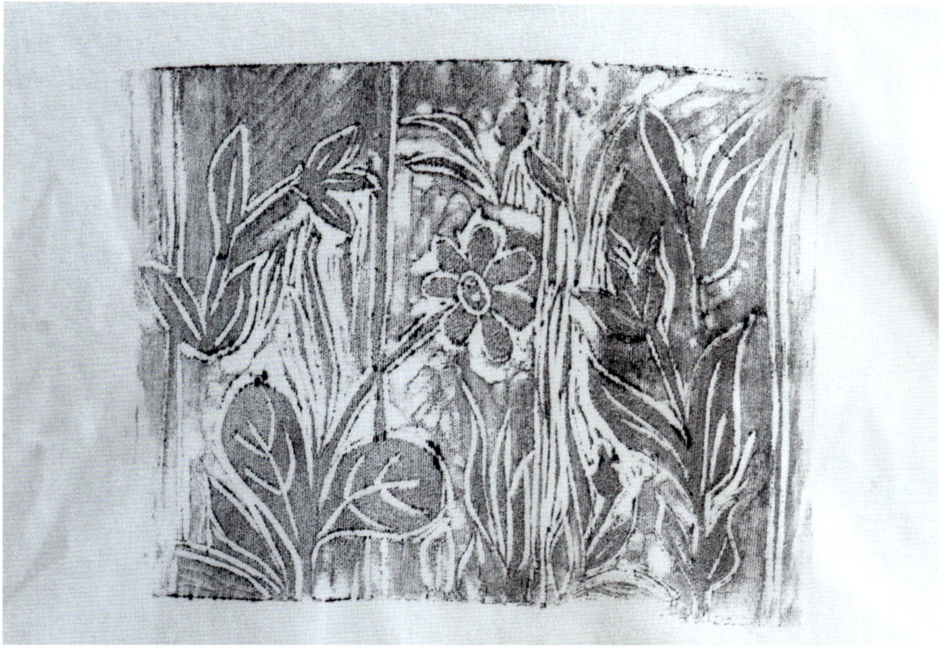

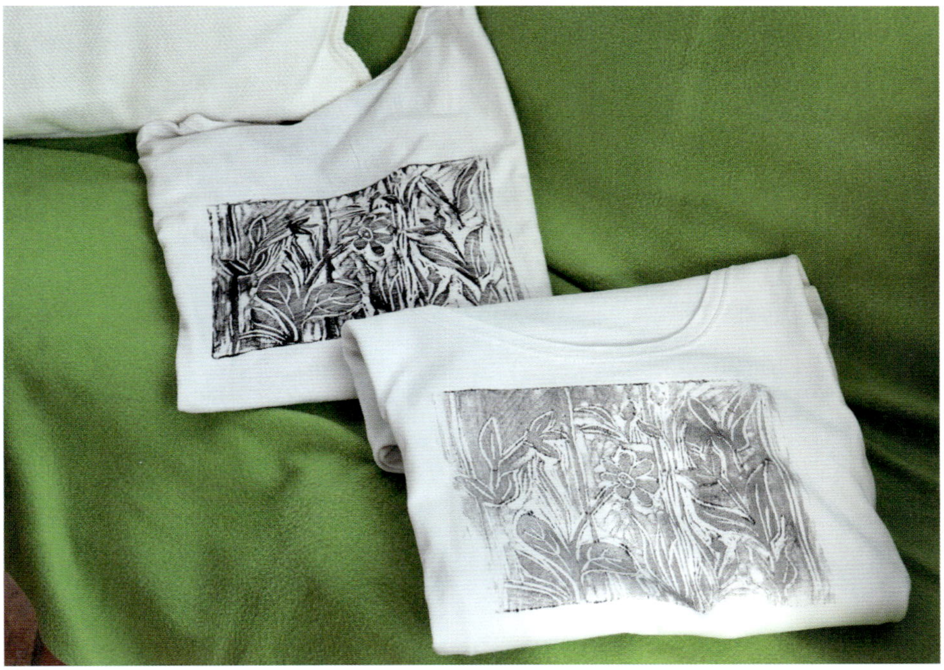

Oben: Linoldruck auf Baumwollshirt. Unten: Immer ein Renner: Bedruckte T-Shirts

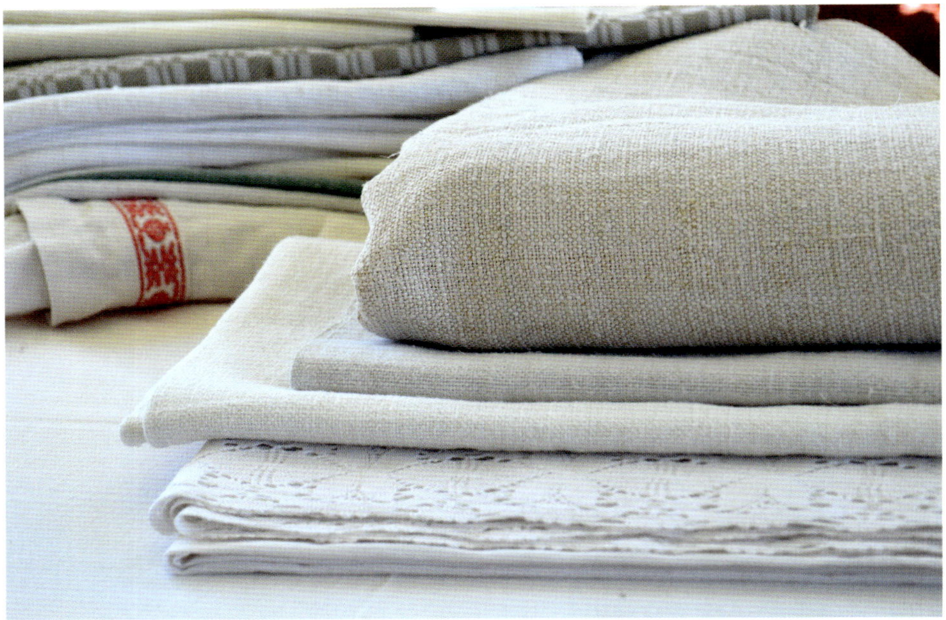

Altes Leinen, Geschirrtücher und Stoffreste – alles wird verarbeitet!

DAS MATERIAL – STOFFBAHNEN, GESCHIRRTÜCHER UND KLEIDUNG

Bedrucken kann man im Grunde jedes textile Material wie auch Papier. Von günstig erworbenen Geschirrtüchern bis hin zu T-Shirts und Jeans, Dirndlschürzen oder Vorhängen und Tischdecken sind der Fantasie keine Grenzen gesetzt. Neben den bereits fertig vernähten Stücken können selbstverständlich auch Stoffreste und Stoffbahnen aller Art bedruckt werden, um anschließend daraus verschiedenste Werkstücke zu nähen. Auch bereits gebrauchte Textilien können bedruckt werden und erfahren somit eine ganz besondere Aufwertung. „Upcycling" nennt sich dies in moderner Sprache – also aufwerten statt entsorgen. Besonders attraktiv für diese Techniken sind alte Leinenstoffe, die liebevoll bedruckt zu neuem Leben erweckt werden.

Altes Leinen, Handtuchleinen und Restbestände verschiedenster Stoffe erhält man oftmals auf Flohmärkten. Hier gilt es, die Textilien zu prüfen, vor allem, wenn sie in gefaltetem Zustand angeboten werden. Lang gelagerte Stoffe und Stoffbahnen können an den Falzen brüchig werden, auch die Gefahr, dass im Lauf der Jahrzehnte Schäden durch Mottenbefall entstanden sind, ist gegeben. Wenn man alte Textilien erwirbt, sollte man vor dem Kauf darum bitten, dass die Stoffe aufgefaltet werden. Zum Bedrucken geeignete Stoffe müssen keinesfalls einfarbig oder gar weiß sein, auch feine Muster oder Linien wirken mit darauf gedruckten Mustern sehr lebendig. Speziell bei Trachtenstoffen, wie sie für Dirndlschürzen verwendet werden, wirken große Symbole oder Ornamente auf gemusterten Stoffen sehr gut.

TIPP

Egal, ob man mit neuen oder alten Stoffen arbeitet, vor dem Bedrucken der Textilien sollten diese gewaschen werden, um die Haltbarkeit der Farben zu gewährleisten. Vor allem neu gekaufte Stoffe dürfen vor dem Drucken gewaschen werden, da sie oftmals vom Hersteller mit Fixierungen versehen werden. Diese Fixierungen bewirken, dass die Farbe nicht gut angenommen wird. Nach dem Waschen ist der Stoff aufnahmefähiger für die Druckfarbe, das Bügeln vor dem Drucken sorgt für eine glatte Grundlage, sodass beim Drucken nicht durch unerwünschten Faltenwurf Fehler entstehen.

Für die weitere Pflege der selbst bedruckten Textilien empfiehlt es sich, den jeweiligen Anleitungen auf den Farbtöpfchen zu folgen, vor allem was die Waschtemperatur angeht. Zum Trocknen und Bügeln ist es angebracht, die Textilien beim Trocknen in der Sonne immer umzudrehen, sodass die Muster und gestalteten Flächen nicht ausgebleicht werden. Auch zum Bügeln werden die Stoffe umgedreht und zum Schutz des Aufdrucks wird ein Tuch aufgelegt.

GRUNDLAGEN ZUR DRUCKTECHNIK

In der Technik des Stoffdrucks unterscheidet man zwischen zwei Vorgangsweisen:

- dem Bedrucken einzelner Werkstücke, die dadurch Einzelstücke von ganz besonderem Wert werden, und
- dem Bedrucken von ganzen Stoffbahnen mit fortlaufenden Mustern.

Möchte man solche fortlaufenden Muster drucken, so sind Model notwendig, die mit sogenannten Arretierstiften ausgestattet sind, um das korrekte Fortlaufen des Musters zu gewährleisten. Im professionellen Druck kamen für diese Muster im Zuge der Industrialisierung Druckwalzen zum Einsatz.

Hobbydrucker verwenden meist einzelne, kleine Model und können mit diesen ebenfalls fortlaufende Muster erzeugen. Die Werkstücke und Textilien sind kleiner und überschaubarer und es kommt mehr auf die individuelle Gestaltung als auf die exakte Weiterführung bestimmter Ranken und Borten an.

Wie im Kapitel „Die Model" schon beschrieben, verwendet man für den Hobbydruck aus Holz geschnitzte Model, gestochene Model mit Messingelementen, Model aus Kunstharz sowie selbst geschnitzte Model aus Linol oder Kartoffeln.

DRUCKEN MIT MODEL UND STEMPELKISSEN

Das Bestreichen der Model erfolgt entweder mit dem Pinsel oder mit einem selbst gemachten Stempelkissen in der passenden Größe. Dieses Kissen ist einfach hergestellt. Als Unterlage eignet sich ein glattes Tischset aus Kunststoff oder eine Korkunterlage. Darauf legt man ein dünnes Vliestuch, wie man es im Haushalt verwendet. Dieses Tuch wird angefeuchtet, dann wird mit einem Teigspachtel gleichmäßig dünn Farbe aufgetragen. Auf dieses vorbereitete Stempelkissen kann man nun den gewählten Model drücken, die Farbe verteilt sich gleichmäßig und wird dann auf den Stoff gedruckt.

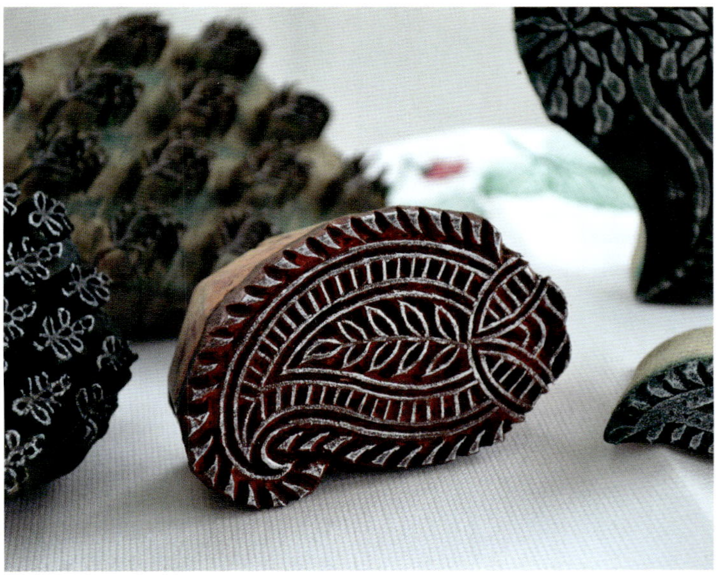

Geschnitzte Model, bereit zum Drucken

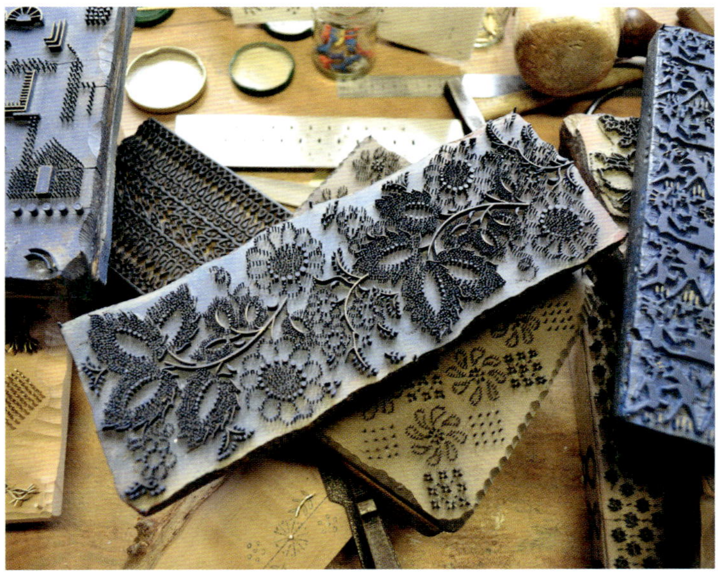

Gestochene Model aus verschiedenen Epochen

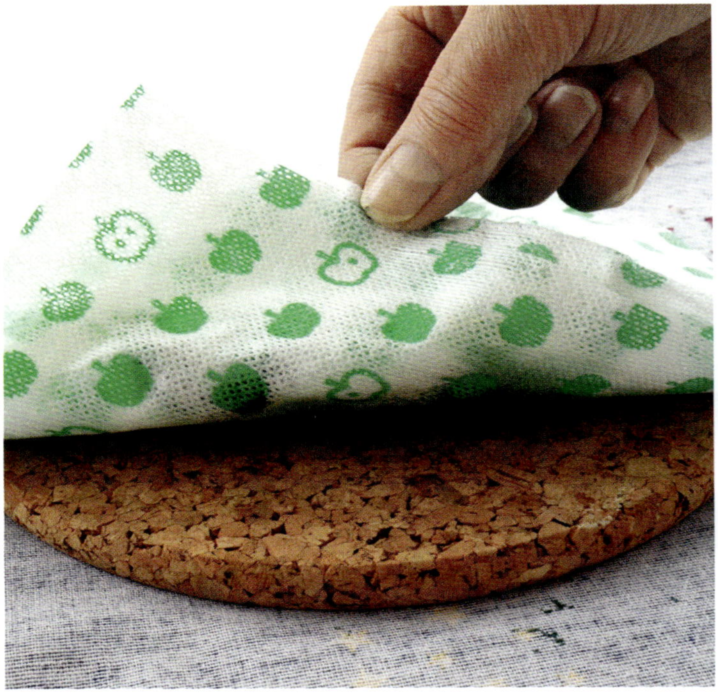

Auf eine Unterlage wird ein feuchtes Vliestuch gelegt.

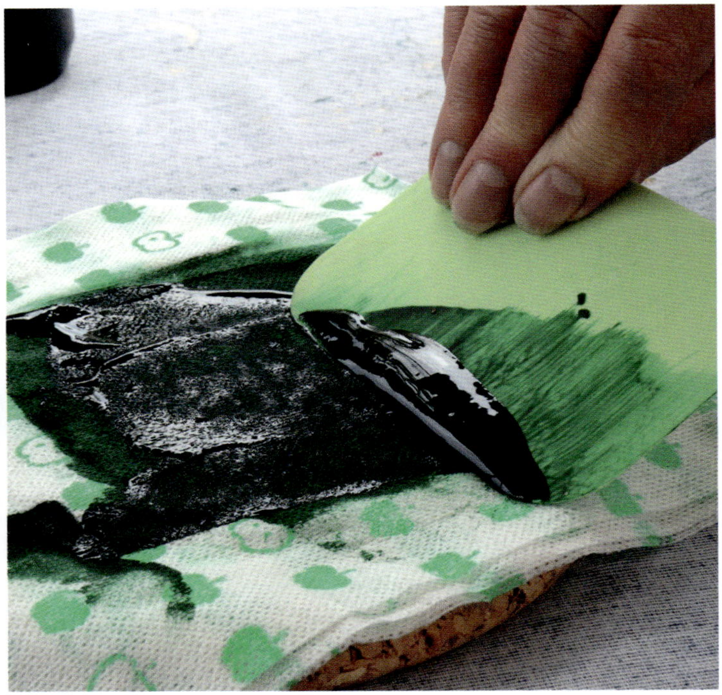

Mit einem Teigspachtel wird die Farbe fein aufgestrichen.

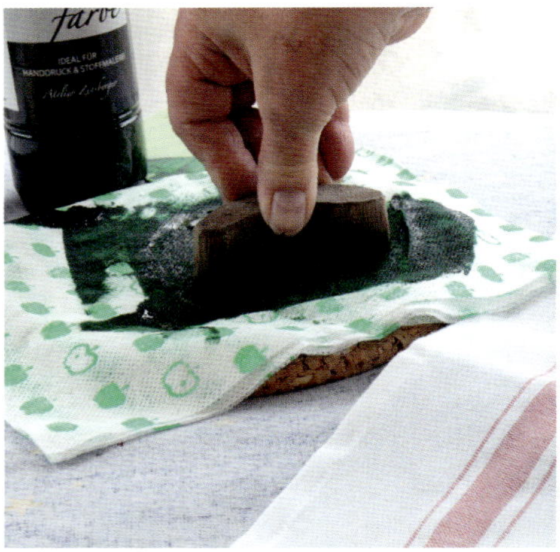

Der Model wird in das selbst gemachte Stempelkissen gedrückt.

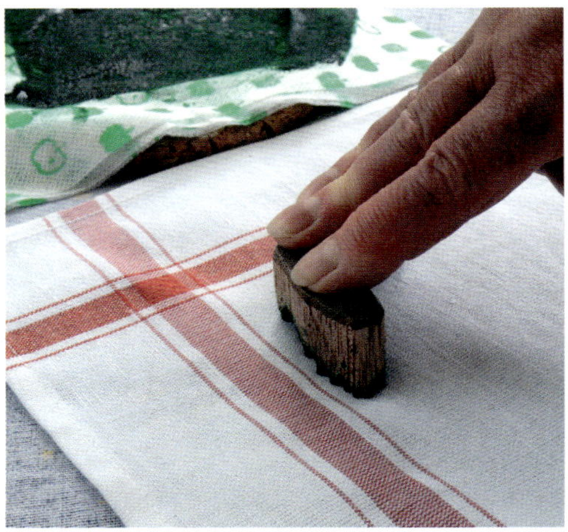

Beim Aufdrücken des Models auf den Stoff darf durchaus Druck ausgeübt werden.

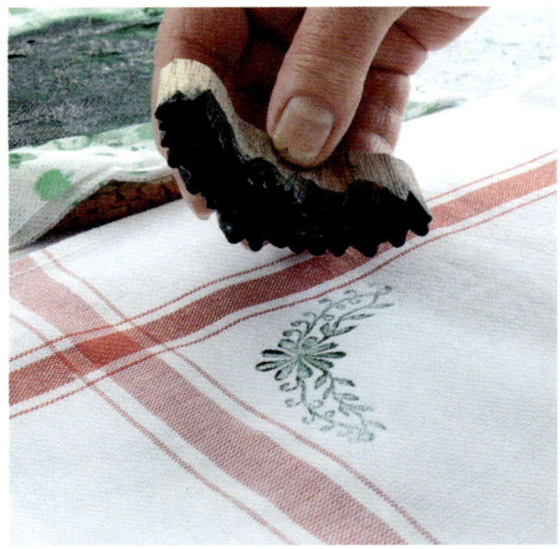

Das Ergebnis kann sich sehen lassen!

Egal, ob man die Farbe mit Hilfe des Stempelkissens oder mit dem Pinsel aufträgt, vor dem ersten Druck auf das Werkstück benützt man ein Probetuch. Hier kann man feststellen, ob zu viel oder zu wenig Farbe aufgetragen wurde und wie fest man den Model auf das Gewebe drücken muss, um das optimale Ergebnis zu erzielen.

Das gewünschte Stück sollte auf einer weichen Unterlage liegen, hierfür eignen sich alte Leintücher, Tischdecken oder Bettwäsche in mehreren Lagen. Beim Drucken wird der Model mit einer oder beiden Händen fest aufgedrückt, danach klopft man noch ein wenig mit der Handfläche oder Faust nach.

TIPP

Die gestochenen Model müssen erfahrungsgemäß fester aufgedrückt werden als die geschnitzten, kleine Model verlangen weniger Druck als große.

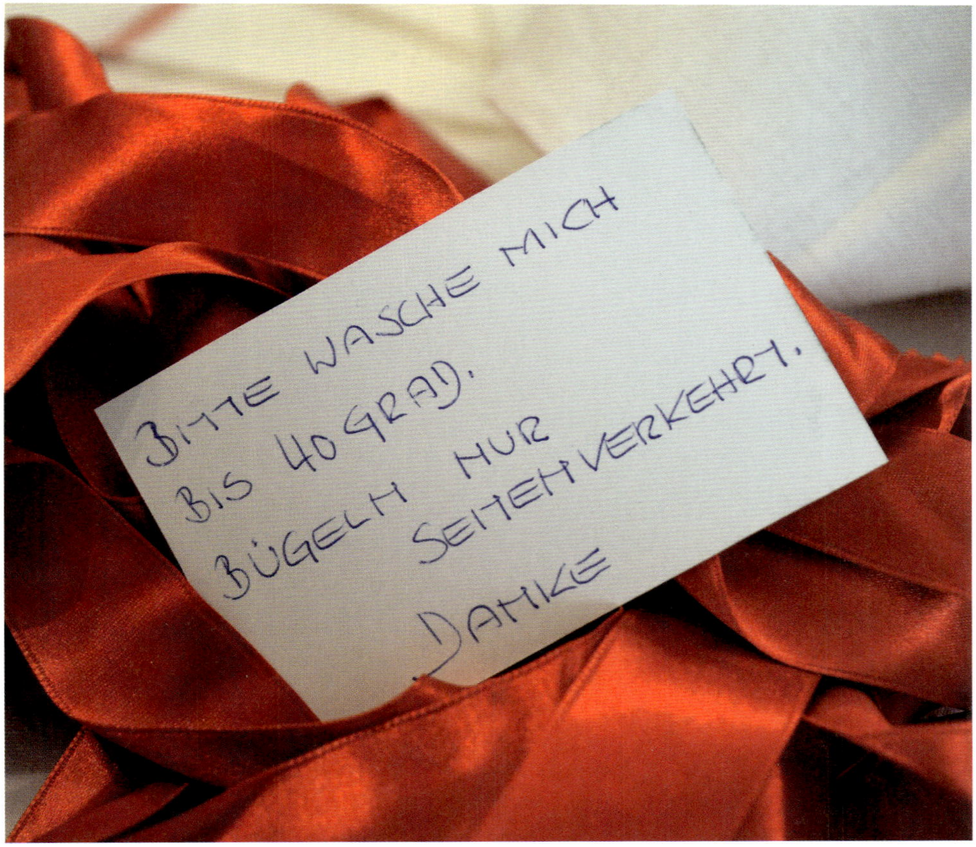

Waschhinweis für Geschenke

An das Werkstück sollte man sich auf jeden Fall erst wagen, wenn man mit den Probedrucken zufrieden ist.

Für Anfänger lohnt es sich, in einem kleinen Buch oder Heft Erfahrungen zu notieren, denn oftmals vergisst man die Besonderheit eines bestimmten Models, wenn man nur selten damit arbeitet. Das gilt auch für Pflanzen, auch hier lohnt es sich, zu notieren, welche man bereits verwendet hat und wie zufrieden man mit den Ergebnissen war.

Ist das Werkstück abgeschlossen, wird es zum Trocknen aufgehängt, am besten nicht in die pralle Sonne. Nach dem Trockenvorgang wird es zum Fixieren gebügelt, wobei das Bügeleisen nicht direkt auf die bedruckte Fläche geraten soll. Ein Bügeltuch, das die frisch gestalteten Werkstücke schützt, ist immer eine gute Investition. Bei welchen Temperaturen die selbst gestalteten Textilien gewaschen werden können, variiert bei den verschiedenen Herstellern der Textilfarben und sollte auf den Farbdöschen angegeben sein. Wenn man Werkstücke verschenken will, empfiehlt sich die Beigabe eines kleinen Hinweises zur Waschtemperatur.

DRUCKEN MIT PFLANZEN

Zum Drucken mit Pflanzen wird die Farbe mit einem dicken **Borstenpinsel** auf Blätter oder Gräser aufgetragen. Es gilt, nicht zu viel Farbe zu verwenden, da sonst die Struktur der Pflanze nicht mehr gut sichtbar ist. Nach dem gelungenen Probedruck weiß man, wie viel Farbe für welches Blatt am besten geeignet ist und wie fest man das Blatt auf das Werkstück drücken muss, um ein optimales Ergebnis zu erzielen.

Damit die Farbe regelmäßig von der Pflanze auf das Werkstück übertragen werden kann, nimmt man ein **Schraubglas** zu Hilfe. Dieses rollt man mit gleichmäßigem Druck über die Pflanze. Nach jedem Druckvorgang muss das Glas abgewischt werden, um das Auftragen von ungewünschten Farbfragmenten zu vermeiden. Nach dem Aufdrucken der Farbe entfernt man die Pflanze möglichst vorsichtig, um das Übertragen von ungewünschten Farbresten zu vermeiden, hier gilt es, bei dünnen, filigranen Blättern oder Gräsern besonders sorgsam zu sein, da diese durch die Farbe sehr elastisch werden können. Während man feste Blätter, wie zum Beispiel ein Olivenblatt, mehrmals verwenden kann, werden feine Blätter wie die von Buschwindröschen oder Löwenzahn kaum ein zweites Mal zum Einsatz kommen. Hat man alle Pflanzen oder Pflanzenteile in der gewünschten Anordnung auf das Werkstück gedruckt, wird mit dem **Pinsel** nachgearbeitet. Ränder von Blättern können so hervorgehoben werden, Blattstrukturen werden verstärkt oder feine Blüten und Früchte werden dazugemalt. Im Beispiel „Olive" (siehe S. 65) wurden die Früchte mit Lila ergänzt und die gesamte Pflanze mit Gold verfeinert. Es ist jedem angehenden Künstler überlassen, wie realistisch oder wie künstlerisch ausgestaltet die Pflanzen sind – ob Löwenzahn nur gelbe oder auch golden durchwirkte Blüten haben darf, Erdbeeren aussehen wie in der Natur oder wie aus dem Bilderbuch oder ob gar verschiedene Blätter und Blüten kombiniert werden, die in der Natur gar nicht zusammengehören.

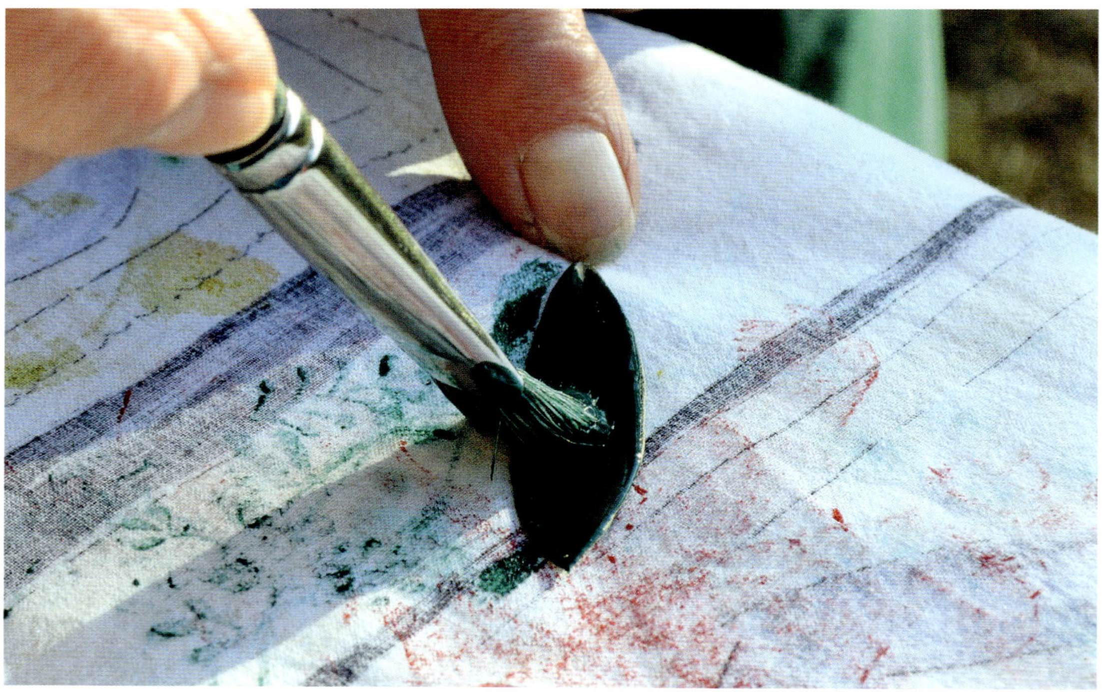

Das Blatt wird vorsichtig mit Farbe bestrichen.

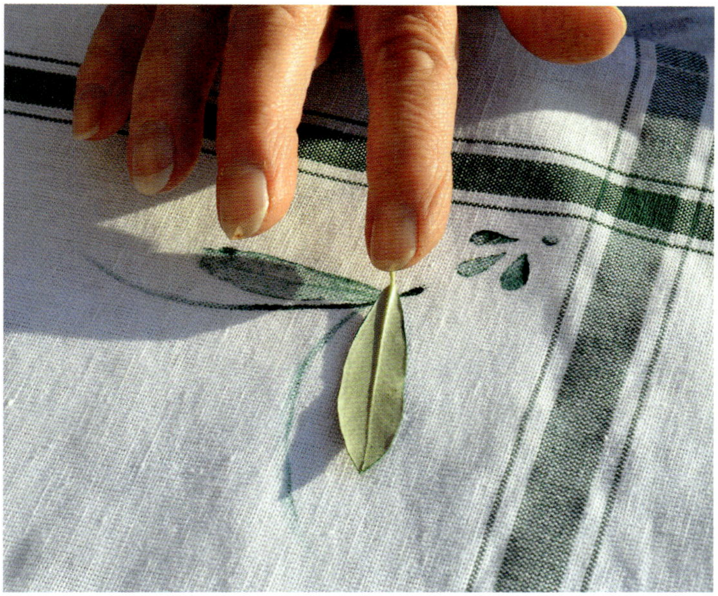

Nach dem Probedruck auf ein Tuch kann das Blatt auf das Werkstück gelegt werden.

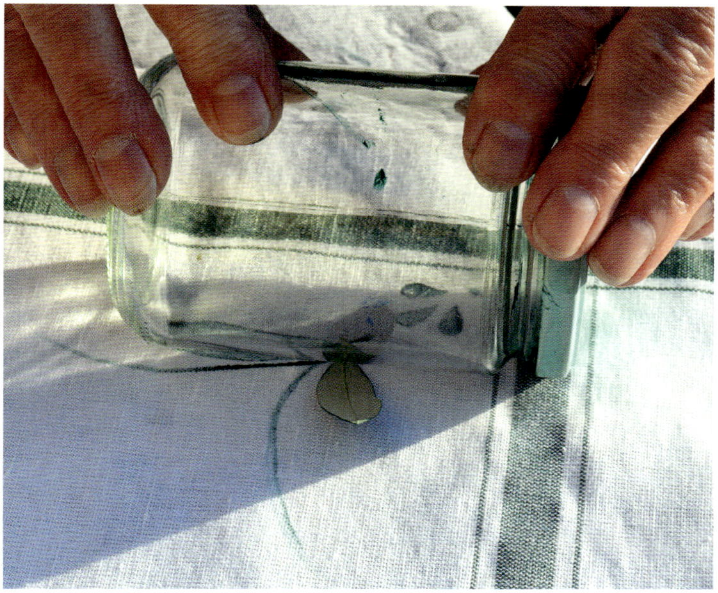

Mit einem sauberen Glas wird das Blatt auf das Werkstück gedruckt.

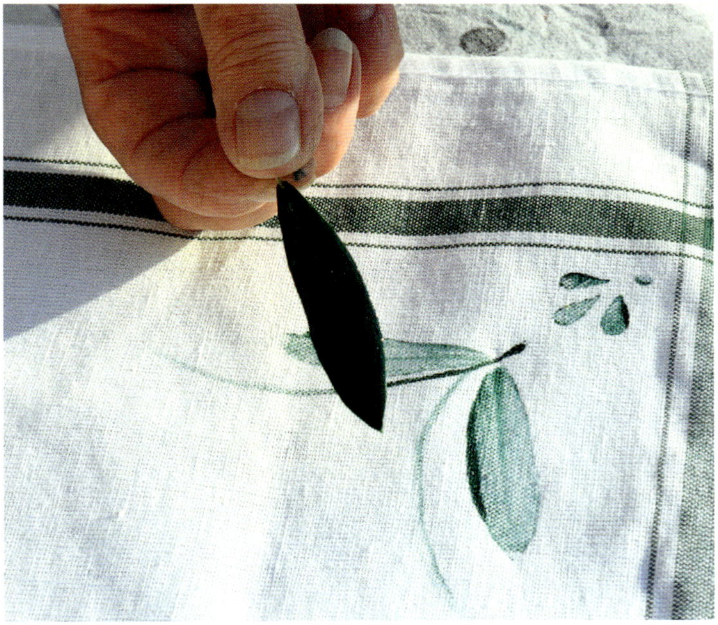

Die Pflanze wird vorsichtig entfernt, damit sie keine ungewünschten Farbreste hinterlässt.

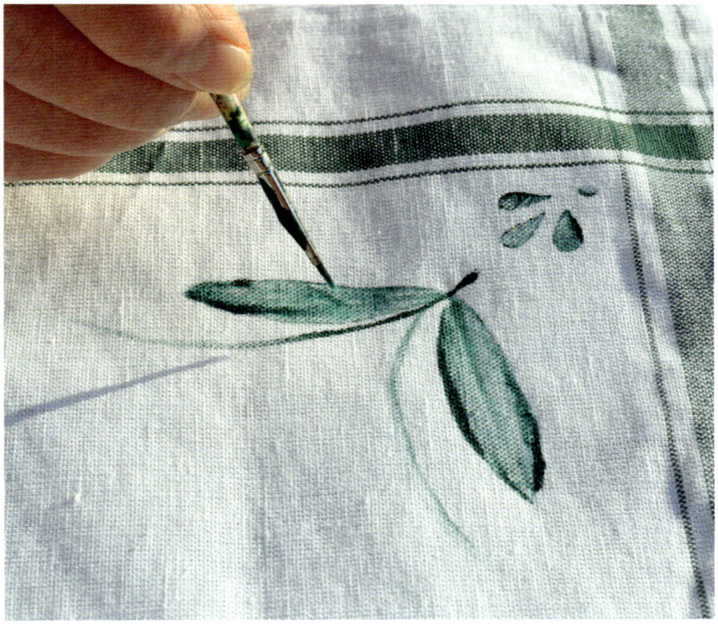

Mit dem Pinsel wird nachgearbeitet.

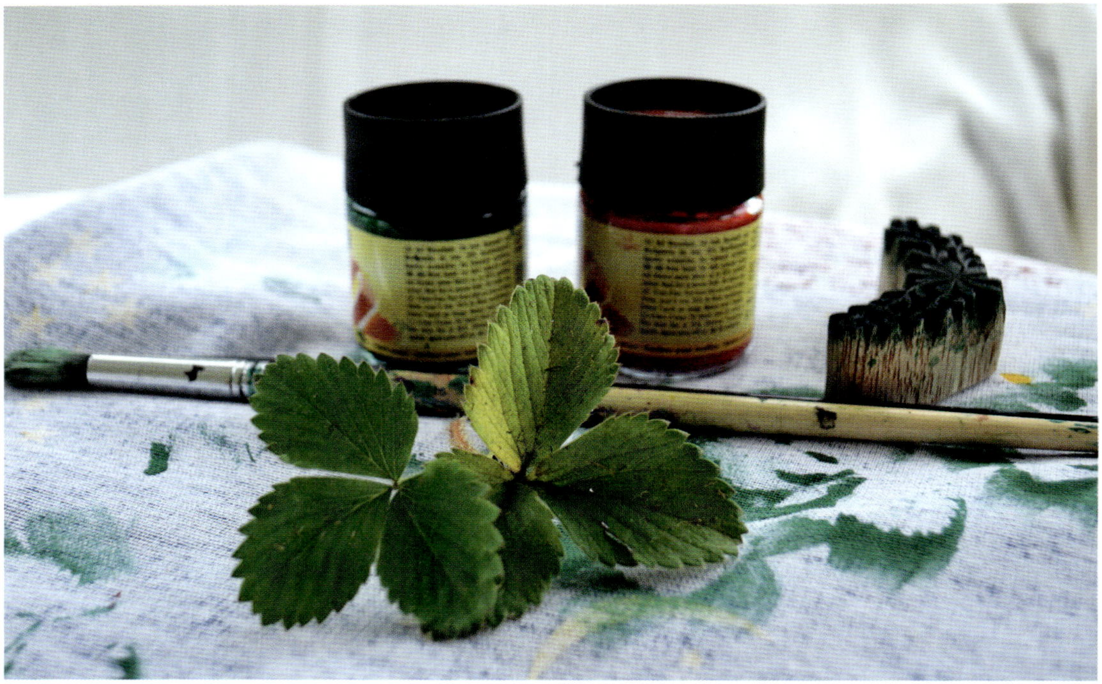

Blätter und Farben werden bereitgestellt.

DAS MALEN VON BEEREN UND BLÜTEN

Das Malen von Beeren und Blüten ist ein kreativer Prozess und die Entscheidung, ob man möglichst naturgetreu gestalten will oder der Fantasie freien Lauf lässt, ist individuell. Beeren und Blüten in ein Muster einzubinden, kann farblich auflockern, Farben von Borten oder vom Stoff selbst wiederholen, es kann aber auch einen einzelnen Akzent setzen. Beeren können mit einem feinen Pinsel oder mit einem Wattestäbchen gestaltet werden. Das Wattestäbchen ermöglicht das Aufbringen von feinen, immer gleich großen Tupfen, womit sich Brombeeren, Himbeeren, aber auch Erdbeeren gestalten lassen.

Beim Malen von Beeren gilt es, eine **Reihenfolge** einzuhalten:

- Zuerst werden die Blätter aufgedruckt,
- dann darf das Werkstück antrocknen,
- erst danach werden die Stiele und feinen Blättchen mit dem Pinsel aufgemalt
- und zum Schluss wird die Beere selbst gestaltet.

Wie auch beim Drucken von Blättern darf man Erfahrungswerte und künstlerisches Können einfließen lassen, eigene Farbtöne mischen oder die Früchte mit Weiß- und Gelbakzenten versehen, um einen plastischen Eindruck zu erwecken. Gleiches gilt für die Gestaltung von Blüten – erst werden die grünen Teile der Pflanze gestaltet, zum Schluss kommt die Blüte hinzu. Zum Malen von Blüten empfehlen sich feine Borsten-, aber auch Haarpinsel, Staubgefäße können auch mit Wattestäbchen gestaltet werden.

Wer sich das erste Mal an die künstlerische Gestaltung wagt, sollte auf einem Probetuch testen, wie die Farbe aussieht, wie das Gestalten der Beere gelingt und wie das Gesamtergebnis aussieht, wenn das Werkstück trocken ist. Ist man damit zufrieden, kann man ans Werk gehen.

Blüten können auch mit einem kleinen Schwamm gestaltet werden, dies bringt einen ganz besonderen Effekt. Wie das genau funktioniert, ist im Kapitel „Die Pinsel“ beschrieben.

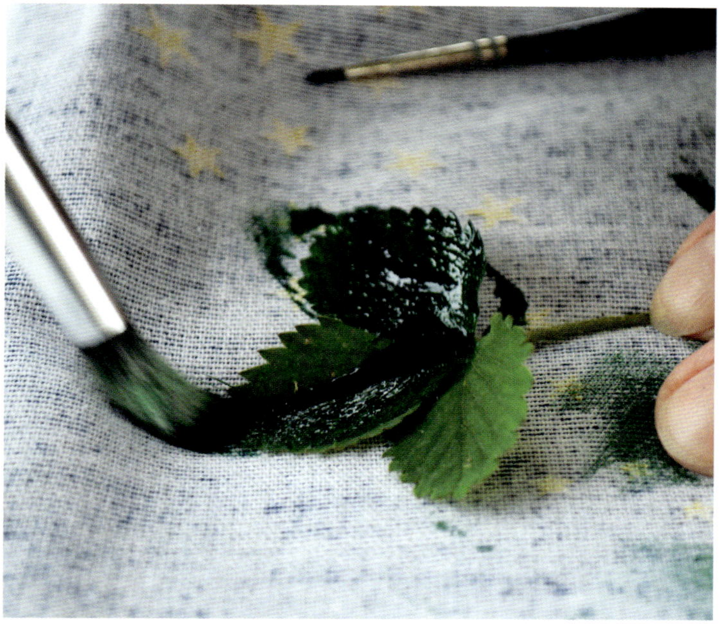

Das Blatt wird vorsichtig mit Farbe bestrichen.

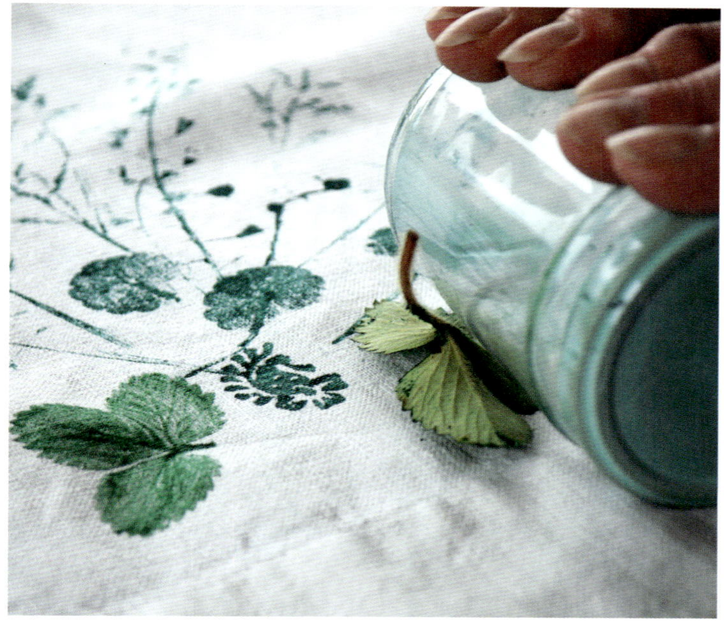

Wenn die Farbmenge stimmt, zeigen sich die feinen Blattstrukturen.

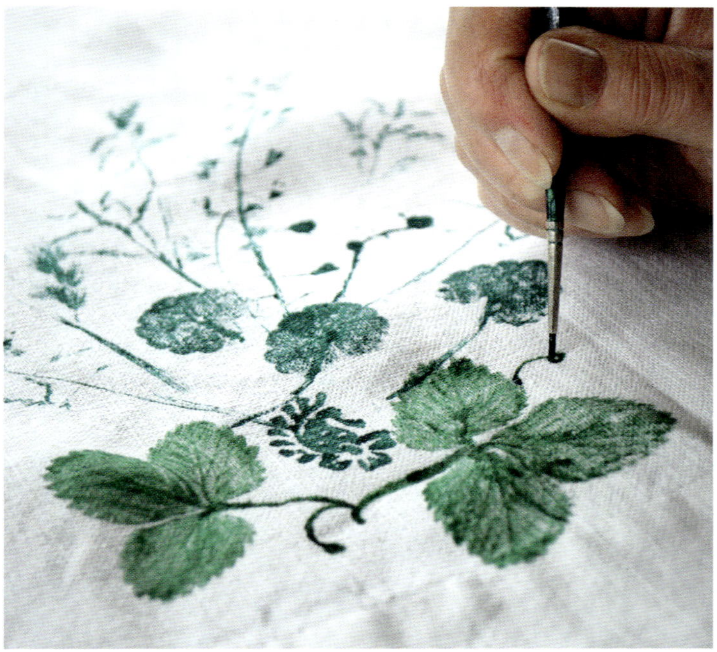

Mit dem Pinsel werden die Stiele gemalt.

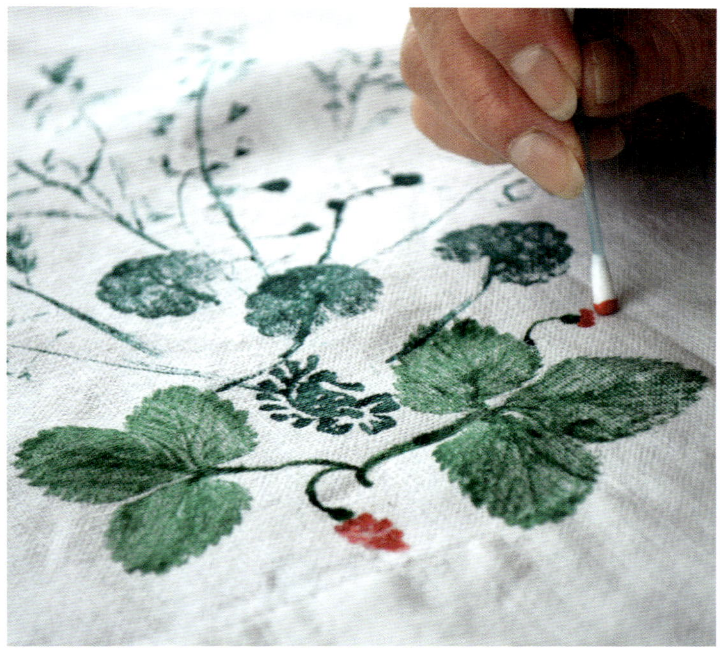

Mit einem Wattestäbchen werden die Beeren gestaltet.

DRUCKEN MIT KARTOFFELDRUCK

Kartoffeldruck kennen viele Menschen noch aus ihrer Schulzeit. Mit Kartoffeln lassen sich einfache Model herstellen, die zum einmaligen Einsatz gedacht sind. Deshalb eignet sich diese Technik ganz besonders gut zum Fördern der Kreativität in Kindergärten und Schulen oder als kleines Unterhaltungsprogramm auf Kindergeburtstagen oder anderen Festen.

Für den Kartoffeldruck benötigt man nicht viele **Materialien**:

- Kartoffeln,
- ein Messer,
- Keksausstecher,
- Farben und
- Werkstücke, die bedruckt werden sollen.

Möchte man nur auf Papier drucken, so genügen Wasserfarben, für Textilien verwendet man Textilfarben, am besten solche, die besonders für Kinder geeignet sind. Diese Farben erhält man im Bastelzubehör.

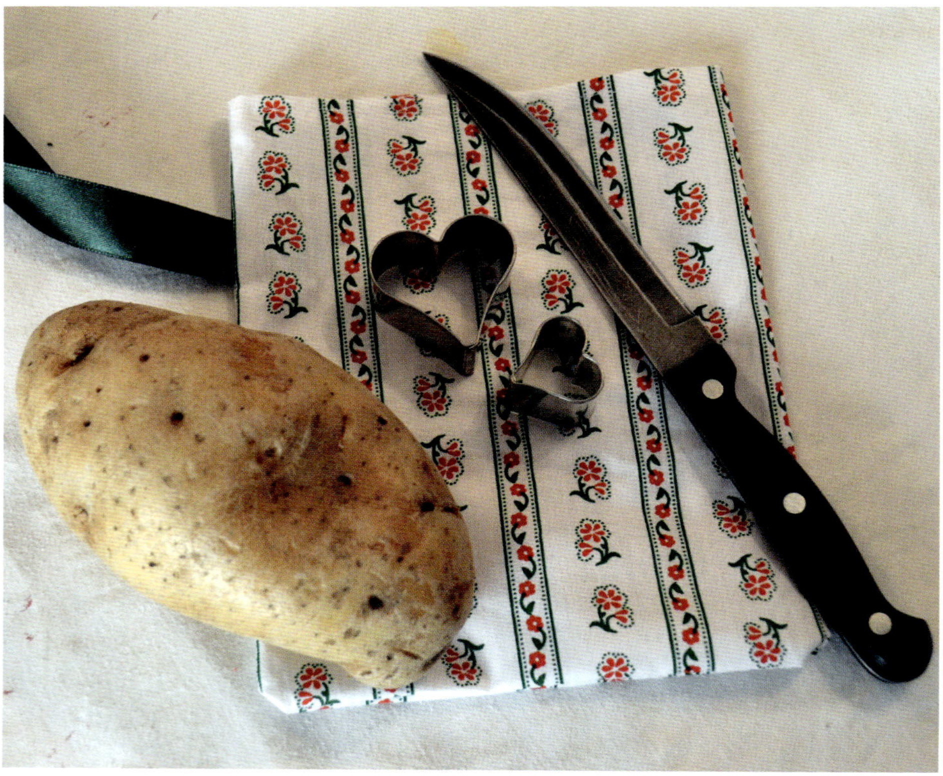

Das Material: Werkstück, Keksausstecher, Kartoffel und Messer

Kartoffeldruck ist nicht nur für die Arbeit mit Kindern geeignet, sondern bietet eine sehr einfache Möglichkeit, Model selbst herzustellen. Die gewünschten Formen können entweder mit einem wasserfesten Stift auf die Kartoffel aufgezeichnet werden und dann ausgeschnitten oder mit Hilfe von Keksausstechern erzeugt werden.

Zuerst wird die Kartoffel halbiert, je nach Größe des gewünschten Motivs kann das auch der Länge nach gemacht werden. Dann wird die Schnittstelle fest auf ein Probetuch gedrückt, da nach dem Auseinanderschneiden viel Feuchtigkeit am Anschnitt entsteht. Ist die Schnittfläche einigermaßen trocken, wird der Keksausstecher fest in die Kartoffel gedrückt, sodass die Kanten des Ausstechers das Motiv definieren. Mit dem Messer muss dann nur noch der Teil weggeschnitten werden, der nicht zum Motiv gehört. Sollte die Schnittstelle nun wieder sehr feucht sein, wird diese noch einmal auf ein Probetuch gedrückt und dann kann es an die Arbeit gehen.

Der Kartoffelmodel wird mit Farbe bestrichen und auf das Werkstück gedruckt. Ist das Ergebnis sehr farbintensiv, kann man durchaus sofort ein zweites Mal drucken, wenn man farbliche Unterschiede erzeugen möchte. Sollten alle Abdrücke die gleiche Farbintensität haben, so streicht man die Kartoffel vor jedem Drucken erneut mit Farbe ein.

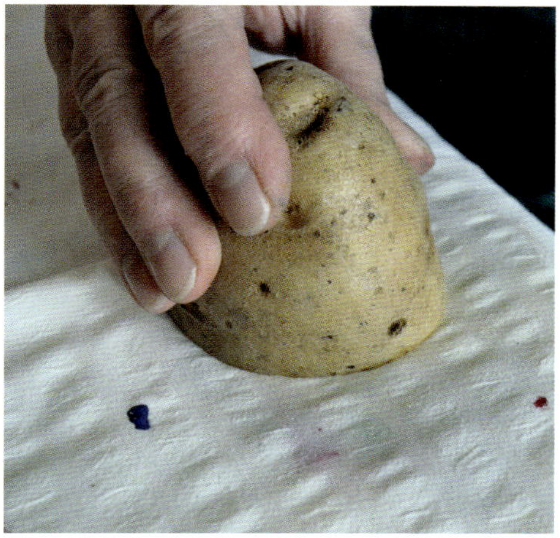

Die Schnittfläche wird am Probetuch getrocknet.

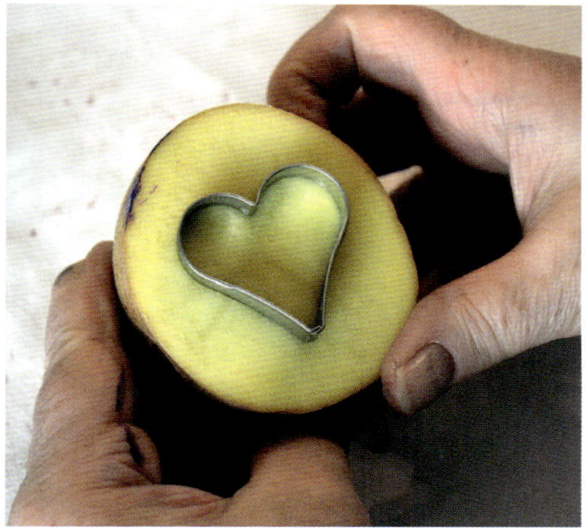

Der Keksausstecher wird fest in die Kartoffel gedrückt.

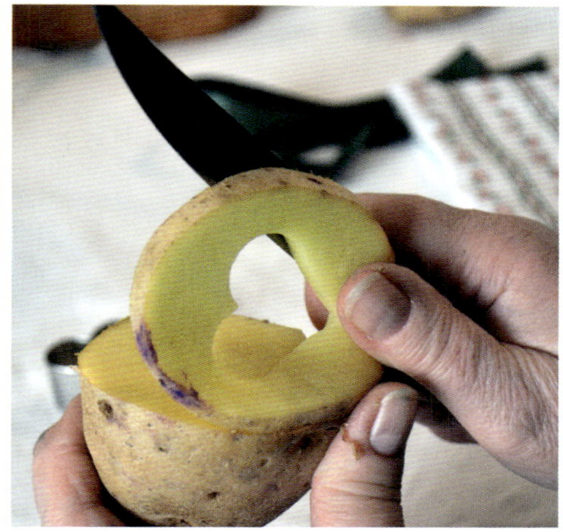

Alles Überschüssige kann einfach weggeschnitten werden.

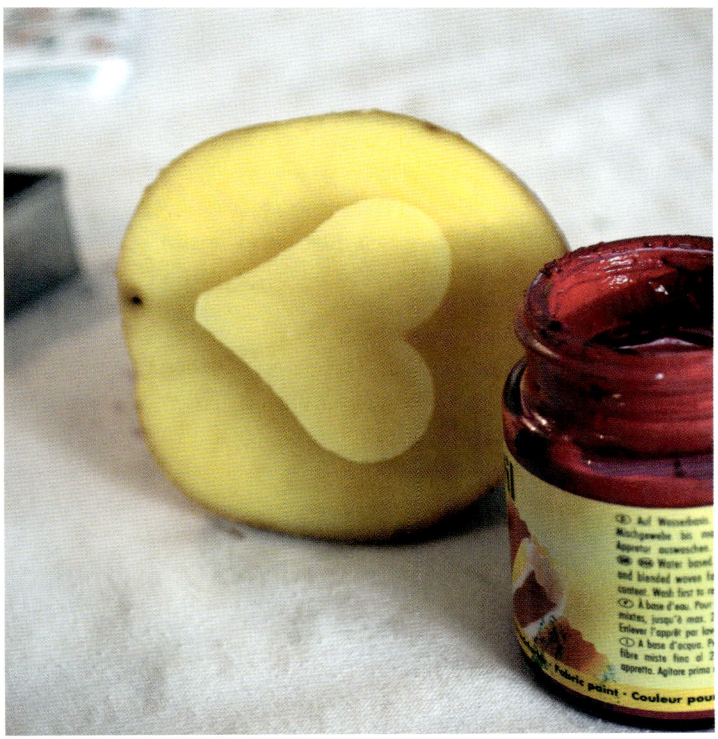

Der frisch geschnittene Model ist bereit für den Einsatz.

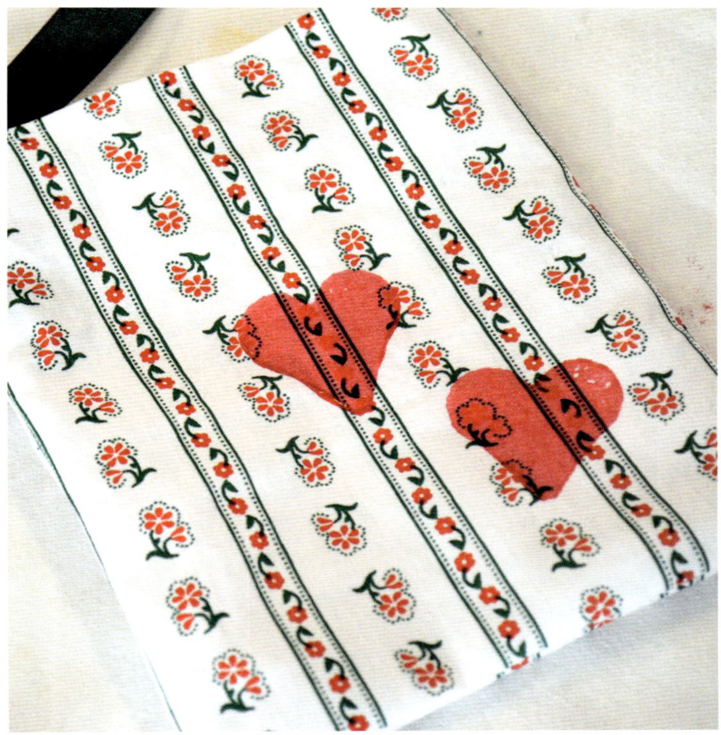

Kleines Geschenksäckchen mit Herzmotiven aus Kartoffeln

PFLANZEN FÜR DEN STOFFDRUCK

Grundsätzlich gilt: Drucken kann man mit allen Pflanzen, die eigene Kreativität darf hier im wahrsten Sinn des Wortes Blüten treiben! Zum Drucken werden die Blätter der Pflanze verwendet, bei blühenden Pflanzen können die Blüten zum Abschluss des Werkstücks mit dem Pinsel aufgemalt werden. Die meisten Blüten sind nämlich zu zart oder zu stark strukturiert, um gute Druckergebnisse zu erzielen. Beim Sammeln der Blätter nimmt man aber trotzdem einige Blüten mit, um eine Vorlage bei der Hand zu haben.

TIPP

Je stärker die Struktur eines Blattes, desto besser eignet es sich zum Drucken.

Wenn man beispielsweise ein Lorbeerblatt mit dem Blatt eines zarten Buschwindröschens vergleicht, merkt man rasch, dass das starke, robuste Lorbeerblatt auch nach dem Aufbringen der Farbe seine Form behält und mehrmals zum Drucken verwendet werden kann. Das Blatt des Buschwindröschens hingegen muss sehr vorsichtig mit Farbe bestrichen werden, äußerst sorgsam auf den Stoff aufgelegt und festgedrückt werden und wird rasch schlapp. Meist kann jedes Blatt nur einmal zum Drucken verwendet werden. Für Anfänger empfehlen sich also starke Blätter wie Lorbeer, Mistelblätter, Efeu oder Olivenblätter, wenn dann etwas Erfahrung gewonnen ist, kann man sich an die zarteren Pflanzen wagen.

Viele Pflanzen, deren Blätter wir zum Drucken verwenden, wachsen im Garten, sind essbar oder haben heilende Wirkung. Je mehr man sich mit den Pflanzen befasst, umso mehr wird man auch erkennen, wie gut uns diese im täglichen Leben begleiten. Die künstlerische Arbeit mit den Pflanzen wird so zum umfassenden Tun.

Die hier aufgeführten Pflanzen sind nur ein Bruchteil der zum Drucken geeigneten Pflanzen und dienen der Ideenfindung. Jeder Hobbydrucker wird bald seine eigenen Lieblingspflanzen haben. Hier dürfen Kreativität und Fantasie ans Werk gehen. Vor dem Pflücken unbekannter Pflanzen sollte man überprüfen, ob diese geschützt oder giftig sind!

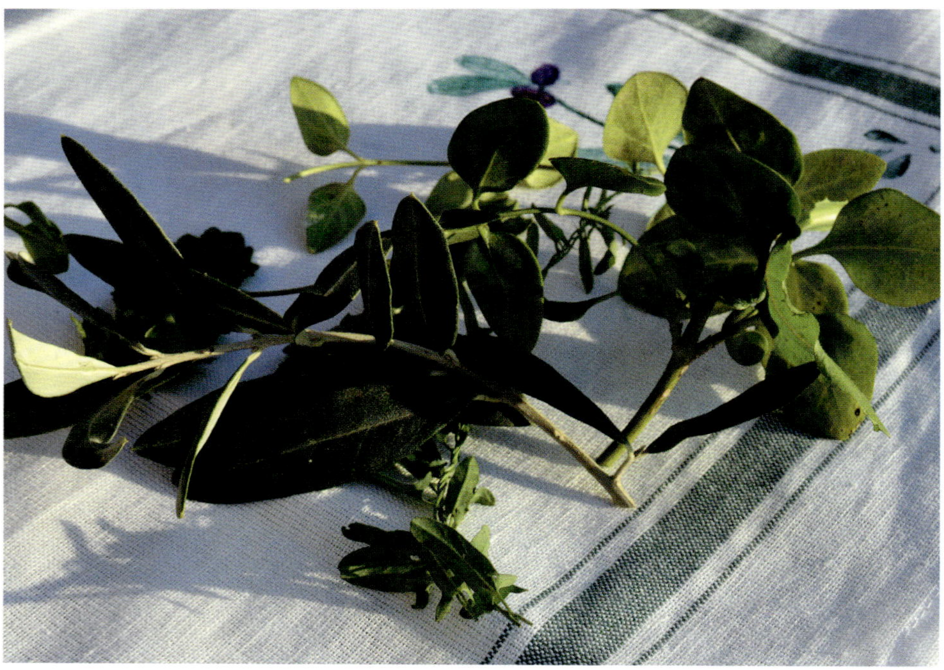

Pflanzen sammeln in der Toskana – Neues wird ausprobiert.

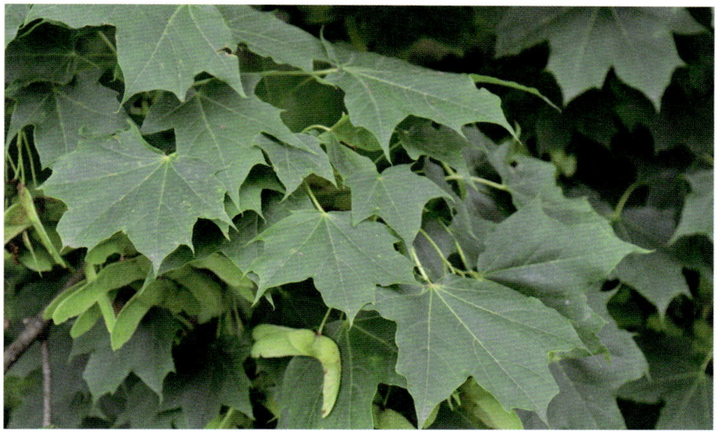

Die festen Ahornblätter eignen sich hervorragend zum Drucken.

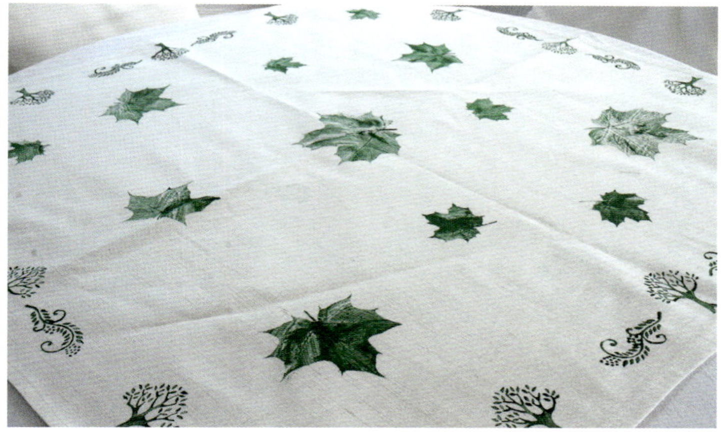

Tischdecke mit Bäumen und Ahornblättern

AHORN

Spricht man vom „Ahorn", so ist damit eine Pflanzengattung gemeint, die rund 200 Arten umfasst. Ahorne sind weit verbreitet, von Nord- und Zentralamerika über Europa bis Asien, auch in Nordafrika finden sich verschiedene Ahornarten. In Mitteleuropa ist der Bergahorn besonders verbreitet, dieser wurde 2009 in Deutschland zum Baum des Jahres gekürt. In Österreich wurden 2003 die Ahorne generell mit diesem Titel gewürdigt.

Der Bergahorn zählt zu einem der interessantesten Edelhölzer und ist in der Möbelherstellung sehr begehrt. Das Holz des Bergahorns ist sehr hart, gleichzeitig aber auch biegsam und wird darum auch im Musikinstrumentenbau geschätzt, zum Beispiel für Flöte, Fagott oder Geigenbogen. In der Volksmedizin sind Ahorne schon lange bekannt, auch wenn heute nur noch selten auf die heilenden Kräfte des Baumes verwiesen wird. Bereits 1.600 v. Chr. wurde der Ahorn von ägyptischen Priestern als eine der wichtigsten Heilpflanzen beschrieben.[10]

Auch in den Schriften der Hildegard von Bingen findet der Ahorn seinen Platz und wird als kühlende Pflanze gelobt. Die Zweige des Ahorns, ausgekocht und ins Bad gegeben, sollen gegen Fieber helfen und das am Feuer erwärmte Holz des Baumes kann gegen Gicht aufgelegt werden. In der Volksmedizin kannte man auch das Auflegen von gequetschten Blättern und Rindenstückchen gegen Schwellungen.

Der Bergahorn hatte neben der Holzgewinnung lange Zeit auch als Zuckerlieferant in Mitteleuropa Bedeutung, vor allem in Krisenzeiten. Wie beim amerikanischen Zuckerahorn kann man auch den Bergahorn „anzapfen" und den Saft des Baumes auffangen. Dies muss zu bestimmten Zeiten und professionell gemacht werden, da bestimmte Ahornarten, so auch der Bergahorn, Verletzungen nicht gut abschließen können und im schlimmsten Falle nach einem schlechten Anschnitt regelrecht verbluten. Ist der Stamm aber richtig angebohrt, so liefert der Baum täglich bis zu einen Liter Saft, der zu Zucker verarbeitet werden kann. Während des Ersten Weltkrieges wurde zum letzten Mal in großem Stil Zucker aus Bergahorn produziert.[11]

Zum Drucken eignen sich die großen, festen Ahornblätter vor allem für grobe Stoffe, hier wirken die Blattstrukturen besonders interessant. Wenn man kleinere Blätter verwenden möchte, müssen diese früh im Jahr gepflückt werden, sie sind dann kleiner und feiner, aber noch nicht so fest wie die ausgewachsenen Blätter. Feine Blattstrukturen, die beim Drucken nicht optimal übertragen werden, können immer mit dem Pinsel nachgearbeitet werden.

[10] Vgl. Wauer, S. 68

[11] Vgl. Wauer, S. 67

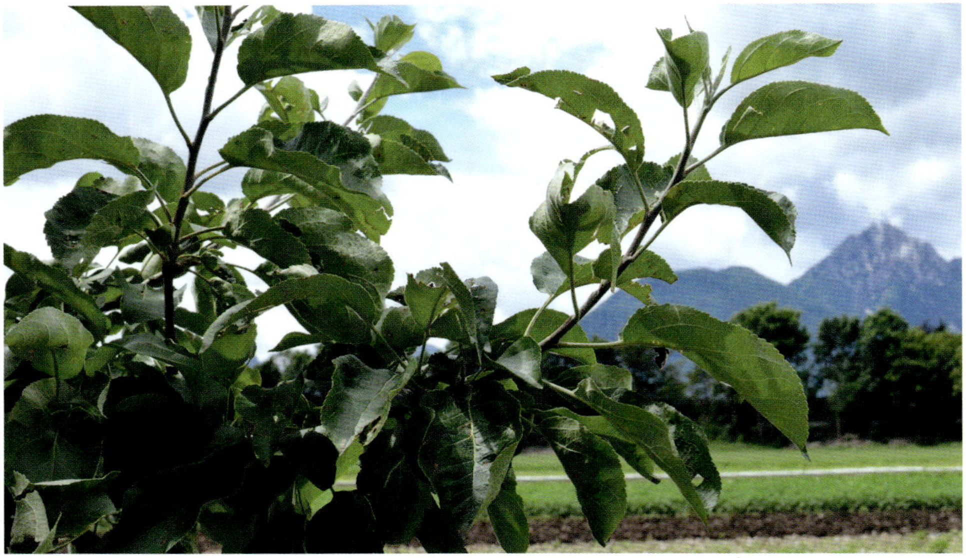

Das Apfelbäumchen im Garten bietet das ganze Jahr über Blätter zum Drucken.

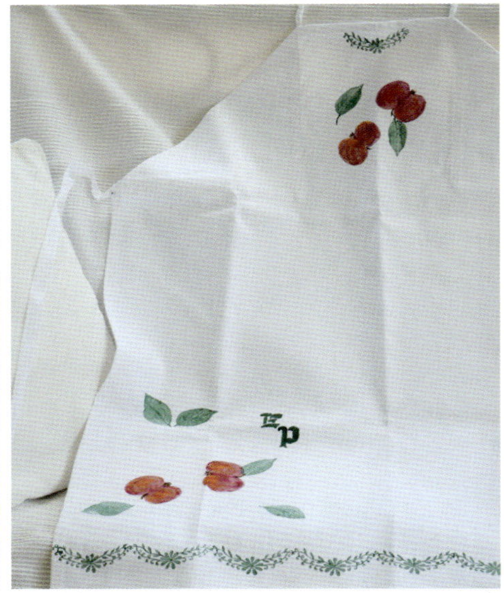

Liebevoll bedruckte Kochschürze mit Apfelmuster und Initialen

APFEL

„An apple a day keeps the doctor away" lautet ein Sprichwort, das auf die gesunde Wirkung des Apfels hinweist. Roh genossene Äpfel wie auch Apfelmus bringen den Darm in Schwung und unterstützen die Darmreinigung – heute weiß man, dass die Gesundheit tatsächlich im Darm sitzt und das Sprichwort wohl daher rührt. Verantwortlich für diese reinigende Wirkung ist das in der Apfelschale enthaltene Pektin, darum sollte die Frucht auch mit Schale genossen werden. Beim Verzehr der Äpfel mit Schale sollte auf die gute Qualität der Früchte geachtet und das Waschen nicht vergessen werden – auch Äpfel aus biologischem Anbau erleben einiges, bevor sie im Obstkorb liegen. Das Pektin aus der Apfelschale wirkt außerdem gegen Gicht und Rheuma, da es den Harnsäurewert im Blut senkt, und kann den Cholesterinspiegel senken. Wer keine rohen Äpfel verträgt, kann die Frucht auch in grobe Stückchen schneiden, mit kochendem Wasser übergießen und diese Brühe dann genießen. Als Heilpflanze wird der Apfel bereits in einer alten babylonischen Schrift erwähnt, und zwar um 800 v. Chr. Wann die ursprünglich aus Asien stammende Frucht nach Europa kam und wie die verschiedensten Einkreuzungen vonstattengingen, die zu den heutigen Kulturapfelsorten führten, ist aber nicht gänzlich nachweisbar.

Der Apfelbaum ist sicherlich einer der magischsten heimischen Bäume. Unzählige Zauber und Mythen ranken sich um das Fruchtbarkeitssymbol Apfel. So soll man beispielsweise an bestimmten Lostagen einen Apfel so schälen, dass die Schale in einem Stück bleibt und diese über die Schulter nach hinten werfen. Aus der Form der am Boden liegenden Schale kann man den Anfangsbuchstaben des Namens des Liebsten erkennen, so heißt es im alten Volksglauben.[12]

Zum Drucken belassen wir die Schale auf der Frucht, der Apfel wird einfach in zwei Hälften geschnitten. Eine Hälfte wird mit dem Pinsel in der gewünschten Farbe bemalt und zum Drucken verwendet, die andere darf verspeist werden. Da die Form eines Apfels sehr einfach ist, kann man die Frucht auch mit dem Pinsel malen, wenn man sie lieber essen möchte. Es lassen sich aber auch sehr einfach Model in Apfelform, sowohl aus Linol wie auch aus Holz, herstellen. Die Blätter des Baumes sind ebenfalls sehr gut zum Drucken zu verwenden, da sie fest und somit öfter verwendbar sind.

[12] Hirsch 2015, S. 53 f.

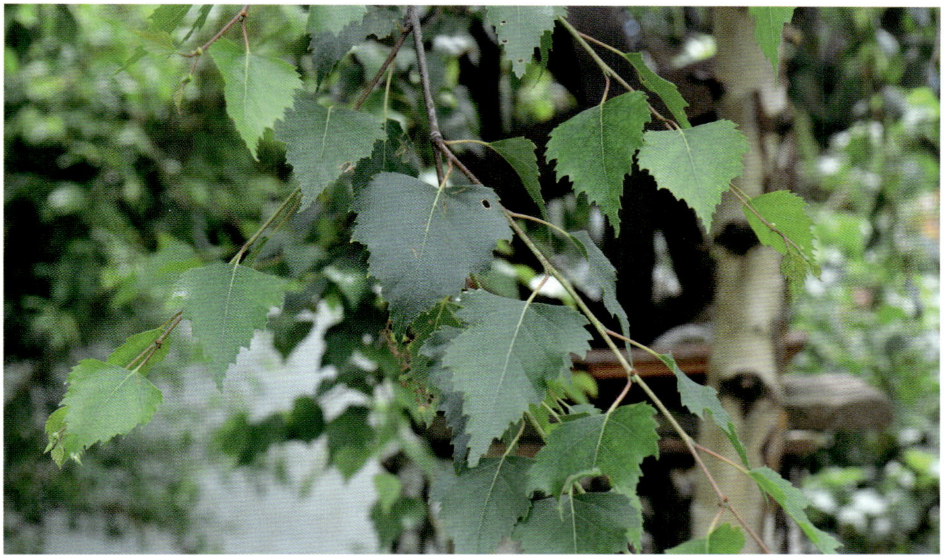

Die Birke im Garten: magischer Schutzbringer

BIRKE

Die Birke ist in Europa, Nordamerika und Asien heimisch, und zwar in der sogenannten borealen Zone, einer Ökozone, die große Teile der nördlichsten Bereiche der Erde umspannt. In den südlichen Gebieten der Alpen kommt die Birke ebenfalls vor, zieht sich dort aber in Höhenlagen bis zu 1.900 Meter Seehöhe zurück. Allein schon hieraus lässt sich erkennen, dass dieser Baum extrem anpassungsfähig ist. Obwohl der Wasserverbrauch des Frühlingsbaumes mit der weißen Rinde an sich hoch ist, kann die Birke auch auf trockenen Böden gut überleben, sich aber genauso an extreme Bedingungen wie Moorböden anpassen.

Die Birke galt von jeher als Symbol des Frühlings und die heilende Wirkung des Baumes ist auch heute noch bekannt. Ein Tee aus Birkenblättern wirkt zum Beispiel stark harntreibend und eignet sich somit zusammen mit Löwenzahn und Brennnessel hervorragend für eine Reinigungskur im Frühling. Diese Frühlingskuren mit frisch gesammelten, jungen Birkenblättern, frischen Brennnessel- oder Löwenzahnblättern, sowohl in Teeform als auch frisch – im Salat oder Mixgetränk – genossen, sollten drei Wochen lang durchgeführt werden. Diese Kur für die Nieren gilt auch als reinigend für den ganzen Körper. Unterstützen kann man diese Reinigung auch durch Vollbäder mit frischen Birkenblättern. Genauso wie die jungen Löwenzahnblätter dürfen diese frischen Birkenblätter aber nicht nur in Form von Tee oder Bädern wirken, sondern können auch im Frühlingssalat genossen werden.

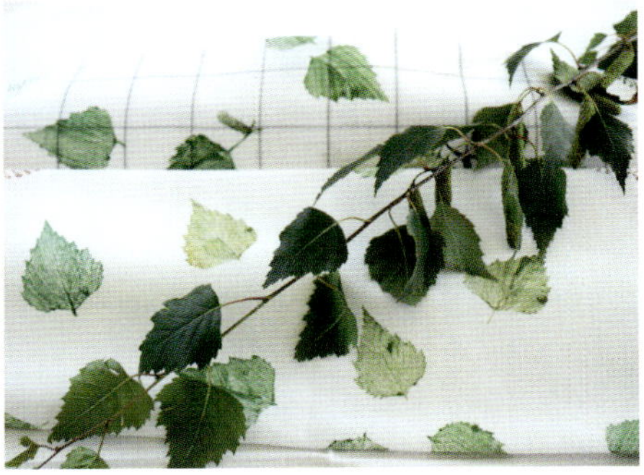

Birkenzweig vor bedruckten Werkstücken

Aus der Birke kann genauso wie aus dem Ahorn ein Saft gewonnen werden, der als sehr gesund gilt und auch äußerlich angewendet werden kann, zum Beispiel bei Hautproblemen wie auch bei Haarausfall. Wie auch die Brennnessel gilt die Birke als Mittel gegen Haarverlust. Auch Teeauszüge, nach dem Waschen in die Kopfhaut einmassiert, sollen helfen. Zur Gewinnung des Saftes sei noch gesagt, dass man dies nur unter Anleitung eines Profis machen sollte, da man den Baum sonst unwiederbringlich schädigen kann.

Zum Drucken mit Birkenblättern hingegen kann man einfach losziehen und einige Birkenblätter sammeln. Während man die sehr frischen Frühlingsblätter für seine Gesundheit nutzt, eignen sich die starken, dunkelgrünen Blätter des Sommers hervorragend für kreative Drucke. Die Birke hat etwas sehr Leichtes an sich, mit diesen Blättern lassen sich Farbspiele in verschiedenen Grüntönen veranstalten. Verwendet man zudem noch Blätter verschiedener Größe, erzeugt man ein wahres Feuerwerk der Frische.

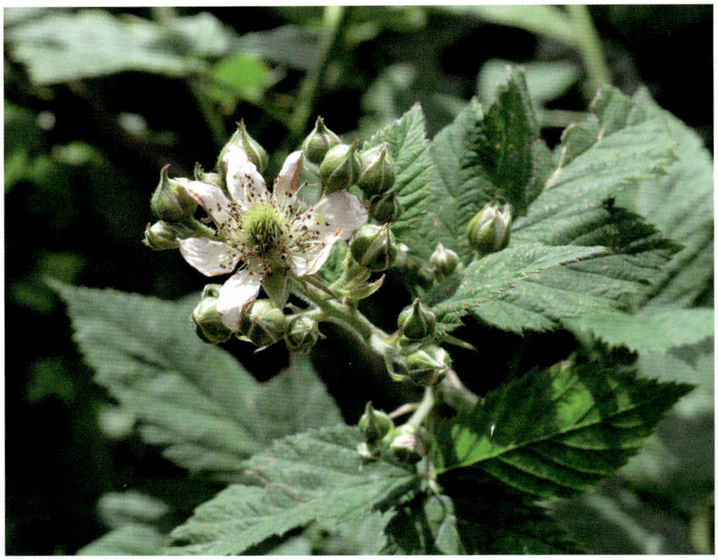

Brombeerstrauch mit Blüten

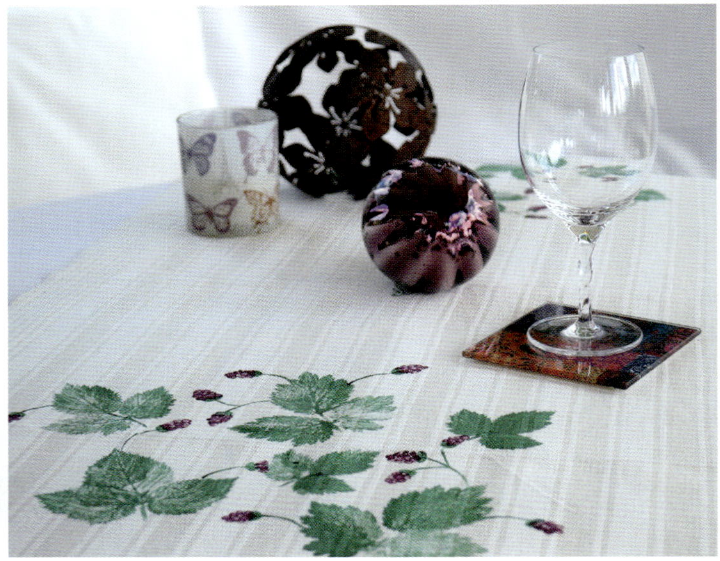

Gedeck mit Brombeerdruck

BROMBEERE

Wer am Land aufgewachsen ist, kann sich vielleicht noch an unbeschwerte Waldabenteuer erinnern – und an den besonderen Genuss, wenn endlich die Walderdbeeren, Himbeeren und Brombeeren reif waren. Neben ihrem köstlichen Geschmack sind all diese Beeren auch gesund und nicht nur die Früchte können genossen werden. Die Brombeerfrucht zählt zu den besten Provitamin-A-Lieferanten und stärkt das Immunsystem, doch neben den Früchten sind auch die Blätter sehr gesund, zum Beispiel als Mittel zur Bindegewebsstärkung und Stärkung der Blutgefäße.

Tee aus Brombeerblättern wirkt gegen Durchfall und gegen Entzündungen, ist also bei Schwierigkeiten im Verdauungstrakt auf jeden Fall zu empfehlen. Neben der heilkräftigen Wirkung eignet sich eine Mischung aus Himbeer-, Brombeer- und Erdbeerblättern hervorragend als Teebasis für den täglichen Gebrauch. Die Blätter schmecken zusammen sehr aromatisch und können je nach Jahreszeit und Geschmack mit jungen Fichtenwipfelchen, Hagebutten, Zitronenmelisseblättern oder Pfefferminzblättern vermischt werden.

Die Blätter des Brombeerstrauches sind nicht nur schmackhaft und gesundheitsförderlich, sondern hervorragend zum Drucken auf Textilien geeignet. Die feste Blattstruktur im Hochsommer ermöglicht das mehrmalige Verwenden der einzelnen Blätter, die zarten Blätter im Frühling sind kleiner, aber auch weicher, sie werden nach jedem Druckvorgang ausgetauscht. Die dunkellila Früchte können mittels einfachster Technik gemalt werden. Dazu wird zuerst der gewünschte Farbton gemischt. Möchte man Früchte verschiedener Reifegrade mischen, so bereitet man neben dem Dunkellila auch ein helleres Lila vor und stuft so verschiedene Farbtöne ab.

Die Brombeeren bestehen aus einzelnen, rundlichen Segmenten, die für sich kleine Früchte mit jeweils einem Samen darin darstellen. Aus dieser Form heraus ist es besonders einfach, die Früchte mit Hilfe eines Wattestäbchens zu gestalten. Dazu wird das Wattestäbchen vorsichtig in die Farbe getaucht und die einzelnen Fruchtsegmente werden nebeneinander getupft. Um die Form der Frucht optimal nachempfinden zu können, empfiehlt es sich, eine Frucht als Vorlage griffbereit zu haben und eine Testfrucht auf einem Probetuch zu versuchen.

EFEU

Efeu gilt als Symbol der Ewigkeit, der immerwährenden Treue und Liebe. Seit jeher ist der Efeu ein Zeichen für die Anwesenheit des Gottes Dionysos und wird somit in direkte Verbindung mit dem Wein gebracht. Wo Efeu schön blüht, wird auch die Weinernte hervorragend ausfallen, so heißt es.[13]

WICHTIG

Sämtliche Pflanzenteile des Gemeinen Efeus sind als giftig eingeordnet, auch wenn der giftige Inhaltsstoff Triterpensaponin in den Blättern in wesentlich niedrigerer Dosierung vorkommt als in den Früchten. Die Früchte sollte man generell nicht sammeln, sie sind sehr giftig, das Sammeln der Blätter sollte Erwachsenen vorbehalten sein. Auch zum Basteln oder Drucken sind die Blätter des Efeus zu vermeiden, wenn Kinder mit dabei sind!

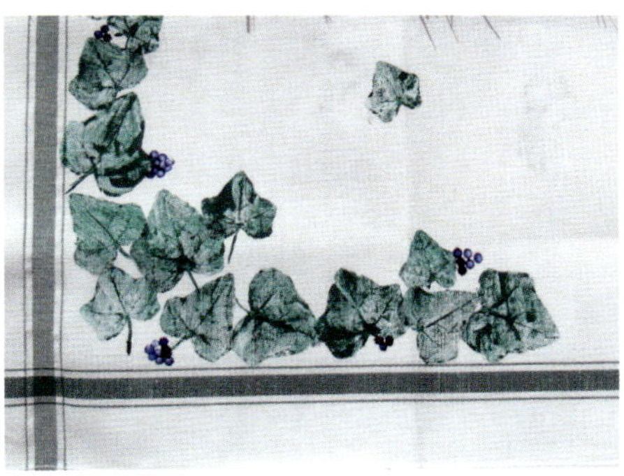

Mit Efeublättern bedrucktes Geschirrtuch

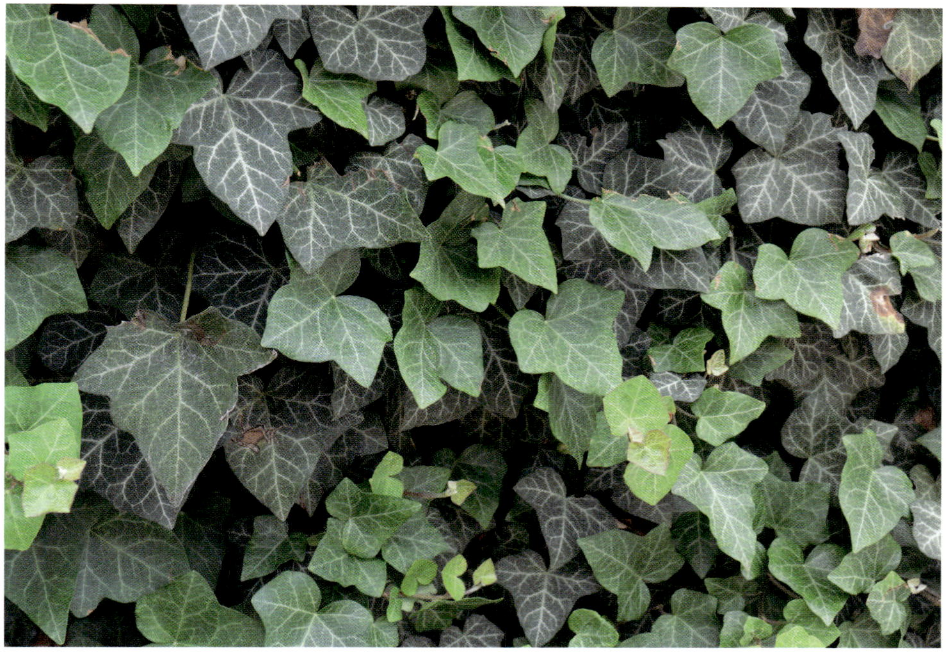

Die jungen Efeublätter in verschiedensten Grüntönen locken zum Drucken.

Trotz seiner Giftigkeit ist die Heilkraft des Efeus in der Medizin bekannt und geschätzt, vor allem als Mittel gegen Bronchialbeschwerden. Efeu wirkt außerdem gegen Gicht und Rheuma, Keuchhusten, wirkt fiebersenkend und kann zu einer hervorragenden Salbe gegen Zellulitis verarbeitet werden. 2010 wurde der Gemeine Efeu in Deutschland zur „Heilpflanze des Jahres“ gekürt. In Teemischungen ist der Einsatz von Efeu weniger heikel als in Reinform, doch sollte man, wenn man in der Naturheilkunde nicht einschlägig gebildet ist, von eigenen Rezepturen mit Efeu absehen, um eine Überdosierung zu vermeiden. Wie gesagt, alle Teile der Pflanze sind giftig! Somit gilt auch: Nach dem Arbeiten mit Efeu unbedingt die Hände waschen!

Gedruckt wird vorzugsweise mit den jungen Efeublättern, die in Größe und Form sehr ansprechend zu kompakten Mustern ausgeführt werden können. Um dem Blatt ein naturgetreues Aussehen zu geben, kann beim Drucken mit Efeublättern mit den verschiedenen Grüntönen oder mit unterschiedlichen Andruckstärken experimentiert werden. So entsteht ein wenig der Eindruck des Lichtspiels, das die Blätter in der Sonne zeigen. Auch das zarte Übermalen mit etwas Weiß oder Gelb kann diesen Eindruck schaffen. Für diese künstlerischen Ausführungen lohnt es sich, vorher auf Papier oder auf einem Probetuch zu üben.

[13] Vgl. Hirsch 2015, S. 171

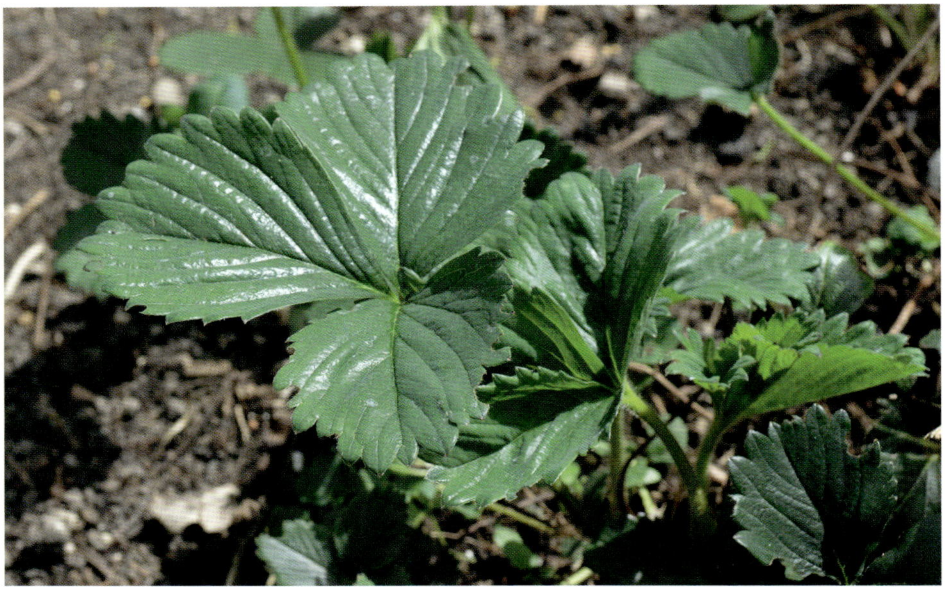

Junge Erdbeerpflanze im Frühling

ERDBEERE

Erdbeeren zählten nachweislich bereits in der Steinzeit zu den begehrten Lebensmitteln und seit dem Mittelalter lässt sich eine Kultivierung der Walderdbeeren nachweisen. Den Geruch und Geschmack dieser ursprünglichen Walderdbeeren vergisst man wohl ein Leben lang nicht mehr, wenn man sie einmal genossen hat. Nach einer langen Zeit überzüchteter und nahezu geschmackloser Erdbeersorten auf dem Markt geht man nun wieder langsam zurück zu den alten, geschmackvollen Sorten. Wer sich selbst Gutes tun möchte, sollte diese wohlschmeckenden, gesunden Früchte im Garten oder auf dem Balkon anpflanzen und einfach genießen. Erdbeeren sind sehr Vitamin-C-haltig und nach einem langen Winter der ideale Vitaminlieferant, außerdem enthalten sie reichlich Folsäure, ein B-Vitamin, das vor allem in der Schwangerschaft wichtig ist.

Die Erdbeerfrüchte sollen krebsvorbeugende und antibakterielle Stoffe enthalten und adstringierend wirken, weshalb sie unter anderem das Zahnfleisch festigen und auch gegen Kopfschmerzen wirken können. Neben den Früchten, die mit vielerlei magischen Geschichten in Zusammenhang gebracht werden, sind auch die Blätter der Erdbeere sehr gesund. Erdbeerblätter fördern das Ausschwemmen von Giftstoffen aus dem Körper und wirken gegen Durchfall. Zusammen mit Himbeer- und Brombeerblättern lassen sich die getrockneten Erdbeerblätter zu einem wunderbaren Tee mischen, der auch im Winter noch den frischen Geschmack des Sommers erahnen lässt.

Zum Drucken verwenden wir die jungen wie auch ältere Blätter der Erdbeere, je nachdem, welche Größe man benötigt. Nachdem die Blätter so gut wie den ganzen Sommer über nachwachsen, kann man immer wieder verschiedene Größen nachpflücken. Nach dem Aufdrucken der Blätter können mit Pinsel und Wattestäbchen sowohl die lieblichen Blüten der Erdbeerpflanze wie auch die knallroten Früchte dazugemalt werden. Es empfiehlt sich, eine oder zwei Blüten mit abzupflücken, um eine Vorlage zu haben. Bei den Blüten sollte man aber nicht zu sehr in die Fülle greifen – jede abgepflückte Blüte verhindert eine Frucht. Die Früchte der Erdbeere sind ähnlich aufgebaut wie die von Himbeere und Brombeere, allerdings nicht so strukturiert. Beim Arbeiten mit dem Wattestäbchen sollte man ein wenig üben, bis die natürliche Form der Erdbeere entsteht. Allerdings darf man durchaus auch seine Fantasie walten lassen – denn wer behauptet, dass eine Erdbeere auf der Dirndlschürze so aussehen muss wie in der Natur?

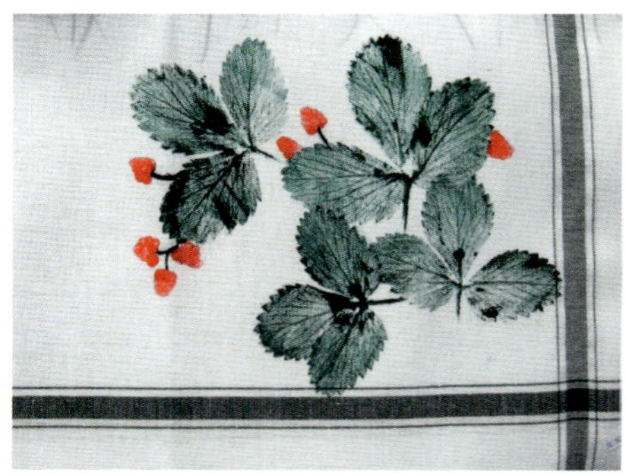

Mit Erdbeerblättern gestaltetes Geschirrtuch

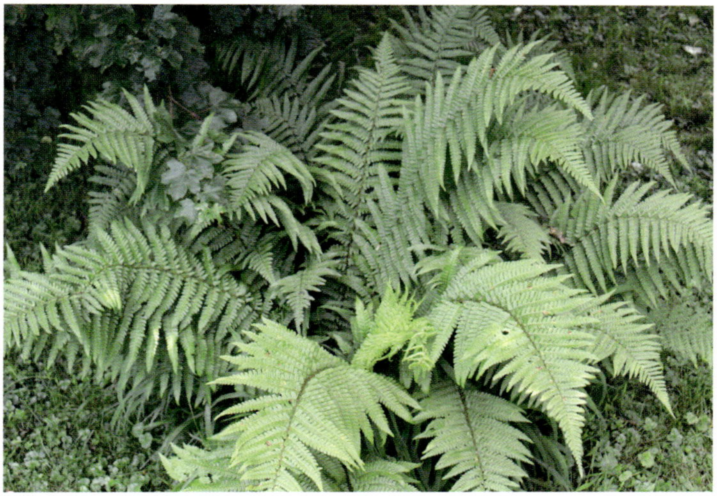

Farn – geheimnisvolle Waldpflanze mit langer Geschichte

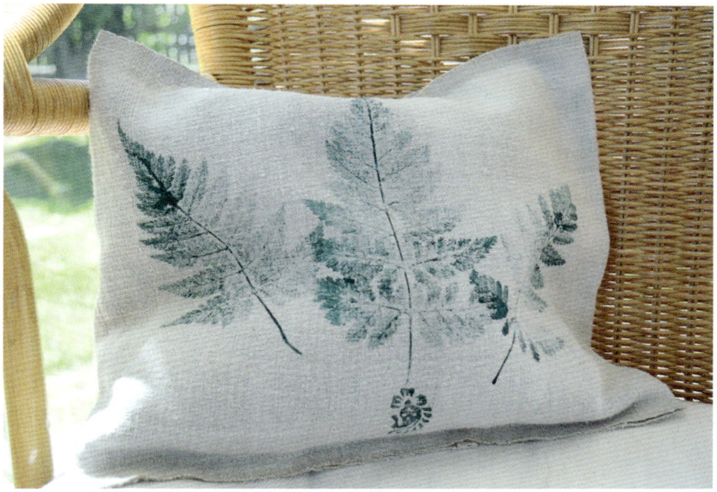

Dekorativer Leinenpolster mit Farnaufdruck

FARN

Eine der ältesten Pflanzen der Welt – zusammen mit den Schachtelhalmen – ist der Farn. Vor etwa 400 Millionen Jahren waren Farne bereits auf der Erde heimisch und bildeten große Wälder, aus denen letztendlich die Steinkohlereserven der Erde wurden. Fossile Funde weisen dies genauso nach wie die Tatsache, dass Farne und Schachtelhalme damals nicht zarte, kleine Wald- und Wiesenbewohner waren, sondern baumgroße Pflanzen.

Farne sind sogenannte Gefäßsporenpflanzen und bilden eine Schwesterngruppe der Samenpflanzen. Aus genau diesem Grund galten Farne lange Zeit als sehr geheimnisvoll, mystisch und magisch. Immerhin blüht der Farn nicht und bildet auch keine klassischen Samen, sondern pflanzt sich über Sporen fort, die sich an der Unterseite der Blätter befinden. Nachdem man weder Blüten noch Samen erkennen konnte, begannen sich um den Farn unzählige Mythen zu ranken. Lange Zeit war man der Meinung, dass Farn nur in einer einzigen Nacht, der Johanninacht am 24. Juni, blühe und die abgeworfenen Samen allerlei magische Wirkung hätten. Wer in der Lage sei, Farnsamen zu erhaschen, könne sich unsichtbar machen, hieß es, außerdem solle der Farn vor Zauber schützen, Glück im Spiel bringen und sogar verborgene Schätze auffindbar machen. Im Mittelalter begann ein wahrer Trend um die „Farnsamen", was letztlich sogar zu Verboten bezüglich des Sammelns von Farn führte. Andere Legenden wiederum beschreiben, dass der Farn blühe, die Blüten aber immer schnell verschwänden, wenn ein Mensch sich nähere. Wem es gelänge, eine Farnblüte zu sehen, dem öffne sich das Tor zur Unterwelt. Von Pakten mit dem Teufel bis zu Liebeszaubern und Schutzsprüchen gegen Krankheit findet man in der Literatur so ziemlich alles – Farn war lange Zeit ein Mythos.

Erst Mitte des 19. Jahrhunderts konnte das Geheimnis um den Farn gelüftet werden, der Botaniker Wilhelm Hofmeister entdeckte, dass sich an der Rückseite der Farnwedel keine Samen, sondern Sporen befinden und klärte so, wie sich die angebliche Zauberpflanze vermehren konnte. Als Heilpflanze wurde Farn von jeher gegen Gicht und Rheuma angewendet, allerdings nur äußerlich, und wer sich ein Farnblatt in den Schuh legt, der wird beim Wandern niemals müde werden, so heißt es.

Zum Drucken sind Farnwedel in allen Größen wunderbar geeignet, denn die Blätter erzeugen schöne Strukturen und sind aufgrund ihrer Festigkeit mehrmals verwendbar. Beim Auftragen der Farbe gilt es, nicht zu viel zu erwischen, da sonst die feinen Maserungen verwischen.

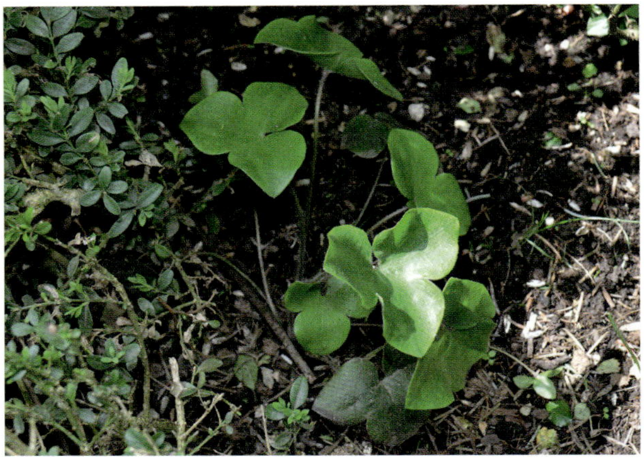

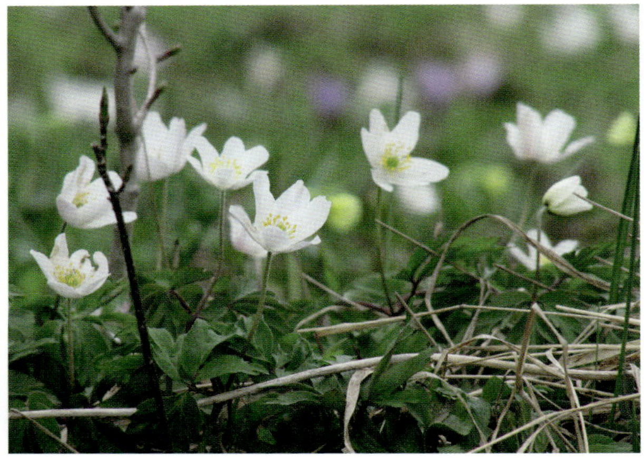

Links: Leberblümchen: Erste zarte Blätter künden vom baldigen Frühling.

Rechts: Buschwindröschen in voller Pracht

FRÜHLINGSBOTEN: LEBERBLÜMCHEN UND BUSCHWINDRÖSCHEN

Leberblümchen und Buschwindröschen zählen zu den klassischen Frühlingsblumen, den ersten Boten nach dem Winter. Wie der Name schon sagt, ist das Leberblümchen in der Hausapotheke ein gutes Mittel gegen Leberbeschwerden, doch Vorsicht, die Pflanze wird als leicht giftig eingeordnet. Darum sollten die Blätter des Leberblümchens nicht verwendet werden, wenn Kinder in der Nähe sind, und man sollte sich nach jedem Arbeitsgang die Hände waschen. Empfindliche Menschen sollten zum Arbeiten mit dem Leberblümchen Handschuhe verwenden oder diese vermeiden.

Das Leberblümchen enthält, so wie alle Hahnenfußgewächse, Anemonin, dieses Gift verschwindet aber, wenn man die Pflanze trocknet. In der Volksmedizin wurde das Leberblümchen so wie die Mariendistel oder der Löwenzahn gegen Leberleiden eingesetzt, aber nur in getrockneter Form. Sollte man eine Verwendung der Leberblümchenblätter als Tee in Betracht ziehen, so sollte vorher abgeklärt werden, ob man gegen Hahnenfußgewächse allergisch ist!
Auch das zarte Buschwindröschen zählt zu den Hahnenfußgewächsen und ist giftig! Für den Druck mit Pflanzen wollen wir auf das liebliche Gewächs aber nicht verzichten. Auch für das Buschwindröschen gilt: Kinder nicht damit arbeiten lassen, nach dem Ernten, Drucken und Entsorgen jeweils die Hände waschen, dann kann die Pflanze ohne weiteres im kreativen Prozess verwendet werden.

Wie bei allen Gewächsen mit dünnen, weichen Blättern gilt es darauf zu achten, dass man nicht zu viel Farbe verwendet. Im Vorfeld sollten mehrere Blätter der Pflanze gepflückt werden, da man die Blätter meist nur einmal verwenden kann. Nach dem Aufdrucken des Blattes mit einem Glas ist die Pflanze meist so lasch, dass ein nochmaliges Verwenden zu Fehlern führt. Die Blüten von Leberblümchen und Buschwindröschen werden mit dem Pinsel aufgetragen.

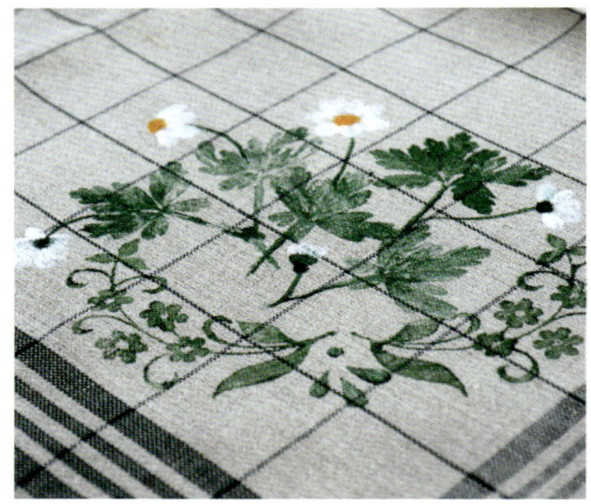

Buschwindröschen auf Leinen

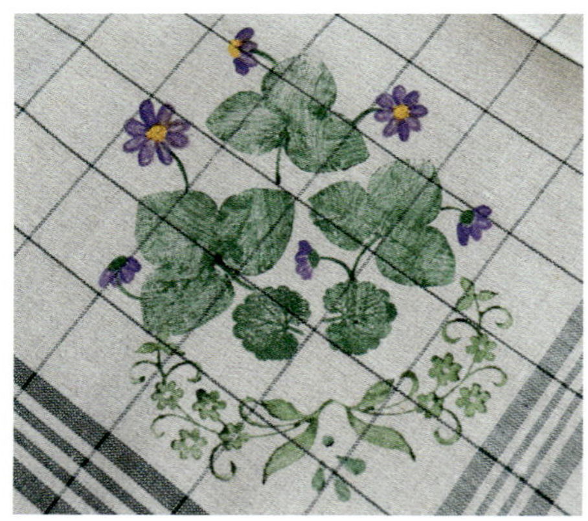

Feine Leberblümchen auf einem Geschirrtuch

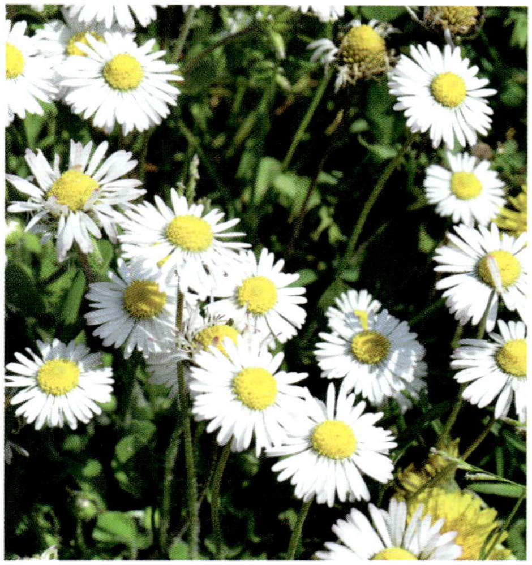

Das Gemeine Gänseblümchen

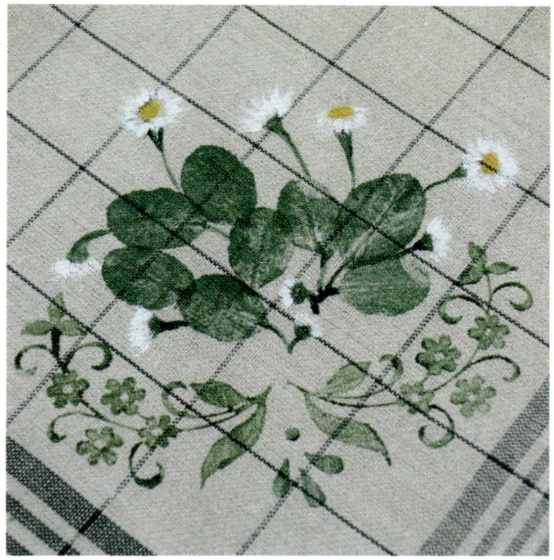

Gänseblümchendruck auf Deko-Decke

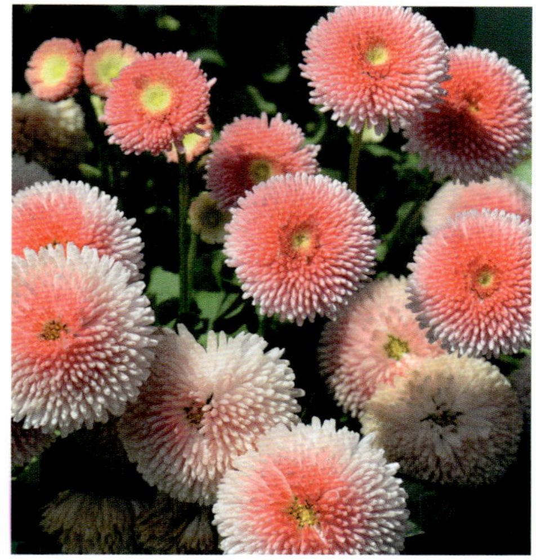

Bellis perennis cultivar, eine Zuchtform des Gänseblümchens

GÄNSEBLÜMCHEN

Das Gänseblümchen – der botanische Gattungsname *Bellis* ist mittlerweile durch diverse Zuchtformen ebenfalls sehr verbreitet – kennen viele aus dem eigenen Garten. Der liebliche Korbblütler ist bei Kindern zum Herstellen von Blütenketten oder für das berühmte Orakel „Er liebt mich, er liebt mich nicht" besonders beliebt. Die kleinen, weißgelben Blüten des Gemeinen Gänseblümchens sind ein geschmacklicher und optischer Genuss in jedem Frühlingskräutersalat und in getrockneter Form auch in jedem Tee. Sowohl für Salat wie auch für Tee werden auch die Blätter der Pflanze verwendet, diese regen den Stoffwechsel an, wirken verdauungsfördernd und können durch ihre krampflösende Wirkung auch Husten lindern. Durch die stoffwechselanregende Wirkung wird das Gänseblümchen gegen Frühjahrsmüdigkeit empfohlen – im klassischen Frühlingstee darf es also neben Löwenzahn und Brennnessel nicht fehlen. Gänseblümchentee wirkt so wie Brennnesseltee harntreibend, sollte also am Abend nicht mehr getrunken werden.
Aus den Blättern des Gänseblümchens kann Saft für die äußerliche Anwendung gepresst werden, dieser dient der besseren Wundheilung bei Verletzungen und hilft gegen Gliederschmerzen oder Prellungen und andere stumpfe Verletzungen.

Zum Drucken lassen sich sowohl die Blätter des Gemeinen Gänseblümchens, das in Wiesen und Gärten wächst, als auch die des *Bellis perennis cultivar*, des Zuchtgänseblümchens, das man im Frühling in Gärtnereien bekommt, verwenden. Der Unterschied besteht in der Größe der Blätter und in der Form und Farbe der Blüten, die Blätter des gezüchteten Gänseblümchens sind wesentlich größer als die des Gemeinen Gänsebümchens und die Blüten sind voller und in verschiedenen Farben erhältlich. Die Blüten des Gänseblümchens lassen sich mit einem feinen Borstenpinsel gestalten. Möchte man die zarten, weißen Blüten auf einem weißen oder hellen Stoff darstellen, so mischt man etwas Gelb in das Weiß, damit sich der Farbton besser abhebt. Auch das zarte Nachgestalten der einzelnen Blättchen an den Rändern mit etwas Grau ist möglich, so entsteht der Eindruck eines kleinen Schattens.

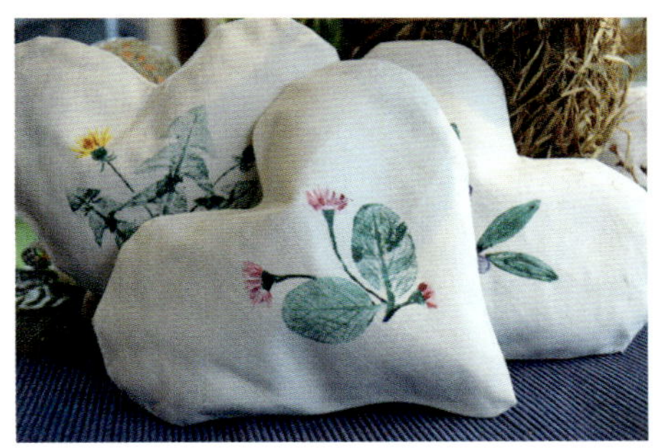

Muttertagsherz mit Zucht-Gänseblümchen bedruckt

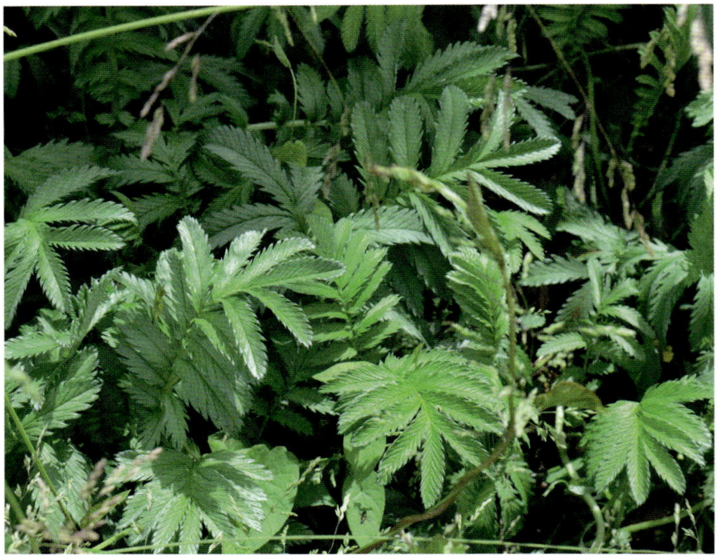

Gänsefingerkraut am Wiesenrand

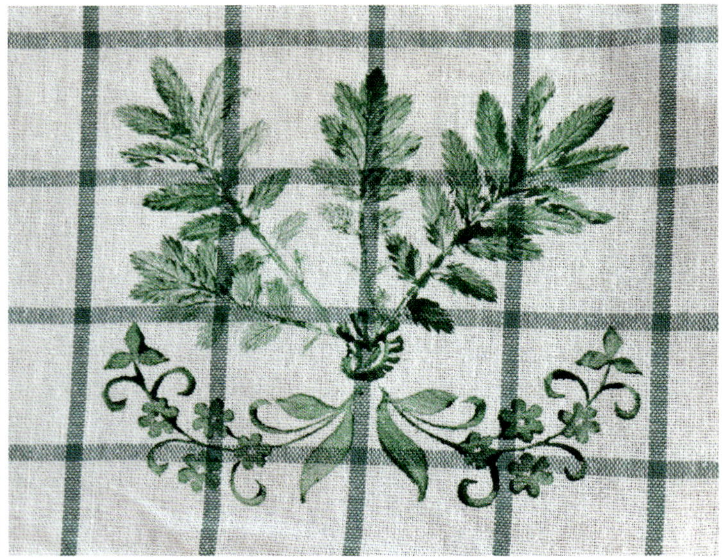

Werkstück mit Gänsefingerkraut

GÄNSEFINGERKRAUT

Das Gänsefingerkraut, im Volksmund auch Gänserich, Krampfkraut oder Silberkraut genannt, wächst an Wiesenrändern, vor allem, wenn dort kräftig gedüngt wird, denn es liebt satte, nahrhafte Böden. Die Geschichte der Pflanze als Heilkraut reicht lange zurück, mit hoher Wahrscheinlichkeit wussten bereits die Germanen um die heilenden Eigenschaften. Dafür existieren zwar keine Belege, doch wird in der Literatur immer wieder darauf hingewiesen, dass das überlieferte Abkochen des Gänsefingerkrauts in Milch darauf hindeutet. Bei den Germanen war das Abkochen von Heilkräutern in Milch generell sehr verbreitet.

Das liebliche Kräutlein mit den gelben Blüten ist ein Allrounder, wenn es um seine heilende Wirkung geht, es wirkt adstringierend und antibakteriell und wird gegen Husten, Entzündungen, Krämpfe und Koliken genauso eingesetzt wie gegen entzündliche Hautstellen und Sonnenbrand. Das Kraut kann auch äußerlich gegen Krämpfe aufgelegt werden, auch als warmer Wickel, und aus dem Mittelalter ist überliefert, dass es nicht nur bei Menschen wirkt, sondern auch bei Koliken beim Vieh eingesetzt wurde. Die heilige Hildegard von Bingen empfahl, das Gänsefingerkraut in Wein abzukochen und so gegen Krämpfe und Fieber zu verwenden.

Wie viele Heilkräuter, die bereits seit so langer Zeit im Einsatz sind, begleiten auch das Gänsefingerkraut viele Legenden und magische Geschichten. Wer das Kraut bei sich trägt, wird Glück in Geldangelegenheiten und in der Liebe haben, so heißt es, und wer ein Blatt der Pflanze in den Schuh steckt, bevor er zu Gericht geht, gewinnt jeden Prozess.[14] Vielleicht gilt dies ja auch für Kleidungsstücke, die mit Gänsefingerkraut bedruckt sind?

Zum Drucken sind die zarten Blätter sehr gut geeignet, auch wenn man vorsichtig damit umgehen muss. Wenn man zu viel Farbe erwischt, entstehen rasch unschöne, große Flächen, es gilt also, die feinen Fächer sorgfältig zu bestreichen und auf einem Probestück zu testen. Die Blätter des Gänsefingerkrauts lassen sich ganz hervorragend mit zarten Blumenborten kombinieren, die an die Blüten der Pflanze erinnern. Die Blüten können aber auch, so wie bei allen anderen blühenden Pflanzen, mit dem Pinsel ergänzt werden.

[14] Vgl. Hirsch 2015, S. 251

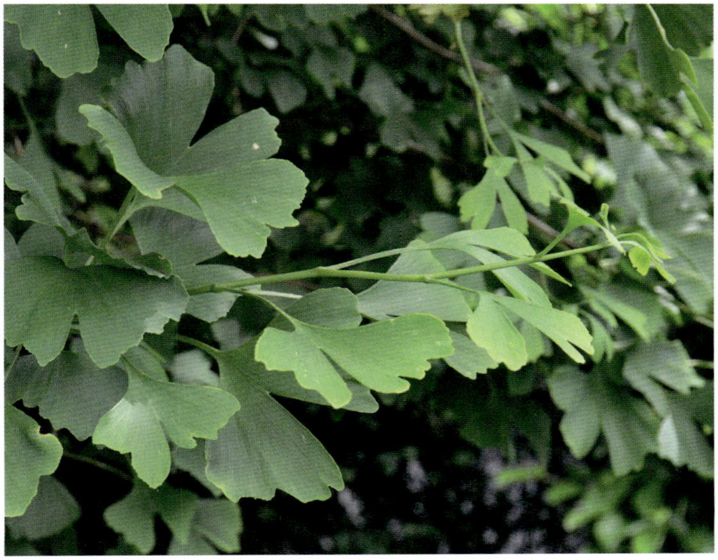

Ginkgo – nicht heimisch, aber in vielen Gärten zu finden

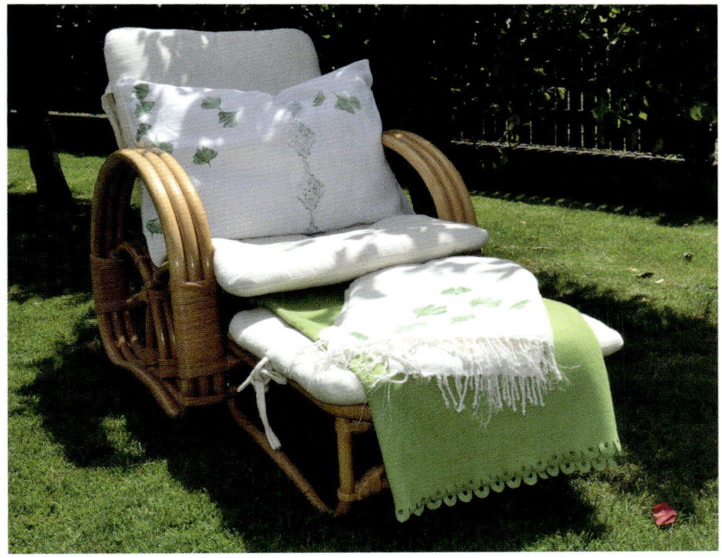

Die gemütliche Ecke im Garten – Polster und Decken mit Ginkgo bedruckt

GINKGO

Die „Gedächtnispflanze" Ginkgo ist sowohl in der Naturheilkunde als auch in der klassischen Medizin als Mittel gegen Konzentrationsstörungen, Kopfschmerzen und Demenz bekannt und anerkannt. Auch gegen Schwindel und Tinnitus werden Ginkgoextrakte erfolgreich eingesetzt. Die ursprünglich aus China stammende Pflanze wird mittlerweile auf der ganzen Welt angebaut und erfreut sich auch als Zierpflanze in den heimischen Gärten großer Beliebtheit. Die Blätter des Baumes können geerntet und direkt als Tee genossen werden. Neben der gedächtnisfördernden und -erhaltenden Wirkung unterstützt Ginkgo den Körper auch gegen Asthma, Diabetes und Magenprobleme und fördert die Durchblutung. Ginkgoblätter werden auch äußerlich zur besseren Wundheilung angewendet.

Der Ginkgobaum ist die einzig überlebende Pflanze aus der Gruppe der Ginkgogewächse und soll schon vor über 200 Millionen Jahren auf der Erde verbreitet gewesen sein. Von anderen Pflanzen aus dieser Gruppe zeugen nur noch Fossilien – darum spricht man vom Ginkgobaum oft als „lebendes Fossil". Die medizinische Nutzung des Ginkgos geht auf vorchristliche Zeit zurück, der Baum galt aufgrund seiner enormen Heilkraft in Japan und China als heilig und wurde sehr oft in Tempelanlagen gepflanzt. Dort soll es nach wie vor Exemplare geben, die mehrere tausend Jahre alt sind. Die Form der Blätter und die Tatsache, dass die Pflanze mehrhäusig ist, es also weibliche und männliche Bäume gibt, haben dazu geführt, dass der Ginkgo als Zeichen für Yin und Yang steht, für männlich und weiblich, für die Gegensätze der Welt.

Die wunderbar geformten Blätter bieten sich förmlich für die kreative Gestaltung an und mit dem Hintergrundwissen um die Langlebigkeit des Baumes und seiner heilsamen Wirkung lassen sich ganz besondere Werkstücke erzeugen.

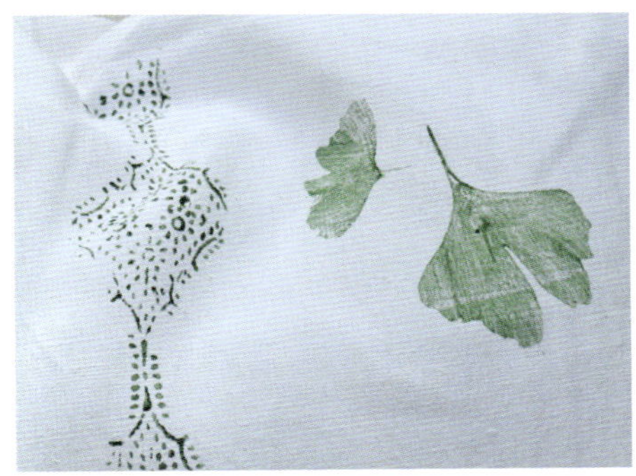

Ginkgoblätter auf Leinen, kombiniert mit Modeldruck

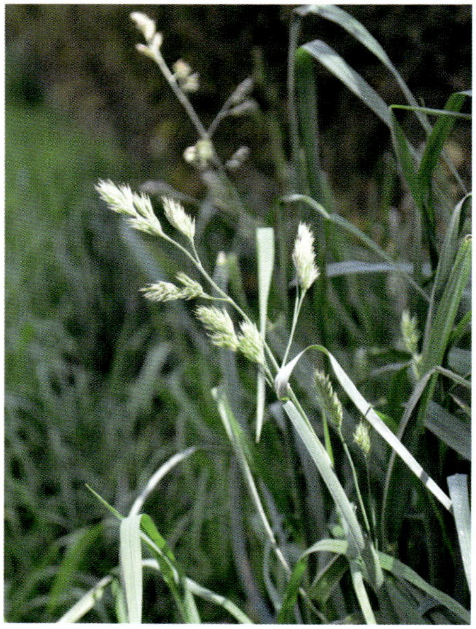

Gräser zum Drucken finden sich an jedem Wegesrand.

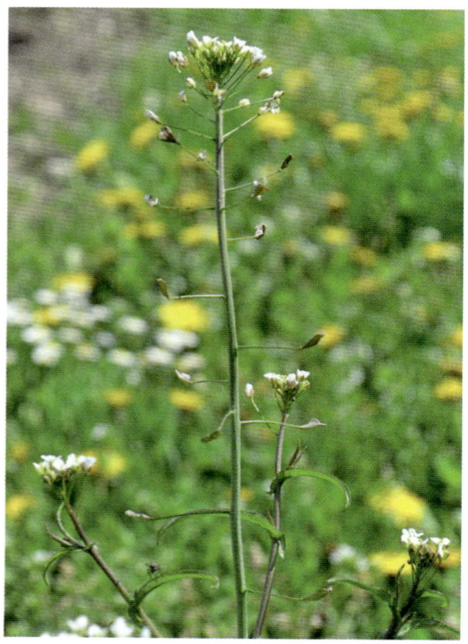

Das zarte Hirtentäschel auf der bunten Frühlingswiese

GRÄSER, HIRTENTÄSCHEL UND CO.

Verschiedenste Gräser und zarte Pflanzen wie das Hirtentäschel, das der Familie der Kreuzblütengewächse zugeordnet wird, erfreuen uns das ganze Jahr über. Solange keine Schneedecke auf den Feldern und Wiesen liegt, findet man auch im Winter reichlich Pflanzen dieser Art zum Drucken. Es würde zu weit führen, hier alle heimischen Gräser aufzuführen, darum eine kurze Zusammenfassung am Beispiel des Hirtentäschels.

Bereits im Frühling werden wir mit zarten Gräsern verwöhnt, die neben den Frühlingsblumen die ersten Grüße der Natur darstellen. Am Wegesrand und zwischen Äckern und Feldern findet man jede Menge Halme mit Blüten oder Ähren, die gepflückt werden können.

Beim Drucken mit Gräsern und feinen Pflanzen wie dem Hirtentäschel muss sorgsam mit der Farbe umgegangen werden, um die zarten Stiele ohne Kleckern auf den Stoff übertragen zu können. Weniger ist mehr, lautet die Devise, denn wenn zu wenig Farbe auf das Werkstück gedruckt wird, kann diese immer noch mit dem Pinsel nachgearbeitet werden, zu viel aber lässt die Stiele klobig wirken und Fehler wie diese können nicht einfach wieder rückgängig gemacht werden. Auch das Aussparen von Stellen, die nicht bedruckt sind, kann mitunter sehr reizvoll wirken, zum Beispiel Stiele, die nicht durchgängig zu sehen sind oder die eine oder andere Ähre, die keinen exakten Abdruck ergeben hat.

Grundsätzlich werden feine Gräser genauso wie die anderen Pflanzen auch gedruckt, zuerst wird die Pflanze mit dem Pinsel bestrichen, dann vorsichtig auf das Werkstück gelegt und dann mit einem Glas fest gerollt. Der einzige Unterschied ist die Länge der Pflanze. Beim Auflegen empfiehlt es sich, die Pflanze mit beiden Händen zu halten, damit sie nicht an einer Stelle auf den Stoff gelangen kann, die nicht geplant war.

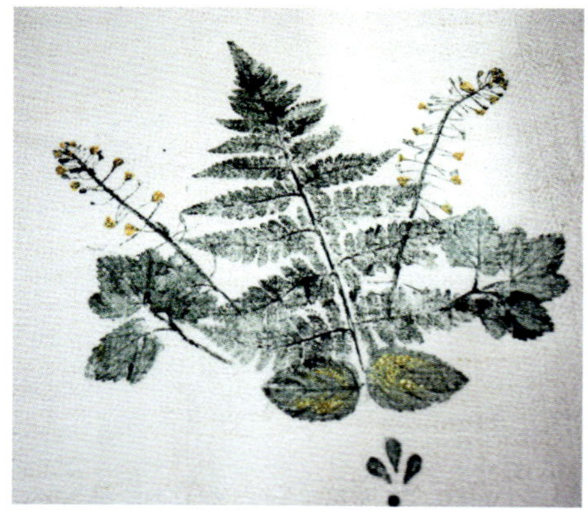

Hirtentäschel und Farn, mit Gold verfeinert

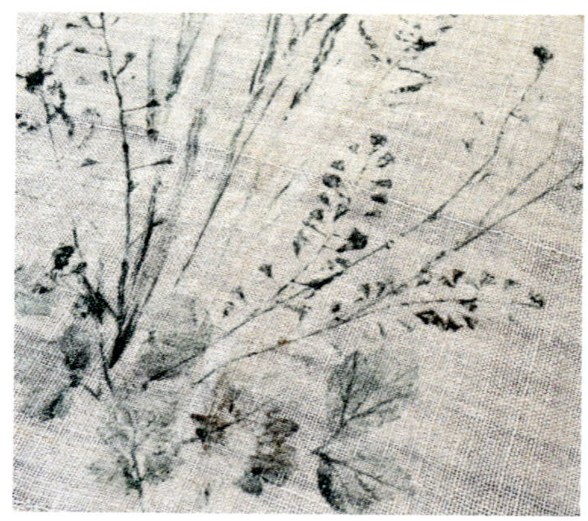

Zarte Gräser auf grobem Leinen

GUNDELREBE

Von der Gundelrebe, auch Gundermann genannt, sagt man, dass sie immer dort auftaucht, wo sie gebraucht wird. Man soll die Gundelrebe also nicht aus dem Garten vertreiben, sondern überprüfen, warum sie gekommen ist. Dem heimischen, auf den ersten Blick unscheinbaren Kräutlein werden vielerlei Heilwirkungen zugeschrieben. Die Gundelrebe wirkt entzündungshemmend und schleimlösend und ist so eines der Kräutlein, die in den klassischen Erkältungstee gehören. Schnupfen, Husten und Probleme mit Blase und Niere können durch den Tee aus Gundelrebe gelindert werden und nachdem das Kraut, wenn es sich einmal angesiedelt hat, ganzjährig wächst, kann es zu jeder Jahreszeit frisch geerntet und verwendet werden.

Besonders wirksam bei Blasenleiden oder Leberbeschwerden soll der Saft der Pflanze sein. Dazu gibt man die frischen Pflanzenteile in den Entsafter oder zerhackt sie mit dem Haushaltsmixer und presst sie dann durch ein Leinentuch. Für die Herstellung dieses Saftes benötigt man eine ganze Menge Blätter, dafür genügt die tägliche Einnahme einiger Tropfen. Das Pflanzenwasser ist einfacher herzustellen. Dazu füllt man ein Glas mit Deckel zur Hälfte mit Gundelrebe, drückt die Pflanzenteile etwas zusammen und stellt das verschlossene Glas in den Schatten. Nach wenigen Tagen findet sich am Boden des Glases eine Flüssigkeit, die man in ein Fläschchen füllt und im Kühlschrank aufbewahrt.

[15] Vgl. Hirsch 2015, S. 179

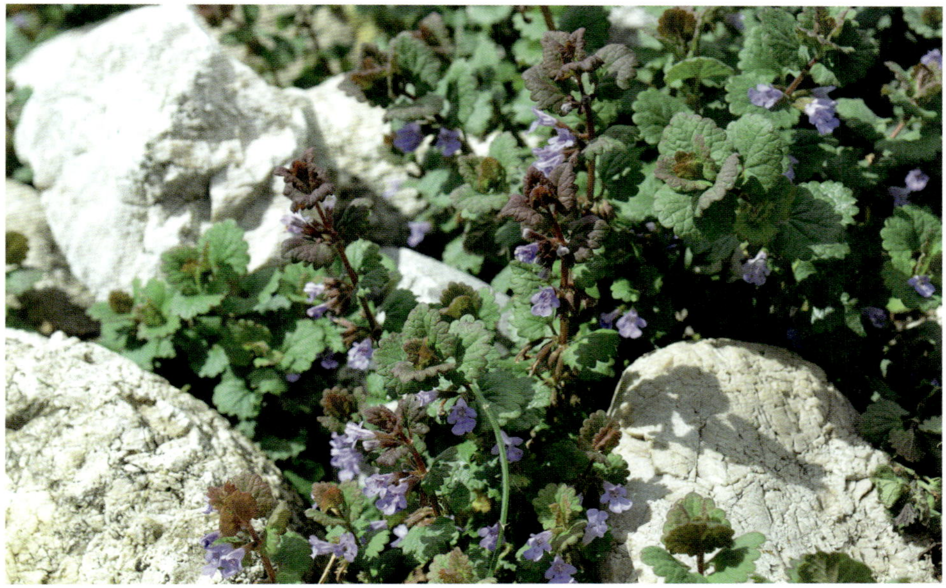

Die Gundelrebe sucht sich ihren Platz im Garten.

Täglich einige Tropfen helfen bei Stoffwechselbeschwerden.[15] Mit Öl angesetzt oder zu einer Salbe verarbeitet wird die Gundelrebe bei schlecht heilenden Wunden angewendet und kann als Mittel gegen Zellulitis eingesetzt werden. Das vielfältige Kraut wird auch in der Küche verwendet, als geschmackvolle Beigabe zu Frühlingskräutersuppen, Kräuteraufstrichen oder Kräuterbutter.

Zum Drucken sind die kleinen, festen Blätter besonders gut verwendbar. Für frische Frühlingsmuster auf traditionellen wie auch modern gestalteten Kleidungsstücken und Textilien eignet sich das Blatt der Gundelrebe sehr gut, die zarten Blüten können mit einem feinen Pinsel oder mit dem Wattestäbchen gestaltet werden – entweder möglichst realistisch oder stark stilisiert, je nach Geschmack.

Die Gundelrebe zählt zur Familie der Lippenblütler, am besten gelingt die realistisch dargestellte Blüte, wenn man eine Abbildung aus einem Pflanzenbuch dazu heranzieht, um die Details der feinen Blüten gut erkennen zu können.

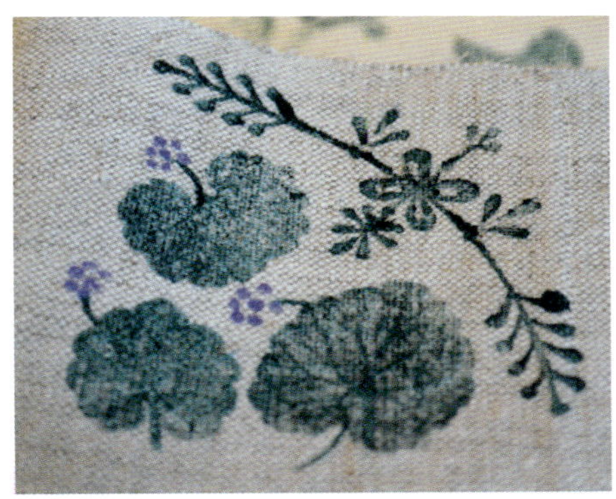

Altes Leinen mit frischen Blättern und stilisierten Blüten

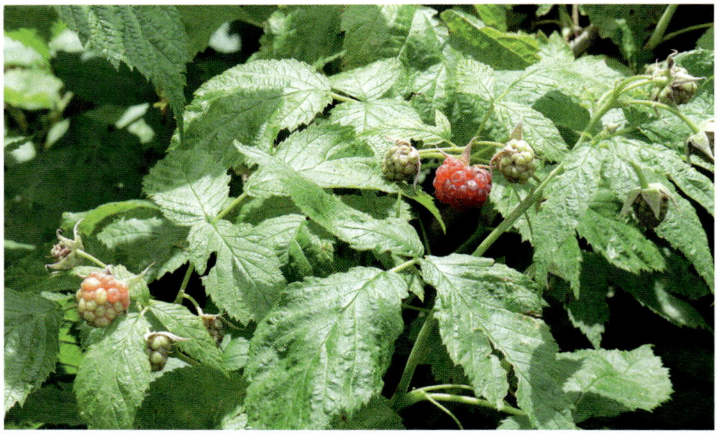

Himbeerstrauch mit Früchten

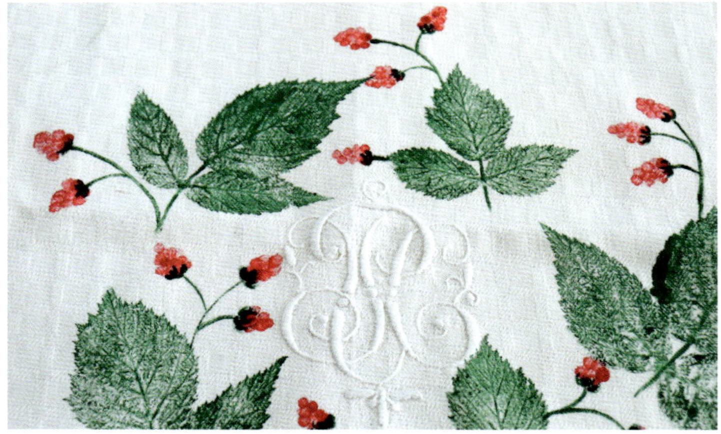

Altes Leinen mit Himbeerdruck

HIMBEERE

Die Himbeere begleitet den Menschen schon seit langer Zeit. Funde aus der Steinzeit belegen, dass die wohlschmeckenden Beeren bereits damals auf dem Speiseplan standen. Himbeersträucher wachsen in der Wildnis an Waldrändern und Lichtungen, viele Menschen pflanzen aber gezüchtete Varianten im Garten. Die Himbeere gilt als „Waldpionier", gehört also zu den Pflanzen, die sich ganz besonders leicht in neuen, vegetationsfreien Gebieten ansiedeln. Überall dort also, wo im Wald große Flächen gerodet werden, findet man rasch Himbeersträucher.

Die Früchte der Pflanze enthalten viele Vitamine sowie Mineralstoffe und Farbstoffe. Die für die Beerenfarbe verantwortlichen sekundären Pflanzenstoffe, die Anthocyane, wirken zum Beispiel als Antioxidantien und damit gegen Krebs, Demenz und Herz-Kreislauferkrankungen. Außerdem wirkt sich der Genuss von Himbeeren positiv auf den Cholesterinspiegel aus. Himbeeren enthalten neben Vitamin C auch viel Eisen, das in dieser Kombination besonders gut vom Körper aufgenommen werden kann. Schon die heilige Hildegard von Bingen erkannte die umfassende Wirkung der Himbeeren und empfahl, die Früchte zu essen, da sie „weder dem Gesunden noch dem Siechen schaden"[16]. Ein Fest für die Geschmacksnerven und den Körper also, wenn die süßen Früchte endlich reif sind! Beim Kauf von Himbeeren sollte man darum auch auf die Jahreszeit achten – mittlerweile bekommt man Himbeeren aus allen Ländern dieser Welt das ganze Jahr über. Wie viele gesunde Inhaltsstoffe aber eine Frucht, die halbreif geerntet und dann einmal um den Globus geflogen wird, noch beinhalten kann, sei dahingestellt. Die klügere Entscheidung ist sicher, jahreszeitenbewusst und regional einzukaufen oder die Himbeeren selbst im Wald zu sammeln, so man die Gelegenheit dazu hat. Wie auch Brombeerblätter wirken Himbeerblätter gegen Entzündungen und der Tee aus Himbeerblättern wird als Mundwasser bei empfindlichen Mundschleimhäuten eingesetzt. Himbeerblätter sind außerdem als „Frauenkraut", ähnlich dem Frauenmantel, bekannt. Sie werden in der Geburtsvorbereitung genauso empfohlen, wie in der Stillzeit, bei Menstruationsbeschwerden oder in den Wechseljahren. In einem Frauentee dürfen die Himbeerblätter nicht fehlen, genauso wie Frauenmantel und Schafgarbe. Durch die in den Blättern enthaltenen Gerbstoffe wirken Himbeerblätter auch gegen Durchfall.

Himbeerblätter können zum Drucken so wie die Blätter des Brombeerstrauches verwendet werden. Im Hochsommer ist die Blattstruktur wesentlich robuster als im Frühling und die festen Blätter können durchaus für mehrere Druckvorgänge eingesetzt werden. Die Früchte werden genauso wie die Brombeeren mit einem Wattestäbchen gestaltet.

[16] Vgl. Hirsch 2015, S. 319

KLEE

Um den Klee ranken sich vielfältige Legenden und Sagen. Aufgrund der Seltenheit des vierblättrigen Kleeblattes gilt dieses als besonderes Glückssymbol. Bereits bei den Kelten wurde das vierblättrige Kleeblatt als Mittel gegen böse Geister verwendet. Kleeblätter mit vier Fiedern findet man meist beim Weißklee. Die im Handel erhältlichen vierblättrigen Kleepflanzen, die als Glücksklee verkauft werden, gehören zur Gattung des Sauerklees und somit nicht zum echten Klee. Da aber bei den echten Kleesorten die Chance auf ein Blättchen mit vier Fiedern sehr gering ist, musste man auf diese Variante ausweichen.

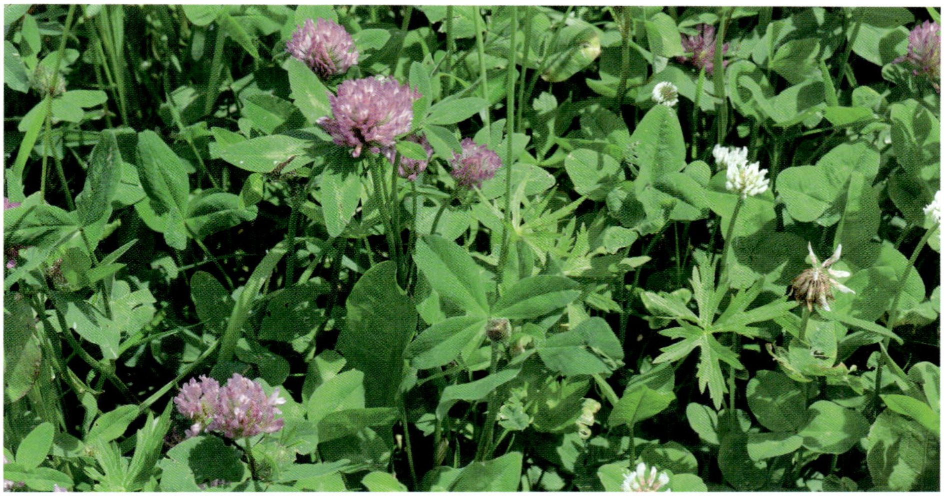

Roter und weißer Klee auf der Wiese

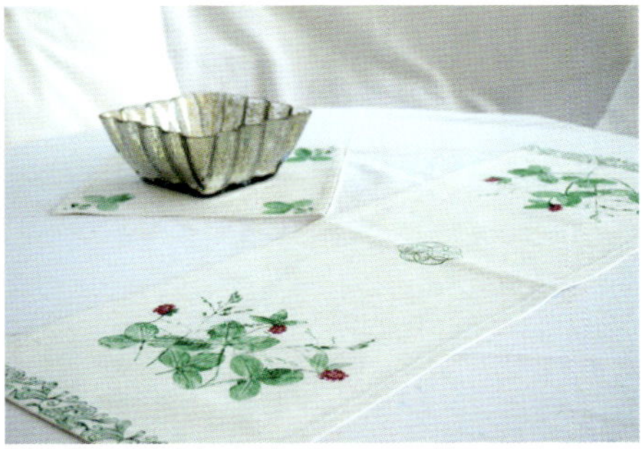

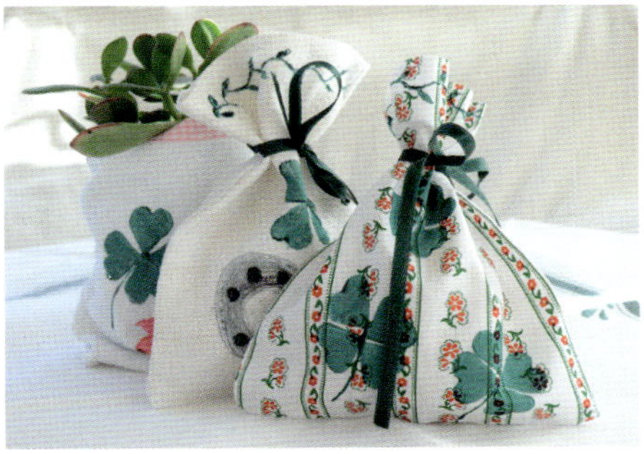

Oben: Tischläufer mit Kleeverzierungen
Unten: Mit Kartoffeldruck gestaltetes Geschenksäckchen zum Jahreswechsel

Während der Weißklee also zum Glückslieferanten gezählt werden darf, ist der Rotklee für seine heilende Wirkung bekannt. Wegen seines hohen Gehalts an Isoflavonen, also pflanzlichem Östrogen, wird der Rotklee bei Wechselbeschwerden eingesetzt. Die Isoflavone wirken gegen Östrogenmangel und dämmen in der Folge auch Wallungen ein. Zusammen mit den Blättern von Frauenmantel, Himbeere und den Blüten und Blättern der Schafgarbe ergeben die Kleeblüten einen bekömmlichen Tee, der diese Beschwerden lindert.

Tee aus Kleeblättern und -blüten wirkt so wie Tee aus Brennnesselblättern blutreinigend und hilft gegen Leberschwäche, gegen Rheuma und Arthrose legt man Kompressen aus dem Pflanzenabsud auf. Im Frühling lassen sich die frischen Kleeblätter und wohlschmeckenden Blüten zum Frühlingssalat mischen und im Sommer können die frisch zerdrückten Blüten als Linderung auf Insektenstiche aufgelegt werden.

Klee gilt nicht nur als Glückssymbol, sondern neben Rosen und Veilchen auch als Symbol der Liebe. Zum Jahreswechsel zieren wir Geschenke, die Glück im neuen Jahr bringen sollen, mit den zarten, aufgedruckten Kleeblättern und hier darf es durchaus die gezüchtete Variante sein, denn wie beschrieben ist das Finden eines vierblättrigen echten Kleeblattes ein wahrer Glücksfall. Neben dem Verwenden der Pflanze zum Drucken können Kleeblätter auch ganz einfach mittels Kartoffeldruck oder Linoldruck hergestellt werden. Dazu schneidet man aus einer Kartoffel mit Hilfe einer kleinen Keksform ein Herz und erzeugt mit diesem Herzstempel die vier Fiedern des Blattes. Möchte man einen haltbaren Stempel erzeugen, so empfiehlt sich das Zuschneiden eines einzelnen Herzens aus Linol.

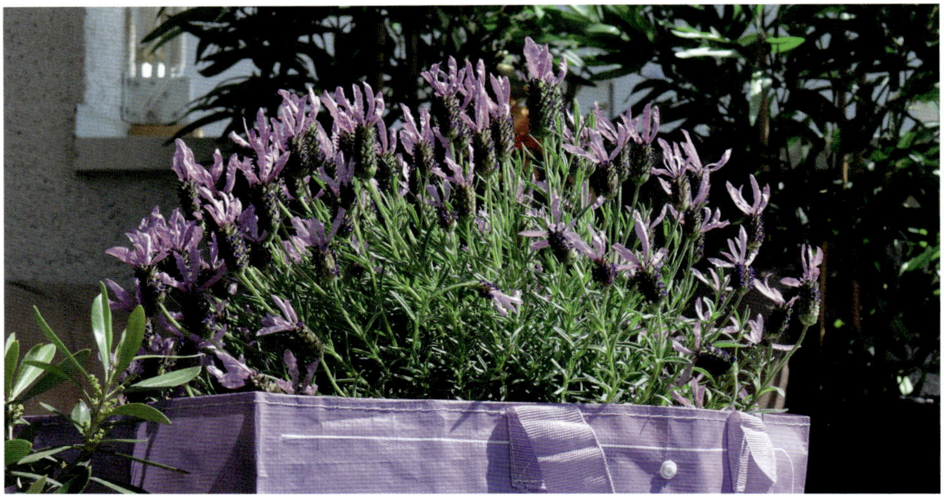

Lavendel in voller Blüte

LAVENDEL

Lavendel kennt man von Potpourris, Duftkissen und Seifen. Die in mediterranen Regionen heimische Pflanze gedeiht auch im mitteleuropäischen Raum prächtig, in Gärtnereien werden mittlerweile verschiedene Züchtungen angeboten. Zum Befüllen von Duftkissen werden die getrockneten Blüten der Pflanze verwendet, diese kann man selbstverständlich selbst sammeln, wenn man viele Pflanzen im Garten hat. Dass die Pflanze eine ganze Palette an Heilwirkungen zu bieten hat, überrascht den einen oder anderen Duftkissenliebhaber vielleicht. Lavendel wirkt antiseptisch, was den traditionellen Einsatz in Seifen erklärt, und auch beruhigend, weswegen er gerne in die Duftkissen gepackt wird. Doch das wohlriechende Kraut hilft auch gegen Erschöpfung und Migräne, Entzündungen und vieles mehr und soll blutdruckregulierend wirken. Ein Bad mit Lavendelblüten erfrischt Menschen mit niedrigem Blutdruck und beruhigt Menschen, die aufgeregt oder nervös sind. Die antiseptische Wirkung der Pflanze ist wohl die Erklärung dafür, dass man in Zeiten der Pest mit Lavendel die Seuche fernhielt. Doch nicht nur gegen die Pest soll Lavendel wirken, im Mittelalter war man überzeugt, dass er auch den bösen Blick und sogar den Teufel höchstpersönlich abhält![17] Ätherisches Lavendelöl hält, wie auch Teebaumöl, lästige Insekten fern und sollte in der Duftlampe eingesetzt werden, wenn man an lauen Sommerabenden von Stechmücken verschont werden möchte. Diesen Schutz bieten auch mit Lavendelöl verfeinerte Hautöle oder Lotionen.

Lavendel zählt zu den Pflanzen mit Liebessymbolik, ein mit Lavendelduft getränkter Liebesbrief soll romantische Gefühle wecken und der Duft von Lavendel soll Liebeskummer vertreiben. Lavendel mit seiner vielfältigen Symbolik und seinem herrlichen Duft darf im kreativen Druck mit Pflanzen nicht fehlen! Zum Drucken wird das Grün der Pflanze sorgfältig mit dem Pinsel bestrichen und aufgedruckt. Da die Pflanze etwas widerspenstig ist, gilt es, gut darauf zu achten, dass sich die Blätter beim Aufdrucken nicht bewegen und so den Druck verwischen. Die zarten, lila Blüten werden mit dem Pinsel aufgetragen.

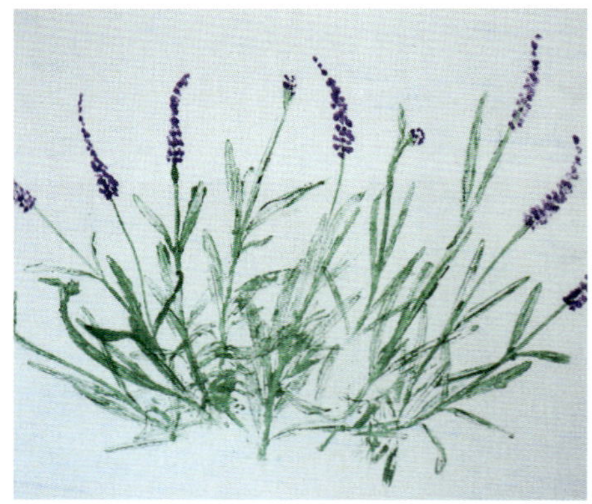

Leinen, mit frischem Lavendel bedruckt

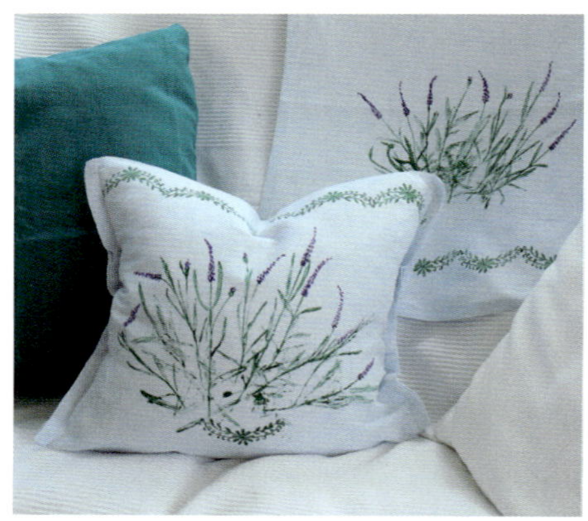

Kissen mit Lavendeldruck

[17] Vgl. Hirsch 2015, S. 429

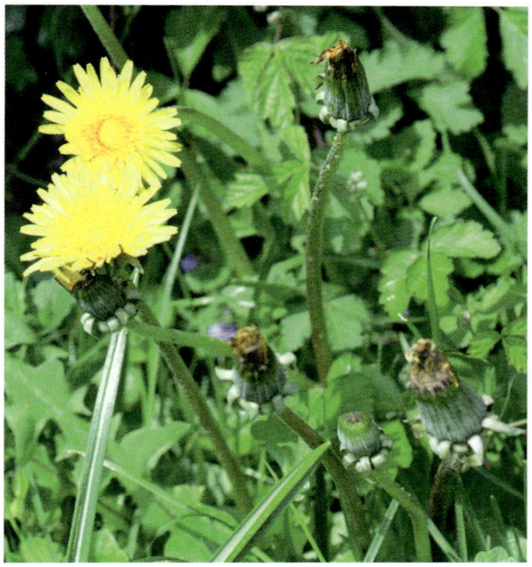

Löwenzahn am Gartenteich

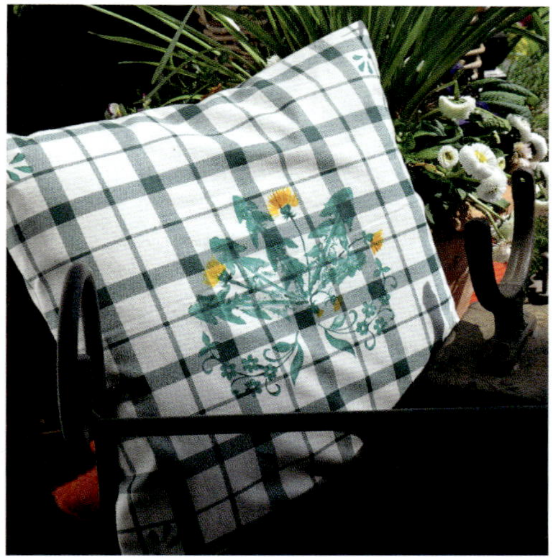

Dekoratives Kissen, mit Löwenzahn gestaltet

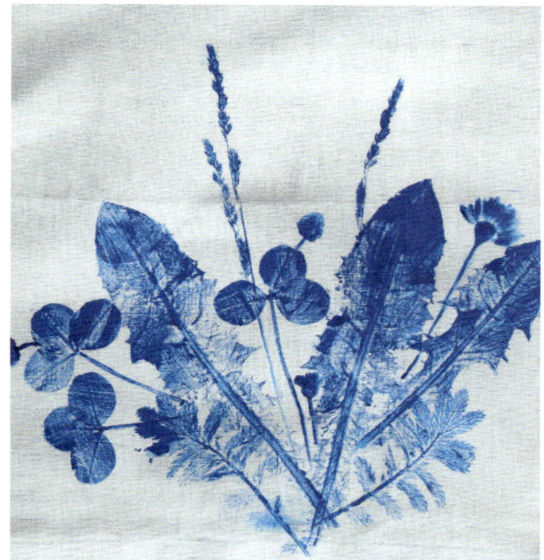

Einmal anders: Löwenzahn und Klee in Blau

LÖWENZAHN

Der sonnengelb leuchtende Löwenzahn freut nicht nur das Auge, sondern holt den Menschen aus dem Winterschlaf. Gegen Frühjahrsmüdigkeit und Antriebslosigkeit soll der Tee aus Löwenzahn wahre Wunder wirken und die Reinigung des Körpers innen wie außen kann mit dieser Pflanze unterstützt werden. Vom Löwenzahn können grundsätzlich alle Pflanzenteile verwendet werden, in die erfrischende Frühlingskräutersuppe und den Frühlingssalat gibt man nur die Blätter und einige Blüten zur Dekoration. Die Blütenstängel können ohne weiteres gegessen werden und wirken sich wie die anderen Teile der Pflanze positiv auf die Blutbildung und Leberreinigung aus, sind aber sehr bitter, was für Salat oder Suppe eher nicht geeignet ist.
Eine vierwöchige Teekur mit zwei Tassen Löwenzahntee pro Tag schwemmt die Schlacken des Winters aus dem Körper, reinigt Leber und Nieren und auch die Haut und gilt als regelrechte Verjüngungskur. Für den Tee verwendet man entweder die frischen Blätter oder die zerkleinerten Wurzeln der Pflanze.

Der Gewöhnliche Löwenzahn kann durchaus mit anderen Löwenzahnarten verwechselt werden, erkennbar ist er aber am hohlen Stängel. Andere Arten, wie zum Beispiel die aus der Gattung *Leontodon*, haben keinen hohlen Stängel. Je nach Bodenbeschaffenheit und Witterung können die Blätter des Gewöhnlichen Löwenzahns unterschiedlich aussehen – dies ist also kein Erkennungsmerkmal.

Zum Drucken dürfen natürlich alle Blätter verwendet werden, denn keine der Löwenzahnarten wird als giftig eingestuft. Vor allem die verschiedenen Größen und Ausformungen der Löwenzahnblätter machen das Gestalten mit dieser Pflanze reizvoll. Die sehr jungen Blätter sind noch kaum gezackt, die älteren sehr scharf gezackt und fester, was das Drucken damit einfacher macht. Stängel und Blüten werden mit dem Pinsel gestaltet und hier ergeben sich vielfältige Möglichkeiten. Will man sehr naturgetreu arbeiten, so werden die Blüten nicht nur mit gelber Farbe auf den Stoff gemalt, sondern mit Weiß und Braun nachgearbeitet, sodass die Fülle und Struktur der Blüte so richtig zur Geltung kommt.

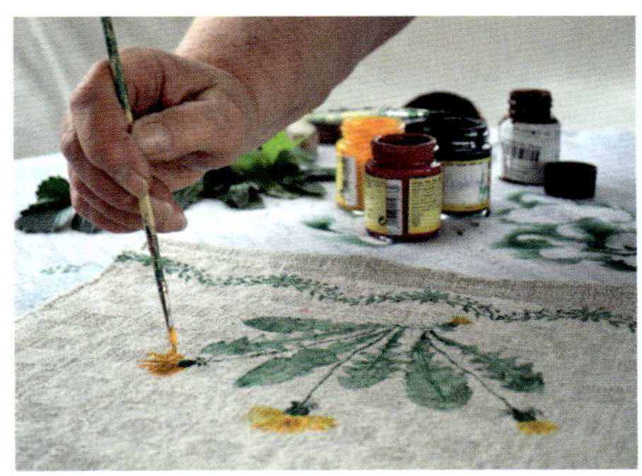

Das Gestalten der Blüte

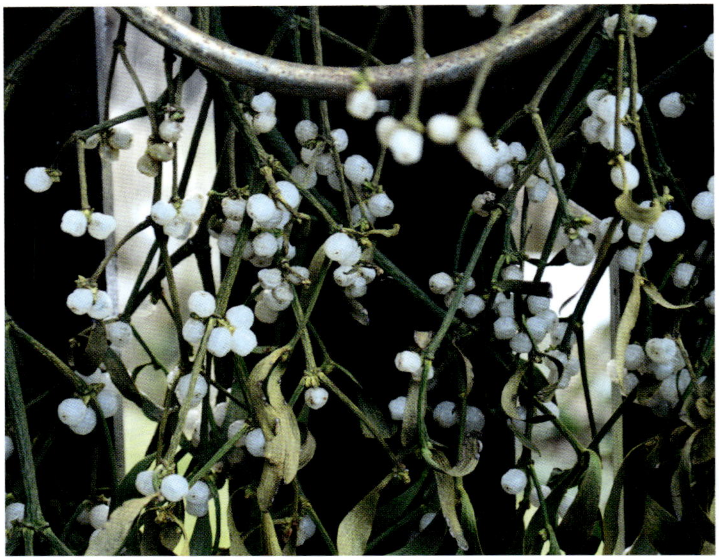

Die Mistel – Symbol für Glück und Schutz vor bösem Zauber

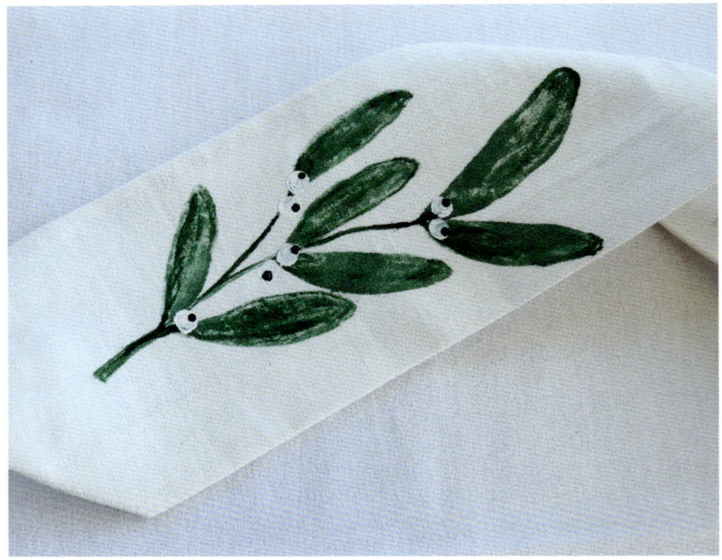

Mistelzweig auf einer Schleife

MISTEL

Eine der magischsten Pflanzen in der keltischen Mythologie ist die Mistel. Die Pflanze wächst als Schmarotzer auf verschiedensten Bäumen, bei den Kelten galten jene Misteln, die auf Eichen wuchsen, als besonders heilig. Die Mistel durfte in keinem Zaubertrank fehlen, galt als Heilmittel gegen Gift und als Schutz vor Krankheit. Auch als Liebeszauberpflanze hat die Mistel Tradition, davon erhalten ist nach wie vor der Brauch, zu Weihnachten Mistelzweige aufzuhängen und einander darunter zu küssen.

In der Medizin zählt die Mistel zu einer der am besten erforschten und dokumentierten Pflanzen und ist in der Krebstherapie anerkannt. Die Inhaltsstoffe der Mistel verändern das Immunsystem positiv, was bei Krebskranken zu einer Verbesserung des Krankheitsverlaufes führt, Mistelpräparate werden darum oft als begleitende Therapie verabreicht. In der Volksmedizin gilt die Mistel als eines der großen Heilmittel, sie soll gegen Entzündungen, Bluthochdruck, Arteriosklerose, Diabetes und Kopfschmerzen genauso wirken wie gegen Arthrose und Epilepsie, um nur einiges zu nennen.

Was die Ernte der Mistel angeht, so gilt es, einige Regeln zu beachten. Die Mistel steht nicht unter Naturschutz, obwohl das viele Menschen glauben. Es ist aber zu beachten, dass der Wirtsbaum, auf dem die Mistel wächst, bei der Ernte nicht beschädigt wird. Sollte man Misteln auf Bäumen entdecken, so sollte man vorab nachfragen, ob der Besitzer damit einverstanden ist, dass man Misteln erntet. Außerdem wachsen die Misteln meist hoch oben in der Baumkrone, es gilt also, nicht nur auf den Baum acht zu geben, sondern auch auf sich selbst. Gerade wenn Kinder dabei sind, ist Vorsicht geboten, da die Pflanze als leicht giftig eingestuft ist. Das Händewaschen nach dem Ernten und nach dem Drucken empfiehlt sich.

Die Blätter der Mistel sind sehr fest und hervorragend zum Drucken geeignet. Vor Beginn des Druckens sieht man sich einen ganzen Zweig gut an, die Verästelungen der Mistelzweige sind besonders und führen dazu, dass am Baum ein kugeliges Aussehen entsteht. Nach der Vorlage des Zweiges kann nun das Werkstück bedruckt werden. Meist genügen wenige Blätter, da diese aufgrund ihrer Festigkeit immer wieder verwendet werden können. Die zarten Zweige und die Früchte der Mistel werden mit dem Pinsel nachgearbeitet. Für Weihnachtliches kann auch mit Gold verfeinert werden.

OLIVE

Der Olivenbaum gehört zu den ältesten Kulturpflanzen der Welt, archäologische Funde deuten darauf hin, dass Olivenbäume bereits um 4.000 v. Chr. kultiviert wurden, lange vorher sammelten die Menschen bereits die Früchte der wild wachsenden Bäume. Neben den Oliven hatte auch das Holz des Baumes bereits früh wirtschaftliche Bedeutung zur Herstellung von Holzkohle, die man für die Erzeugung verschiedenster Metalle benötigte. Im antiken Griechenland war der Ölbaum, wie der Olivenbaum auch genannt wird, der Göttin Athene gewidmet und galt somit als heiliger Baum.

Die Sortenvielfalt des Olivenbaumes kann durchaus als bemerkenswert bezeichnet werden, allein im Mittelmeerraum gibt es über 1.000 verschiedene Sorten, die grob in Speiseolivensorten und Sorten für die Ölgewinnung unterschieden werden. Die Form des Baumes wie auch die Farbe seiner Blätter zwischen Olivgrün und Silber begeistert Maler wie auch Dichter seit jeher. Von Homer bis Vincent van Gogh schrieben Künstler immer wieder über den Olivenbaum und hielten diesen bildlich fest. Symbolisch stehen die Zweige des Olivenbaumes für den Frieden und zieren zum Beispiel die Fahne der UNO.

Olivenöl gilt als besonders heilsames Öl zur Behandlung von Haut und Haar, es soll gegen Neurodermitis helfen und Ekzeme heilen. Regelmäßige Packungen mit Olivenöl schaffen eine gesunde Haarstruktur und machen das Haar weich und gut kämmbar, womit man auf synthetische Mittel nach der Haarwäsche verzichten kann. Olivenfrüchte stärken die Leber und sollen auch gegen hohen Blutdruck wirken.

Zum Drucken lassen sich die Blätter des Ölbaumes sehr gut verwenden, denn sie sind fest und robust. Außerdem sind sie gut haltbar, selbst wenn man aus dem Urlaub ein Zweiglein von einem Olivenbaum mitbringt, kann man die Blätter eine ganze Weile verwenden. Erst, wenn sie völlig getrocknet sind, rollen sie sich etwas ein und werden brüchig. Zweige und Früchte werden mit dem Pinsel gestaltet und nach dem Trocknen mit Silber verfeinert, um den bezaubernden Glanz der Blätter einzufangen. Für Weihnachtsgeschenke kann auch Gold verwendet werden, das sehr gut zum dunklen Lila der Früchte passt.

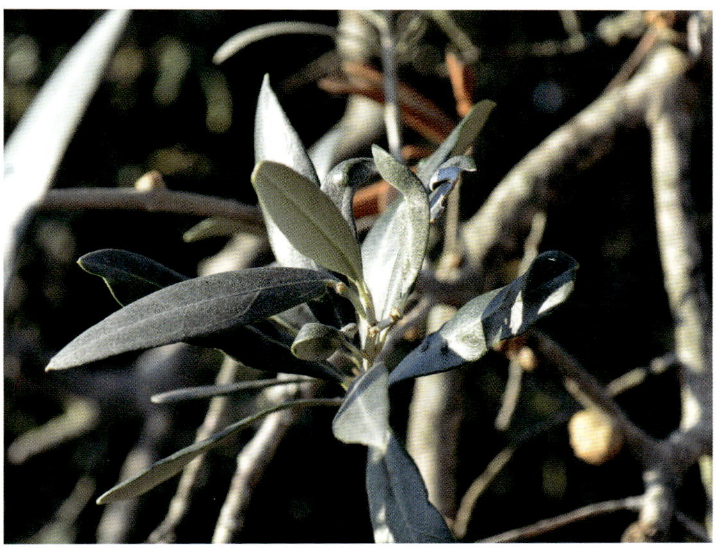

Die Blätter des Olivenbaumes glänzen silbrig-grün.

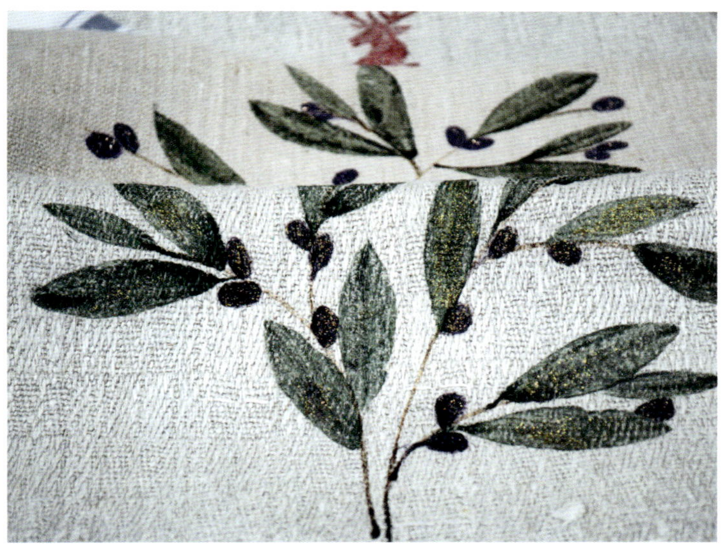

Altes Leinen, mit Olivenzweigen gestaltet

ROSE

Die Rose, die Königin der Blumen, wird in Asien seit Jahrtausenden gezüchtet. Aufzeichnungen dazu existieren aus China, aber auch aus Ägypten und vielen anderen Ländern. In Mitteleuropa wurden die Wildrosen bereits von den Kelten genutzt, auch dies ist durch Funde belegt. Im Mittelalter durfte die Rose in keinem Klostergarten fehlen, sie war als vielseitige Heilpflanze bekannt. Erst ab dem 11. Jahrhundert kamen die Sorten aus dem fernen Orient nach und nach bis Europa. Diese Kulturrosen bildeten die Basis für viele neu gezüchtete Sorten in Europa.

Kaum eine andere Pflanze ist so mit dem Thema Liebe verbunden wie die Rose, im Altertum war die Rose den Göttern und Göttinnen der Liebe geweiht. Will man die heilende Wirkung der Rosenblätter genießen, so bereitet man einen Tee aus getrockneten Blättern zu. Dieser Tee soll Herz und Nerven stärken, gegen Kopfschmerzen und Erschöpfungszustände wirken und kann auch äußerlich bei Wunden, leichten Verbrennungen oder für eine schöne Haut verwendet werden.

Aus der Hildegard-Kräuterküche kennt man den Rosenwein, dazu werden Rosenblütenblätter mit Weißwein aufgekocht. Der Wein hilft ebenfalls gegen Erschöpfung und kann auch bei Menstruationsbeschwerden eingesetzt werden. Auch das Auflegen von Umschlägen aus Rosenwein bei Kopfschmerzen oder Krämpfen ist bekannt.

Zum Drucken werden zuerst die grünen Blätter der Rose aufgedruckt, man kann dazu das gesamte Zweiglein mit drei oder fünf Blättern verwenden oder aber, wenn man fantasievoll gestalten möchte, die Blätter einzeln verwenden. Besonders bei Rosenblättern empfiehlt sich das Vordrucken auf einem Stück Probestoff, um zu prüfen, ob der Zweig auch einen schönen Abdruck hinterlässt. Nachdem die aufgedruckten Blätter trocken sind, werden die Knospen und Blüten mit dem Pinsel aufgemalt oder mit dem selbst gebastelten Schwammpinsel aufgetupft. Dies ist in den Kapiteln „Die Pinsel" und „Die Farben" genau beschrieben.

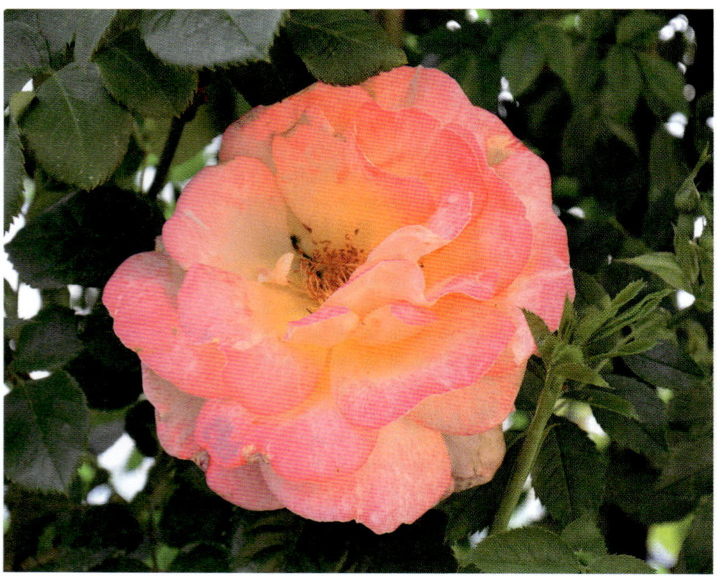

Rose in voller Blüte

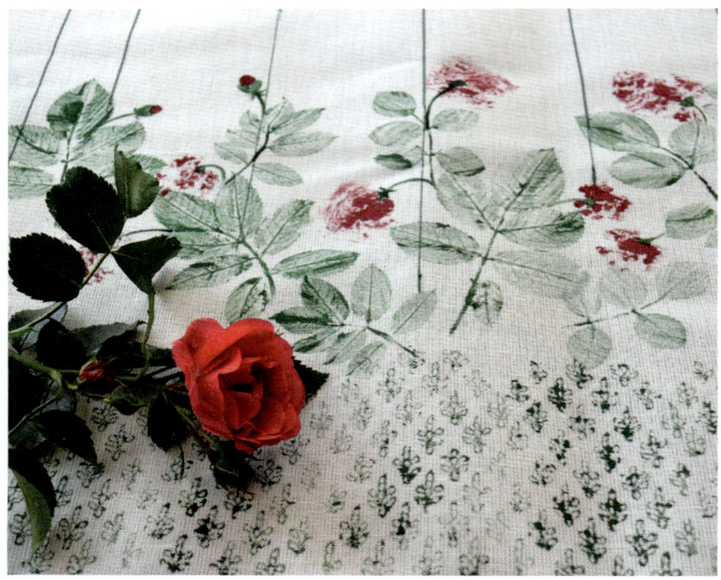

Rosenranken und Abschlussborte, eine Augenweide

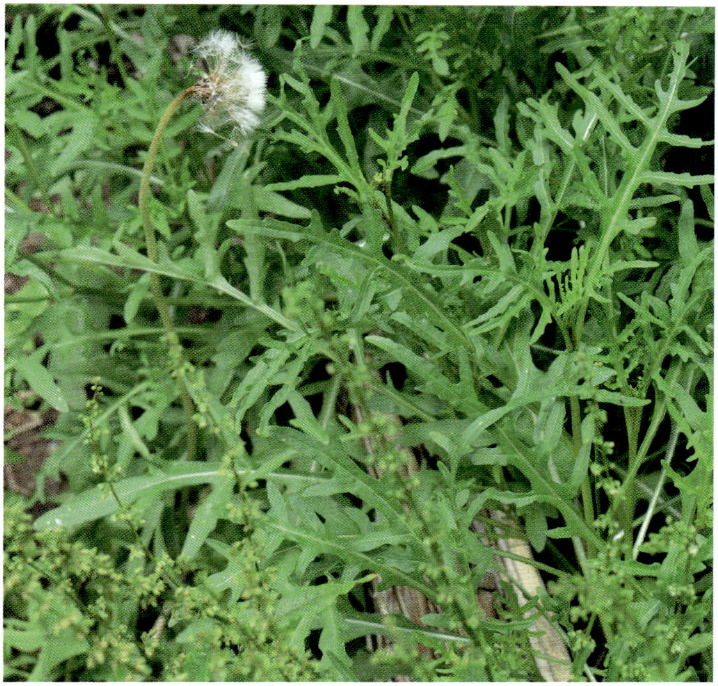

Wenn Rucola sich wohl fühlt, wächst er immer wieder nach.

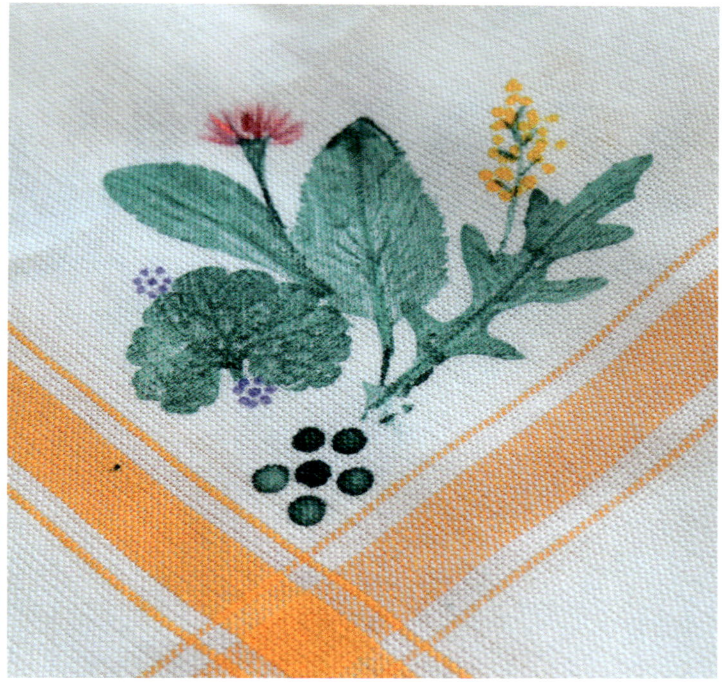

Ein Geschirrtuch mit Rucola, *Bellis* und Gundelrebe

RUCOLA

Rucola, im deutschen Sprachraum lange Zeit auch als Rauke bekannt, wurde schon von den Germanen als Nutzpflanze verwendet. Man wusste bereits im Altertum um die gesundheitsfördernde Wirkung der Pflanze. In Mitteleuropa war die sogenannte Senfrauke besonders verbreitet, verschwand dann aber fast völlig aus der Küche, bis die mediterranen Sorten der Rauke als Rucola wieder Einzug in die heimische Küche fanden.

Der leicht scharfe Geschmack der Pflanze entsteht durch die enthaltenen Senföle, die sehr gesundheitsfördernd wirken. Auch Eisen, Kalzium sowie die Vitamine C und A sind im Rucola enthalten. In der Küche findet Rucola seine Verwendung als Salat sowie als Würzkraut, kann zu wohlschmeckendem Pesto verarbeitet werden und schmeckt auch auf Pizza.

Die Pflanze bevorzugt lockere, eher sandige Böden, viel Sonne und genügend Wasser. Allerdings will die Rucolapflanze nicht im Wasser stehen, sollte man sie also im Topf ziehen, ist ein Abfluss unbedingt notwendig. Hat Rucola einmal Gefallen an einem Platz im Garten gefunden, wächst er dort immer wieder nach, man muss sich nicht mehr um eine Nachsaat kümmern. Lässt man einige Pflanzen bis zur Blüte und Samenreife gelangen, so wird sich die Pflanze hervorragend ausbreiten.

Zum Drucken verwendet man große, feste Blätter und nicht die zarten Blätter, diese kommen in den Salat. Die stark strukturierten Blätter der Pflanze passen hervorragend in Arrangements mit feinen Gräsern oder Kräutern. Möchte man die feinen, gelben Blüten der Pflanze mit in die Gestaltung einbeziehen, so lassen sich diese sehr gut mit dem selbst hergestellten Schwammpinsel oder mit Wattestäbchen erzeugen. Die Herstellung eines Schwammpinsels wird im Kapitel „Die Pinsel" genau erklärt.

SALBEI

Der wohlriechende Salbei zählt zu den „großen Heilern“ unter den heimischen Pflanzen. In der Natur wächst der Salbei nur in den Mittelmeerländern, auf den Wiesen jenseits der Alpen findet sich lediglich der Wiesensalbei, der weniger der begehrten Inhaltsstoffe enthält, aber genauso verwendet werden kann. In unseren Gärten ist Salbei aber längst heimisch geworden und die winterharten Sorten überstehen auch Schnee und Kälte optimal.

Salbei wirkt entzündungshemmend und zusammenziehend und wird somit bei Erkältungskrankheiten oder Halsschmerzen empfohlen. Empfindliche Menschen können nach dem Genuss von Salbeitee Magenschmerzen bekommen, darum wird empfohlen, Salbei mindestens fünf Minuten köcheln zu lassen, um das dafür zuständige Enzym zu beseitigen. Das zarte Salbeiblatt ist ein Allheilmittel und der Tee kann auch gegen Gedächtnisschwäche, verschiedene Hauterkrankungen oder übermäßiges Schwitzen eingesetzt werden. Dafür sollte er lauwarm oder kalt genossen werden. Gegen Zahnschmerzen oder Zahnfleischentzündungen kaut man ein Salbeiblatt. Zerdrückte Blätter werden zur Linderung von Insektenstichen aufgelegt, genauso wirken diese bei schlecht heilenden Wunden. Die Wirkungsweise des Salbeis ist so vielfältig, dass hier bei weitem nicht alle Einsatzgebiete angeführt werden können.
Um auch im Winter das Wunderkraut nutzen zu können, wird er büschelweise abgeschnitten und zum Trocknen an einem trockenen, schattigen Ort aufgehängt.

Zum Drucken auf Textilien verwenden wir die frischen Blättchen. Bei genauem Betrachten sehen wir, dass die Blätter mit feinen Härchen bestückt sind, die in der Sonne silbrig glänzen. Darum können die Blätter nach dem Aufdrucken ganz zart mit Silber verfeinert werden, genauso wie die Stiele der Pflanze.

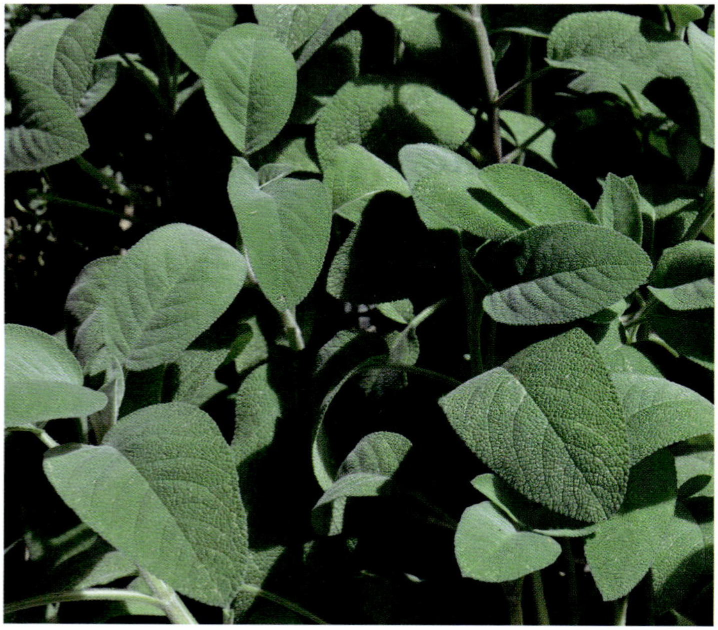

Salbeipflanze in voller Pracht

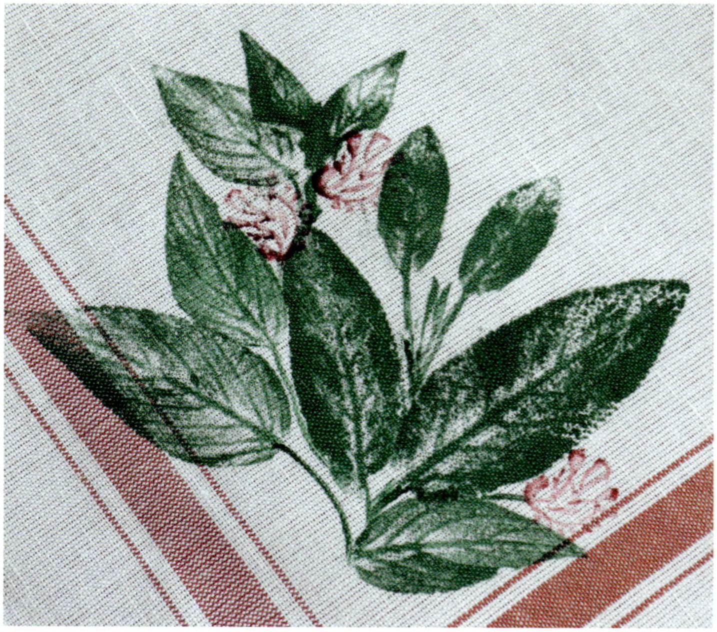

Fantasievoll: Salbeiblätter mit Modelblüten

SPITZWEGERICH

Der Spitzwegerich wächst an jedem Wegesrand und ist sehr einfach zu erkennen. Wie sein Weggefährte Breitwegerich ist er eine altbekannte Heilpflanze in Mitteleuropa und war schon den Germanen ein Begriff. Die ganze Pflanze wurde in verschiedensten Einsatzgebieten verwendet. Die Wurzel diente als schützendes Amulett, die Blätter, Blüten und Samen kamen in der Medizin zum Einsatz. Der Spitzwegerich wurde als Symbol für Fruchtbarkeit gesehen.

In der Volksmedizin werden die Blätter des Spitzwegerichs als Hustenmittel verwendet, Wegerich wirkt schleimlösend, hilft gegen Bronchitis und Durchfall genauso wie gegen Leberschwäche oder Verbrennungen. Die leicht bitteren Blätter werden im Frühling zum Salat gegeben oder verleihen der Frühlingskräutersuppe eine ganz besondere Würze. Die Blätter können auch zu Spinat verarbeitet werden oder dem Blattspinat beigegeben werden. Ein einfach hergestellter Hustensirup wird aus zerkleinerten Blättern und Rohrzucker gemacht. Dazu werden in ein Schraubglas abwechselnd eine Schicht Blätter und eine Schicht Zucker geschichtet, bis das Glas voll ist, die letzte Schicht soll Zucker sein. Das Glas wird zwei Monate an einem dunklen Ort aufbewahrt, dann kann der Sirup abgeseiht werden.[18]

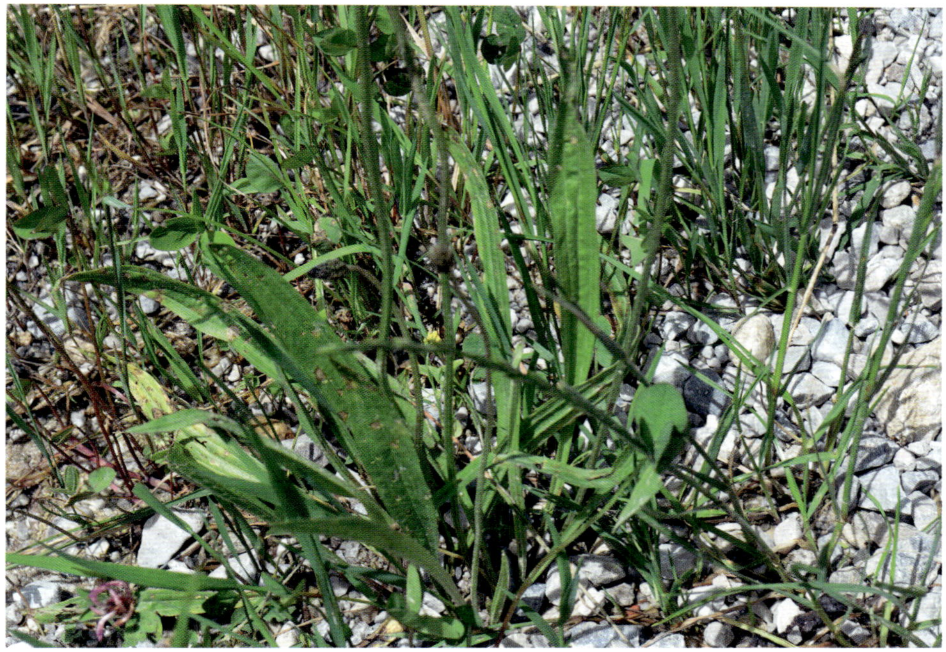

Spitzwegerich ist genügsam und wächst an nahezu jedem Wegesrand.

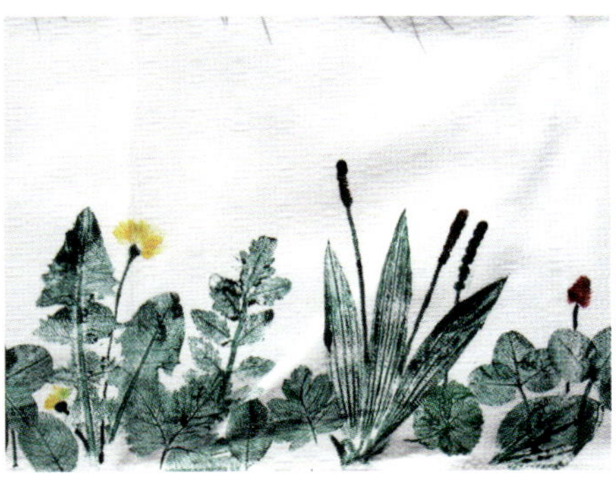

Die Frühlingswiese am Geschirrtuch: Spitzwegerich, Löwenzahn und Klee

In Deutschland wurde der Spitzwegerich 1993 zur Heilpflanze des Jahres, 2014 zur Arzneipflanze des Jahres gewählt. Neben seinem medizinischen Einsatz ranken sich auch viele Geschichten um den Spitzwegerich, er soll sogar gegen Liebeskummer wirken, wenn man an fünf aufeinanderfolgenden Tagen den aus der frisch gepflückten Pflanze hergestellten Tee trinkt.

Vielleicht helfen auch mit Wegerich bedruckte Geschenke gegen Liebeskummer – einen Versuch ist es wert. Die Blätter des Wegerichs lassen sich ganz besonders schön in Frühlingsarrangements mit verschiedenen Pflanzen verarbeiten, gemeinsam mit Löwenzahn und Erdbeere kann er so Taschen, T-Shirts oder Textilien für Haus und Garten zieren. Wegerichblätter eignen sich sehr gut zum Drucken, sie übertragen die Blattstruktur hervorragend, wenn man mit der Farbe nicht zu großzügig ist. Die feinen Stiele und Blüten werden mit dem Pinsel nachgearbeitet.

[18] Vgl. Hirsch 2015, S. 641

STECHPALME

Die Stechpalme ist in der christlichen Tradition stark verankert. Der Legende nach bekamen die Palmblätter, mit denen Jesus' Einzug in Jerusalem gefeiert wurde, nach seiner Kreuzigung Dornen und so entstand die Stechpalme. Darum werden die Zweige mit den spitzen Blättern auch heute noch zum Schmücken des Kreuzes zu Ostern verwendet. Auch zu Weihnachten wird die Stechpalme heute gerne zur Dekoration eingesetzt.

WICHTIG

In der Volksmedizin war die Stechpalme lange Zeit als fiebersenkendes Mittel im Einsatz, doch ist sie mittlerweile wegen ihrer giftigen Wirkung fast gänzlich aus der Teeküche verschwunden. In der Literatur finden sich verschiedenste Angaben zur Giftigkeit der Pflanze, sicher ist aber, dass sowohl Blätter wie auch Beeren gefährlich sind. Bei Einnahme kann es zu Erbrechen und Durchfällen bis hin zu lebensbedrohlichen Zuständen kommen. Auch wenn also die Blätter als Tee genossen theoretisch fiebersenkend wirken, sollte man davon absehen, sie einzusetzen.

Während die Stechpalme aus der Volksmedizin fast verschwunden ist, hat sie als Bachblüte eine Erfolgsgeschichte hinter sich. Die Pflanze Nummer 15 aus der Bachblütensammlung öffnet das Herz und hilft gegen zu wenig Vertrauen in die Welt.

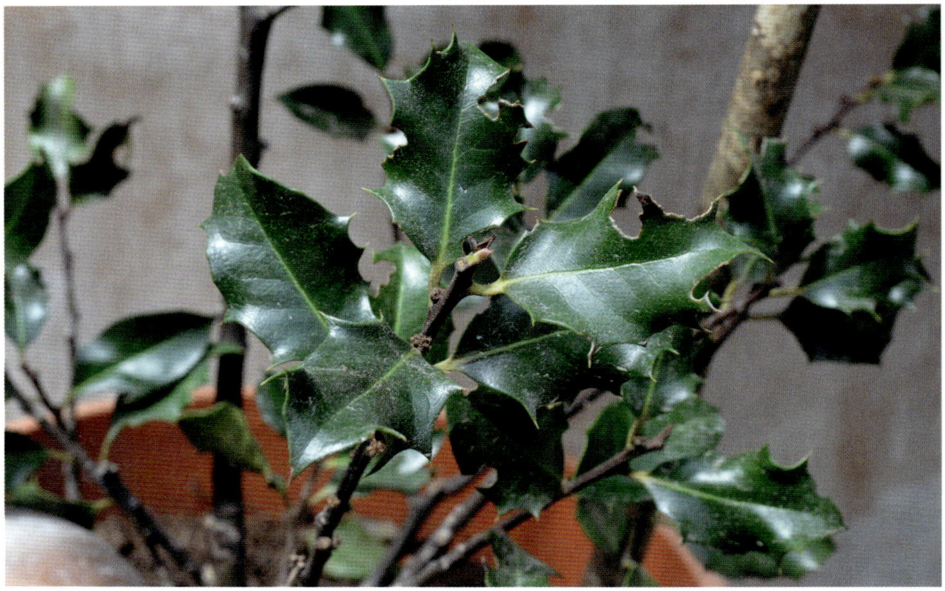

Die Stechpalme – feste Blätter, wie zum Drucken gemacht

Die Blätter der Stechpalme können wunderbar zum Drucken verwendet werden. Beim Bedrucken der Textilien mit Kindern sollte darauf hingewiesen werden, dass die Blätter nicht in den Mund genommen werden dürfen. Die Beeren sollte man bei der Arbeit mit Kindern wegräumen! Auch das Waschen der Hände nach dem Sammeln und Drucken mit Stechpalmblättern darf nicht vergessen werden. Um die Spitzen der Blätter mehr zur Geltung zu bringen, können diese mit einem sehr feinen Pinsel und einem etwas dunkleren Grünton nachgearbeitet werden. Auch die knallroten Früchte der Pflanze werden mit dem Pinsel gestaltet. Sollte man selbst keine Stechpalme sein eigen nennen, bekommt man Stechpalmblätter zum Drucken in Gärtnereien und Blumenhandlungen.

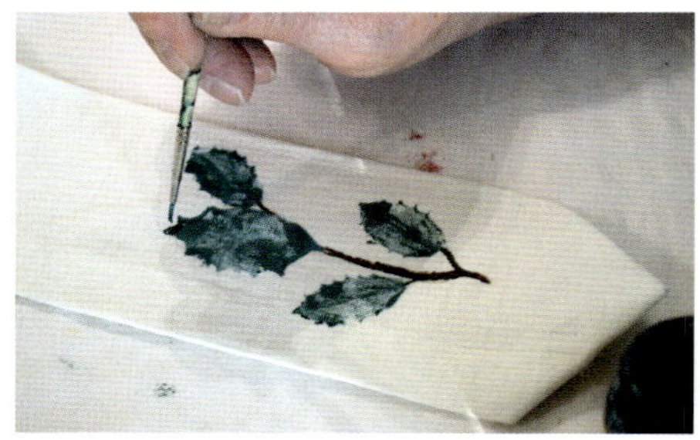

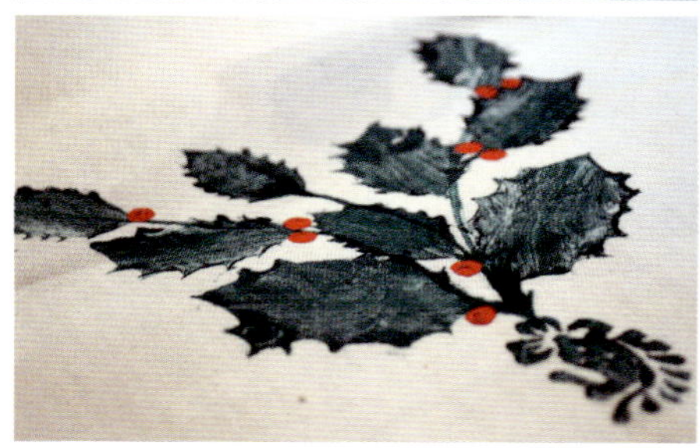

Mitte: Nach dem Aufdrucken werden Blattstrukturen mit dem Pinsel nachgearbeitet.
Unten: Weihnachtlich: Tischdecke mit Stechpalmmotiv

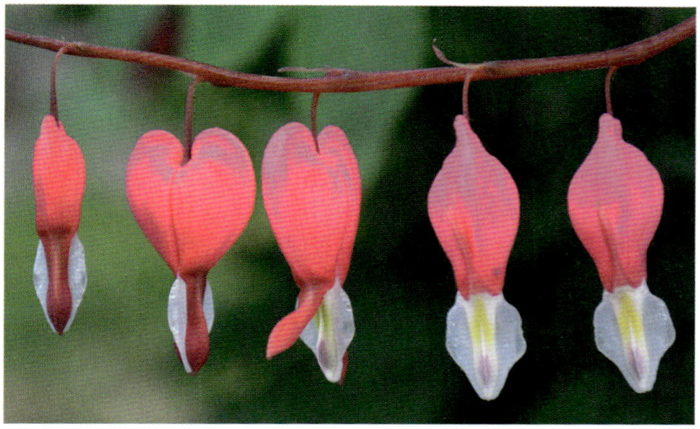

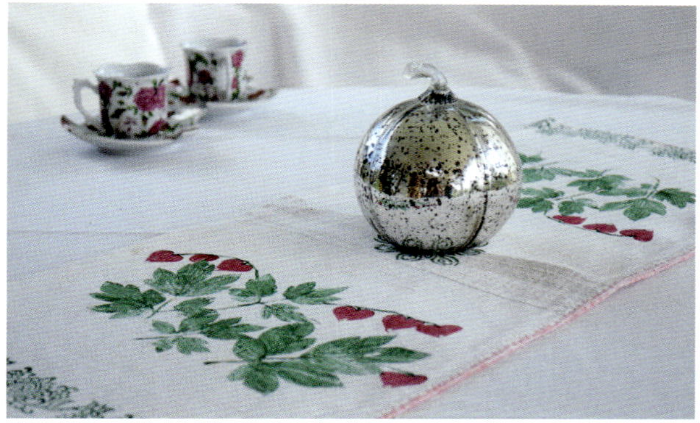

Links: Tränendes Herz

Rechts: Dekorativer Tischläufer mit Tränendem Herz

TRÄNENDES HERZ

Das aufgrund seiner auffälligen Blüten sehr beliebte Tränende Herz kommt in der Natur nur in Korea und China vor und bevorzugt dort feuchte Bergwälder in Höhen bis zu knapp 2.500 Metern. Als Gartenpflanze ist das Tränende Herz seit dem 19. Jahrhundert auch in Europa weit verbreitet und seine Blüten leuchten von Mai bis Juli zwischen den sattgrünen Blättern.

Wer sich dafür entschieden hat, ein Tränendes Herz in seinen Garten zu pflanzen oder einen Steckling geschenkt bekommt, sollte der Pflanze einen Platz im Halbschatten zur Verfügung stellen, denn wie erwähnt wächst sie ursprünglich im Wald und fühlt sich in der prallen Sonne nicht so wohl wie an Stellen, an denen es im Lauf des Frühlings- oder Sommertages auch einmal schattig wird. Wenn die Pflanze verblüht, was je nach Region schon im Juni und in höheren Lagen erst im August stattfinden wird, zieht sich ihr Laub ein, so wie die Frühlingsblüher Tulpe und Narzisse. Diese Möglichkeit sollte man der Pflanze auch geben, damit sie im kommenden Jahr wieder genügend Nährstoffe zur Verfügung hat. Wenn also das Tränende Herz plötzlich verschwindet, ist dies kein Problem, sondern völlig normal. In der Gartengestaltung kann man aber darauf achten, dass man in der Nähe einen Strauch pflanzt, der dann ab Juni blüht und so die Lücke ausfüllt, die das Tränende Herz hinterlässt.

WICHTIG

Alle Teile der Pflanze enthalten Alkaloide, die Pflanze ist also als giftig eingestuft. Beim Abbrechen von Zweigen kann durch den austretenden Pflanzensaft eine Kontaktallergie auftreten, man arbeitet also besser mit Handschuhen, wenn man nicht sicher ist, ob man allergisch reagiert. Die Pflanze sollte keinesfalls eingenommen werden, zum Drucken mit Kindern eignet sie sich nicht. Nach dem Arbeiten mit der Pflanze sollten unbedingt die Hände gewaschen werden, bevor man etwas anderes macht.

Die gefiederten Blätter des Tränenden Herzes sehen auf Textilien besonders luftig und leicht aus und die dazugehörigen Blüten ergeben liebliche Muster. Die Blätter können nach der herkömmlichen Druckmethode aufgedruckt werden, müssen aber meist nach zwei Druckvorgängen ausgetauscht werden, da sie schnell lasch werden. Die Blüten werden mit dem Pinsel aufgetragen, hier darf man sich im genauen Betrachten üben. Die sehr jungen Blüten sind geschlossen, die älteren öffnen sich nach unten und geben die Blütengefäße frei. Diese werden in Weiß und Gelb gestaltet. Die herzförmigen Blüten können auch im Stil der naiven Malerei gehalten sein und mit Kartoffeldruck aufgedruckt werden.

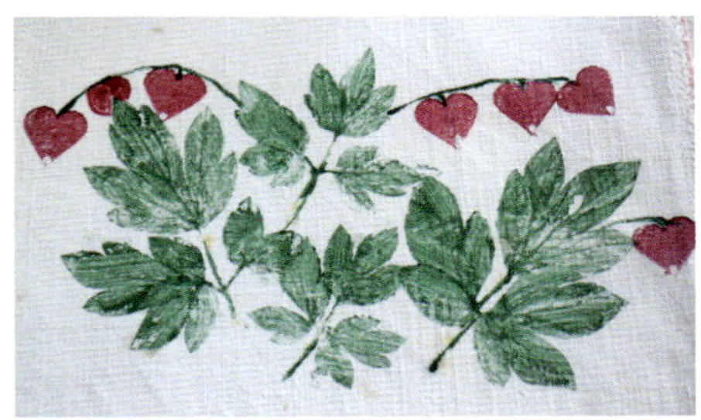

Das Tränende Herz auf Leinen

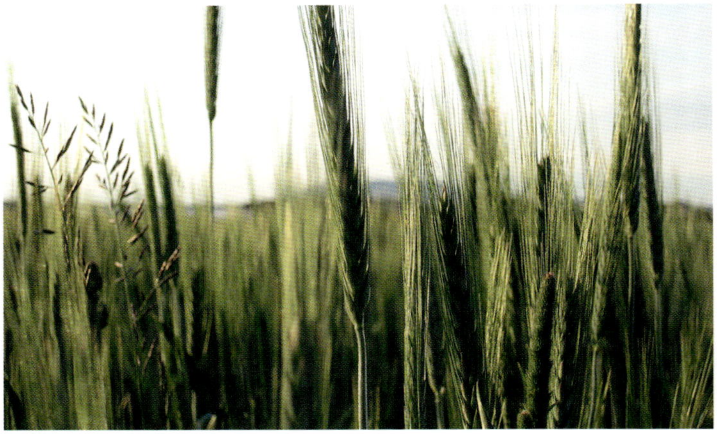

Wie aus dem Bilderbuch: Ähren im Sommerlicht

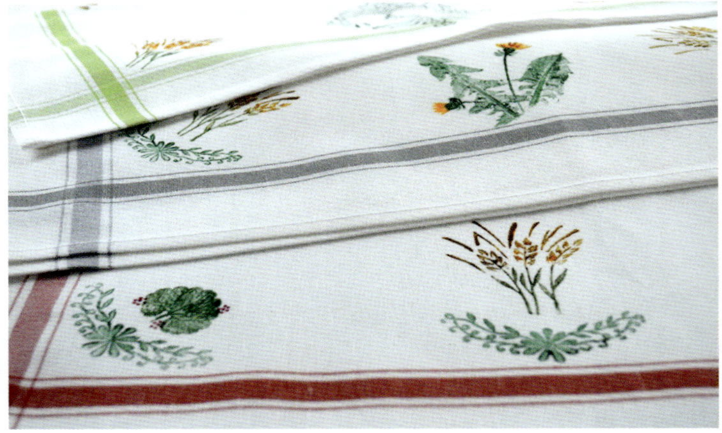

Geschirrtücher mit Ähren, Gundelrebe und Löwenzahn

WEIZEN, ROGGEN UND CO. – DIE ÄHREN

Weizen zählt nach wie vor zu den beliebtesten Brotgetreiden im europäischen Raum, auch wenn Roggen und Dinkel immer wichtiger werden. Neben der Verarbeitung zu Mehl und in der Folge zu Brot schätzen viele Menschen auch Weizen- und Roggenkeimlinge oder einen beruhigenden Getreidetrunk, der am Abend eingenommen wird. Dazu wird ein Esslöffel Getreide in einem halben Liter Wasser zehn Minuten gekocht, die Flüssigkeit wird warm in kleinen Schlucken getrunken. Wer unter Magenproblemen oder Schlaflosigkeit leidet, wird die wohltuende Wirkung dieses Gute-Nacht-Drinks bald schätzen lernen.

In der Medizin der heiligen Hildegard von Bingen nahm Dinkel eine besondere Stellung ein und stellte ein Grundnahrungsmittel dar. Das Urgetreide soll laut Hildegard besonders heilende Wirkung haben und den Menschen von innen heilen.

Im Sommer, wenn die Getreidefelder im warmen Wind wogen und ein unvergleichbares Spiel mit Licht und Farbe veranstalten, bietet sich die beste Chance, die satten Farben und Formen einzufangen. Getreideähren können mit speziellen Modeln gedruckt werden, doch auch mit den Pflanzen selbst lassen sich wunderbare Ergebnisse erzielen.

Möchte man mit den Ähren drucken, so eignen sich die grünen, noch weichen Ähren besser als die völlig reifen. Vor dem Drucken quetscht man die Ähre mit dem Handballen platt, damit ein brauchbares Druckergebnis erzeugt werden kann. Dann streicht man sehr vorsichtig Farbe auf die Ähre und druckt diese auf den Stoff. Die Ähren verrutschen leicht, es ist also etwas Übung erforderlich, die richtige Andruckstärke zu wählen. Auch die Menge der Farbe ist beim Drucken mit Ähren wichtig, erwischt man zu viel, verwischen die Strukturen und man erhält als Ergebnis einen unstrukturierten Fleck. Ein Musterdruck auf einem eigenen Stück Stoff sollte also gemacht werden, bevor man sich an das eigentliche Werkstück wagt. Im Gegensatz zu anderen Pflanzen ist es beim Druck mit Ähren auch besser, den Halm nicht beim ersten Druck mitzunehmen, sondern Ähre und Halm gesondert zu drucken. Idealerweise druckt man erst den feinen Halm mit einem Glas auf, wie im Kapitel „Drucken mit Pflanzen" beschrieben, lässt dies dann antrocknen und bringt dann erst die Ähre auf. Der Halm kann aber auch mit dem Pinsel aufgemalt werden.

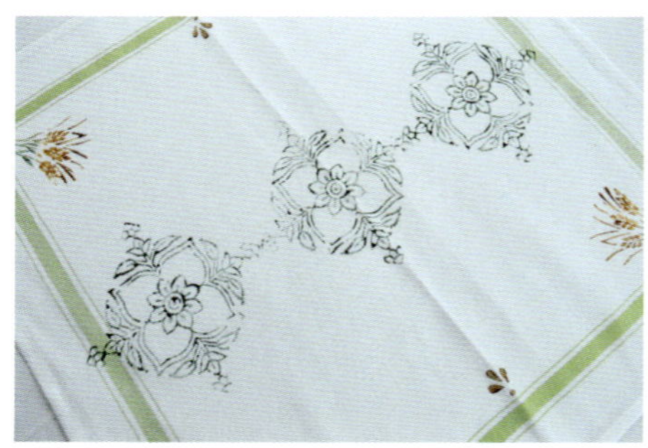

Spielereien: verschiedene Model in Kombination

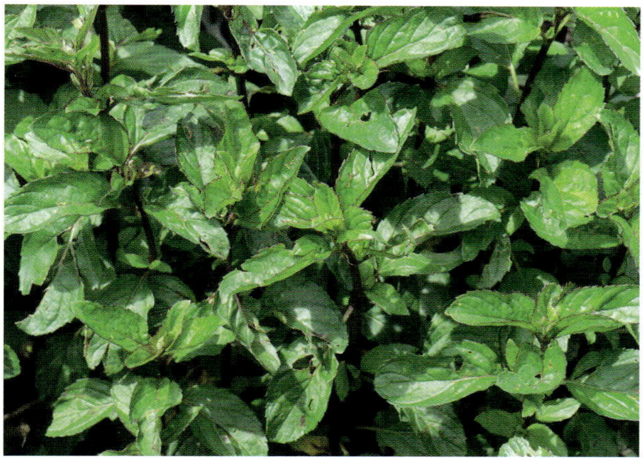

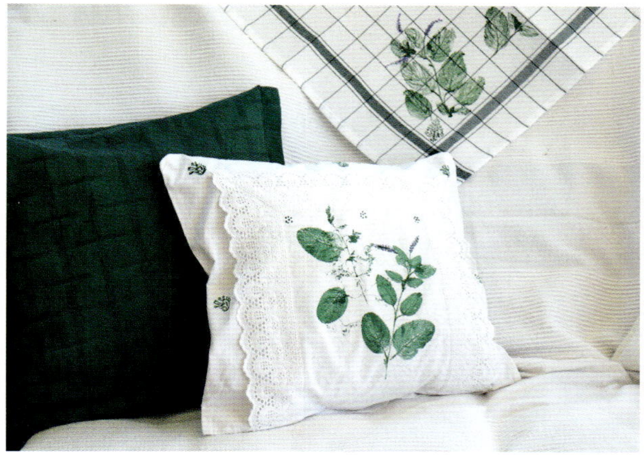

Links: Pfefferminzstrauch im Kräutergarten

Rechts: Sitzecke in Minze und Weiß

ZITRONENMELISSE UND PFEFFERMINZE – DIE SOMMERKRÄUTER

Zitronenmelisse und Pfefferminze fehlen in keinem bäuerlichen Kräutergarten. Kein Wunder, zählen beide Kräuter doch zu den wohlschmeckenden Sommerkräutern, die man zu Säften, in Marmeladen und auch zum Verfeinern von Aufstrichen verwenden kann.

Die Zitronenmelisse lässt sich im Sommer zu einem herrlichen Erfrischungsgetränk verarbeiten. Man füllt einfach einen Krug mit frischem Wasser, gibt wahlweise einige Eiswürfel, eine oder zwei Scheiben Zitrone und ein Zweiglein Zitronenmelisse hinzu und lässt das Getränk eine halbe Stunde ziehen. Zitrone wie auch Melisse bieten so viel Geschmack, dass man nach dem Genuss noch einige Male Wasser nachfüllen kann und so aus einem einzigen Zweig den ganzen Tag hindurch ein wohlschmeckendes Getränk erhält. Mit einem Zweig Pfefferminze kann genau gleich vorgegangen werden, die beiden Kräuter lassen sich auch ausgezeichnet mischen. Zitronenmelisse ist ein derart vielfältig einsetzbares Heilkraut, dass es im Mittelalter sogar in jedem Klostergarten angebaut werden musste. Die Pflanze mit den zarten Blättern wirkt antibakteriell und aufheiternd, hemmt Viren und wird gegen viele Erkrankungen eingesetzt, angefangen von Asthma und Erkältungskrankheiten über Insektenstiche und Kopfschmerzen bis hin zu Menstruationsbeschwerden und Schlafstörungen. Diese Liste könnte noch schier endlos fortgesetzt werden. Die Pfefferminze ist ein ähnlich vielfältiges Heilkraut, das viele ähnliche Anwendungsgebiete zeigt wie die Melisse, zusätzlich aber zum Beispiel auch noch gegen Magenschmerzen und Nierenschwäche eingesetzt werden kann. Beide Pflanzen wuchern, wenn sie einmal im Garten heimisch geworden sind, stark und man muss sich um die Menge an Melisse und Minze nie Sorgen machen.

Zum Drucken müssen mehrere Blätter geerntet werden, da diese weich sind und beim Arbeiten schnell lasch werden. Die leicht gezackten Blätter wirken sehr gut auf Sommermotiven und herbstlicher Dekoration und können auch zu Borten und Ranken verarbeitet werden.

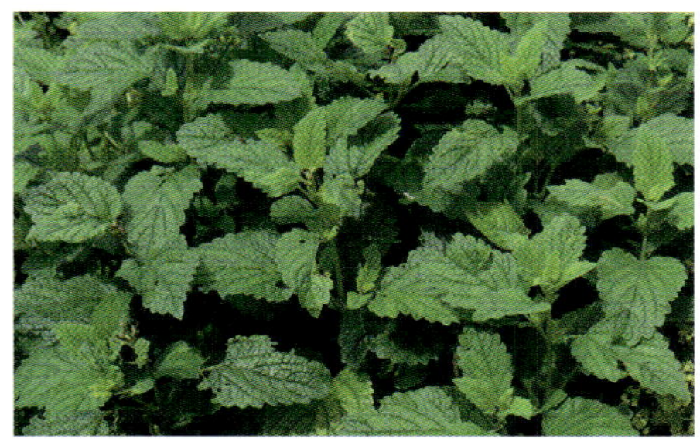

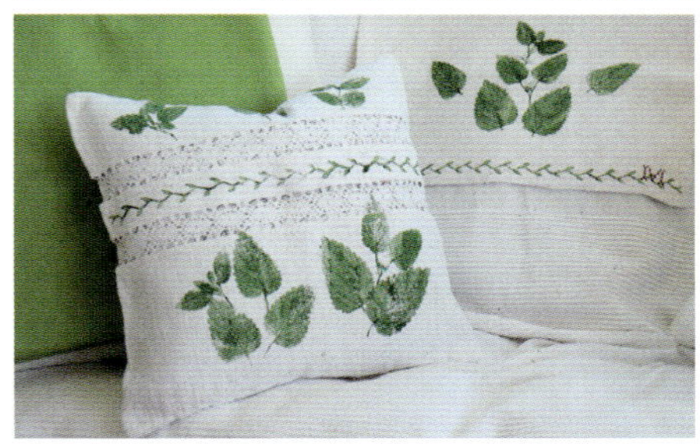

Mitte: So weit das Auge blicken kann: Zitronenmelisse
Unten: Höchst dekorativ: Zitronenmelisse auf alten Stoffen

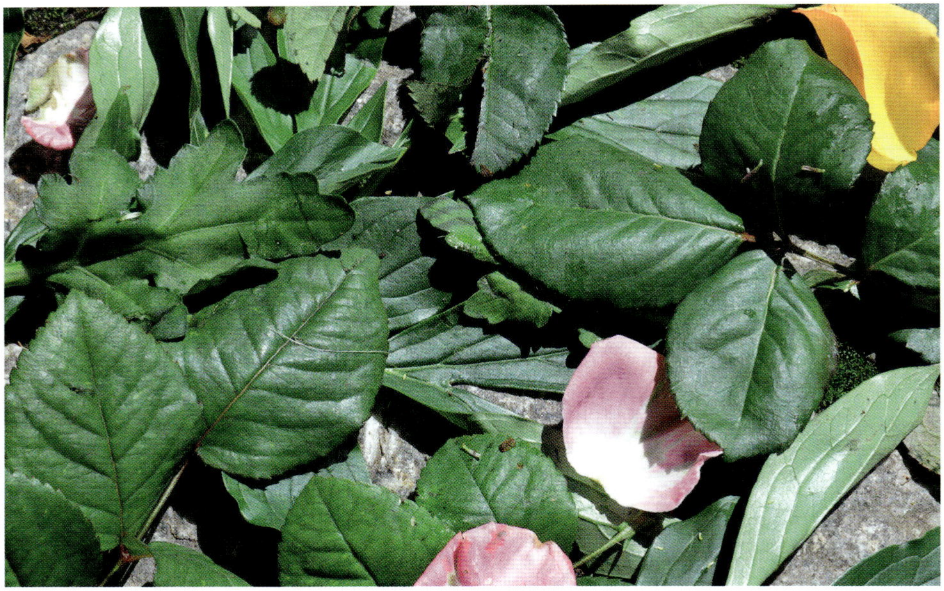

Für den Floristen Abfall, für den Pflanzendrucker Rohmaterial

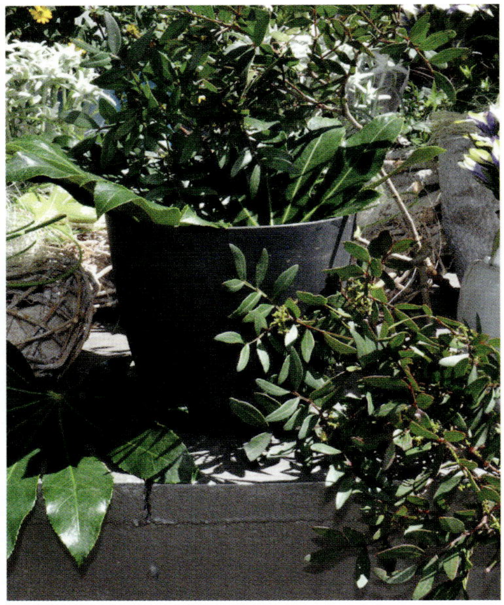

Blätter in allen Formen, zum Drucken wie geschaffen

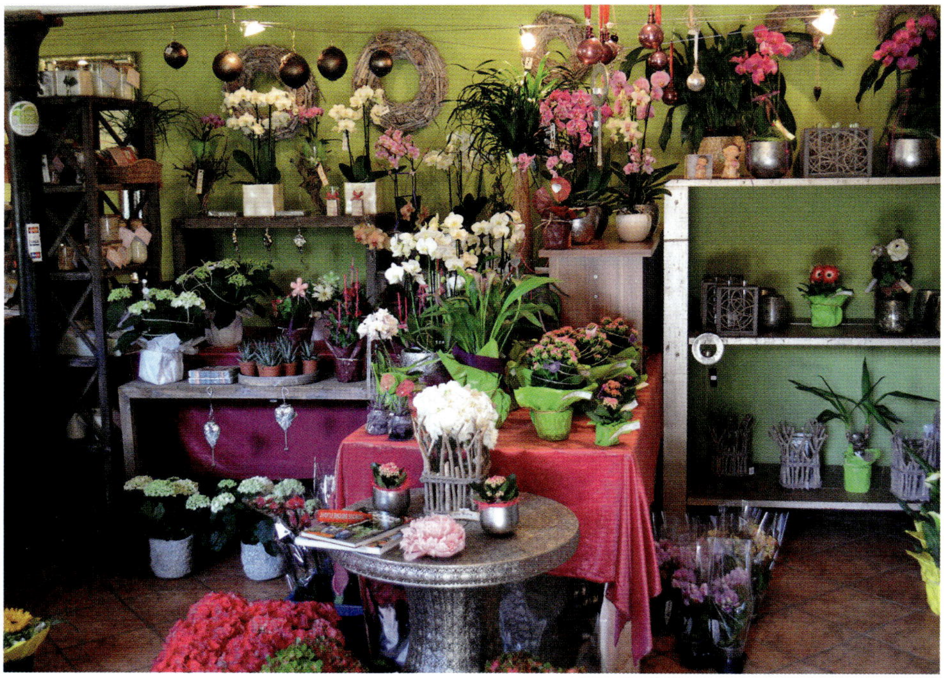

In der Blumenhandlung warten tausend Ideen auf den Hobbydrucker.

PFLANZEN AUS DER BLUMENHANDLUNG

Menschen, die in Wohnungen ohne Balkon leben oder einfach einmal etwas Exotisches ausprobieren möchten, können Blätter aller Art auch in Blumenhandlungen erwerben. Oftmals ist dies nicht einmal mit Kosten verbunden, denn beim Abschneiden von Blumensträußen für die Vase fallen immer Blätter und Zweige zu Boden, die keinerlei Verwendung mehr finden.

Von den hübsch gestalteten Sträußen kann man sich durchaus auch Ideen für den Druck mit Pflanzen holen, was die Kombination von Farben und Formen angeht. Dekorationselemente zum Gestalten von Festen findet man ebenfalls reichlich in Blumenhandlungen.

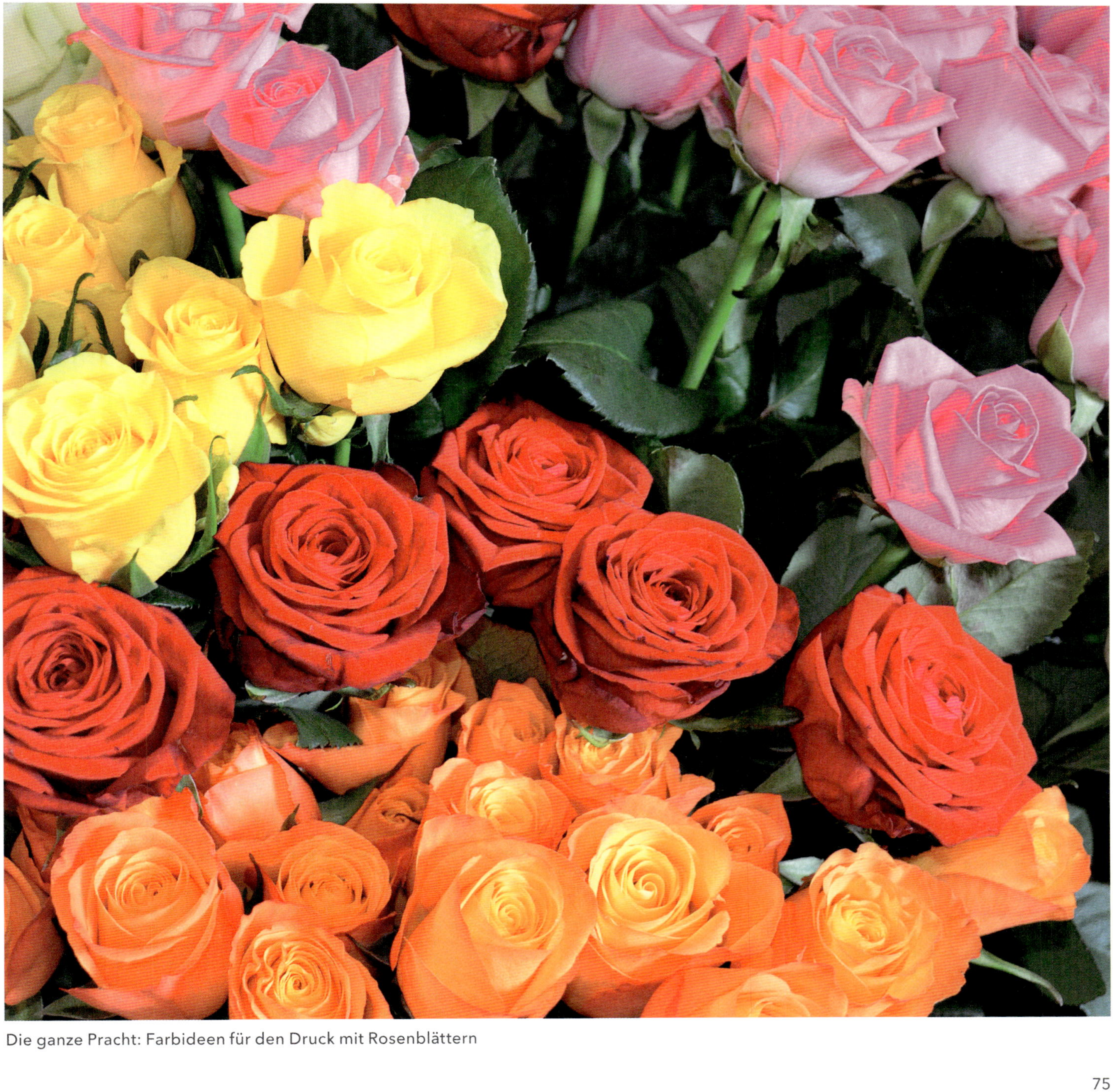

Die ganze Pracht: Farbideen für den Druck mit Rosenblättern

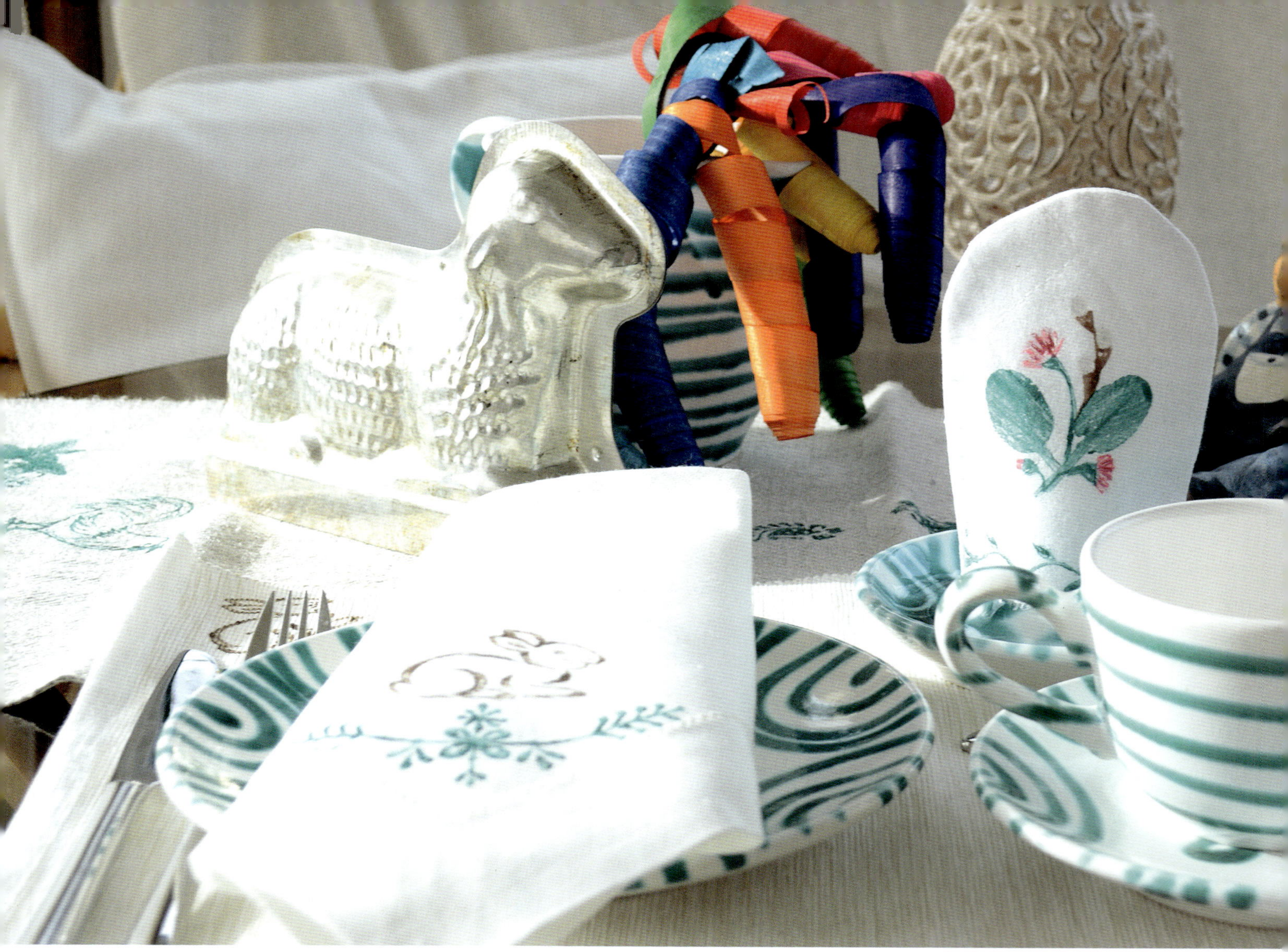

STOFFDRUCKEN IM JAHRESKREIS

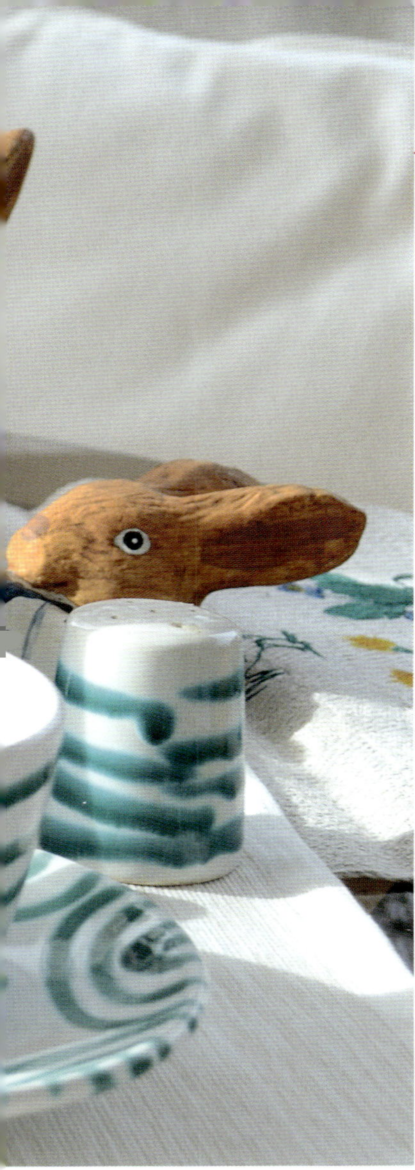

Einmal durch den Jahreskreis – vom Osterfrühstück …

Wer mit Pflanzen arbeitet, ist unweigerlich auf den Jahreskreislauf seines Lebensumfeldes angewiesen, es sei denn, er möchte ausschließlich Pflanzen aus Blumenhandlungen verwenden. Dieser Jahreskreis erzählt mit seinen Pflanzen eine ganz eigene Geschichte auf den bedruckten Textilien, von der Zartheit der ersten Frühlingsblüten bis zur Widerstandkraft der winterharten Sträucher und ihrer festen Blätter.

Die meisten der in diesem Buch verwendeten Pflanzen sind in Garten und Wiese zu finden, einige muss man sich zur entsprechenden Jahreszeit beim Gärtner holen. Doch es spricht auch nichts dagegen, in einer Blumenhandlung Zweige zu erwerben, deren Blätter sich zum Drucken eignen, oder auch aus dem Urlaub Blätter mitzubringen, die reizvolle Strukturen bieten. Dabei ist natürlich darauf zu achten, ob die Pflanzen geschützt sind und ob man aus dem Urlaubsland Pflanzen oder Pflanzenteile mitnehmen darf. Sehr auffällige Pflanzen, die man gerne zur kreativen Ideenfindung mitnehmen möchte, die sich aber nicht eignen, weil sie schnell welk werden, können auch am Urlaubsort gepresst und dann mitgenommen werden. Grundsätzlich wird mit frischen Blättern gedruckt, da getrocknete Blätter leicht brechen und so das Ergebnis zerstört werden kann, doch besonders feste Blätter können durchaus auch getrocknet zum Einsatz kommen. Hier gibt es keine Regeln, sondern nur den Aufruf, sich in den kreativen Prozess zu begeben und das ein oder andere Wagnis einzugehen.

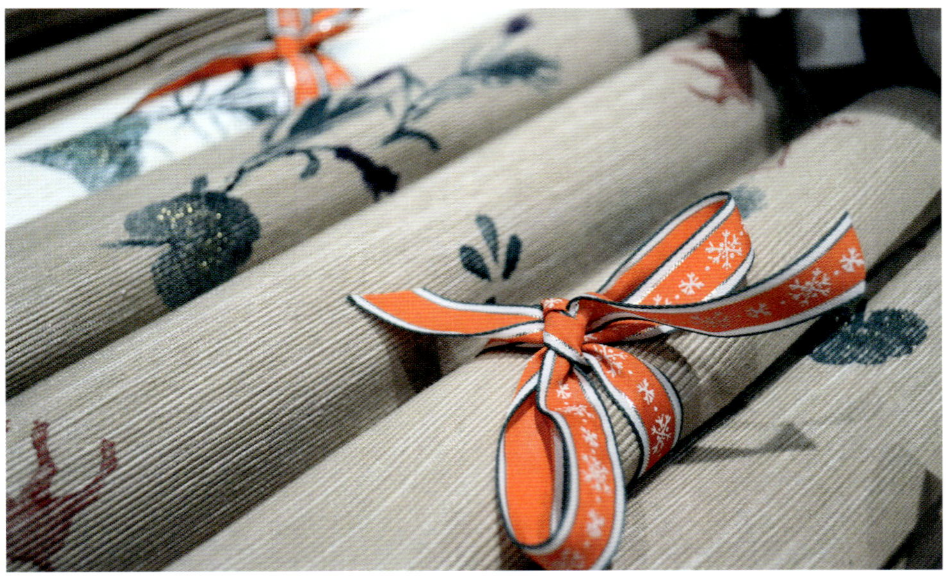

… bis zu weihnachtlich gestalteten Tischsets

FRÜHLING

Übern Garten durch die Lüfte | Hört ich Wandervögel ziehn,
Das bedeutet Frühlingsdüfte, | Unten fängt's schon an zu blühn.
Jauchzen möcht ich, möchte weinen, | Ist mir's doch, als könnt's nicht sein!
Alte Wunder wieder scheinen | Mit dem Mondesglanz herein.
Und der Mond, die Sterne sagen's, | Und in Träumen rauscht's der Hain,
Und die Nachtigallen schlagen's: | Sie ist deine, sie ist dein!

Joseph von Eichendorff

Im Frühling bietet die Vegetation unzählige Ideen für das Drucken mit Pflanzen. Buschwindröschen, Leberblümchen und Veilchen berichten vom Winter, der fast besiegt ist, die frischen Gänseblümchen künden von der Sommersonne, die nicht mehr lange auf sich warten lässt und die sattgelben Blüten des Löwenzahns locken zum Verweilen auf der Wiese.

All die Blätter der Frühlingsboten können zum Drucken verwendet werden, hier sind der Fantasie keine Grenzen gesetzt. Ein Besuch im Wald bringt immer erfrischende Ideen für die Frühlingsgestaltung. Beim Pflücken von Frühlingsblumen sollte grundsätzlich darauf geachtet werden, dass nicht zu viele davon mitgenommen werden, denn einige Frühlingsblumen sind geschützt. Dieser Schutz der Pflanzen unterscheidet sich in den verschiedenen Ländern, manchmal sogar Regionen, eine Auflistung, die für alle Länder gilt, ist hier also nicht möglich. Generell aber sollte man vom Ernten ganzer Körbe voll Blumen absehen, denn die Frühlingsboten sind eine wichtige Nahrungsquelle für die Bienen, die nach dem Winter auf ein reiches Futterangebot angewiesen sind.

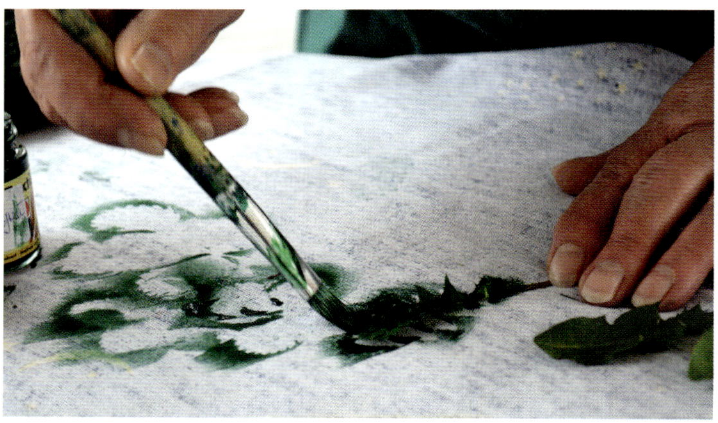

Das Blatt wird mit dem Pinsel bestrichen.

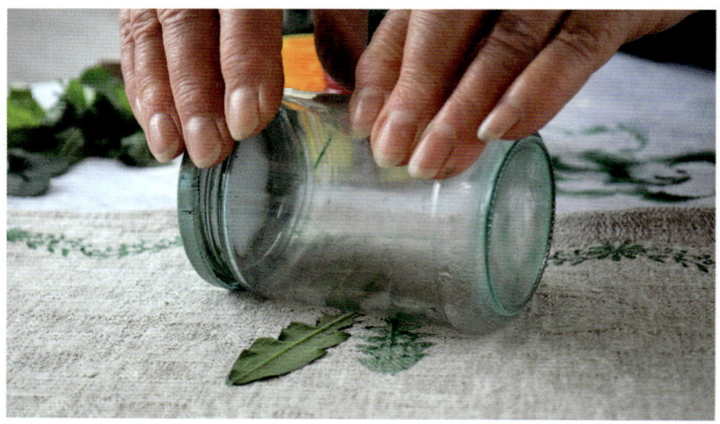

Blatt für Blatt wird auf den Stoff gelegt und mit einem Glas vorsichtig aufgedruckt.

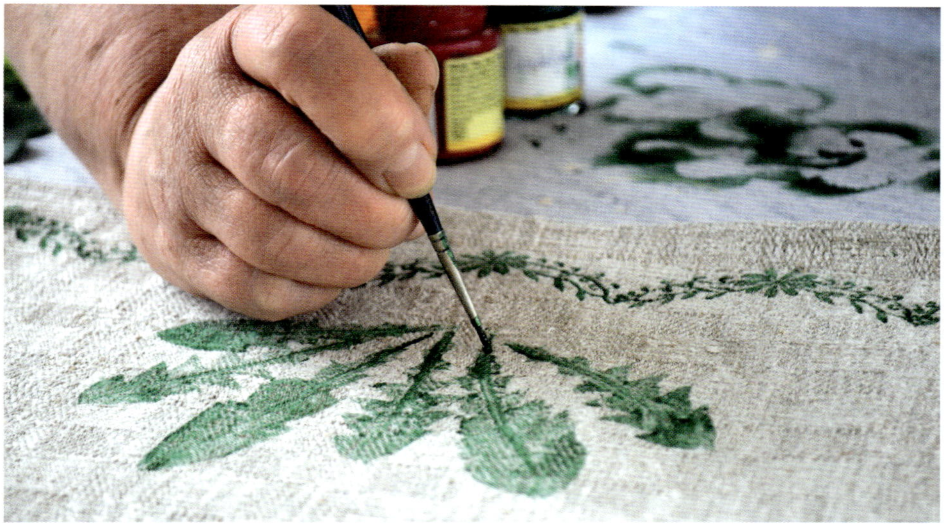

Auf Wunsch werden Blattstrukturen mit dem Pinsel nachgearbeitet.

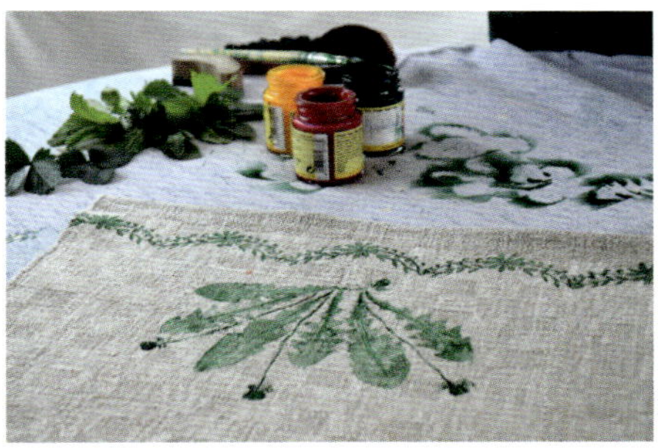

Auch die Stiele werden mit dem Pinsel gemalt.

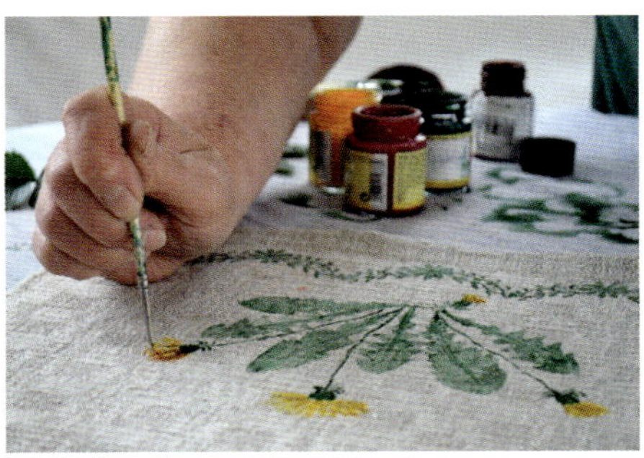

Die Blüten werden zuerst mit gelber Farbe aufgemalt, danach mit Brauntönen bearbeitet.

Zum Drucken genügen generell wenige Blätter und eine einzige Blüte als Vorlage zum Nacharbeiten mit dem Pinsel. Für die Blüten lohnt es sich, Farben zu mischen, um den passenden Farbton zu erhalten und die aufgemalten Blüten zum Abschluss mit verschiedenen Farbnuancen zu gestalten, um so das Licht- und Schattenspiel in der Natur nachzuempfinden.

OSTERN, DAS FRÜHLINGSFEST

Ostern ist das höchste Fest im christlichen Jahreskreis, hat aber auch Wurzeln in uraltem Brauchtum. Seit dem Konzil von Nicäa (325 n. Chr.) wird das Osterfest am ersten Sonntag nach dem Frühlingsvollmond gefeiert, bereits seit dem 7. Jahrhundert verbindet man mit dem Ostergottesdienst auch die Segnung von Speisen, ein Brauch, der heute noch vor allem in Österreich, Bayern und Südtirol gepflegt wird. Traditionell werden Brot, Butter, Eier und je nach Gegend noch regionale Spezialitäten in einen Korb gelegt und zur Auferstehungsmesse mit in die Kirche genommen, wo sie gesegnet werden. Vielerorts werden die Speisen mit einer „Weihdecke", entweder bestickt oder mit christlichen Symbolen bedruckt, zugedeckt.

Dass viele Symbole rund um das Osterfest aus der keltischen Tradition stammen, ist mittlerweile unumstritten. Dennoch wird um den Begriff „Ostern" noch viel diskutiert, man ist sich über die Herkunft des Wortes Ostern nicht einig, allerdings sicher, dass dieser nicht auf den Namen einer keltischen Göttin zurückzuführen ist, was lange Jahre behauptet wurde. Doch egal, ob man Ostern nun ganz in der christlichen Tradition oder als Fest des Sieges des neuen Lebens über den Winter feiert, österliche Dekoration und kleine, persönliche Geschenke geben dem feierlichen Rahmen eine ganz persönliche Note.

Für das festliche Osterfrühstück können Tischdecken, Tischsets und Eierwärmer mit Frühlingspflanzen und österlichen Motiven bedruckt werden. Diese Werkstücke eignen sich auch als Geschenke für das Osternest. Tischdecken können passend in der gewünschten Größe käuflich erworben werden oder aus alten Leinenbeständen selbst genäht werden, was besonders reizvoll wirkt. Eierwärmer eignen sich natürlich nicht nur für das Ostergedeck, sondern dürfen mit verschiedensten Motiven gestaltet werden. Die kleinen Geschenke lassen sich ganz einfach selbst herstellen.

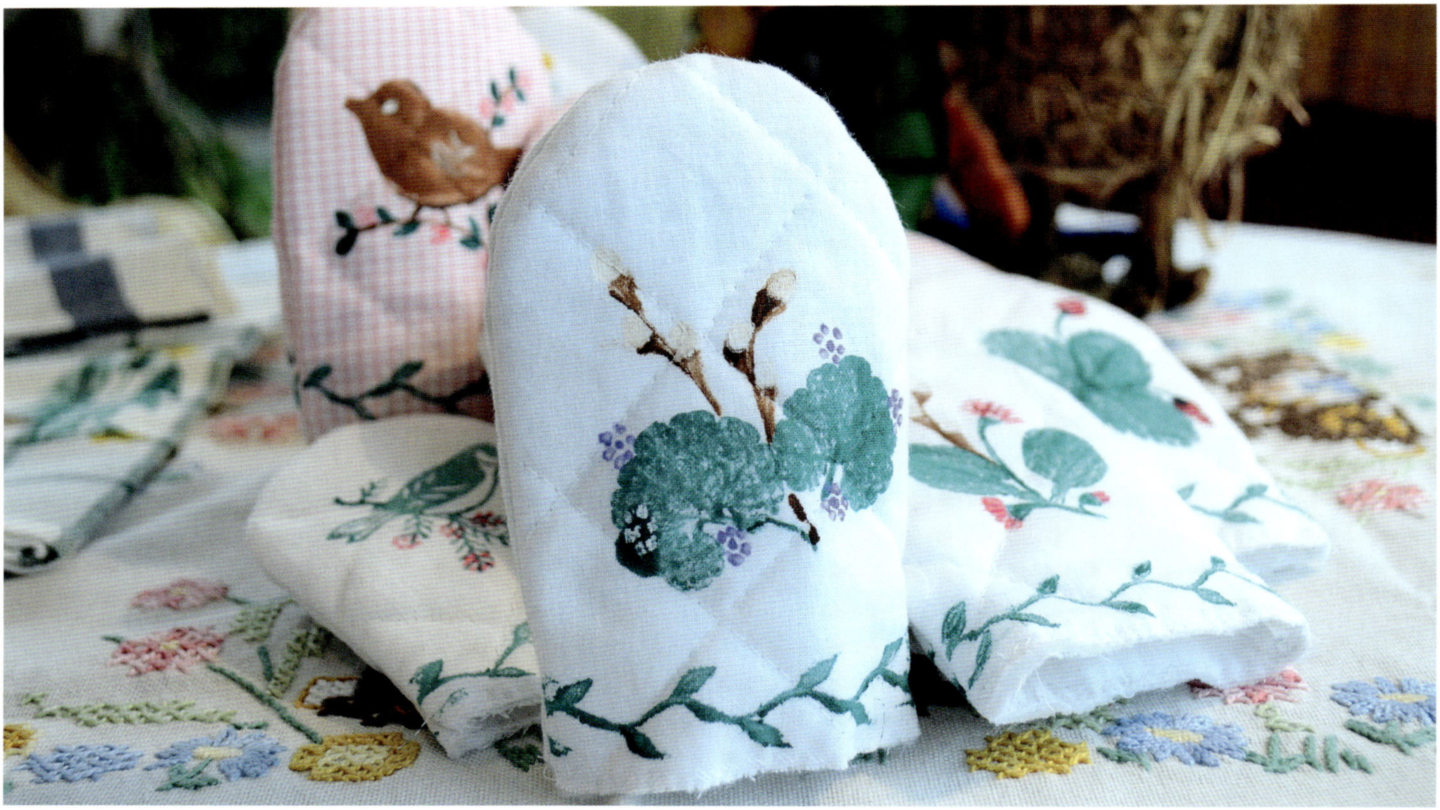

Eierwärmer mit Frühlingssymbolen

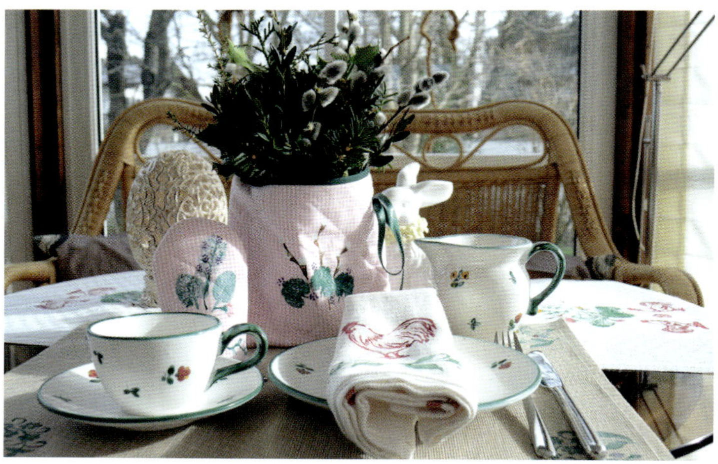

Der Eierwärmer im Einsatz am fertig gedeckten Tisch

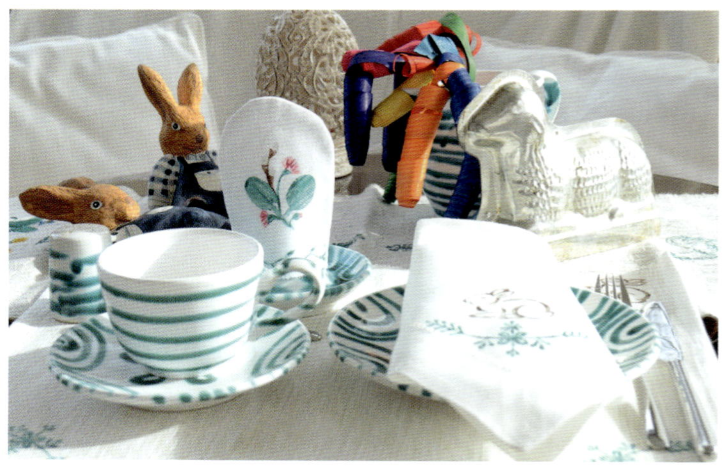

Ob verspielt oder festlich – Tischdekoration wertet jede Feier auf.

EIERWÄRMER – SCHRITT FÜR SCHRITT

Für die Eierwärmer verwendet man Steppstoff aus Baumwolle, also doppelten oder einfachen mit einer Vlieseinlage und fixiert mit einer Steppnaht. Diese Stoffe sind im Fachhandel erhältlich. Aus dem Stoff werden Rechtecke im Maß 9 mal 7 Zentimeter geschnitten, pro Eierwärmer werden zwei Rechtecke benötigt. Die obere Kante der Rechtecke wird nun rund beschnitten, in Eiform.

Dann werden die Rechtecke aufeinandergelegt und zusammengenäht, sodass die untere, gerade Kante offen bleibt. Das Werkstück wird umgedreht, sodass die Naht innen ist und ist zum Bedrucken bereit.

Das Aufdrucken feiner Pflanzen wie auch zarter Symbole mit dem Model sollte an einem Stoffrest versucht werden, denn der weiche, gefütterte Baumwollstoff lässt sich anders bedrucken als Leinenstoffe oder dünne Stoffe. Es gilt, mit der Menge der Farbe acht zu geben, denn der Stoff saugt gut und wenn zu viel Farbe verwendet wird, kann es zu Farbklecksen kommen.

Mit etwas Übung weiß man aber rasch, wie viel Farbe der gewählte Model verträgt.

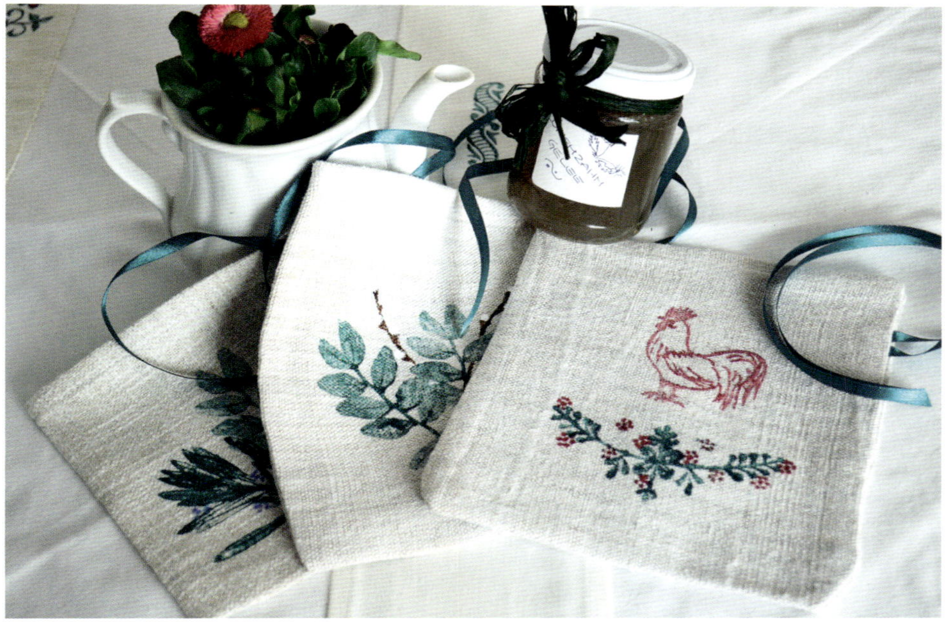

Selbst gemachtes Kräutergelee und die passenden Geschenksäckchen

BELIEBTE MOTIVE FÜR OSTERN

Beliebte Modelformen, die zu Ostern zum Einsatz kommen, sind Hahn und Henne, Osterhase oder christliche Symbole für die Weihdecken. Auch die Kombination dieser Model mit Ranken und Blüten macht sich gut auf Tischdekoration und Küchentextilien. Dabei darf auch mit Farben experimentiert werden, neben den realistisch gestalteten Pflanzen in Grüntönen und leuchtenden Blüten dürfen diese auch durchaus einfarbig zum Einsatz kommen.

Auch zu Ostern kommen die kleinen Geschenksäckchen zum Verpacken zum Einsatz. Wie diese genäht werden, ist im Kapitel „Überraschungen zum Jahreswechsel“ beschrieben. Die Säckchen, egal ob mit vernähter Schleife oder einfach genäht, bieten die ideale Verpackung für Selbstgemachtes wie Marmeladen und Kräutergelees, Seifen oder Kekse.

TIPP

Wenn man Geschenksäckchen in verschiedenen Größen und Gestaltungen auf Vorrat druckt, wird man nie mehr Geschenkpapier benötigen!

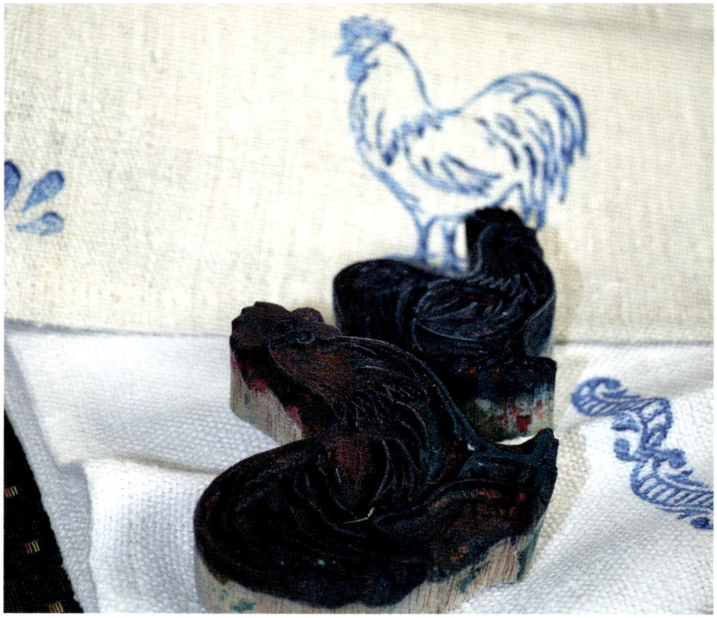

Model mit Frühlingsmotiven: Hähne in verschiedenen Größen

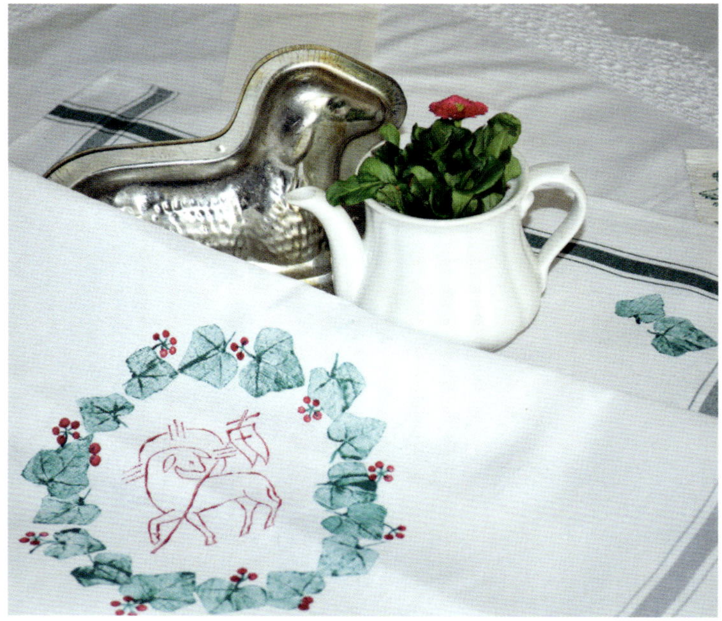

Weihdecke mit Osterlamm und Efeu

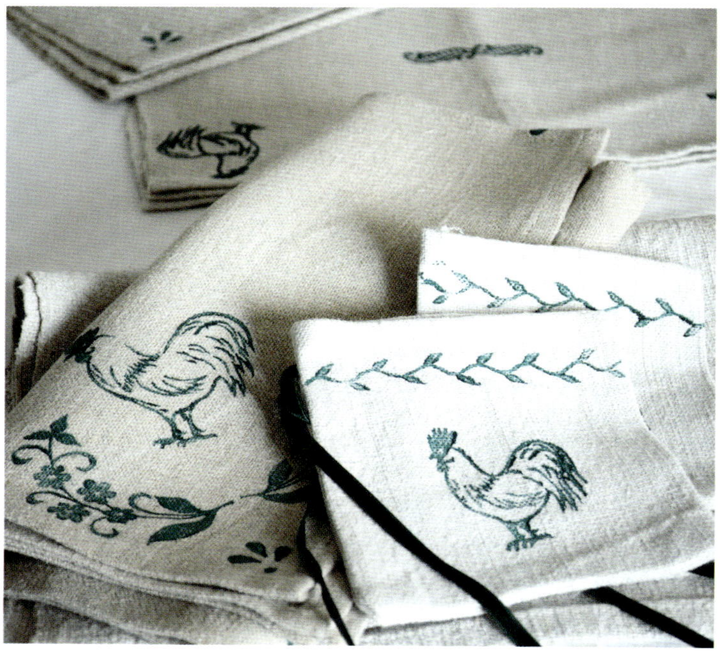

Hahn und Bortenmuster auf Tischsets und Geschenksäckchen

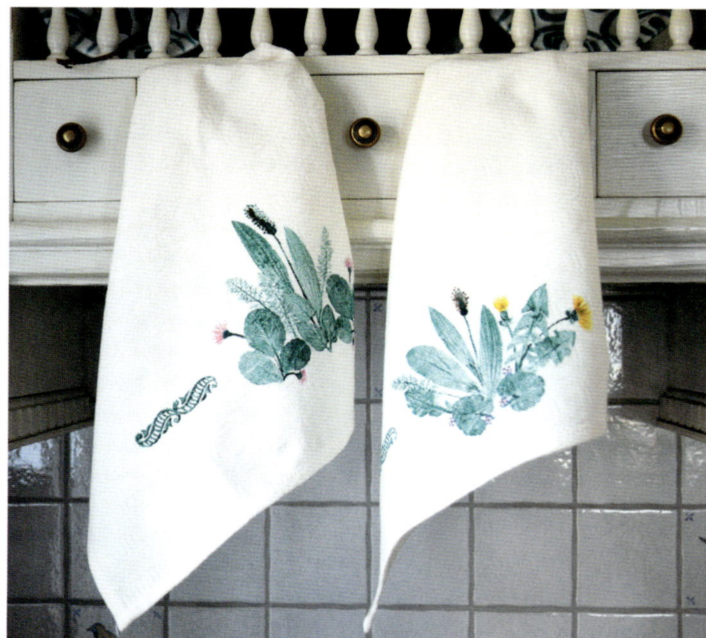

Geschirrtücher mit Frühlingskräutern

ZU EHREN DER MUTTER

Der Muttertag wird in vielen Ländern der Welt gefeiert und in den verschiedenen Kulturkreisen gibt es verschiedenste Traditionen, diesen Tag zu gestalten. Obwohl es den Muttertag als Festtag noch gar nicht lange gibt, ist er in vielen Ländern schon als traditionell verankert. Der Muttertag wurde 1914 in den USA als nationaler Feiertag eingeführt, am zweiten Sonntag im Mai. Diesem Beispiel folgten viele Länder, wobei sowohl die Gestaltung des Muttertages als auch der Zeitpunkt durchaus unterschiedlich sind. Blumen und Pralinen gehören zu den traditionellen Muttertagsgeschenken, in Spanien – und nicht nur dort – wird die Mutter zum Essen ausgeführt und in Japan wird gerne ein Hausputz oder eine Massage verschenkt. In Äthiopien wird der Muttertag nicht an einem bestimmten Datum festgemacht, sondern mit dem Beginn der Regenzeit und mehrere Tage gefeiert. In der Mongolei wird der 1. Juni als „Mutter-Kind-Tag" gefeiert, Kinder sollen mit ihren Müttern einen schönen Tag verbringen, wie auch immer dieser gestaltet wird.

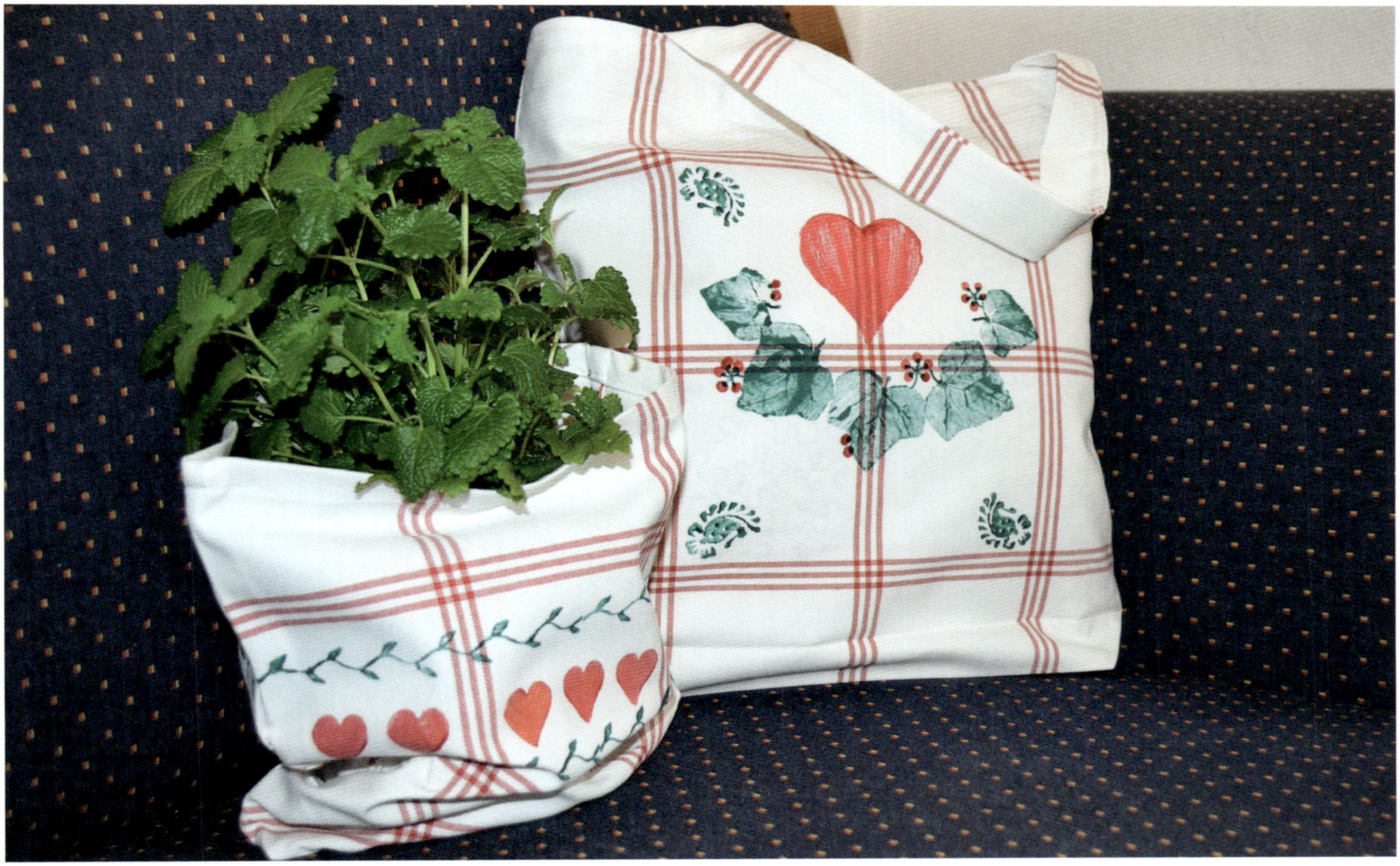

Viele Herzen für die Mutter: Einkaufstasche und Blumenübertopf

In Europa gehört es schon für Schul- und Kindergartenkinder dazu, der Mutter zum Festtag eine ganz besondere Überraschung zu bereiten. Mit der Hilfe von Kindergartenpädagoginnen und Lehrerinnen ist es auch den Kleinsten schon möglich, hübsche Werkstücke mit einfachen Stoffdrucktechniken zu erstellen – hier bietet sich der **Kartoffeldruck** geradezu an. Bei der Arbeit mit Kindern ist es wichtig, immer wieder ein wachsames Auge auf die Kleinen zu werfen, denn Kinder lassen sich von der Farbenpracht der Druckfarben gerne mitreißen und verwenden dann oftmals viel zu viel Farbe. Vor allem bei der Arbeit mit feinen geschnitzten oder gestochenen Modeln kann dies zu kleineren Unglücksfällen führen, denn zu viel Farbe auf dem Model verklebt diesen und zerstört das Druckergebnis.

Darum eignen sich für die Kleinsten Model aus Kartoffeln mit einfachen Symbolen besonders gut, denn beim Auftragen der Farbe muss nicht so achtsam umgegangen werden wie mit geschnitzten oder gestochenen Modeln. Wie im Kapitel „Die Model" beschrieben, können die von den Kindern ausgewählten Formen aus den Kartoffeln geschnitzt und dann zum Drucken bereitgestellt werden. Je nach Alter dürfen die Kleinen selbstverständlich auch mit feineren Modeln arbeiten und dabei die Hilfe der Erwachsenen annehmen.

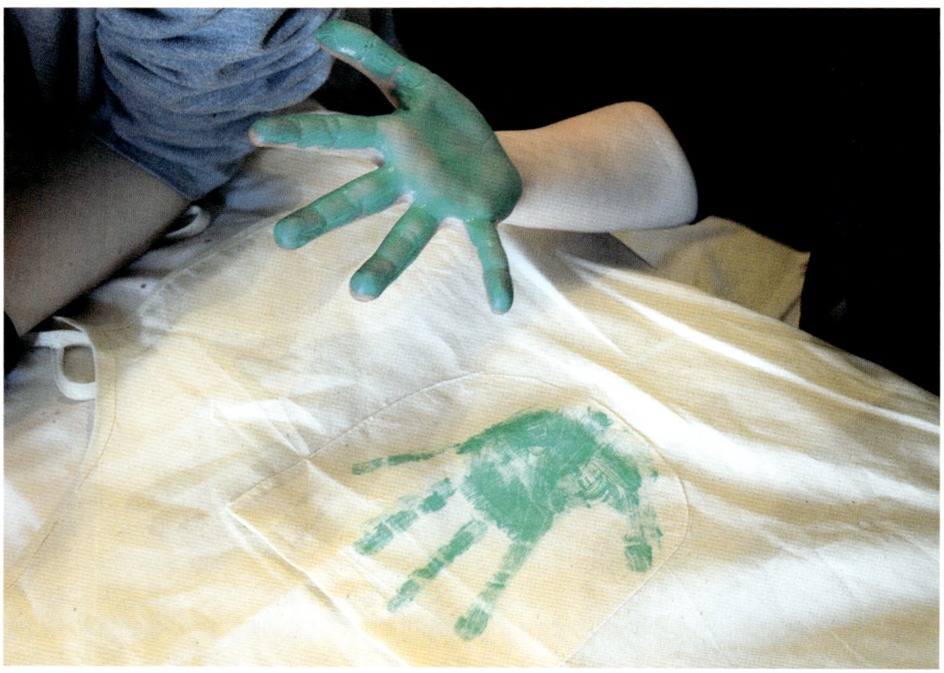

Die größte Freude: Drucken mit den Händen

Ein besonderer Lustgewinn für Kinder ist es, **mit den Händen** zu arbeiten, hier entsteht ein tiefer Bezug zu den Farben und dem Material. Grundsätzlich sollte man genau dies auch im Hinterkopf behalten: Kinder wollen Materialien haptisch erfahren und diese Gelegenheit sollte man ihnen auch geben. Darum ist es sinnvoll, für das Arbeiten mit den Kleinen **spezielle Textilfarben für Kinder** zu verwenden, im Anhang finden sich Quellenangaben dazu. Diese Kinderfarben sind völlig ungefährlich, wenn sie in den Mund geraten und zudem leichter abwaschbar als herkömmliche Textilfarben. Ihre Haltbarkeit auf den Materialien erhalten sie so wie andere Textilfarben auch durch das Fixieren mittels Hitze, also Bügeln.

Für das textile Gestalten mit Kindern empfiehlt es sich, Schürzen oder alte T-Shirts über die Kleidung anzuziehen. Außerdem sollte die Arbeitsfläche komplett mit einem alten Leintuch oder anderen schützenden Unterlagen abgedeckt sein, denn eine kleine Unaufmerksamkeit genügt und ein Farbtöpfchen oder ein Pinsel sind plötzlich nicht mehr da, wo sie sein sollen. Nach den Vorbereitungen kann es losgehen! In unserem Beispiel wurden für den Muttertag Schürzen, Geschirrtücher und Spanschachteln gestaltet. In die Schachteln kann man kleine Überraschungen wie Schokolade, ein schönes Stück Seife oder einen Gutschein verpacken – hier darf man getrost die Fantasie walten lassen.

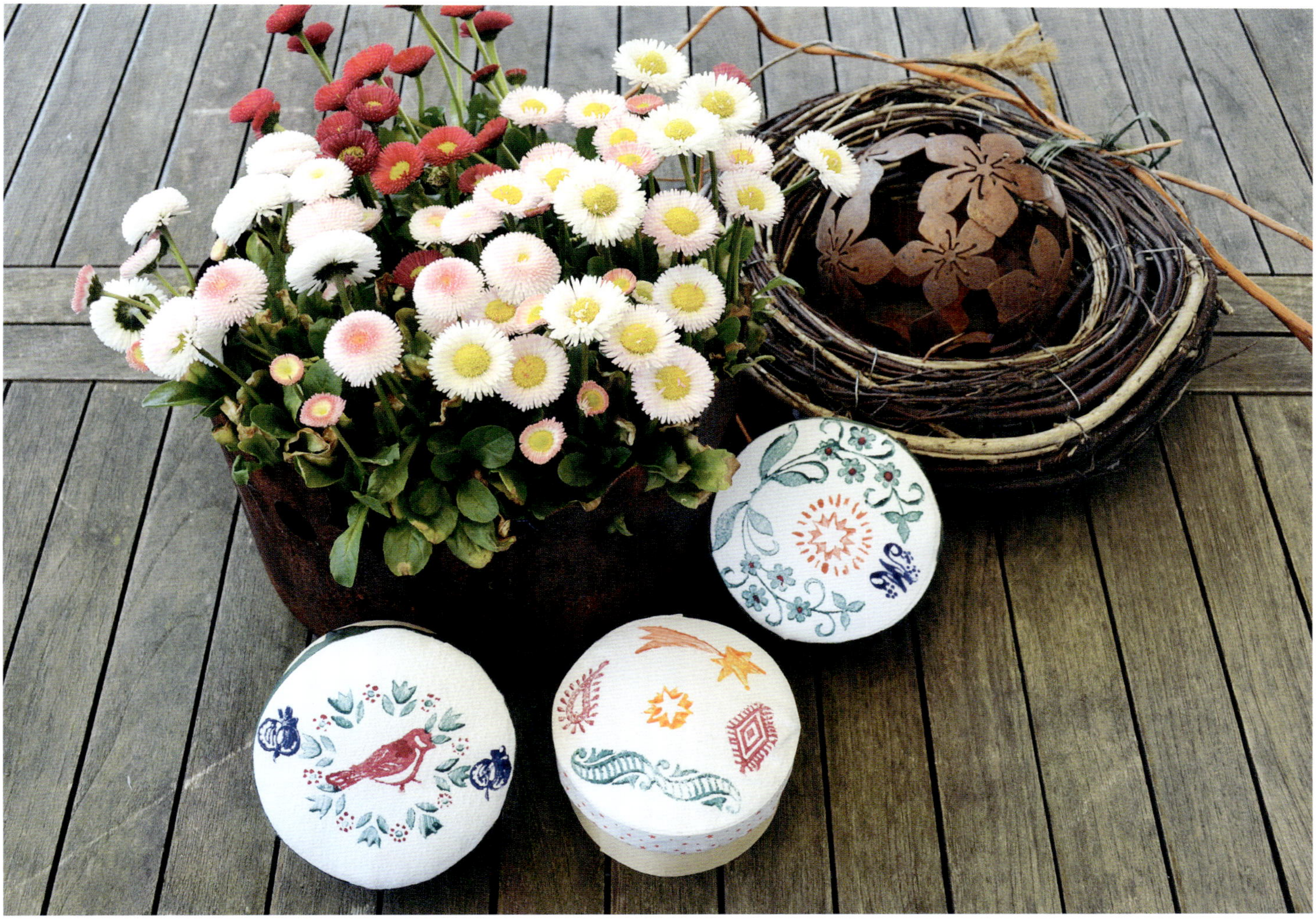

Die fertigen Werkstücke

GESCHENKS-SCHACHTELN

Zum Gestalten von Schachteln als Geschenk oder Geschenkverpackung benötigt man sogenannte Spanschachteln, also Schachteln aus feinem Holz. Diese erhält man im Bastelzubehör oder man verwendet Camembert-Verpackungen. Der Deckel der Schachtel wird abgenommen und auf ein Stück Stoff gelegt. Mit einem Bleistift zeichnet man die Größe des Deckels auf den Stoff und bedruckt diesen nach Lust und Laune. Dann wird der Stoff ausgeschnitten, und zwar mit eineinhalb Zentimetern Stoffbeigabe. Etwas Watte wird auf den Deckel gelegt, dann kommt das runde Stoffstück darüber und wird am Deckelrand verklebt. Über die Klebestellen kommt noch ein Zierbändchen, auch diese erhält man im Bastelfachgeschäft oder in Textilfachgeschäften.

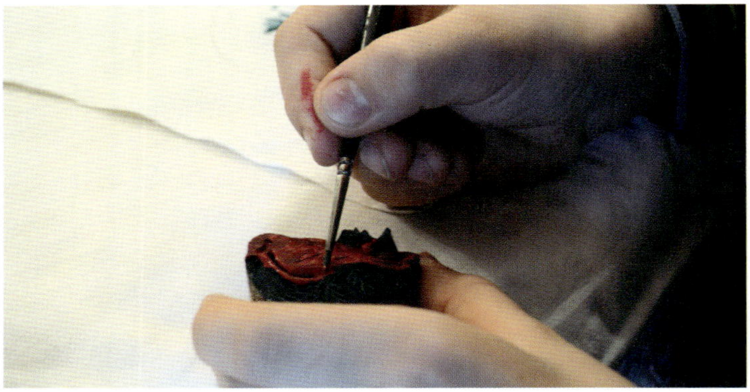

Der Model wird bestrichen.

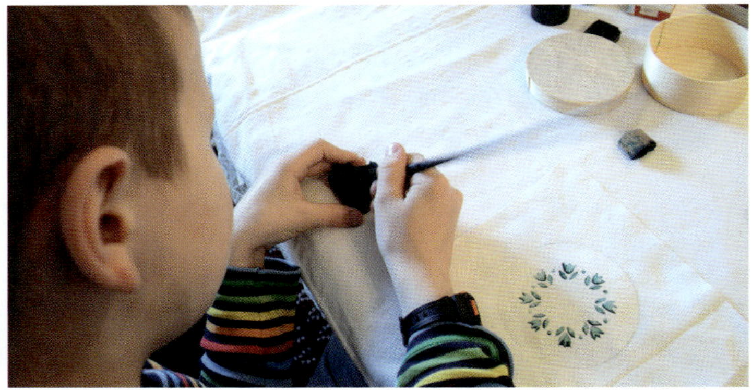

Die gewünschten Muster werden auf den Stoff gedruckt.

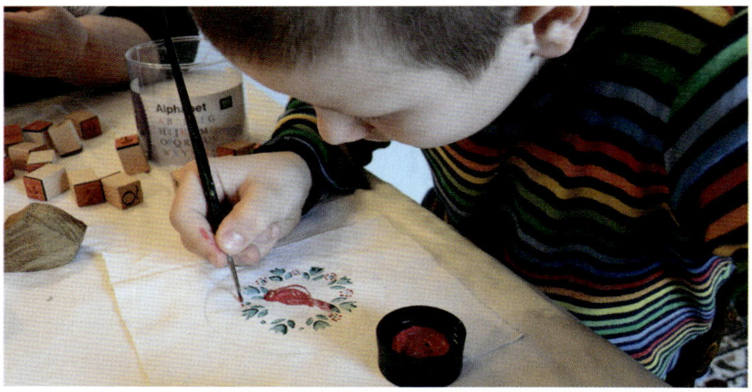

Mit dem Pinsel wird nachgearbeitet – hier dürfen die Erwachsenen auch helfen.

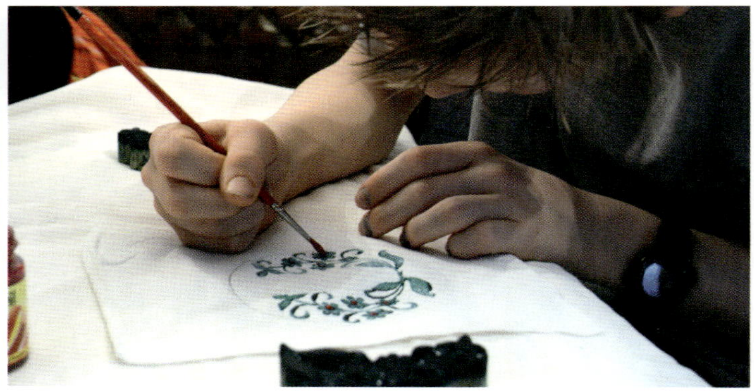

Höchste Konzentration ist angesagt.

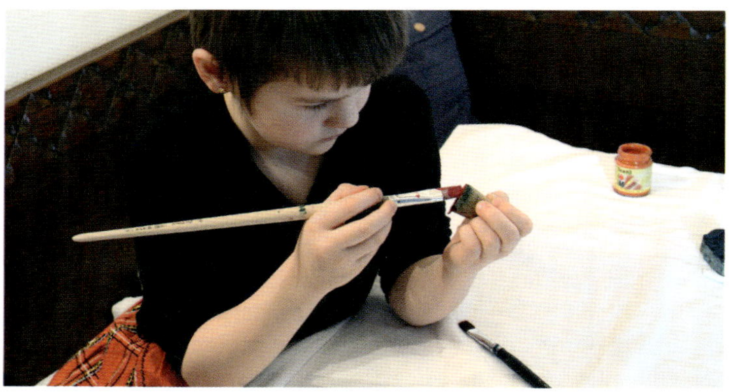

Stoffdruck ist für jedes Alter geeignet – ab dem Kindergarten geht es los.

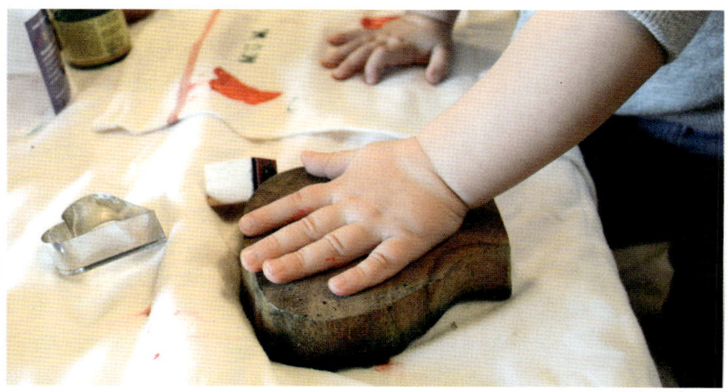

Kleine Hände – großer Model. Der haptische Genuss beim Werken.

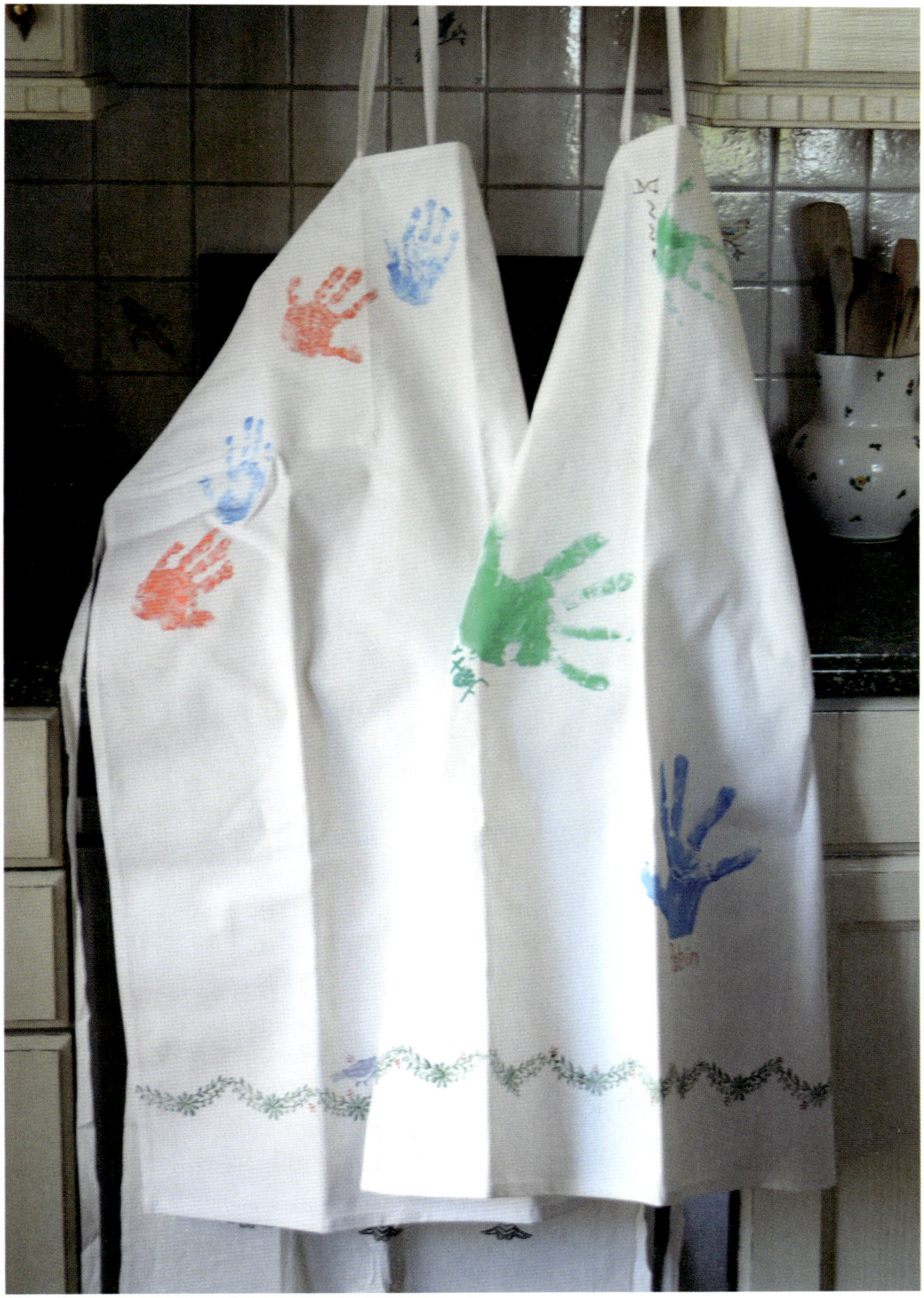

Die fertigen Schürzen, bereit zum Einsatz

MIT DEN HÄNDEN BEDRUCKTE STOFFE

Während man für die Gestaltung kleiner Werkstücke schon etwas Geduld mitbringen muss und auch schon in der Lage sein muss, einen Pinsel einzusetzen, kann mit den Händen bereits sehr früh gearbeitet werden. Mit etwas Unterstützung der Großen kann so eine Tasche, ein Tischtuch oder eine Schürze individuell gestaltet werden. Mit den speziell für die Arbeit mit Kindern entwickelten Farben werden die Handflächen bemalt und dann wird das Werkstück damit gestaltet. Kindern unter dem Schulalter sollte man beim Aufdrücken der Hände behilflich sein, damit sie nicht verrutschen und so das Ergebnis verwischen.

Für Kinder ist es ein Genuss, mit den Händen zu drucken. Das Kitzeln beim Aufstreichen der Farbe auf die Handfläche, das Aufdrücken der Hände auf den Stoff und das gemeinsame Gestalten gefallen den meisten Kindern. Sollte ein Kind aber nicht wollen, dass Farbe auf die Hände gerät, muss dies respektiert werden – nicht alle Menschen sind gleich.

Zum großen Fest für die Mutter kann im Prinzip alles bedruckt werden, was Freude macht und dieses Gestalten von individuellen Geschenken macht nicht nur Kindern Freude. Für Erwachsene bietet sich das Herstellen von Herzen, die mit duftenden Kräutern gefüllt werden, an. Besonders Lavendelherzen sind beliebt, doch auch getrocknete Rosenblüten, Rosmarin und andere Gartenkräuter sind für die Füllung solcher kleinen Polster geeignet.

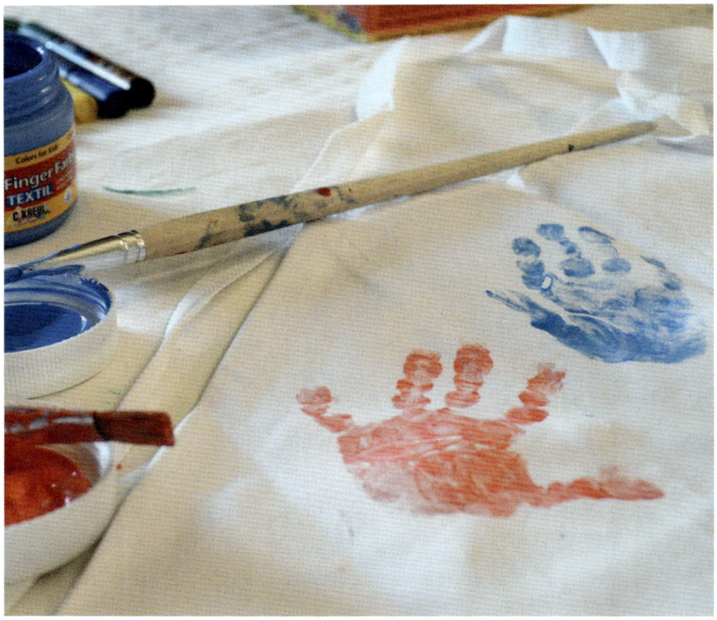

Das Muttertagsgeschenk: verschiedene Hände, verschiedene Farben

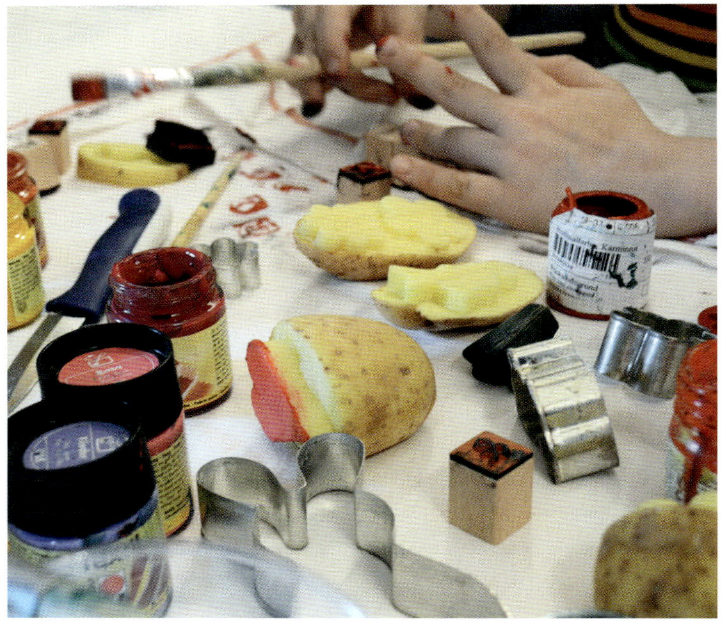

Mit Kindern drucken: chaotische Freude

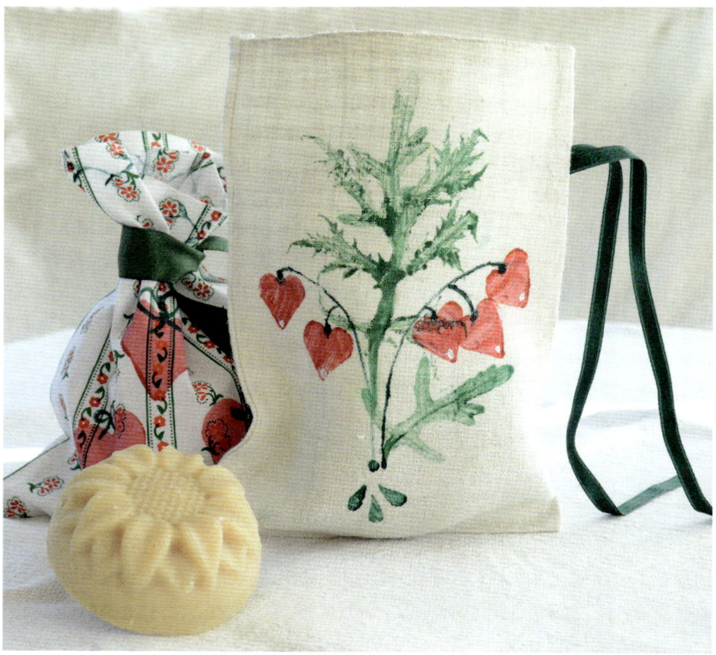

Selbst gemachte Seifen in bedruckten Geschenksäckchen

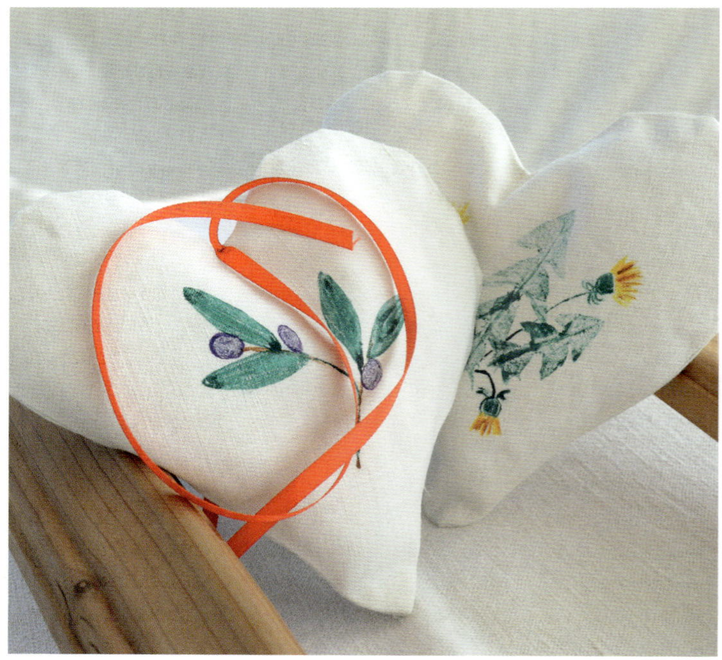

Lavendelherzen, mit Frühlingspflanzen bedruckt (Herstellung S. 114)

SOMMER

Das Pflücken von Blumen ist eine große Schule des Schauens, sowohl für Kinder als auch Erwachsene. Wenn im Sommer die Wiesen in voller Pracht stehen, die Kornfelder mit satten Gelbtönen locken und auch im Garten eine große Auswahl an Pflanzen zur Verfügung steht, ist für das Drucken mit Pflanzen die perfekte Zeit angebrochen. Neben den Küchenkräutern und Wiesenblumen zählen Rosenblätter, Kornähren und Farn zu den ganz besonderen Sommermotiven.

Farbenfroher Blütenreigen,
Vögel zwitschern in den Zweigen,
Schmetterlinge gaukeln munter,
alle Welt erscheint uns bunter
und zur Freude uns gereicht,
die Frühjahrsmüdigkeit entfleucht.

Oskar Stock

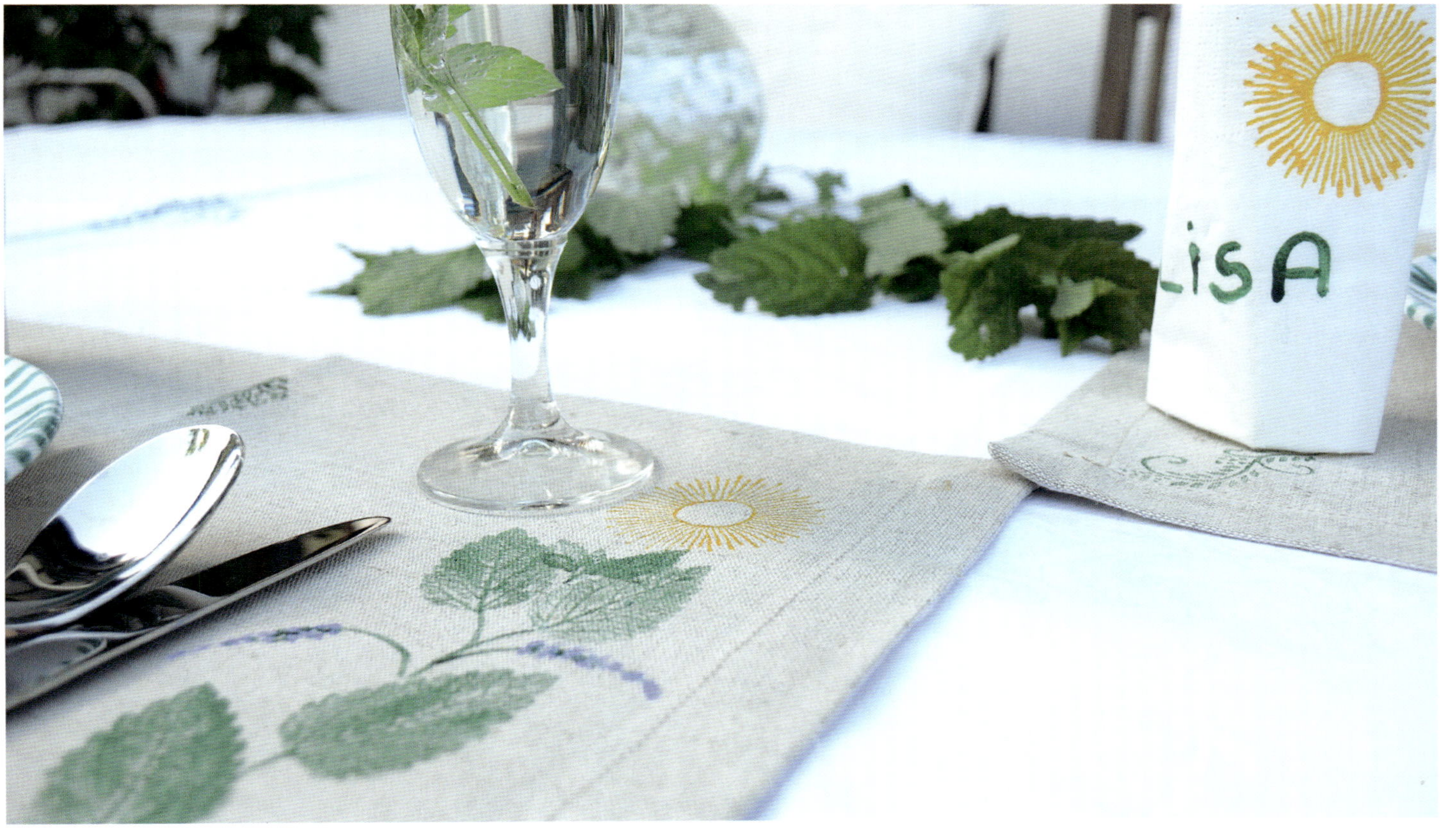

Sonnige Gedecke mit Kräuterdekoration

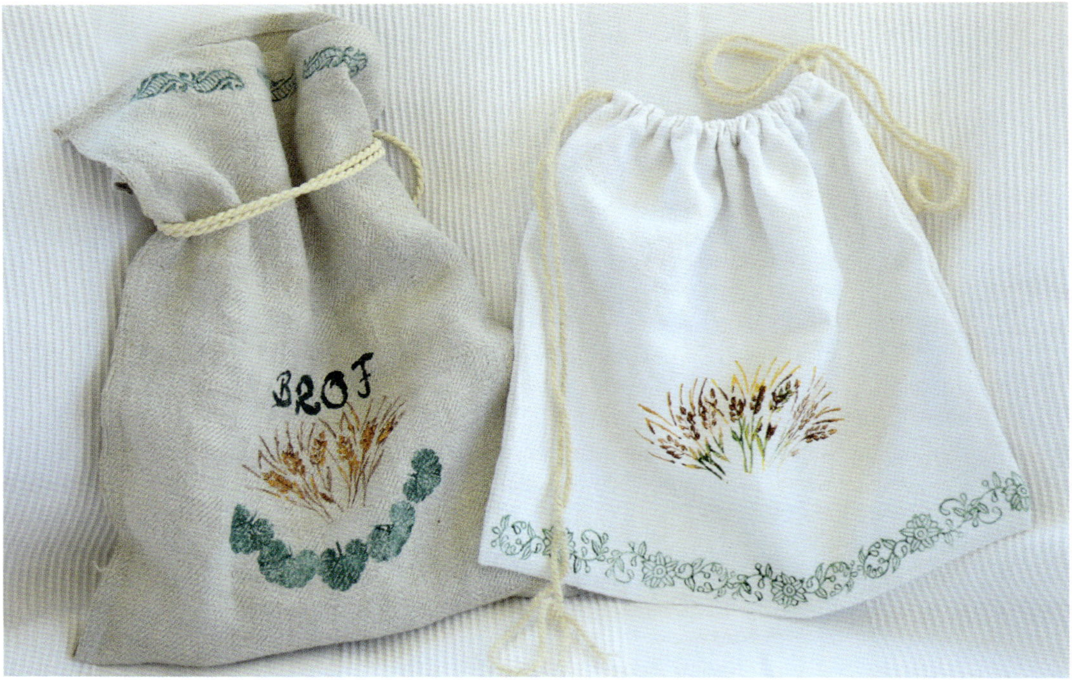

Brotsäcke in verschiedenen Ausführungen

Für das Sommerfest werden Tischsets und Tischtücher bedruckt, aus altem Handtuchleinen können Beutel zum Transport und Aufbewahren von Brot genäht und entsprechend bedruckt werden und jetzt, wo Feste auch im Freien gefeiert werden, dürfen auch Sesselauflagen und Polster für die Gartenmöbel nicht fehlen.

Blühendes mit immergrünen Blättern kann nun fotografiert werden, damit im Winter die Erinnerung wieder aufgefrischt wird, wenn es an die Gestaltung verschiedenster Werkstücke geht. Das kreative Gestalten ist nicht mehr an Haus und Wohnung gebunden, sondern kann bei strahlendem Sonnenschein auch im Garten praktiziert werden und das Entdecken neuer Pflanzen, die man noch nicht ausprobiert hat, ist jetzt ganz besonders schön.

EIN BEUTEL FÜR DAS FRISCHE BROT

Ein Brotbeutel, Brötchenbeutel oder Brotsack erfüllt mehrere Zwecke. Zum einen bleibt das Brot viel frischer als mit jeder anderen Aufbewahrungsmethode, zum anderen muss das Brot beim Kauf nicht mehr in Plastiktüten verpackt und transportiert werden und man spart somit Ressourcen. Voraussetzung für beides ist, dass der Brotbeutel dann auch nur noch für das Brot verwendet wird.

Das Material der Wahl ist Leinen, denn es besitzt die Eigenschaft, bis zu 35 % seines Eigengewichtes an Luftfeuchtigkeit aufzunehmen und diese dann nach und nach an die Backwaren im Brotbeutel abzugeben. Der perfekte Klimaaustausch zwischen Umgebung und Brot ist somit garantiert und sorgt dafür, dass Brot und Brötchen lange frisch und saftig bleiben. Leinen ist beständig gegen Schimmelpilz, das Brot kann also nicht, wie in Plastiktüten, zu schimmeln beginnen.

TIPP

Vor dem Bedrucken des fertig genähten Brotbeutels legt man eine Zeitung in den Beutel. So verhindert man das Durchdrucken der Farbe auf die Rückseite.

BROTBEUTEL – SCHRITT FÜR SCHRITT

Für den selbst gemachten Brotbeutel benötigt man groben Leinenstoff in der gewünschten Größe. Optimal ist eine Größe von ca. 35 x 45 Zentimetern, auf Wunsch kann der Beutel natürlich größer oder kleiner sein. Zum Verschließen des Beutels eignet sich eine Kordel, diese erhält man aus verschiedensten Materialien im Bastelzubehör. Zuerst schneidet man zwei gleich große Stoffstücke in der gewünschten Größe zu, mit einer Nahtbeigabe von einem Zentimeter. Bei der Verwendung von alten Stücken wie Leinenhandtüchern in der passenden Größe spart man sich eine Naht, man arbeitet dann mit einem einzigen Stoffstück, das einfach zusammengefaltet wird.

Zuerst wird der Tunnelzug für die Kordel eingeschlagen. Dazu legt man die Kordel bereit, um den Zug auch breit genug zu machen. Beim Einschlagen sollte man auf die Dicke der Kordel Rücksicht nehmen und den Tunnelzug getrost breiter machen, da sonst das Einfädeln der Kordel sehr schwer fällt. Im Beispiel werden zwei Kordeln eingezogen, es muss also genug Platz für beide sein. Der eingeschlagene Stoffrand wird mit dem Daumen glatt gestrichen. Auf Wunsch kann man ihn auch mit Stecknadeln abstecken. Dann wird der Tunnelzug abgenäht.

Danach werden die Stoffteile so zusammengenäht, dass die Seite mit dem Tunnelzug offen bleibt. Der Sack wird umgedreht und die Kordel kann eingezogen werden. Dazu verwendet man eine große Sicherheitsnadel. Die Länge der Kordel sollte, egal ob man mit einer oder zwei Kordeln arbeitet, jeweils die zweieinhalbfache Breite des Brotsacks betragen. Bei der Variante mit zwei Kordeln wird jede Kordel von einer anderen Seite eingefädelt und dann verknotet, so ist es möglich, den Brotsack mit einem einfachen Handgriff zu verschließen.

Die einfachere Variante zur Kordel ist, dass sie an einer Nahtstelle mit drei Stichen befestigt wird und außen um den Sack geschlungen wird, man kann auch mit sichtbaren Außennähten wie im Bild experimentieren. Jede neue Idee hat ihren Reiz! Nach dem Zusammennähen und dem Einziehen der Kordeln geht es an die kreative Gestaltung – Model mit Ährensymbolen oder kleine Buchstabenmodel kommen hier zum Einsatz. Natürlich kann der Brotsack auch mit Ranken und Borten, ganz nach eigenem Geschmack, gestaltet werden.

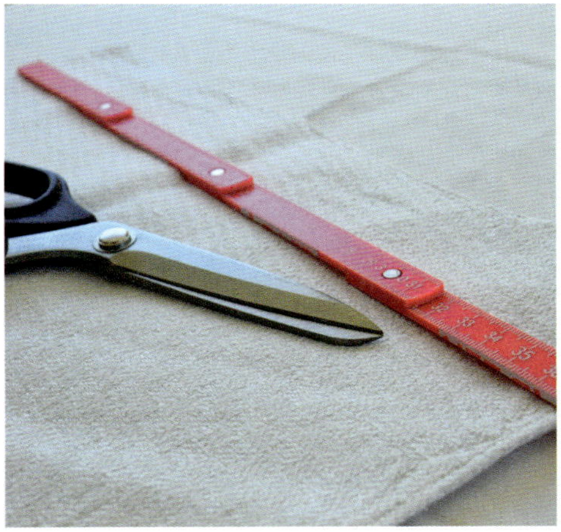

Das alte Leinenhandtuch hat genau die richtige Größe für einen Brotsack.

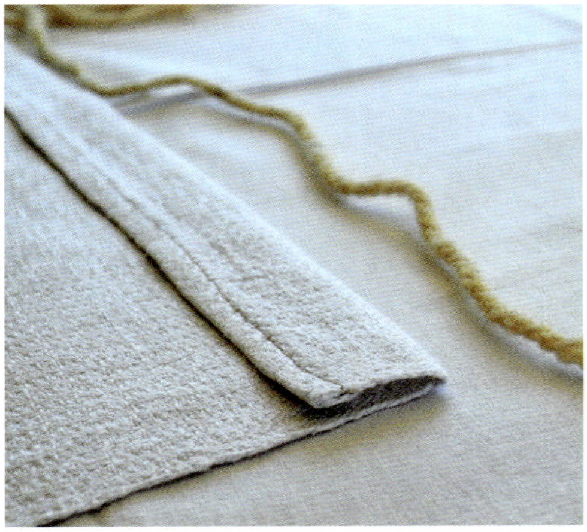

Der Tunnelzug für die Kordel wird eingeschlagen und mit dem Daumen glatt gestrichen.

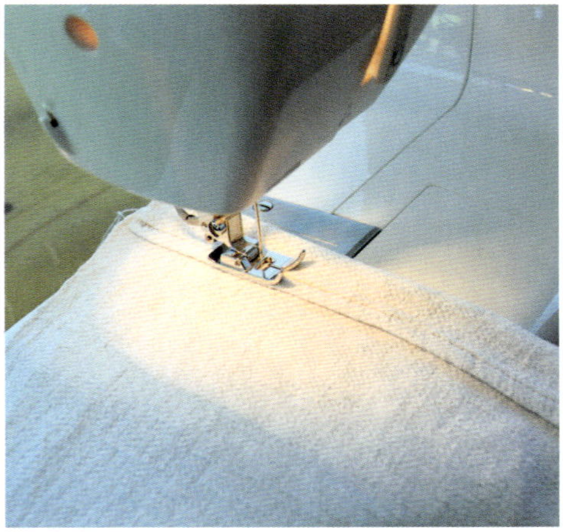

Der Tunnelzug wird mit einer einfachen Naht vernäht.

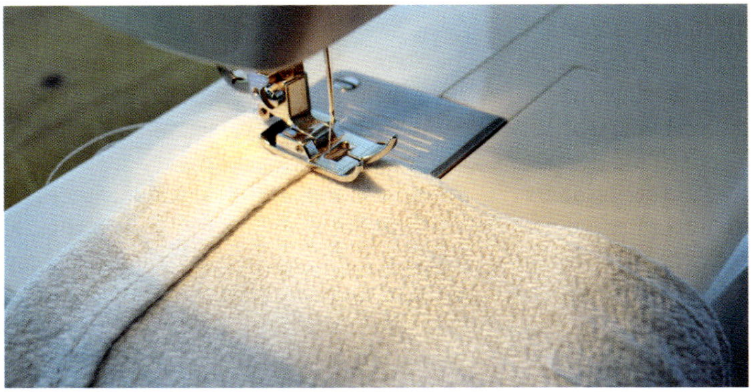

Der Brotsack wird zusammengenäht, die Naht beginnt hinter dem Tunnelzug.

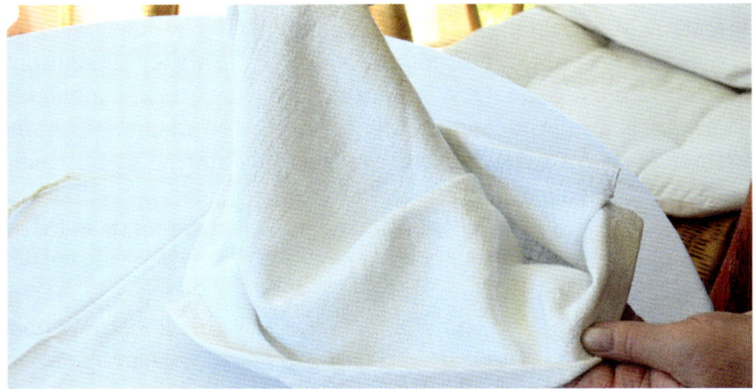

Der Brotsack wird umgedreht, am oberen Rand sind nun die Öffnungen des Tunnelzugs.

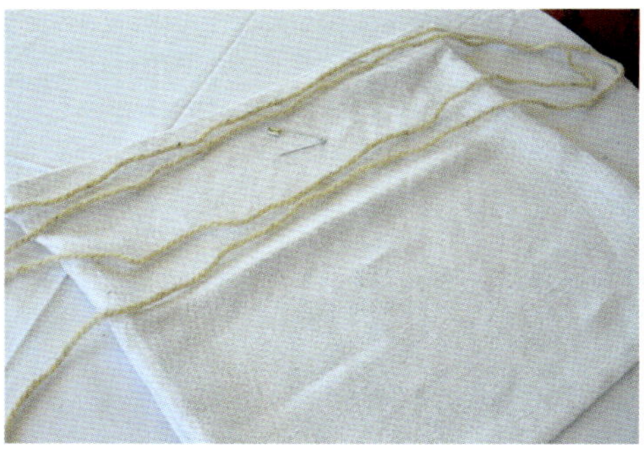

Die Kordeln sollten zweieinhalb Mal die Breite des Brotsacks ausmachen.

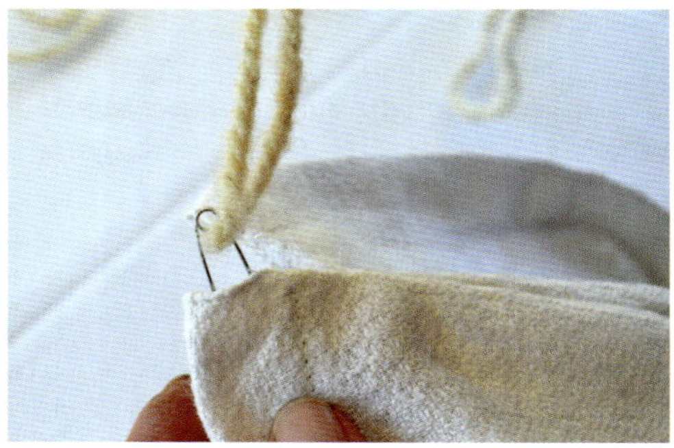

Die Kordeln werden mit einer Sicherheitsnadel in den Tunnelzug gefädelt.

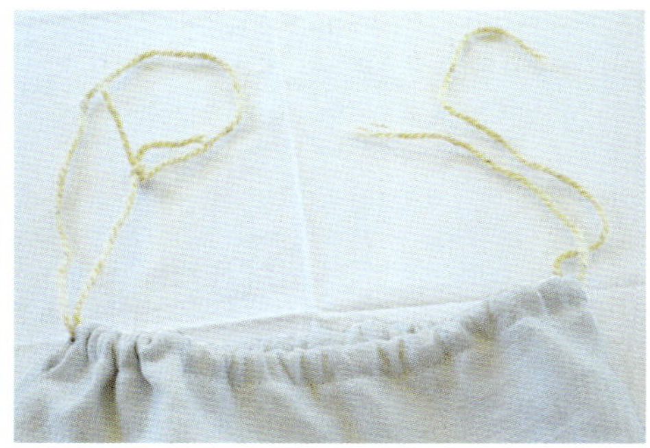

Die Kordeln werden verknotet.

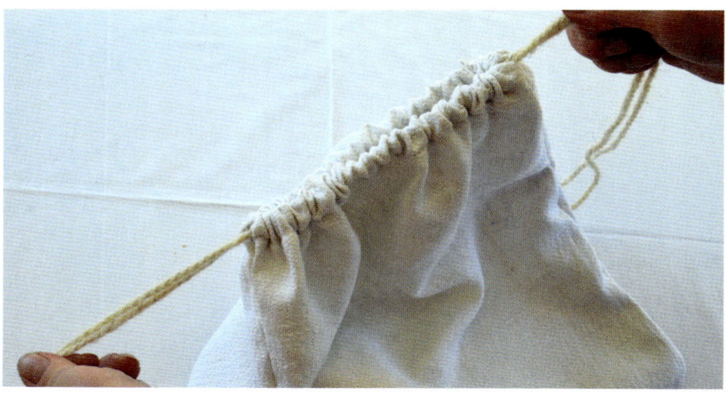

Mit einer einfachen Handbewegung kann der Brotsack verschlossen werden.

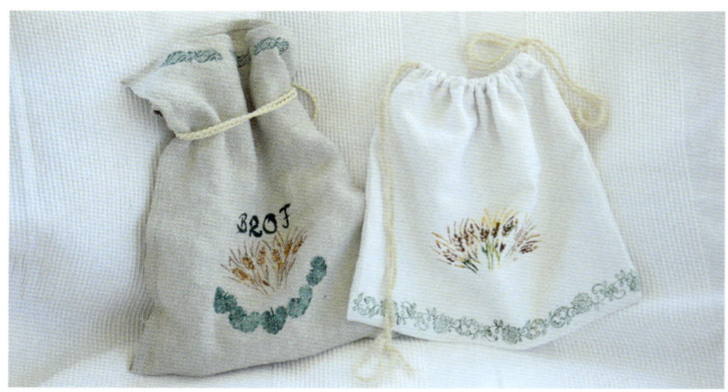

Brotsäcke in verschiedenen Ausführungen

DAS SOMMERFEST

Das Sommerfest im eigenen Garten zählt für viele Menschen zum Höhepunkt des Gartenjahres. Wenn der Sommer in seiner ganzen Schwere über dem Land liegt und es auch nördlich der Alpen möglich ist, bis spät in die Nacht hinein draußen zu feiern, genießen die Menschen die gemeinsame Zeit im Garten ganz besonders.

Besonders liebevoll gestaltete Sommerfeste mit passender Dekoration bleiben lange in Erinnerung. Zur individuellen Gestaltung eines Sommerfestes empfiehlt es sich, Ideen zu notieren und zu prüfen, was zusammenpasst – denn eine Idee, die verworfen wird, passt vielleicht im kommenden Jahr ganz besonders gut. Oder beim nächsten Fest, denn wer behauptet, das man nur einmal feiern darf?

Um Dekoration ganz besonders eindrucksvoll wirken zu lassen, gilt der Leitsatz „weniger ist mehr“. Das Beschränken auf bestimmte Farben oder einen einheitlichen Stil schafft eine Atmosphäre von Klarheit und Verspieltheit gleichermaßen. Zur Tischdekoration gehören Tischtücher und Tischsets, die mit Motiven in der gewählten Farbskala bedruckt sind genauso wie individuell bedruckte Servietten oder Säckchen mit einem kleinen Geschenk für jeden Gast.

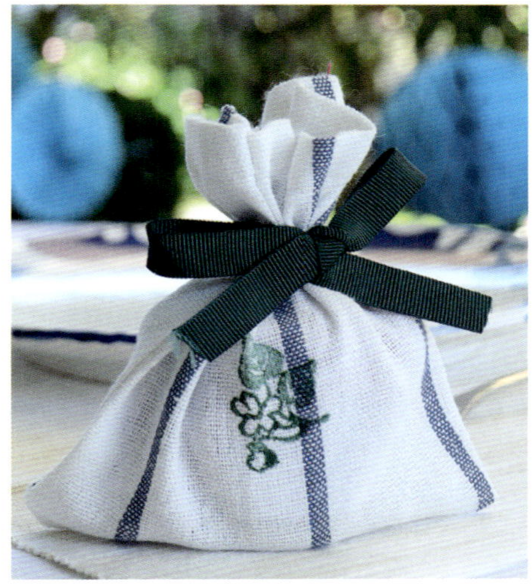

Jeder Gast erhält ein kleines Geschenk im passenden Säckchen (Herstellung S. 113).

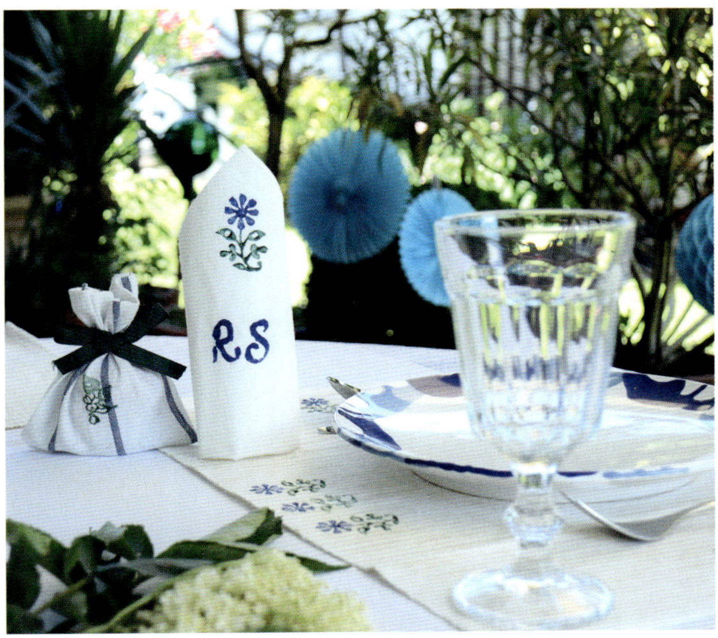

Festlich in Blau: Das Sommerfest kann beginnen.

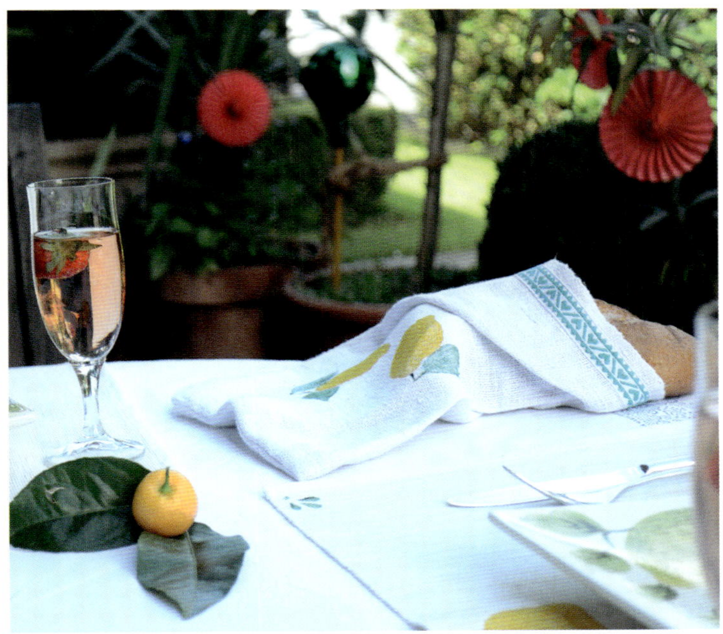

Gedeck in Rot-Gelb: Zitronendruck und Erdbeerbowle

EINLADUNGSKARTEN

Auch die Einladungen können mit Stoffdruck gestaltet werden, sie sind damit individuell und mehr als nur eine Einladung. Die kleinen Kunstwerke können von jedem Einzelnen als Dekorationsobjekte weiter verwendet werden. Zur Gestaltung bieten sich verschiedenste Möglichkeiten. Grundlage ist sehr starkes Papier oder Karton in der gewünschten Farbe und Größe. Die Rückseite, also der Einladungstext, kann entweder aufgedruckt oder einzeln mit der Hand geschrieben werden. Auf die Vorderseite kommt ein Stück Stoff mit passenden Motiven, dieses kann mit der Zackenschere ausgeschnitten oder bewusst zum Ausfransen gebracht werden, je nachdem, welchen Stil man einsetzen möchte. Besonders hübsch wirkt die Einladung, wenn der Stoff ein wenig kleiner als das Papier ist und man so den Rand noch sehen kann, in diesem Fall empfiehlt es sich, beim Druck die Farbe der Kartonkarte zu wiederholen. Mit einem Textilstift kann auch ein kurzer Text auf den Stoff geschrieben werden. Der Stoff kann mit handelsüblichem Kleber auf den Karton aufgeklebt werden, darf dann trocknen und schon ist die Einladung fertig.

Eine andere Möglichkeit ist eine Einladungskarte zum Aufklappen, die mit bedruckten Stoffstücken gestaltet wird. Dazu wird ein Stück Stoff ausgeschnitten und bedruckt und entweder der Länge nach komplett um die Vorderseite der Klappkarte geschlungen oder es werden innen und außen unterschiedliche Stoffe aufgeklebt. Möchte man den Stoff erst bedrucken, wenn er schon auf der Karte klebt, sollte man beachten, dass eine sehr weiche Unterlage verwendet wird, da durch Falze und Erhebungen sonst unschöne Fehler beim Drucken entstehen können. Zum Abschluss kann die Karte mit einer Kordel in der Farbe der verwendeten Druckfarbe geschmückt werden.

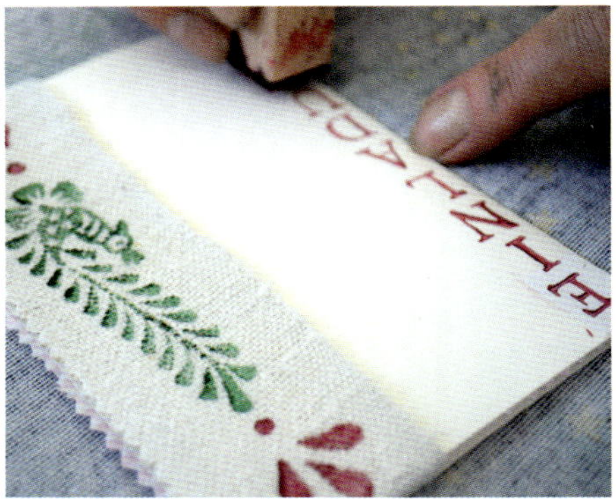

Die Einladungskarte wird mit einem bedruckten Stoffband beklebt und bedruckt.

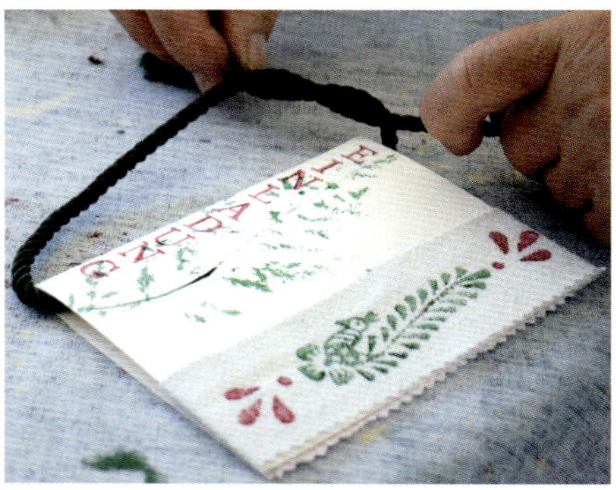

Die Kordel wird um den Falz geschlungen.

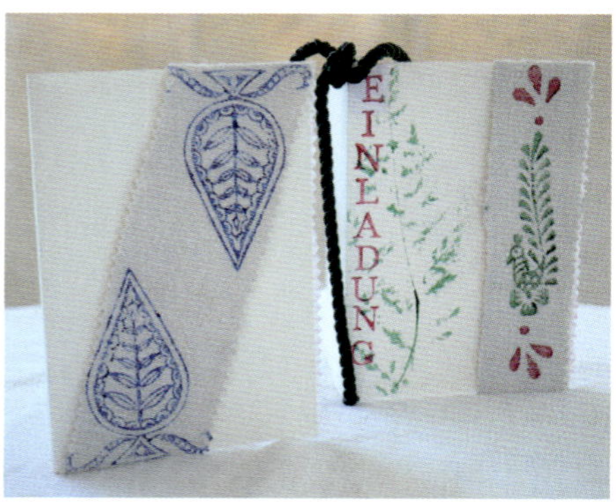

Für jeden Anlass: Einladungskarten außen

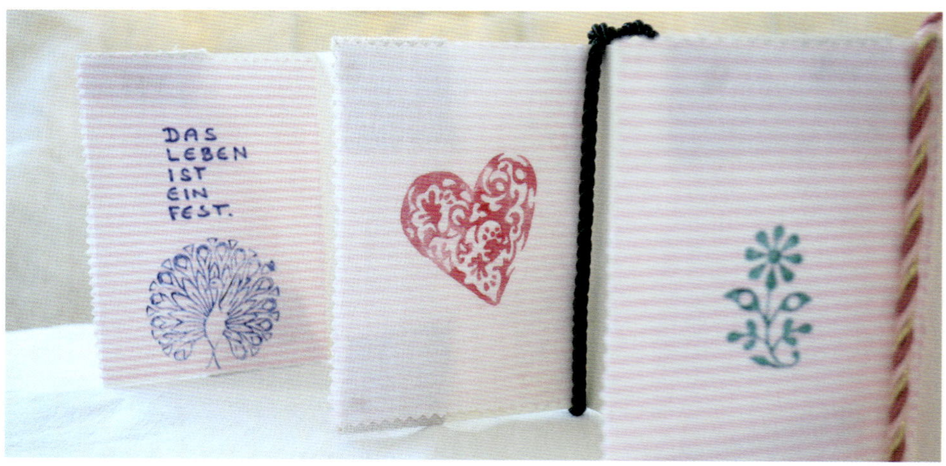

Einladungskarten innen – individuell gestalten und beschriften

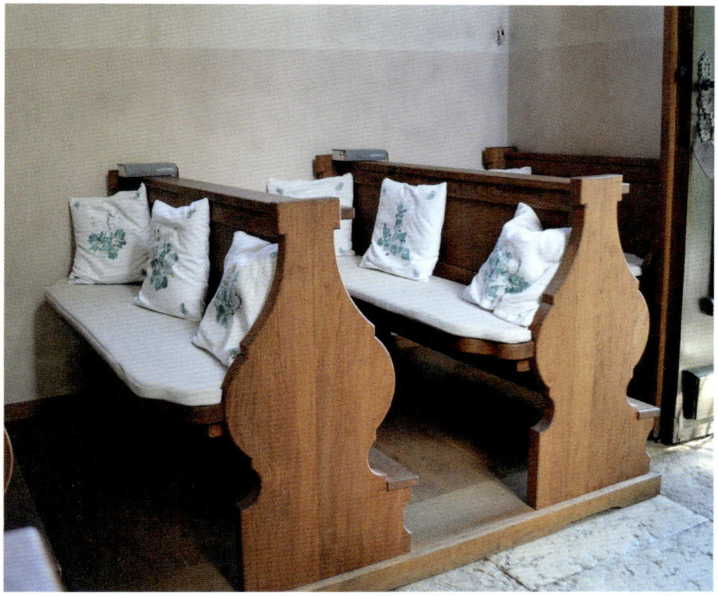

Sitzpolster in der Kapelle

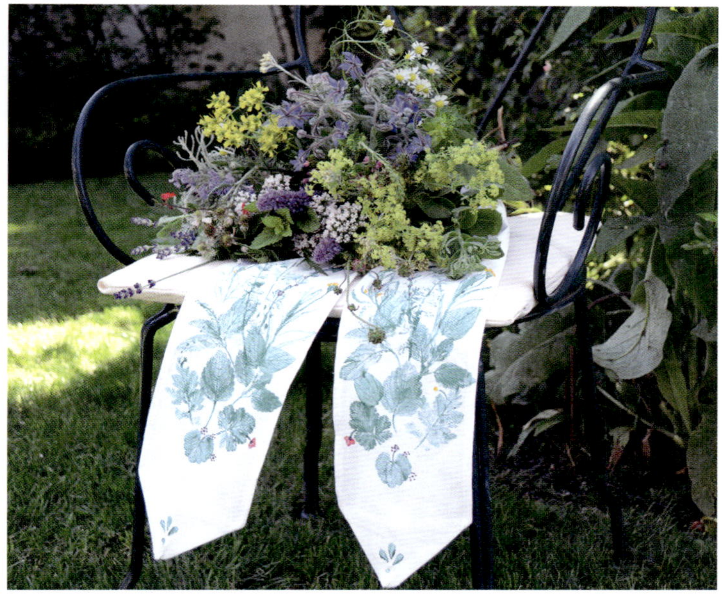

Fertig für die Weihe: der Kräuterbuschen mit selbst bedruckter Schleife

DIE KRÄUTERWEIHE

In der katholischen Tradition stellen die Marienfeiertage immer einen besonderen Anlass im Jahreskreis dar. Doch egal, ob man zum 15. August christlicher Tradition folgt oder dem Rhythmus der Natur, das Fest zur Kräuterweihe ist für viele Menschen ein ganz besonderer Tag.

Aus der Tradition heraus wird der Tag vor allem in der Ostkirche bereits seit den ersten Jahrhunderten n. Chr. gefeiert, wahrscheinlich ist, dass man die Kräuterweihe aus ganz praktischen Gründen mit diesem Feiertag in Verbindung gebracht hat. Die Getreidereife und die Natur in ihrer vollen Blüte laden dazu ein, für die reiche Ernte zu danken und um die unterstützenden Kräfte der Natur zu bitten. Bereits im 5. Jahrhundert n. Chr. entwickelten sich der Zusammenhang mit dem Marienkult und damit die Darstellung Marias im Ährenkleid. Seit dem 13. Jahrhundert ist belegt, dass ausgewählte Kräuter am Marienfeiertag, dem 15. August, mit in die Kirche genommen wurden, um geweiht zu werden. Diese Kräuterbüschel wurden in Haus und Stall aufgehängt, um Krankheit und Leid fernzuhalten.

Wenn man die traditionell verwendeten Kräuter näher betrachtet, ist der Zusammenhang auch klar: Viele der Kräuter beinhalten antibakteriell wirkende Stoffe und eroberten sich damit auch einen Platz in der Volksmedizin. Die Anzahl der verwendeten Kräuter ist von Region zu Region unterschiedlich, zwi-

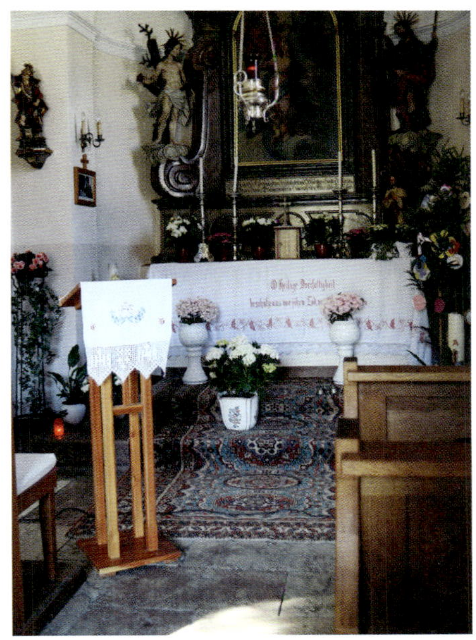

Textile Kirchendekoration

schen sieben und 99 verschiedene Kräuter wurden für die sommerliche Kräuterweihe zu einem Strauß gebunden und geweiht. Die am häufigsten verwendeten Kräuter, wie Johanniskraut, Wermut, Beifuß, Schafgarbe, Tausendgüldenkraut, Eisenkraut, Kamille, Thymian, Baldrian und Klee, haben auch in der Medizin ihren Platz. Die Anzahl der verwendeten Kräuter deutet darauf hin, dass das Fest der Kräuterweihe vorchristlichen Ursprungs ist, da es sich bei allen Kombinationen um sogenannte „magische Zahlen" handelt.

Für den Tag der Kräuterweihe können dekorative Elemente vorbereitet werden: passende **Deckchen**, falls man die Kräuter in einem Korb transportiert, oder individuell **bedruckte Schleifen aus Leinen**, mit denen die Sträußchen zusammengebunden werden. Die Herstellung einer Schleife wird im Kapitel „Winter" genau beschrieben.

In vielen Orten wird auch die Kirche extra für diesen Anlass dekoriert, auch hier dürfen individuell gestaltete Dekorationselemente, die mit Stoffdruck verfeinert werden, zum Einsatz kommen. **Sitzpolster** (siehe S. 141) für die kleine Kapelle im Ort oder Altardecken werden dem Anlass entsprechend mit Kräutern und Kornähren verziert.

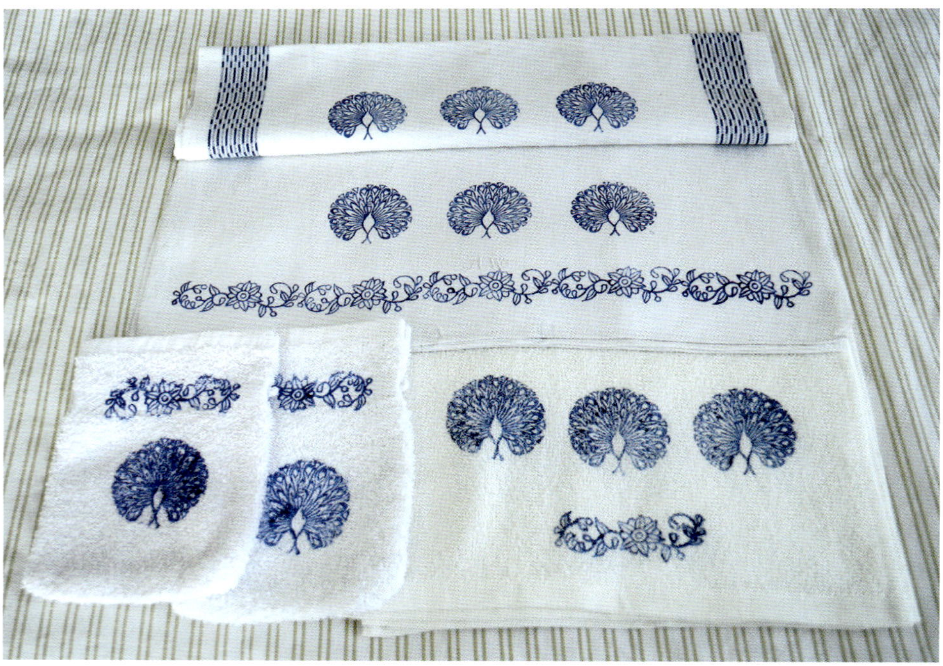

Bereit für den Einsatz: die individuell bedruckten Handtücher

DAS BADETUCH UND ANDERE BADEZIMMERIDEEN

Ein individuell bedrucktes Badetuch stellt ein ganz besonderes Geschenk für die bevorstehende Urlaubsfahrt dar. Passend zum Urlaubsziel, zu den Lieblingsfarben des Beschenkten oder zu den anderen Urlaubsutensilien, die mitgenommen werden, wird das Badetuch gestaltet. Zum Bedrucken mit Textilfarben eignen sich herkömmliche, besonders flauschige Frotteebadetücher nicht gut, weil die Länge der Fasern keine klaren Strukturen zulässt. Will man Badetücher, Handtücher und Gästehandtücher mit Stoffdruck gestalten, so werden dazu Leinenhandtücher, Baumwollhandtücher oder Handtücher aus dünnem Frottee verwendet.

WICHTIG

Da man Handtücher bei 60 Grad waschen soll, gilt es darauf zu achten, dass die verwendete Farbe das auch aushält. Es gibt durchaus Textilfarben, die auch die 60-Grad-Wäsche überstehen, will man oft Handtücher bedrucken, so sollte man von Anfang an auf diese Farben zurückgreifen. Achtung: Mit Textilfarben bedruckte Tücher nicht als Saunatücher verwenden!

BADETUCH – SCHRITT FÜR SCHRITT

Für das sommerliche Badetuch eignen sich ganz besonders die satten Farben des Sommers: Blitzblau, Knallrot und Sonnengelb. Sommermotive, die mittels Linolschnitt oder Model aus einer Kartoffel hergestellt werden können, sind Sonnenschirme, Wasserbälle, Delfine oder dekorative Wellen. Um diese Motive gut aus der Kartoffel schneiden zu können, zeichnet man sie vorher auf Papier, es können auch Bilder oder Fotos ausgedruckt werden. Vom Papier werden mittels Durchschlagpapier die Umrisse der Motive auf Karton gezeichnet, ausgeschnitten und auf die Kartoffel gelegt. Karton ist deshalb notwendig, weil Papier die Feuchtigkeit der Kartoffel sehr schnell aufsaugt und dann für eine zweite Kartoffel unbrauchbar ist.

Das Kartonmotiv wird mit einem feinen Messer auf die Kartoffel geritzt und dann ausgeschnitten. Vor dem Drucken wird der Kartoffelstempel einige Male auf ein Probetuch gedrückt, damit die Feuchtigkeit der Schnittfläche aufgesaugt wird.

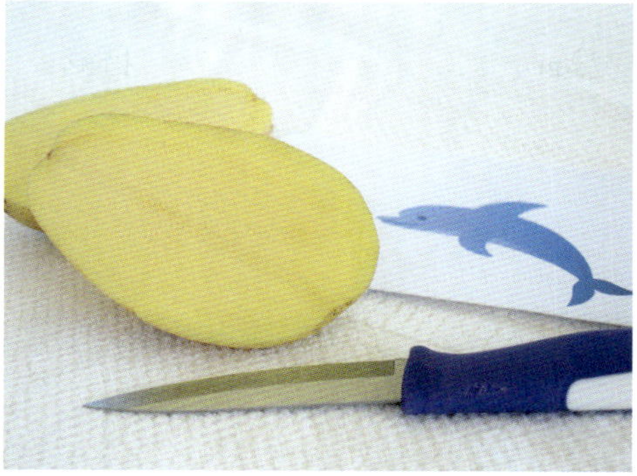

Ein Badetuch, eine Kartoffel, ein Messer, eine Vorlage und es kann losgehen!

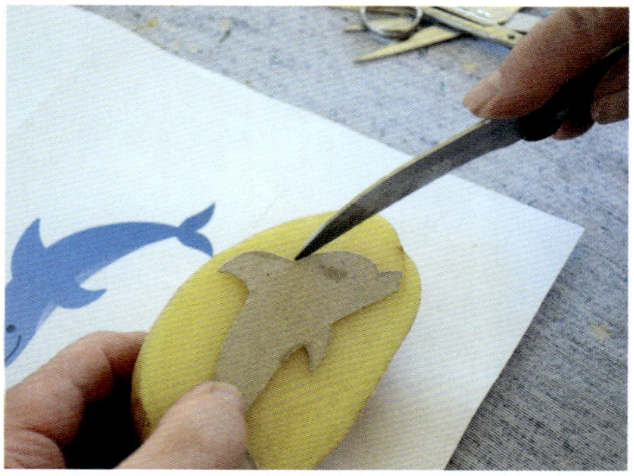

Der ausgeschnittene Karton wird auf die Kartoffel übertragen.

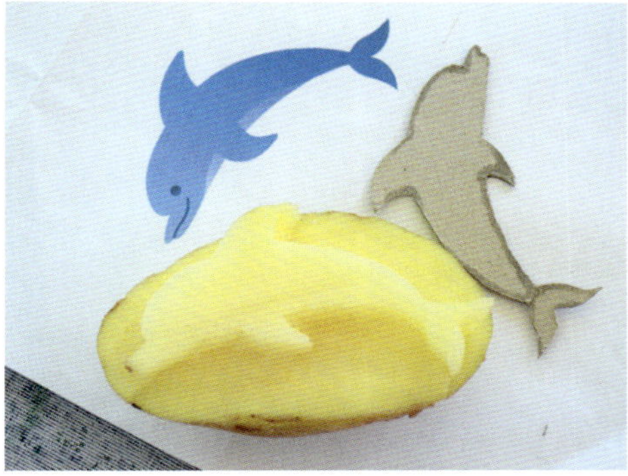

Der Kartoffelmodel ist einsatzbereit.

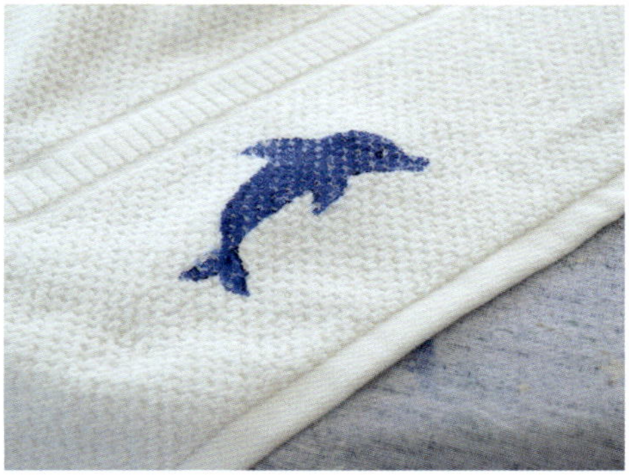

Erster Druckversuch: gelungen

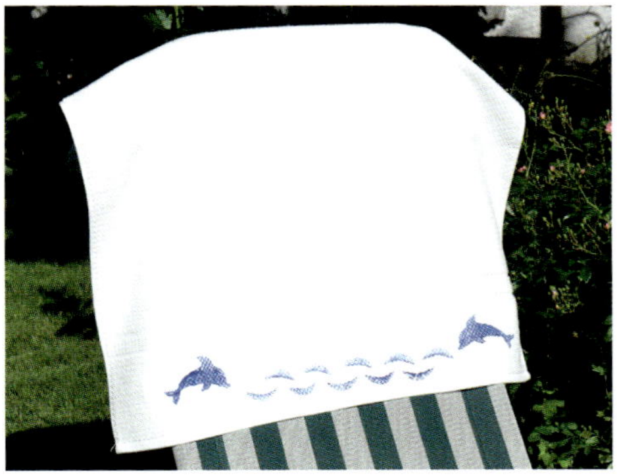

Sommer, Sonne, Strandgefühl: das fertig bedruckte Badetuch

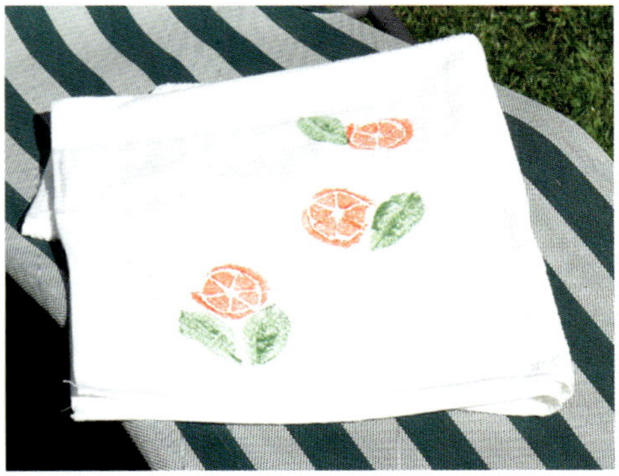

Weitere Sommerkreationen: Orangenblätter und Früchte

HERBST

Der Nebel steigt, es fällt das Laub;
Schenk ein den Wein, den holden!
Wir wollen uns den grauen Tag
Vergolden, ja vergolden!

Theodor Storm

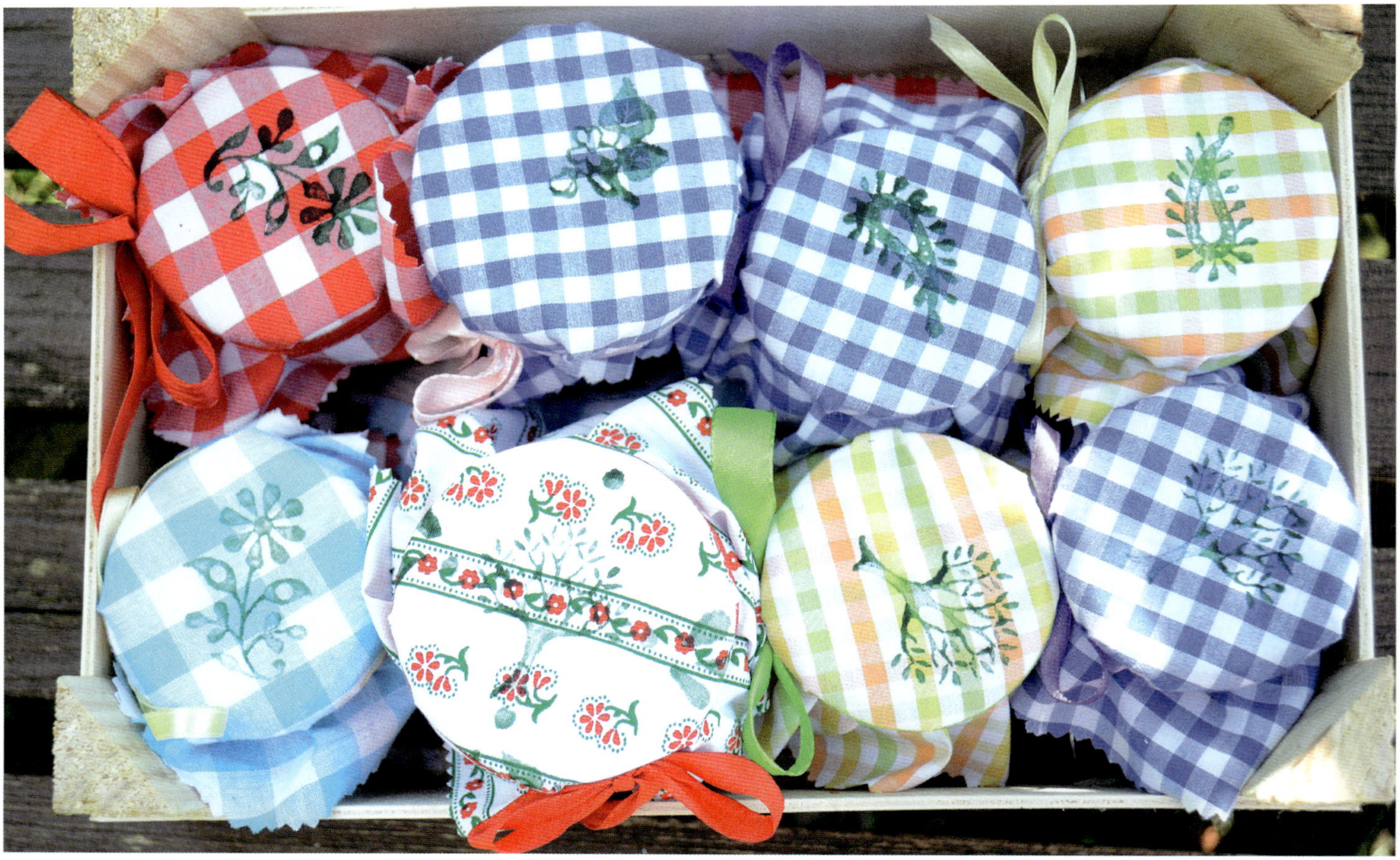

Ein sehr persönliches Geschenk – eingekochte Früchte in individueller Verpackung.

Im Herbst schenkt die Natur noch einmal die große Farbenpracht, bevor es in den Winter geht und alles still und grau wird, um sich auf ein neues Jahr vorzubereiten. Die bunten Blätter an den Bäumen laden ein, sich inspirieren zu lassen und Herbstdekoration in warmen Braun-, Orange- und Rottönen zu gestalten. Zum Drucken eignen sich auch Blätter, die schon bunt gefärbt sind, sofern sie noch ihre ursprüngliche Festigkeit und Struktur erhalten haben.

Die beliebten Motive für die Herbstdekoration sind Blätter von Salbei, Melisse und Olive und die typischen Waldmodel wie Hirsch und Auerhahn. Auch Model in Baumform in verschiedensten Ausführungen und Größen kommen nun verstärkt zum Einsatz. Für den Winter können schon individuell bedruckte Kleidungsstücke wie Schals aus Seide oder Baumwolle vorbereitet werden.

MARMELADE ZUM VERSCHENKEN

Sowohl im Sommer wie auch im Herbst werden Früchte und Kräuter zu wohlschmeckenden Marmeladen bzw. Konfitüren und Gelees verarbeitet. Diese können mit passenden, individuell bedruckten Stoffstücken verziert werden und stellen so ein wunderbares Geschenk zu Nikolaus und Weihnachten dar. Die einfachsten Geleerezepte benötigen lediglich Fruchtsaft, Gelierzucker und ein passendes Kräutlein wie Zitronenmelisse.

GELEE – SCHRITT FÜR SCHRITT

Dazu wird knapp ein Liter Saft, zum Beispiel frisch gepresster Orangensaft oder frisch gepresster Apfelsaft, mit einem Kilo Gelierzucker langsam zum Kochen gebracht und dann unter ständigem Rühren drei Minuten geköchelt. Die Flüssigkeit soll sprudeln, aber nicht spritzen. Nach drei Minuten kommen mehrere Zweige fein gehackter Kräuter hinzu, Zitronenmelisse oder Pfefferminze zum Beispiel. Die Kräuter werden unter Rühren untergemischt, eine Minute lang darf die Flüssigkeit noch kochen, dann wird sie sofort in bereitgestellte, gut gereinigte Marmeladegläser gefüllt und verschlossen.

Für ein einfaches Kräutergelee verwendet man Kräuter aus dem Garten, wie Rosmarin, Zitronenthymian, Salbei, Basilikum, oder Wildkräuter, wie Gundelrebe, Giersch, Löwenzahn oder Gänseblümchen. Da Löwenzahn sehr bitter ist, hängt es vom eigenen Geschmack ab, ob man ihn dazunehmen möchte. Das Kräutergelee kann mit Apfelsaft zubereitet werden, es eignet sich aber auch ein leichter Roséwein, der eine besonders schöne Farbe erzeugt. Mit einem Liter Flüssigkeit werden sechs Kräuterzweige oder zwei Handvoll Wildkräuter mit einem Kilo Gelierzucker aufgekocht. Man lässt die Flüssigkeit zehn Minuten leicht köcheln, seiht dann die Kräuter ab und füllt das Gelee in Gläser. Auf Wunsch kann man in die Gläser auch ein geschmackvolles Kraut wie Rosmarin oder Minze geben, hier wird ein frisches verwendet, nicht die bereits gekochten Kräuter.

MARMELADE – SCHRITT FÜR SCHRITT

Auch Marmeladen aus Marillen (Aprikosen), Zwetschken oder Birnen eignen sich genauso hervorragend zum Verschenken. Zu Marmeladen gibt es unzählige Rezepte, jeder Marmeladenfan hat hier seine eigenen Rezepte. Eines der einfachsten Marmeladenrezepte gilt für fast alle Früchte. Das Obst muss gut gewaschen und in kleine Stückchen geschnitten werden, das Mengenverhältnis zum Gelierzucker ist immer 1 : 1. Für ein Kilogramm Früchte benötigt man also ein Kilogramm Zucker. Die Obststückchen werden mit dem Zucker gut vermischt, einige Stunden ziehen gelassen und dann für vier bis fünf Minuten gekocht. Marmeladen lassen sich ebenfalls mit Kräutern verfeinern, Orangenmarmelade mit Zitronenmelisse beispielsweise, viele Marmeladenfans geben aber auch einen Schuss Rum oder Calvados zum Abschluss hinzu. Der beigegebene Alkohol sollte nicht mehr aufgekocht werden!

INDIVIDUELLE DECKEL – SCHRITT FÜR SCHRITT

Für jedes Marmeladenglas wird ein rundes Stoffstück vorbereitet, das vorab an der Deckelgröße bemessen wird. Dazu legt man den Deckel des Glases auf ein Stück Stoff, gibt drei Fingerbreit Abstand hinzu und zeichnet diese Größe mit Bleistift auf den Stoff. Zum Aufzeichnen des Kreises eignet sich auch ein Teller in der passenden Größe. Die Stoffkreise können sofort ausgeschnitten werden oder aber alle zusammen bedruckt werden. Der Vorteil der zweiten Methode liegt darin, dass man nun bequem über den Rand hinaus drucken kann, was besonders reizvoll aussieht.

Wählt man diese Methode, werden alle gewünschten Deckelüberzüge bedruckt, getrocknet und fixiert und dann erst ausgeschnitten. Am ersten ausgeschnittenen Deckchen testet man, ob die Größe für das Glas auch perfekt passt oder ob man etwas mehr Stoff zugeben muss. Mit einem Band werden die Stoffstücke anschließend am Deckel fixiert. Wenn man die Stoffscheiben mit der Zackenschere ausschneidet, verhindert man das Ausfransen des Stoffes.

Die zugeschnittenen Deckelüberzüge müssen nicht unbedingt rund sein, auch quadratische eignen sich. Besonders attraktiv wirken gemusterte Stoffe, die mit wenigen Motiven bedruckt werden. Auf eine Seite des Glases kommt noch ein Etikett. Dazu werden rechteckige Stoffstücke ausgeschnitten, auch hier kann man durchaus gleich mehrere auf einmal drucken und dann erst zuschneiden. Mit einem Textilstift kann man nun die einzelnen Marmeladen beschriften und auch das Abfülldatum vermerken. Sollte man keinen Textilstift zur Hand haben, so kann man auch dicken Filzschreiber verwenden, denn die Etiketten werden nie gewaschen, die Beschriftung muss also nicht unbedingt waschecht sein.

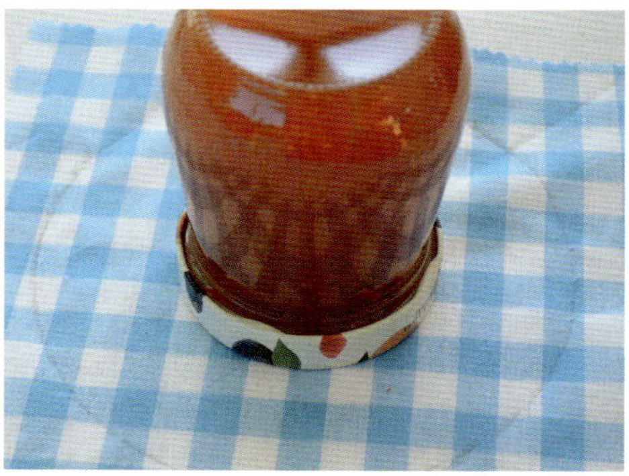

Die Größe des Stoffes wird bemessen.

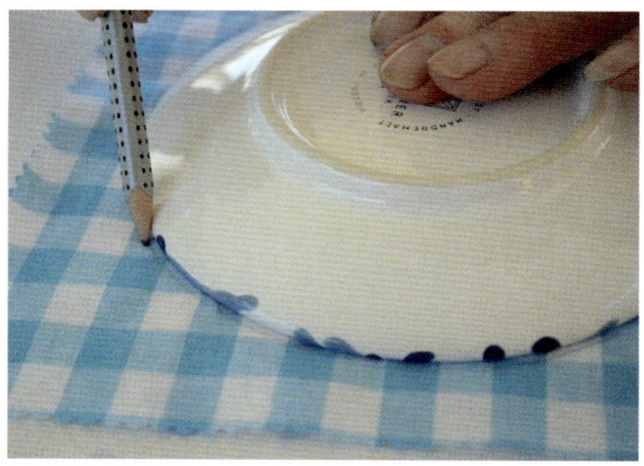

Zum Markieren des Stoffes kann auch ein Teller zu Hilfe genommen werden.

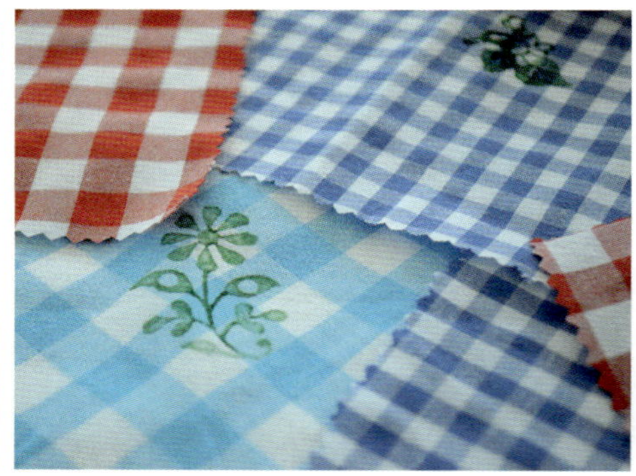

Die runden und quadratischen Deckelüberzüge werden bedruckt.

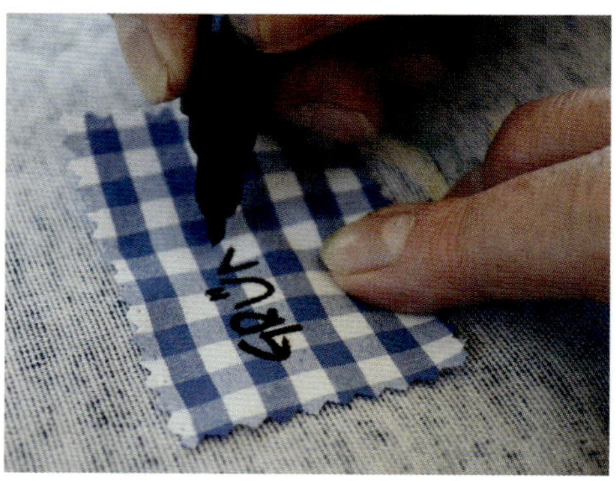

Die Etiketten werden beschriftet.

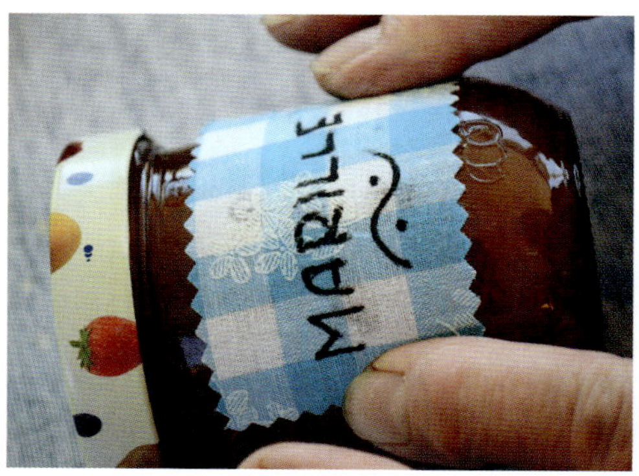

Mit Klebstoff wird das textile Etikett auf das Glas geklebt.

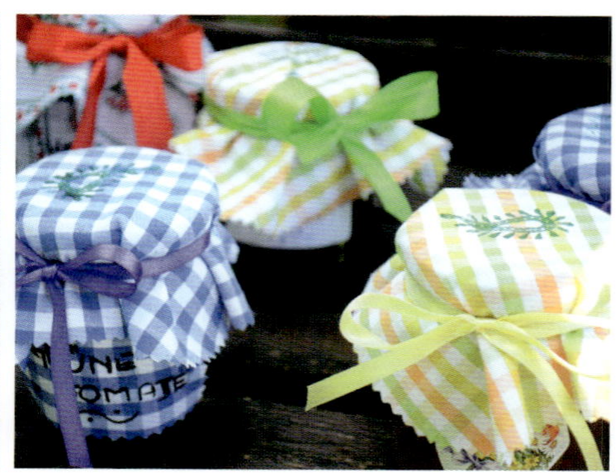

Eine bunte Sammlung

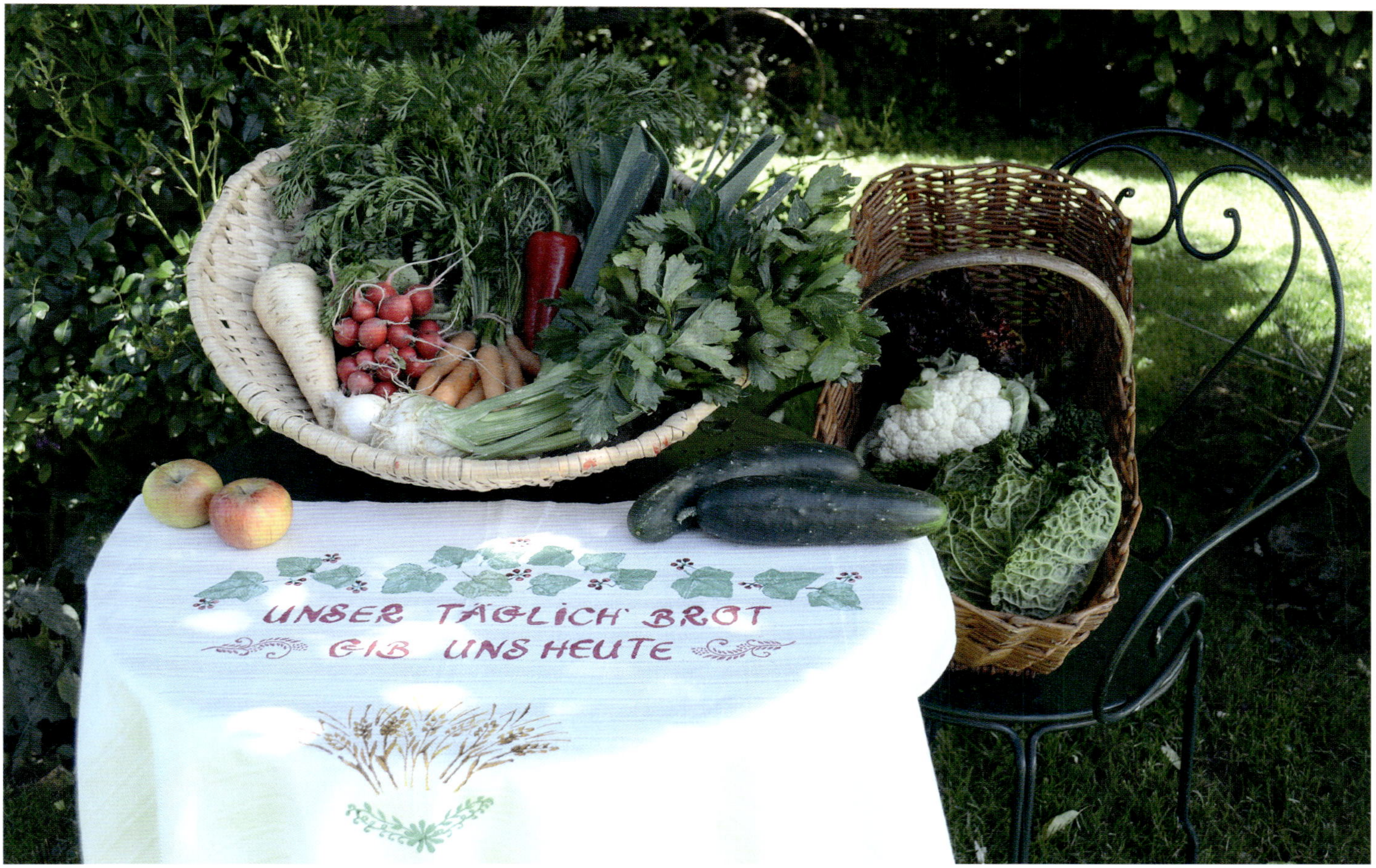

Gemüsekorb und Weihdecke

ERNTEDANK

Den Göttern, der Natur oder Mutter Erde für die reiche Ernte zu danken gehörte bereits in vorchristlicher Zeit zum Jahreskreislauf. Feste dieser Art sind von Nordeuropa bis ins Alte Rom belegt. Im christlichen Jahreskreis ist das Erntedankfest seit dem 3. Jahrhundert verankert. Einen einheitlichen Termin für dieses Fest gibt es aber nicht. In Deutschland ist seit 1972 der erste Sonntag im Oktober als Festtermin fixiert, aber nicht verpflichtend, in Österreich ist es im städtischen Raum ebenfalls dieser Termin, am Land weicht man oftmals davon ab und feiert bereits im September. In einigen Regionen Europas wird das Erntedankfest mit Umzügen oder Prozessionen gefeiert.

In anderen Ländern dieser Erde hat das Erntedankfest wesentlich größere Bedeutung als in Mitteleuropa, so zum Beispiel in den USA. Dort ist „Thanksgiving" ein staatlicher Feiertag und wird am vierten Donnerstag im November gefeiert. „Thanksgiving" wird als Dankesfest nicht nur für die gute Ernte, sondern grundsätzlich für Erfolg gefeiert und ist das große Familienfest in den USA. Auch in Kanada ist „Thanksgiving" ein staatlicher Feiertag, der am zweiten Montag im Oktober begangen wird.

Auch in einigen Regionen Afrikas wird Erntedank gefeiert, zum Beispiel mit dem traditionellen N'cwala-Fest, das im Februar in Swasiland, Sambia und Simbabwe begangen wird, oder dem Kwanzaa-Fest, das zwischen Weihnachten und Neujahr in Afrika und den USA gefeiert wird. Kwanzaa ist kein Fest mit alter Tradition, sondern wurde vom Black-Power-Aktivisten Maulana Karenga Ende der 1960er-Jahre entwickelt, um ein gemeinsames Fest für alle Amerikaner afrikanischen Ursprungs zu kreieren, die zum Teil ihre Wurzeln und Traditionen in den Jahren der Sklaverei völlig verloren hatten. Der Begriff Kwanzaa bedeutet „erster" und soll auf die „ersten Früchte" der Ernte verweisen.

Für die Ernte zu danken ist in vielen Kulturkreisen verwurzelt und egal wie alt die Tradition der Feste ist, das Zusammenkommen der Menschen und das Feiern eines Jahres voller Glück, reicher Ernte oder Dankbarkeit für das Leben in Fülle ist von großer Bedeutung. In vielen Regionen Europas ist das Erntedankfest fixer Bestandteil des kirchlichen Jahreskreises und wird mit einem großen Fest nach dem Gottesdienst gefeiert, Symbole für das Erntedankfest sind die Heukrone, die in die Kirche getragen wird, oder das Mitbringen von Früchten und Gemüse aus dem eigenen Garten zum Segnen. Für diesen der österlichen Speisesegnung sehr ähnlichen Brauch lassen sich Tücher mit Ernte- und Herbstsymbolen bedrucken, mit denen die Lebensmittel im Korb bedeckt werden.

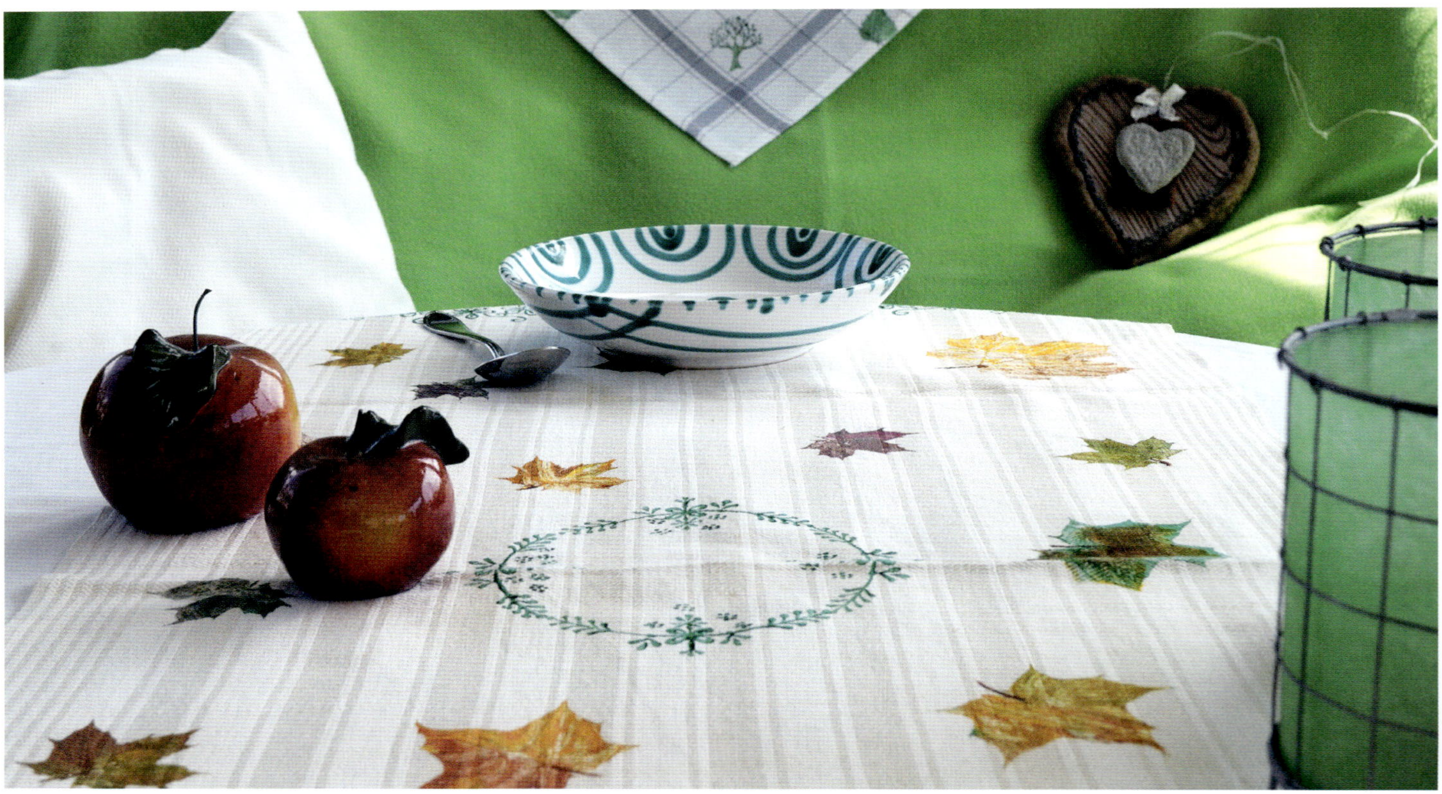
Ein Herbstgedeck mit bunten Blättern – jetzt fehlt nur noch die heiße Suppe.

TEXTILE IDEEN FÜR ERNTEDANK

Besonders beliebte Motive sind Kornähren, die sowohl mit der Pflanze als auch mit eigenen Modeln gedruckt werden können, Äpfel, anderes Herbstobst oder christliche Symbole. Mit den klassischen Herbstfarben und Herbstmustern kann auch die Tischdekoration für das Erntedankfest gestaltet werden. **Tischdecken und Tischsets** mit aufgedruckten Äpfeln, Kürbissen oder Herbstblättern verleihen dem gedeckten Tisch ein ganz besonders festliches Flair. Im Zuge des Ganges durch den Jahreskreis in Kindergärten und Kindergruppen können nicht nur Tischsets oder Stoffservietten bedruckt werden, sondern auch buntes **Tonpapier**, das dann als kleines Kunstwerk an die Wand gehängt wird oder seinen Platz als Schutz um eine Kerze an der festlichen Tafel erhält. Zum Herstellen dieses einfachen Windschutzes für Kerzen wird helles Tonpapier verwendet, auf das die Kinder mit Kartoffeldruck die gewünschten Motive drucken. Das Papier wird nach dem Trocknen zu einem Zylinder verklebt und wird so zum dekorativen Windschutz für das Abendessen im Garten oder zum kreativen Element in Wohnzimmer und Küche. Was zum Drucken mit Kindern zu beachten ist, wird im Kapitel zum Muttertag ausführlich beschrieben.

WICHTIG

Zur Verwendung eines Windschutzes für Kerzen aus Papier sei noch erwähnt, dass man die Kerzen nicht unbeaufsichtigt lassen sollte – Papier entflammt leicht.

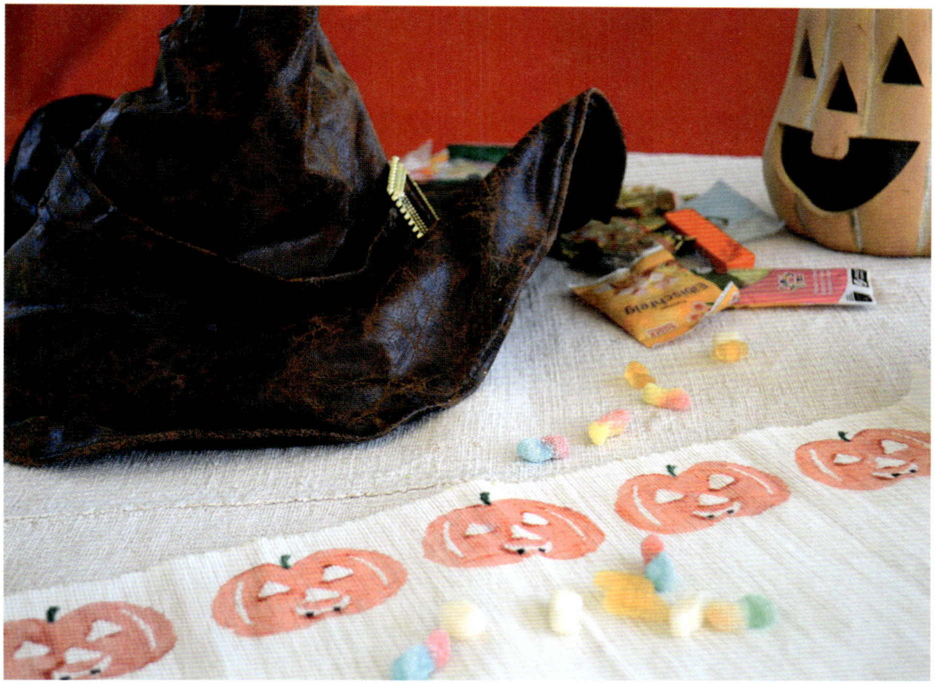

Hexenhut und Süßigkeiten, die Kinder können kommen.

HALLOWEEN

Eines der am häufigsten diskutierten Feste des Jahreskreises ist wohl Halloween. Während viele Menschen das Fest als „US-Import" ablehnen, betonen andere den keltischen Ursprung des Festes und sehen seine ursprüngliche Entstehung in Europa. Letzteres ist auch bewiesen, doch dass Halloween auf ein keltisches Fest zurückgeht, ist mittlerweile sehr umstritten. Umstritten noch immer, weil es keinerlei Belege gibt – weder dafür, dass die Kelten Anfang November einen Totenkult feierten, noch dafür, dass es den dazugehörigen Gott „Samhain" tatsächlich in der keltischen Mythologie gegeben hat. Der älteste Hinweis auf „Samhain" aus dem 1. Jahrhundert n. Chr. verweist lediglich darauf, dass mit „Samhain" das Sommerende gefeiert wurde und man zu dieser Zeit auch verschiedenste Rituale zur Abwehr der dunklen Mächte feierte.[19]

Was nachgewiesen werden kann, ist, dass der Volksbrauch, der in der Nacht von 31. Oktober auf 1. November gefeiert wird, ursprünglich auf das Allerheiligenfest und das Gedenken an die Toten zurückgeht und vor allem im katholischen Irland sehr verbreitet war. Die irischen Auswanderer brachten diesen Volksbrauch in die USA, wo er sich

[19] Vgl. Hutton 1996, 366 ff.

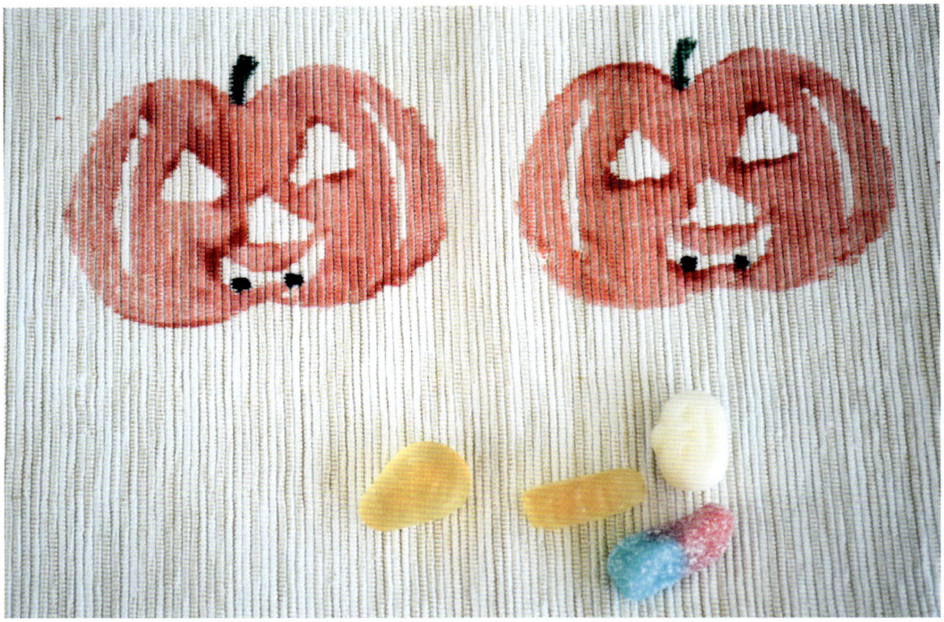

Kürbisse, mit Kartoffeldruck erzeugt

schnell verbreitete und in den 1990er-Jahren wieder nach Europa zurückkehrte. Hier erfreut sich der Brauch, einen Kürbis auszuhöhlen und ihn als Laterne zu verwenden, besonderer Beliebtheit. Das **Aushöhlen des Kürbisses** geht auf eine irische Legende zurück. Demnach soll der irische Hufschmied Jack Oldfield in der Nacht vor Allerheiligen Besuch vom Teufel höchstpersönlich bekommen haben. „Stingy Jack" soll mit dem Teufel um seine Seele gefeilscht und ihn dabei über den Tisch gezogen haben. Dies soll dem klugen Mann noch ein zweites Mal gelungen sein, dabei soll er dem Teufel das Versprechen abgerungen haben, für immer auf seine Seele zu verzichten. Nachdem „Stingy Jack" nach seinem Ableben keinen Zutritt zum Himmel bekam und auch die Höllentore für ihn verschlossen blieben, war er gezwungen, für immer und ewig durch die Nächte zu wandeln. Der Teufel soll Mitleid mit dem armen Mann bekommen haben und ihm ein Stück Kohle aus der Hölle geschenkt haben. Dieses steckte „Stingy Jack" in eine ausgehöhlte Rübe, um so seinen Weg zu beleuchten. Durch das Aushöhlen des Kürbisses und Aufstellen in Fenstern und an Hauseingängen kann man sich, so der Volksglaube, vor der wandelnden Seele des trickreichen Jack, vor allen anderen Geistern sowie auch vor dem Teufel schützen. Im englischsprachigen Raum wird der Kürbis aufgrund dieser Legende „Jack O'Lantern" genannt.

Vielerorts wird nun auch in Europa Halloween gefeiert, Kinder ziehen wie in den USA verkleidet von Haustür zu Haustür und fragen nach Süßigkeiten und in den Fenstern leuchten die Kürbisse. Zu Halloween werden **Tischdekos mit Kürbismotiven** vorbereitet und die **Säcke**, aus denen die Süßigkeiten verteilt werden, können **mit Kürbis- und anderen Halloweensymbolen** bedruckt werden.

DER WINTER DARF KOMMEN

Wenn der Herbst zu Ende geht und lange, neblige Nächte vom kommenden Winter zeugen, ist für den Stoffdrucker das Jahr noch lange nicht zu Ende. Die winterharten Sträucher locken nun, Mistel und Stechpalme werden die interessanten Motive der kommenden Jahreszeit. Bevor aber der Winter seinen kalten Hauch über das Land legt, dürfen passende Kleidungsstücke für die eisige Jahreszeit vorbereitet werden. Schals müssen nicht immer gestrickt sein, auch zarte **Baumwollschals**, die perfekt unter dem Mantel getragen werden können, schützen vor Kälte. Und diese Schals können mit Stoffdruck so gestaltet werden, dass sie einerseits zu Mantel und Schuhen passen, andererseits aber auch ohne winterliche Garderobe getragen werden können.

Besonders edel für die Abendgarderobe wirken **Seidenschals**, die mit modernen Modeln bedruckt werden. Textilfarbe lässt sich gut auf Seide verarbeiten. Da das Material sehr leicht ist und darum oft mit der Model hochgehoben wird, weil die Farbe etwas klebt, kann man das Tuch mit einigen Stecknadeln auf der Unterlage feststecken, um so besser arbeiten zu können.

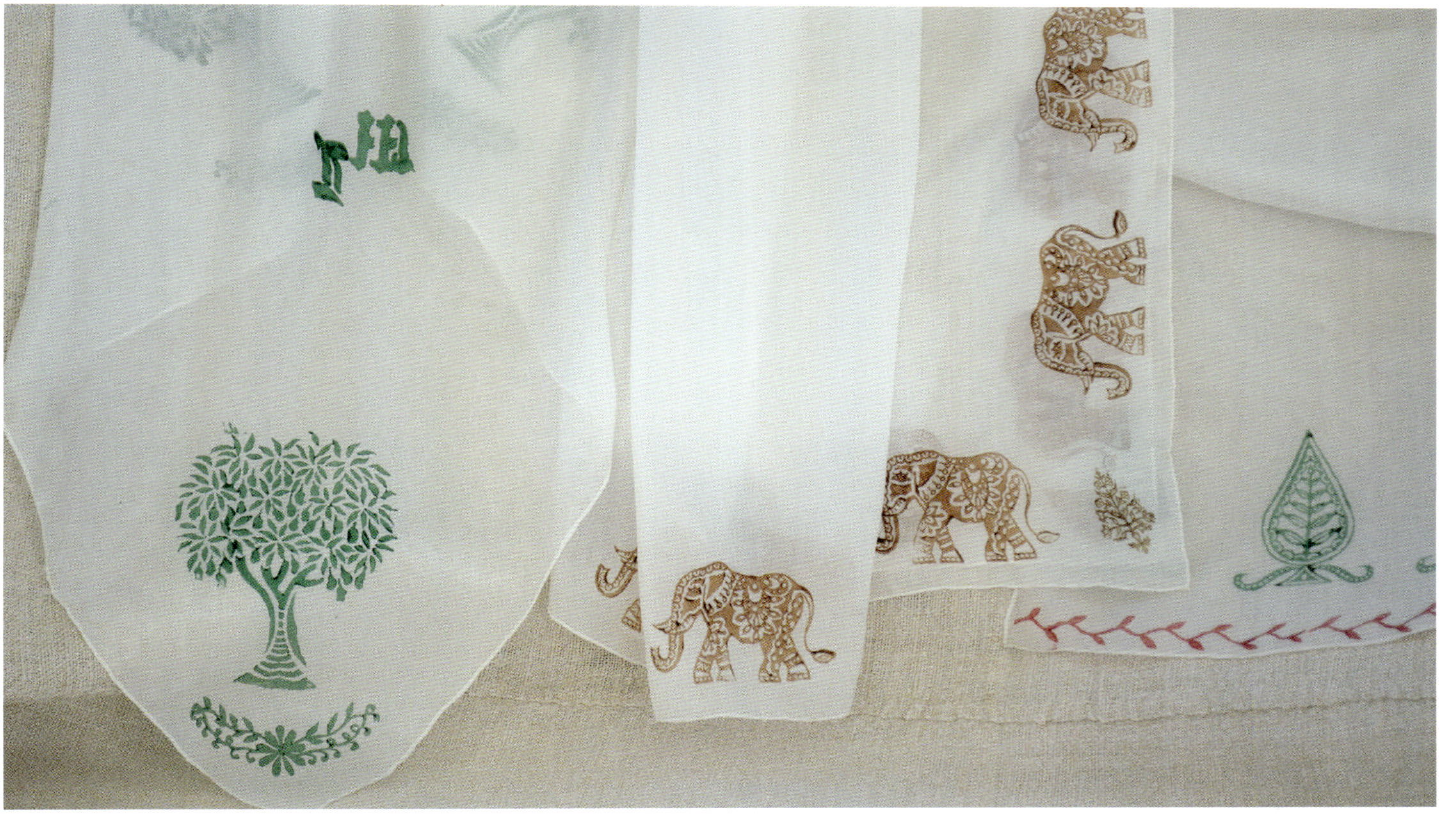

Seidenschals, mit exotischen Mustern bedruckt

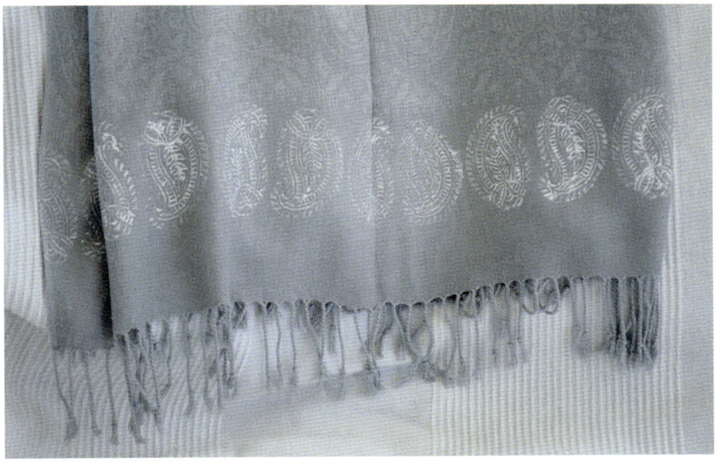

Baumwollschal mit Paisley-Muster

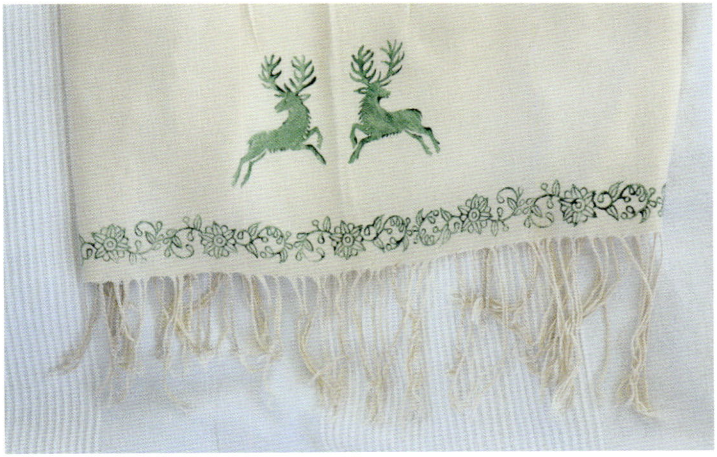

Herbstlich: Hirsche und Ranken auf Baumwolle

WINTER

Der Winter ist gekommen | Und hat hinweg genommen
Der Erde grünes Kleid.
Schnee liegt auf Blütenkeimen, | Kein Blatt ist an den Bäumen,
Erstarrt die Flüsse weit und breit.

Robert Reinick

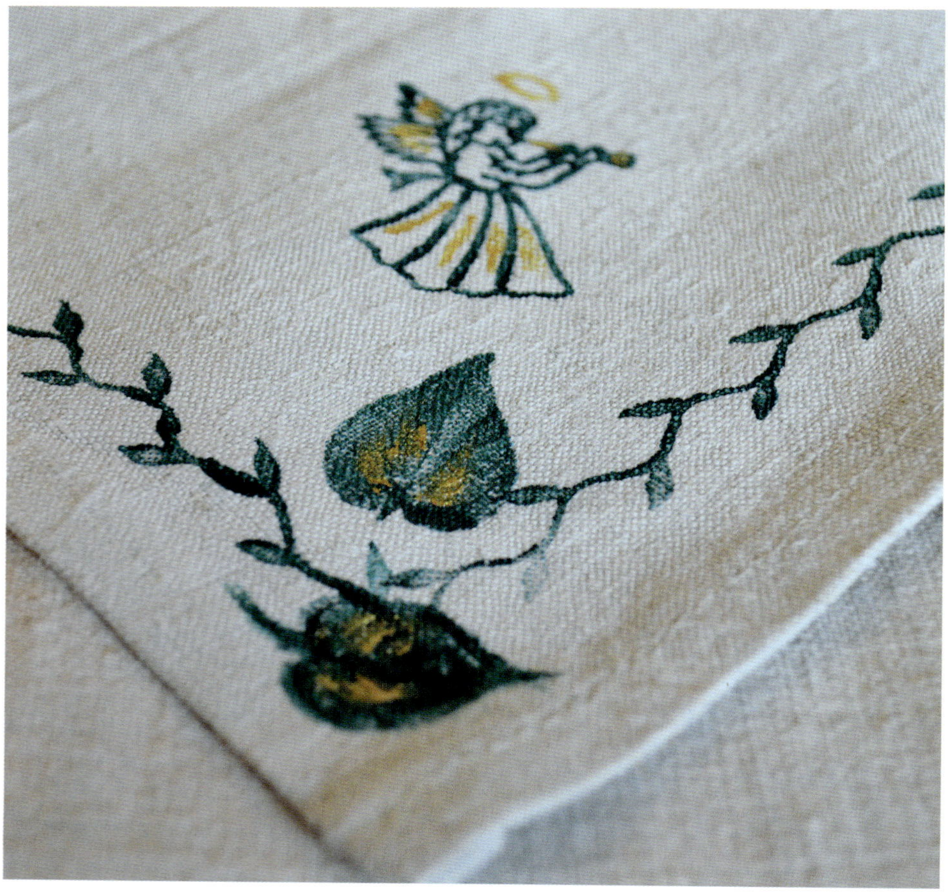

Engel sind rund um Weihnachten beliebte Motive für Tischsets, Tischtücher oder Servietten.

Pflanzen, die uns im Winter zum Drucken zur Verfügung stehen, zeichnen sich durch eine Besonderheit aus, die für das künstlerische Gestalten sehr hilfreich ist: Ihre Blätter besitzen eine sehr feste Struktur. Efeu, Stechpalme und Mistel sind perfekt zum Drucken geeignet, man muss nicht so vorsichtig mit ihnen umgehen wie mit den zarten Frühlingspflanzen. Darum sind die Winterpflanzen auch für das Basteln mit Kindern hervorragend geeignet. Auch Lavendel und Rosenblätter stehen uns im Winter noch zur Verfügung, wenn sie nicht unter einer tiefen Schicht Schnee versteckt sind.

Die winterlichen Feststage beginnen mit dem Advent, es können **Schleifen für Türkränze und Adventkränze** und der festlich gedeckte Tisch für die Weihnachtsfeiertage gestaltet werden. Kleine Geschenke für den Jahreswechsel sowie Dekorationselemente für die **Silvesterfeier** können genauso gedruckt werden wie Accessoires für das **Faschingsfest**. Bevor dann der Frühling wieder ins Land zieht, bieten sich auch Geschenke für den **Valentinstag** an.

Zu den Modeln, die in der Winterszeit besonders zum Einsatz kommen, zählen natürlich alle weihnachtlichen Symbole, Engel und Sterne in verschiedensten Größen. Hirsche und Blumenborten sowie Baumformen kommen zum Einsatz, die beliebtesten Farben für die weihnachtliche Dekoration sind Rot, Grün und Gold. Zum Jahreswechsel bieten sich selbst geschnitzte Model aus Linoleum an, die Glückssymbole zum Jahreswechsel – wie Kaminkehrer, Glücksschwein oder Kleeblatt – können aber auch mittels Kartoffeldruck hergestellt werden.

Zu Valentin werden Rot und Gold eingesetzt und verspielte Herzmuster dürfen Geschenkverpackungen, Schleifen und Dekorationsstücke zieren. Auf den kommenden Seiten werden einige Beispiele für jeden Anlass gezeigt und die Herstellung wird genau beschrieben. Dies soll ein Anreiz sein, sich selbst auf den Weg zu machen und eigene Kreationen zu entwerfen – der Fantasie sind keine Grenzen gesetzt.

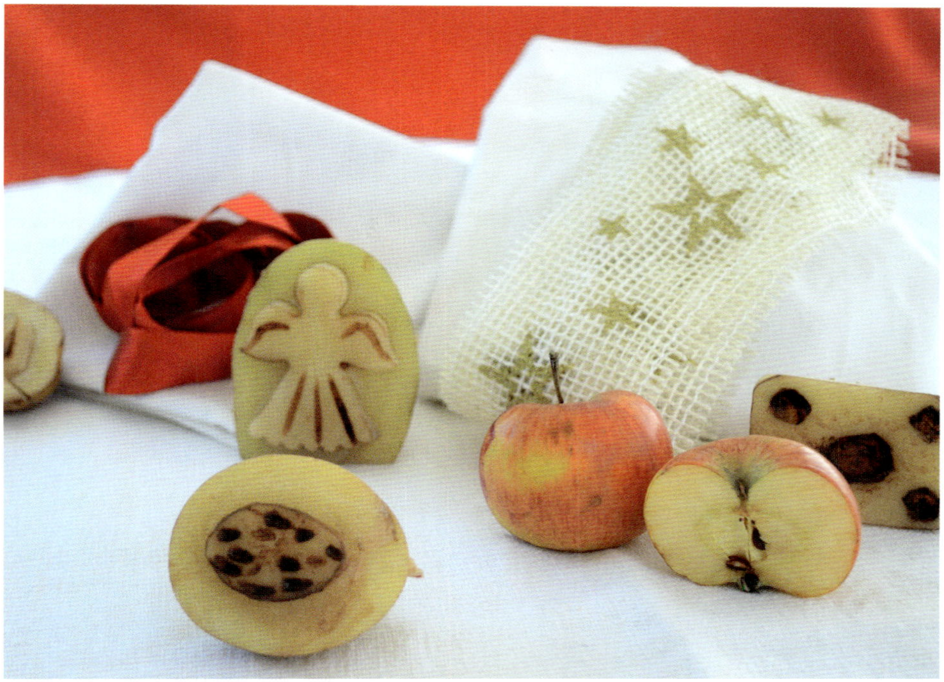

Das Material: selbst geschnitzte Model, Stoffsäcke und Schleifen

NIKOLAUSSÄCKE SELBST GEMACHT

Das Fest des heiligen Nikolaus am 6. Dezember geht auf Nikolaus von Myra zurück, der im 4. Jahrhundert als Bischof von Myra wirkte und sein Erbe an die Armen verteilt haben soll. Nikolaus wird in der katholischen Kirche als Heiliger verehrt und zahlreiche Sagen und Legenden sind überliefert. Diese Legenden führten dazu, dass der heilige Nikolaus von vielen Berufsgruppen als Schutzheiliger betrachtet wird, unter anderem von den Seefahrern, Kaufleuten, Getreidehändlern und Fuhrleuten. Das heute noch in vielen Regionen gelebte Nikolausbrauchtum leitet sich davon ab, dass der heilige Nikolaus auch als Schutzpatron der Kinder gilt. Demnach beschenkt Nikolaus die artigen Kinder und bestraft die unfolgsamen, oft unter Zuhilfenahme von grusligen Begleitern wie dem Krampus. Aus dem Nikolausbrauch hat sich im 19. Jahrhundert im US-amerikanischen Brauchtum Santa Claus entwickelt, der nun in Europa dem Christkind den Rang abläuft. Wie auch immer Nikolaus gefeiert wird, immer sind Schuhe, Säcke oder Körbe im Spiel, in denen Nikolaus die Geschenke deponiert oder überbringt.

Schon lange bevor das Nikolausfest auch nur in greifbare Nähe rückt, werden im Handel die verschiedensten Varianten an Leinen-, Plastik- und Papiersäcken angeboten, in denen die Geschenke für die Kinder deponiert werden. Wer der Umwelt einen Gefallen tun möchte, verzichtet auf Kunststoffverpackungen und Wegwerfvarianten und gestaltet wiederverwendbare Nikolaussäcke individuell. Diese werden mit Symbolen des Nikolausfestes und dem Namen des Kindes bedruckt und können somit jedes Jahr erneut zum Einsatz kommen.

Die Nikolaussäcke werden aus grobem Leinen oder Baumwolle genäht und

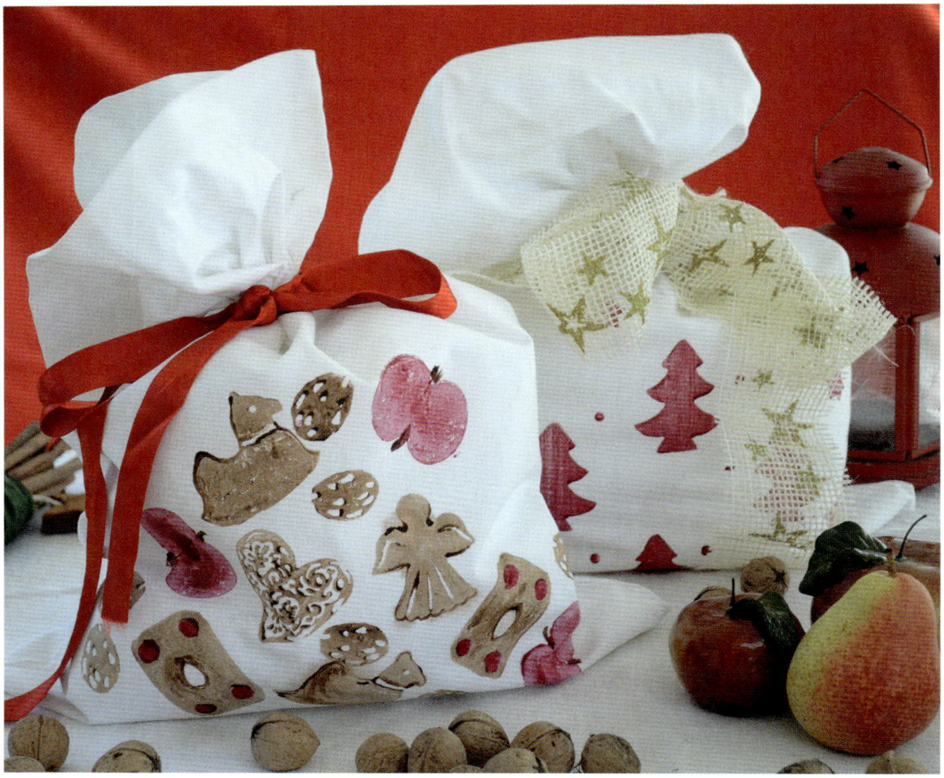

Mit Nüssen, Lebkuchen und Äpfeln bedruckte Gabensäcke

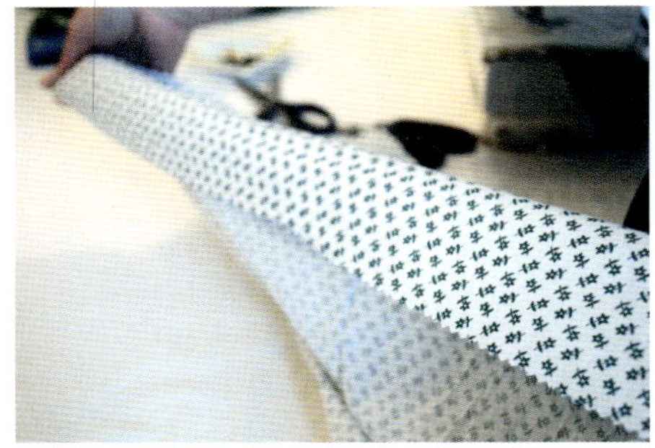

Die einfache Variante: Die gesamte Stofflänge wird mit der Zackenschere abgeschnitten.

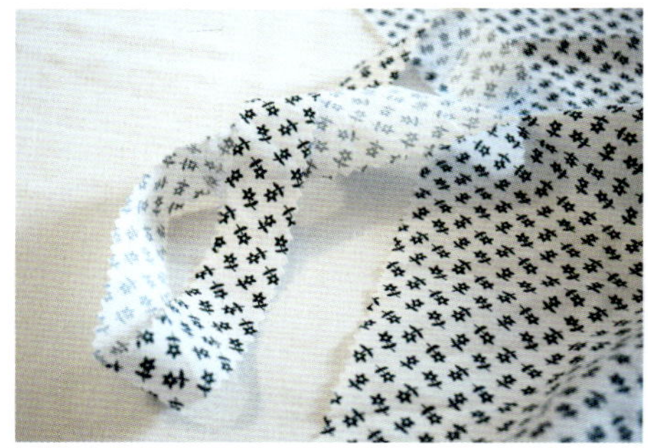

Mit der Zackenschere wird ein Band in der gewünschten Breite von der Stoffbahn geschnitten und ist für das Bedrucken bereit.

können je nach Familienbrauch in der Größe variieren. In manchen Regionen oder Familien wird Nikolaus ausgiebig gefeiert und es gibt große Geschenke, in anderen wieder finden sich im Nikolaussack traditionell Schokolade, Nüsse und Äpfel. Zum Bedrucken verwendet man Model in Apfelform, Tannenzweiglein und Buchstabenmodel, mit denen die Namen der Kinder aufgedruckt werden. Verschlossen wird der Sack mit einer roten Schleife oder einer Kordel, die wie beim Brotbeutel auch in einen Tunnelzug eingebunden werden kann.

BÄNDER ZUM VERPACKEN UND DEKORIEREN

Schleifen muss man nicht unbedingt im Handel erwerben – diese können auch selbst hergestellt und individuell gestaltet werden. Vor allem zur Verarbeitung von Stoffresten sind Geschenkbänder ideal geeignet.

Schleifen und Bänder können auf zweierlei Art zugeschnitten werden, entweder mit einer normalen Schneiderschere oder mit einer Zackenschere. Der Vorteil der Zackenschere ist, dass die Ränder des Stoffes nicht mehr eingenäht werden müssen, um das Ausfransen des Stoffes zu verhindern. Schleifen mit eingenähten Stoffrändern sind jedoch kompakter und haltbarer.

Nach der Wahl des Stoffes – dieser sollte mindestens zwei Meter Länge haben, damit auch Schleifen in passender Länge hergestellt werden können – werden die Schleifen in der gewünschten Breite abgeschnitten. Wählt man die Variante mit eingenähten Rändern, so müssen etwa zwei Zentimeter Stoff hinzugerechnet werden, die dann durch das Einklappen und Vernähen wieder verbraucht werden.

BÄNDER BEDRUCKEN – SCHRITT FÜR SCHRITT

Zum Bedrucken wird eine Decke oder eine doppelt gefaltete Tischdecke auf den Tisch gelegt, darauf kommt ein großer Stoffrest, der die Unterlage schützt. Und dann kann es losgehen! Ein kleiner Model wird aus dem Sortiment ausgewählt und die passende Farbe sowie ein Pinsel werden vorbereitet. Je nach Wunsch und Anlass wird die Schleife nun mit Model, Blättern und Blüten verziert. Bevor man auf die fertig zugeschnittene Schleife druckt, prüft man Model und Pflanzen auf einem Stück Probestoff.

Wenn der Abdruck verwischt, hat man zu viel Farbe aufgetragen und nimmt für den nächsten Druck weniger. Wie viel Abstand man zwischen den einzelnen Motiven über die Länge der Schleife lässt, ist Geschmackssache. Natürlich können pro Band auch verschiedene Model, Pflanzen und auch Farben verwendet werden.

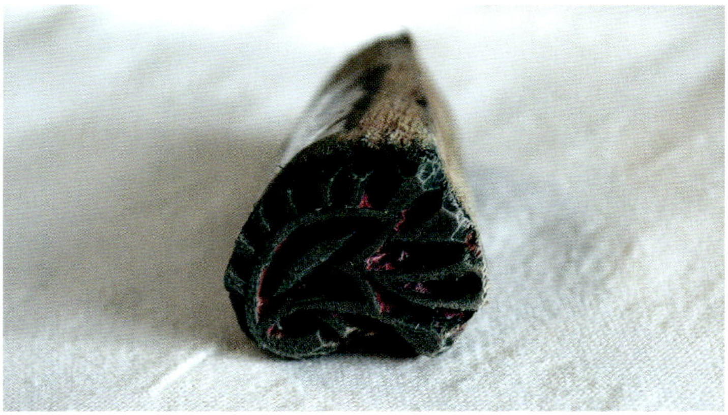

Der Model zum Bedrucken des Geschenkbandes ist klein, erzeugt aber wirkungsvolle Muster.

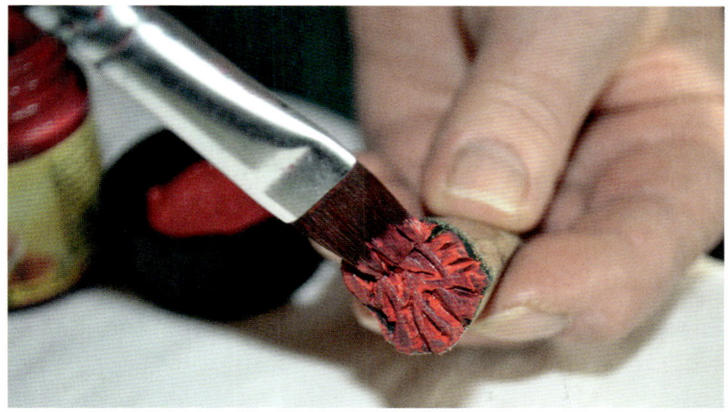

Der Model wird vorsichtig mit dem Pinsel bestrichen.

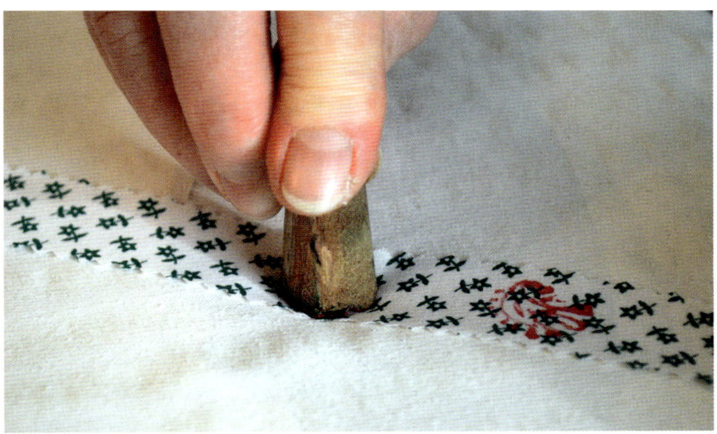

Die Motive werden aufgedruckt.

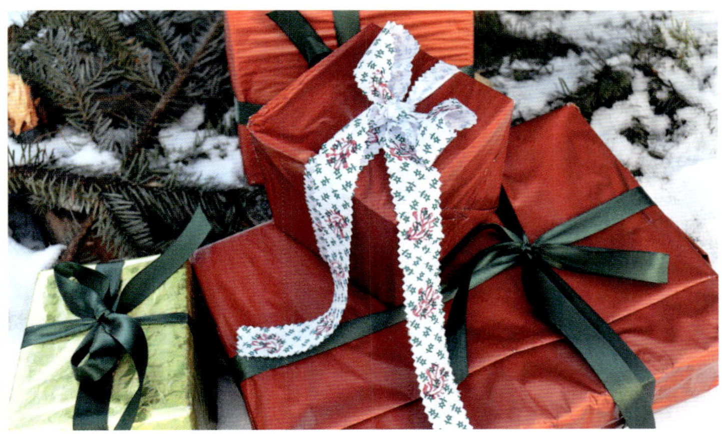

Das fertig bedruckte Band wird zum Einpacken der Weihnachtsgeschenke verwendet und ist ein ganz besonderer Blickfang unter dem Weihnachtsbaum.

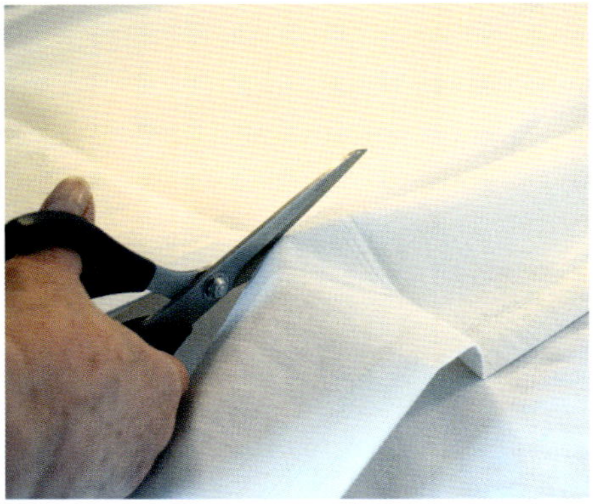

Die Schleife wird zugeschnitten.

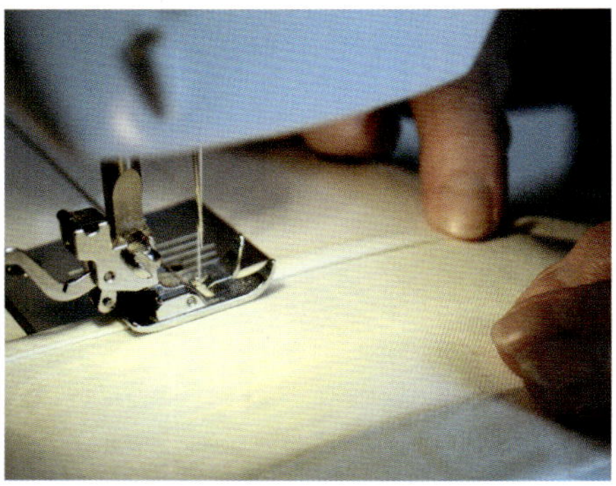

Mit der Nähmaschine wird der eingeschlagene Stoff abgenäht.

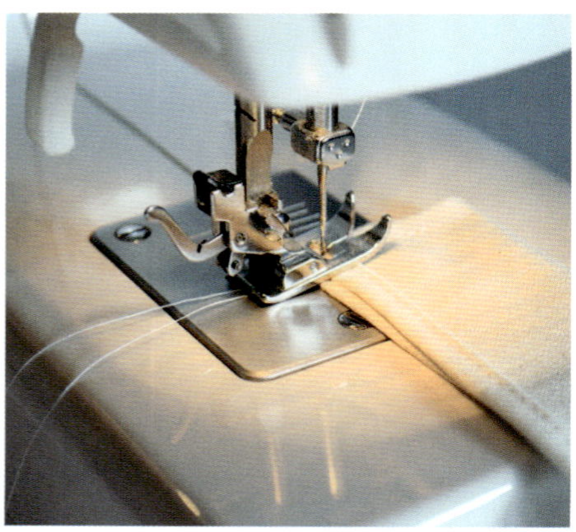

Das Stoffband wird längs gefaltet und an der Breitseite abgenäht.

VARIANTE – SCHRITT FÜR SCHRITT

Die **Variante mit den eingenähten Rändern** eignet sich ebenfalls für Geschenkbänder zum Verpacken, für Schleifen zum Schmücken von Türkränzen und Adventkränzen oder Schleifen als Blumenschmuck. Dazu wird mit einer Schneiderschere die gewünschte Stoffbreite plus zwei Zentimeter (ein Zentimeter auf jeder Seite der Schleife) abgeschnitten. Man erspart sich ein wenig Arbeit, wenn man das bereits vorgesäumte Ende eines Stoffes mit einbezieht. Das bereits gesäumte Ende eines Stoffes bildet somit eine Länge der Schleife, von diesem Stoff muss dann nur noch die gewünschte Schleifenbreite plus ein Zentimeter Breite abgeschnitten werden. Vor dem Zuschneiden wird der Stoff in der gewünschten Breite gefaltet und mit dem Finger oder Daumennagel glatt gestrichen. Somit entsteht eine Linie, an der man entlangschneiden kann.

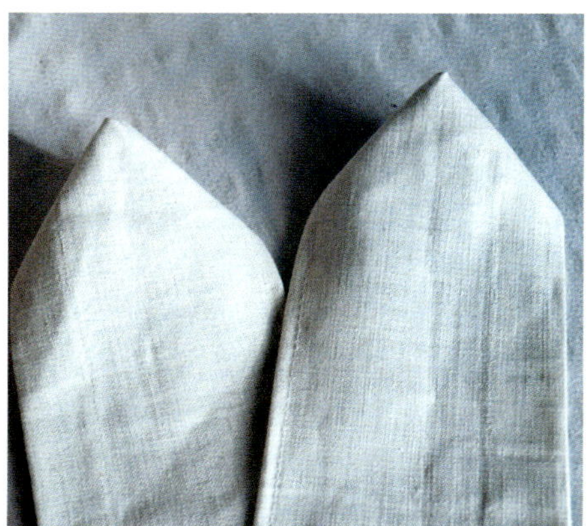

Die abgenähte Breitseite wird umgedreht und schon ist die Spitze fertig.

Nach dem Zuschneiden wird von der zugeschnittenen Stoffbahn ein Zentimeter eingeklappt und wieder glatt gestrichen, sodass man den Stoff bequem einnähen kann. Besonders fleißige Nähfreunde können den Stoff mit Heftgarn abheften, bevor die fixe Naht angebracht wird. Man kann den eingeschlagenen Zentimeter auch mit dem Bügeleisen glatt bügeln und dann abnähen. Professionelle Näher und Näherinnen schlagen den Rand zweimal ein, womit man das Ausfransen des Stoffrandes verhindert.

Den Abschluss an beiden Breitseiten der Stoffschleife kann man gerade abnähen oder eine Spitze formen. Das ist Geschmackssache! Zum Formen einer Spitze wird das Stoffband längs gefaltet und dann abgenäht. Danach dreht man das Band von innen nach außen und formt so eine Spitze!

Zum **Bedrucken der Schleifen** darf man aus dem eigenen Fundus an Modeln und Farben wählen und die Pflanzen mit einbeziehen, die man um diese Jahreszeit in Wald und Garten findet: Stechpalme und Mistelblätter sind zu Weihnachten besonders beliebt. Für das Beispiel wurden Mistelblätter und Model in Stern- und Engelform verwendet. Als Farben für diese Schleife wurden die klassischen Weihnachtsfarben Rot und Grün gewählt.

Zuerst werden die zarten Mistelzweiglein mit einem feinen Pinsel vorgemalt. Sollte das Grün, das man im Handel erworben hat, zu hell oder zu stechend sein, kann es mit Braun, Schwarz und Gelb gemischt werden, bis man den gewünschten Farbton erreicht hat. Die Mistelblätter werden mit einem breiten Borstenpinsel bestrichen und aufgedruckt. Mit dem feinen Haarpinsel können Blattränder und Blattstrukturen nachgearbeitet sowie kleine weiße Früchte gemalt werden.

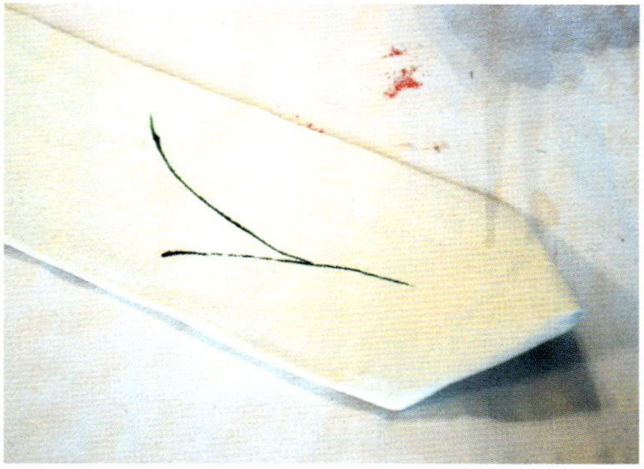
Mit dem Pinsel wird ein zarter Zweig aufgemalt.

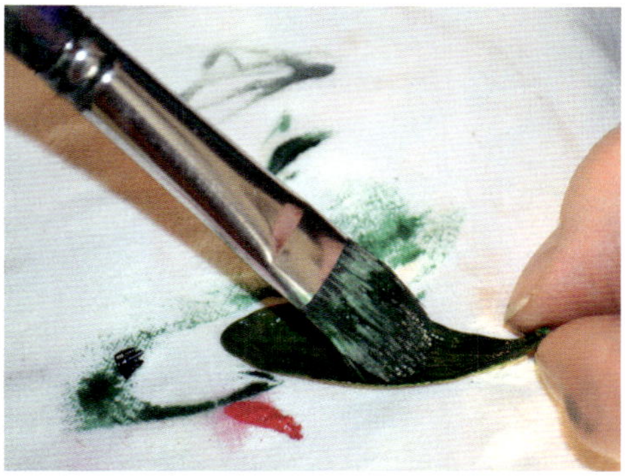
Ein Mistelblatt wird mit dem Pinsel bestrichen.

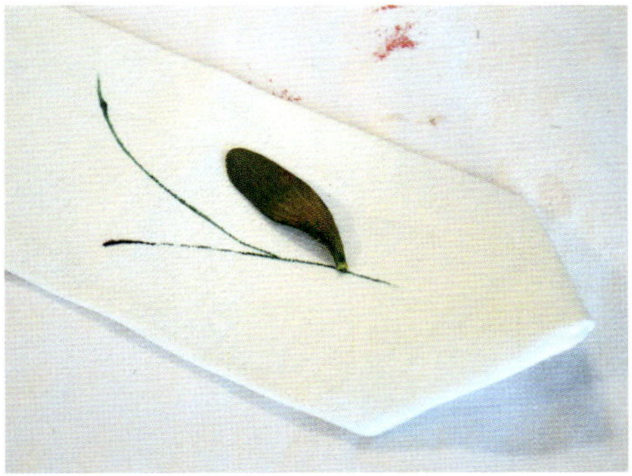
Das Mistelblatt wird passend zum Zweig aufgelegt.

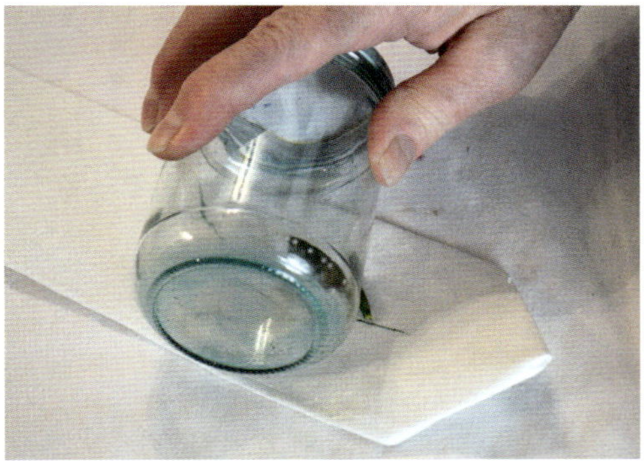
Mit einem Marmeladeglas wird das Blatt fest aufgerollt.

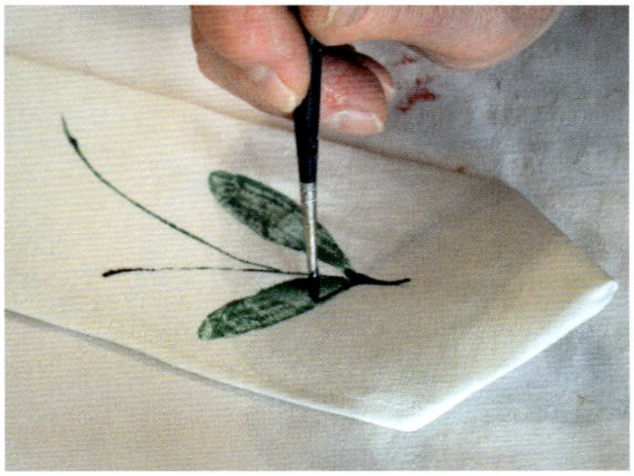
Einzelne Strukturen werden mit dem Pinsel nachgebessert.

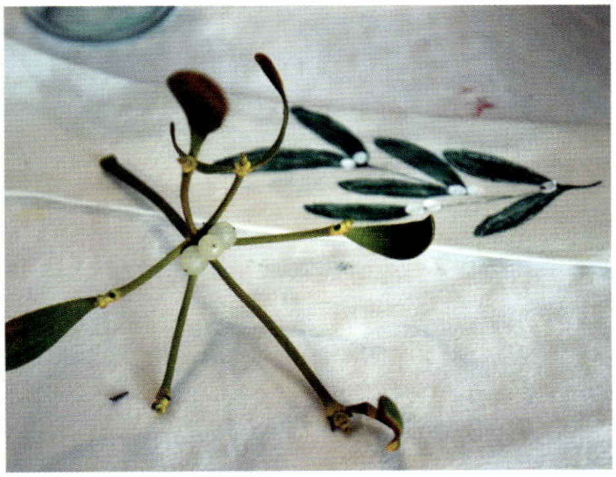
Die Vorlage und das fertige Werkstück

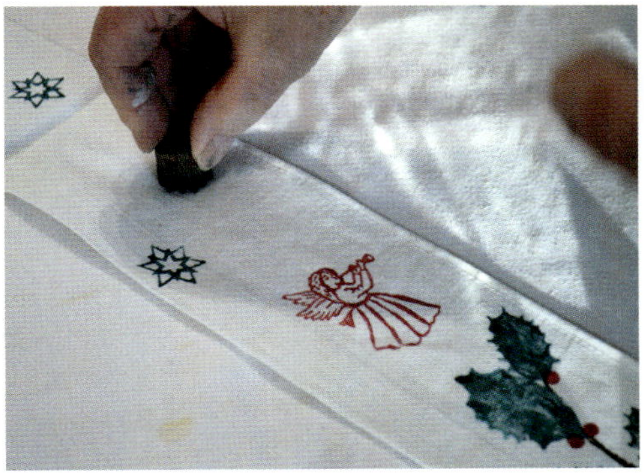
Zum Abschluss werden Sterne und Engel in verschiedenen Farben aufgedruckt, auf Wunsch kann man mit Gold verfeinern.

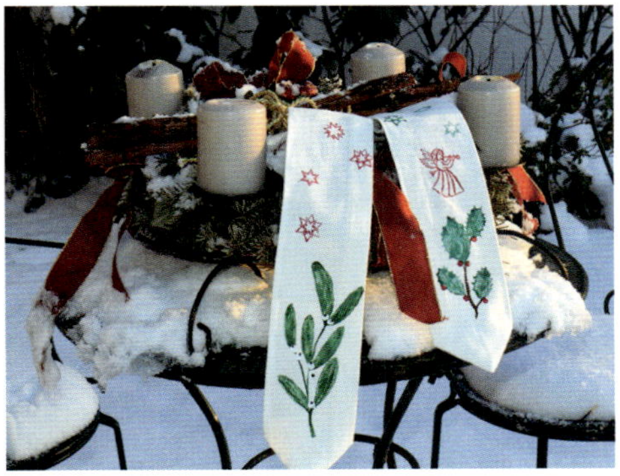
Mit der selbst gedruckten Schleife, passenden Kerzen und Bändern sowie Dekorationselementen aus Holz wird der Adventskranz festlich geschmückt.

ÜBERRASCHUNGEN ZUM JAHRESWECHSEL

Traditionell werden zu Silvester verschiedenste Glückssymbole verschenkt, vom Schwein aus Schokolade über den Rauchfangkehrer und das Hufeisen bis hin zum vierblättrigen Klee. Sowohl in Kaufhäusern als auch im Fachhandel werden die Glücksbringer zum Jahreswechsel in allen Größen und Formen angeboten, eine kreative Überraschung mit individuellem Wert zu finden, ist gar nicht so einfach. Warum also nicht die Glücksbringer in liebevoll gestaltete, **selbst bedruckte Säckchen** packen? Mit diesem Geschenk bietet man zum Jahreswechsel etwas Einzigartiges, Individuelles. Die selbst gestalteten Säckchen können als Verpackungen für viele Anlässe verwendet werden und in allen gewünschten Größen hergestellt werden. Zum Verschenken kleiner Glücksbringer aus Schokolade verwenden wir entweder ein Geschirrtuch, das den Vorteil hat, dass

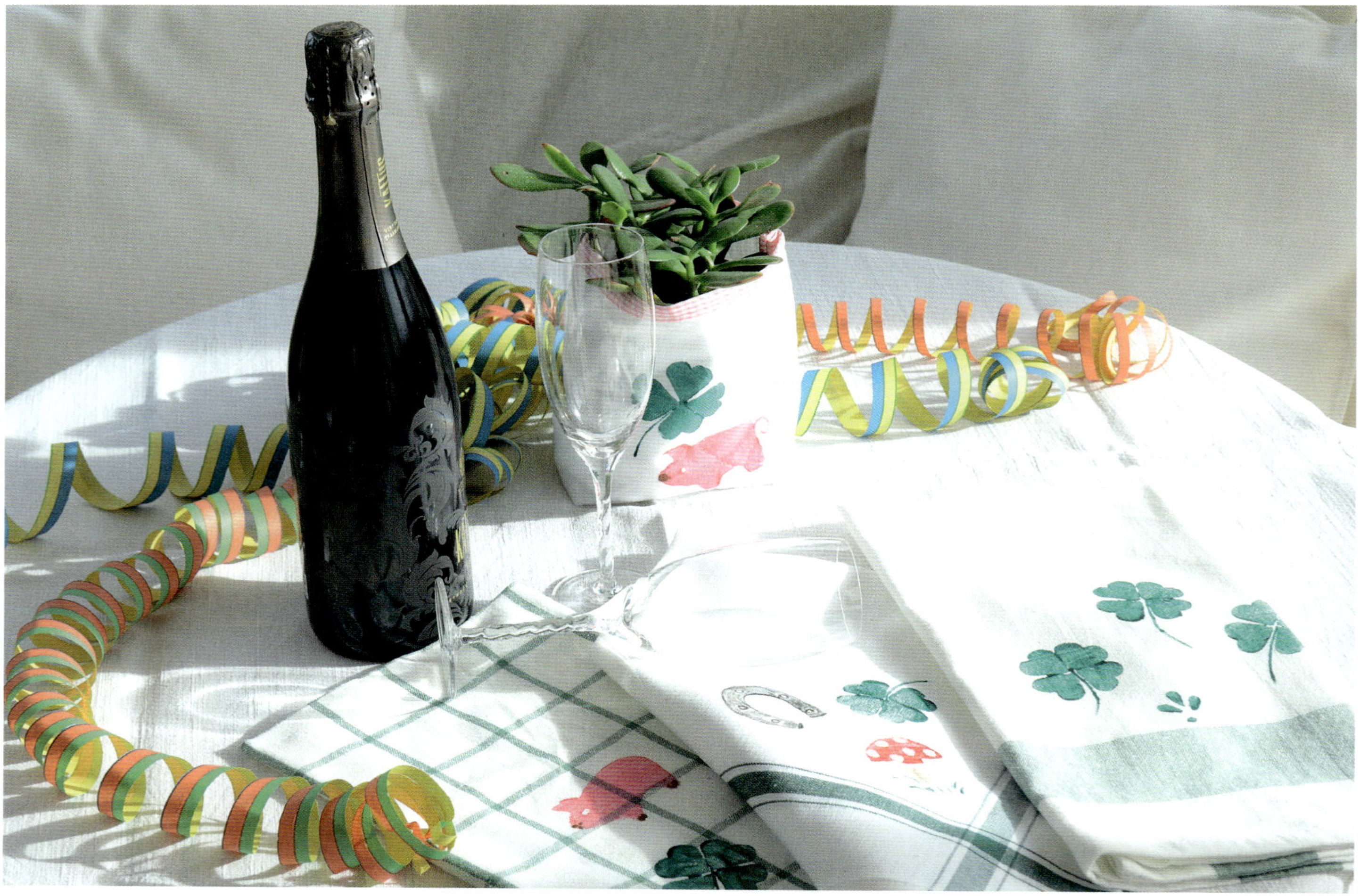

Liebevoll bedruckte Dekoration zum Jahreswechsel

man sich ein paar Nähte spart, oder einen Stoffrest der Wahl. Diese Stoffe müssen nicht unbedingt einfarbig sein, auch auf gemusterten Stoffen kann man wunderbar die Glückssymbole zu Neujahr aufbringen! Wie stellt man nun ein kleines Säckchen her?

GLÜCKSBRINGER-SÄCKCHEN – SCHRITT FÜR SCHRITT

Zum Herstellen der Säckchen aus fertig abgenähten Tüchern werden einfarbige oder gemusterte Geschirrtücher gekauft. Sollte der Stoff sehr fest sein und nicht gut saugen, empfiehlt es sich, die Tücher vorher ein- bis zweimal zu waschen. Das Geschirrtuch wird der Länge nach gefaltet und vom Falz nach oben werden sodann die Säckchen abgeschnitten. Oben an der Öffnung jedes Säckchens befinden sich damit bereits die abgenähten Enden, hier muss also nicht mehr genäht werden.

Aus jedem Geschirrtuch können drei bis vier Säckchen entstehen, je nachdem, wie breit sie sein sollen. Die abgeschnittenen Stücke werden nun mit dem Muster nach innen zusammengenäht, auf Wunsch kann man auf einer Seite auch eine Schleife einnähen, damit man das Geschenksäckchen dann bequem verschließen kann.

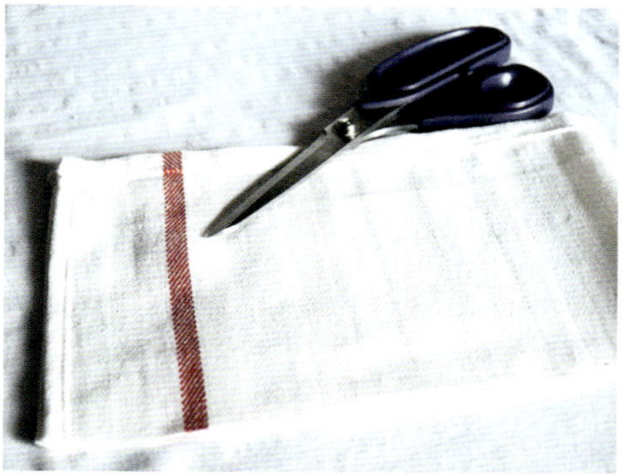

Von einem Geschirrtuch werden Streifen geschnitten und mit dem Muster nach innen zusammengelegt.

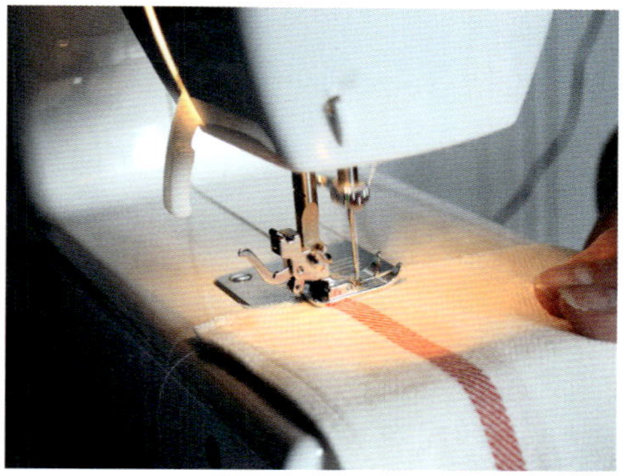

Das so entstandene, noch nicht vernähte Säckchen wird an einer Seite zusammengenäht.

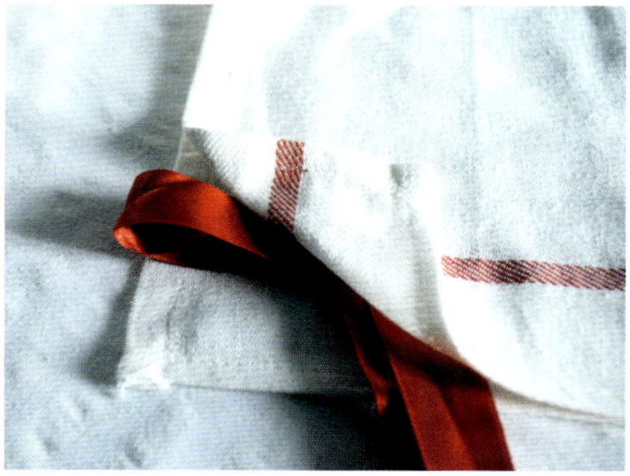

An der anderen Längsseite des Säckchens kann man eine Schleife einnähen.

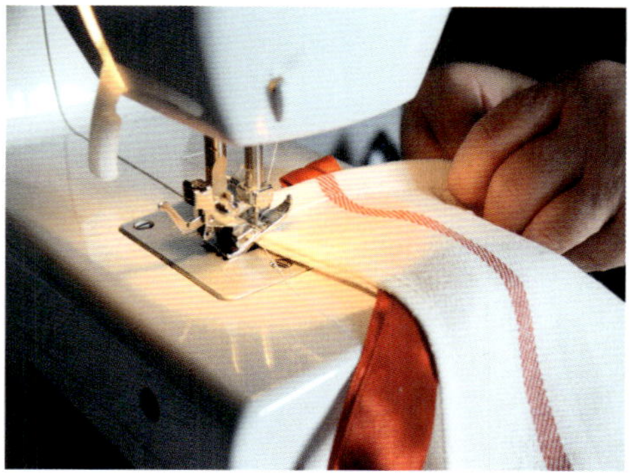

Dazu wird die Schleife so in den Stoff gelegt, dass nach dem Umdrehen des Säckchens die losen Enden der Schleife außen sind.

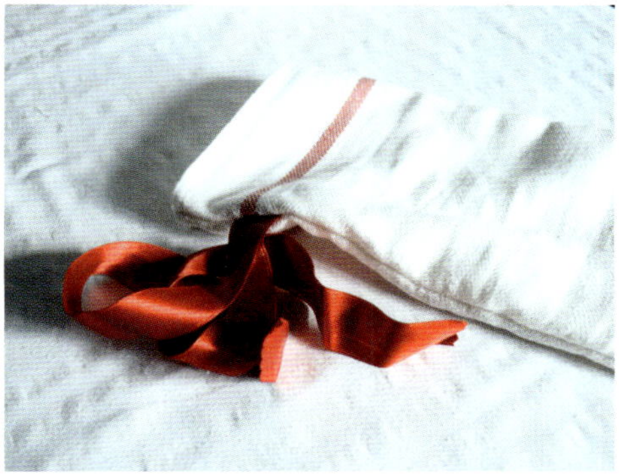

Das fertig vernähte Säckchen – einfach zu machen!

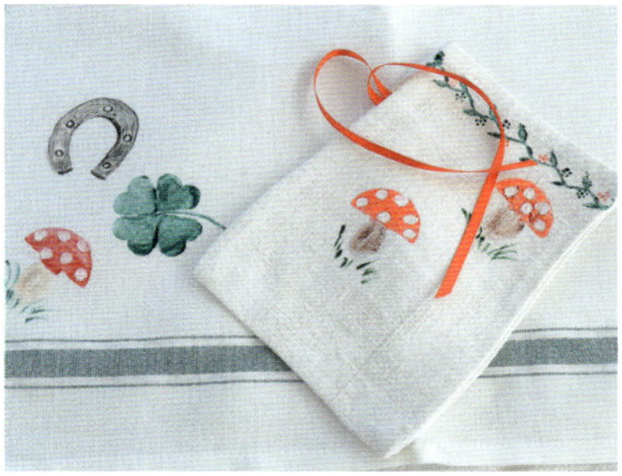

Mit Glückssymbolen bedruckte Säckchen und Tischsets

GESCHENKE ZUM VALENTINSTAG

Das am häufigsten zum Valentinstag verwendete Symbol ist das Herz, egal ob in Schokoladenform, auf Geschenkpapier, auf Postkarten oder als Dekorationselement in Blumenstöcken und Blumensträußen. Das Herz, wie wir es heute in der Symbolik kennen, stammt ursprünglich aus der Minneliteratur des Mittelalters, geht also auf das 12. Jahrhundert zurück. In dieser Zeit malte man Efeublätter in der Farbe der Liebe, Rot, an. Dieses rot gefärbte Efeublatt etablierte sich bald als Symbol für das Herz und die Liebe und verbreitete sich von Europa aus fast in die ganze Welt. Auch das Feiern des Valentinstages gelangte als Brauch von Europa aus in viele Länder der Welt. Es werden auch andere Tage als „Tag der Liebenden" gefeiert, am meisten verbreitet ist jedoch der 14. Februar und das bereits seit dem 15. Jahrhundert! Wir blicken also, wenn wir zu Valentin Blumen, Herzen und Schokolade verschenken, auf eine lange Tradition zurück.

Wer kein Geschenk von der Stange kaufen möchte, sondern etwas ganz Persönliches verschenken möchte, kann auf das alte Handwerk des Druckens zurückgreifen und mit kräftig roten Herzen kleine und große Accessoires verzieren, Blumenranken auf Kleidungsstücke drucken oder T-Shirts für die Liebste oder den Liebsten kreieren. Sprüche mit Buchstabenmodeln, verschiedenste Herzkreationen oder liebevoll arrangierte Muster können Kleider, Jeans oder Tücher zieren. Auch das Einpacken von Geschenken lässt sich individuell und im wahrsten Sinne des Wortes herzlich gestalten.

Zum Gestalten von Valentinsgeschenken werden Herzmodel und die Farbe Rot in den verschiedensten Abstufungen verwendet, auch Gold und Silber dürfen zum Einsatz kommen. Auf den kommenden Seiten wird das Herstellen bzw. Bedrucken von verschiedenen textilen Geschenken für den Valentinstag gezeigt.

LAVENDELHERZEN – SCHRITT FÜR SCHRITT

Zum Kuscheln und gut Schlafen verschenken wir Stoffherzen mit Lavendelfüllung. Dazu benötigt man

- festen, aber nicht zu dicken Karton für die Schablone,
- eine Papierschere,
- einen Bleistift sowie
- die Materialien zum Drucken.

Zuerst faltet man das Kartonstück und zeichnet dann ein halbes Herz auf. Durch diese Methode wird das Herz gleichmäßig und nicht auf einer Seite größer oder runder als auf der anderen. Dieses Herz wird ausgeschnitten und dann auf den Stoff gelegt. Man kann nun das Herz nachzeichnen oder aber sofort entlang der Schablone ausschneiden, dies ist Geschmackssache und hängt auch ein wenig vom handwerklichen Geschick und der Übung ab. Im Beispiel wurde die Schablone so über den Stoff gestülpt, dass man den Stoff auf die gleiche Weise zuschneidet wie vorher den Karton. Es gilt zu beachten, dass man zum Zusammennähen des Herzens einen Zentimeter Nahtbeigabe berechnen muss, dies kann man schon bei der Schablone bedenken oder danach beim Zuschneiden des Stoffes.

Für ein mit Lavendelblüten gefülltes Herz benötigt man zwei gleich große Stoffherzen. Diese werden aufeinandergelegt und mit der Nähmaschine zusammengenäht, am Rand lässt man eine Öffnung von ca. vier Zentimetern, damit man das Herz umdrehen kann und die Naht somit innen ist. Auf Wunsch kann man auch eine Schleife verwenden, sodass man das Herz dann aufhängen kann. Bevor das Herz mit den Lavendelblüten gefüllt wird, kann es bedruckt werden, entweder mit einem Herzmodel und roter Farbe, mit Lavendelblättern oder mit Blättern und Blüten nach Wunsch, hier kann man der Fantasie freien Lauf lassen und sich ganz nach dem Geschmack des Menschen richten, der das Geschenk erhalten wird!

Im Beispiel wurden Lavendelblätter verwendet. Diese werden mit Farbe bestrichen und auf das Herz gepresst, wie im Eingangskapitel zum Drucken erklärt. Die Blüten werden mit lila Farbe und einem Wattestäbchen gestaltet. „Malen" mit dem Wattestäbchen ermöglicht das Gestalten feiner Blüten und Pünktchen, ohne dabei Gefahr zu laufen, dass einzelne Pinselfasern das Gesamtbild stören. Nachdem die Farbe getrocknet

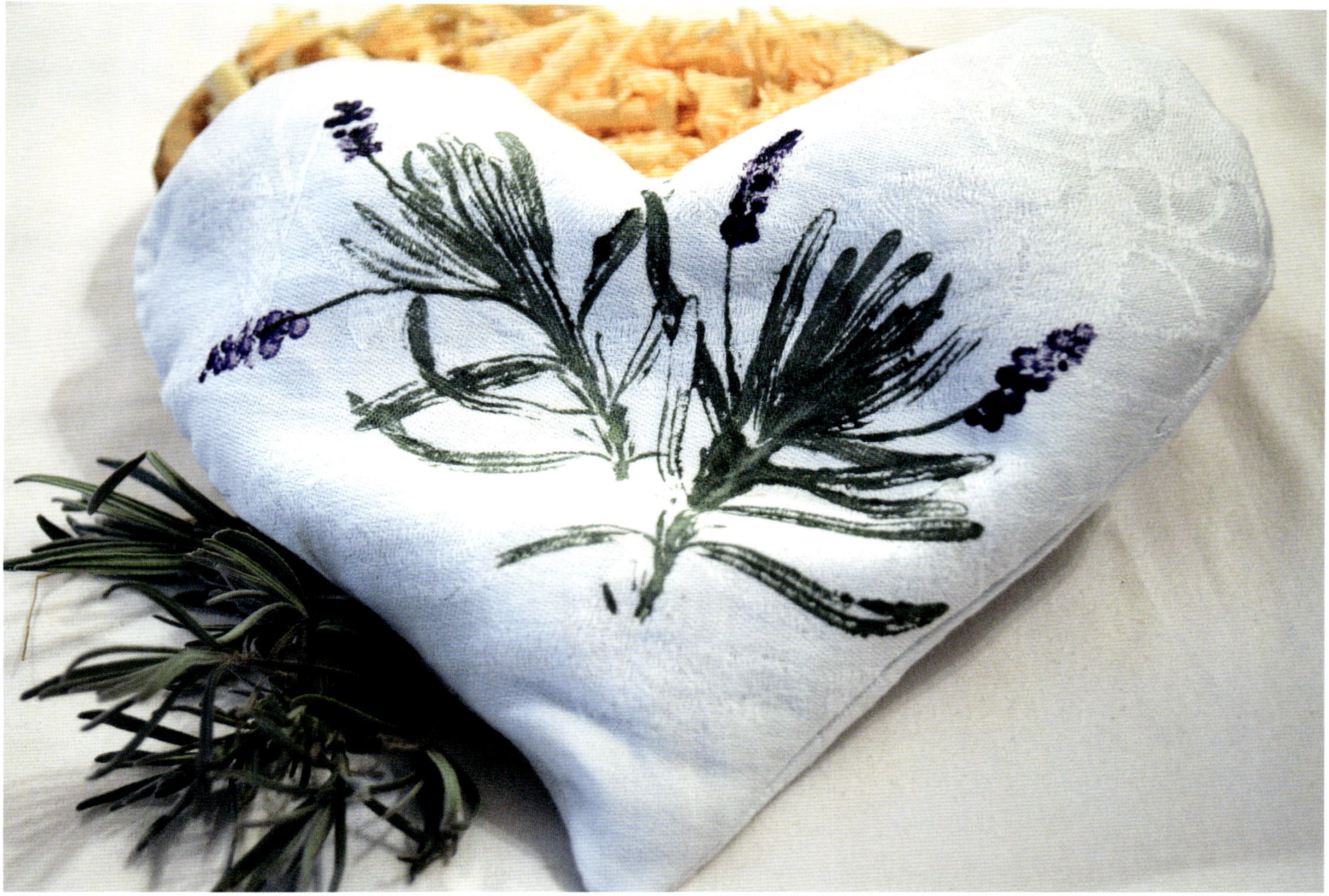

Das fertige Werkstück – ein Lavendelherz zum Kuscheln und Wohlfühlen

ist, wird das Herz gebügelt, um die Farbe zu fixieren. Dann werden Lavendelblüten oder andere getrocknete Blüten eingefüllt, auch Zirbenholzspäne eignen sich ganz hervorragend. Diese können auch mit den duftenden Blüten gemischt werden.
Zirbenholz zeichnet sich durch einen ganz wunderbaren Geruch aus, der durch ätherische Öle erzeugt wird. Diese Öle sollen auch für die gesundheitsfördernde Wirkung des Zirbenholzes verantwortlich sein, man schreibt der Zirbe beruhigende, entspannende und schlaffördernde Wirkung zu. Zur Wirkung dieses ganz besonderen heimischen Holzes gibt es noch nicht viele Studien, doch auch wenn die gesundheitsfördernde Wirkung nicht zur Gänze wissenschaftlich nachgewiesen ist, schwören Fans des duftenden Holzes darauf.

Nach dem Befüllen des Geschenkherzens wird die kleine Lücke, die zum Umdrehen und Befüllen belassen wurde, per Hand vernäht.

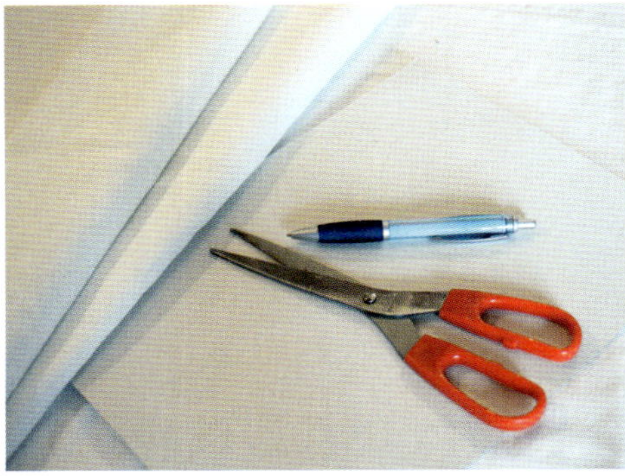

Zum Ausschneiden eines Herzens benötigt man den gewählten Stoff, ein Stück festen Karton und eine Schere.

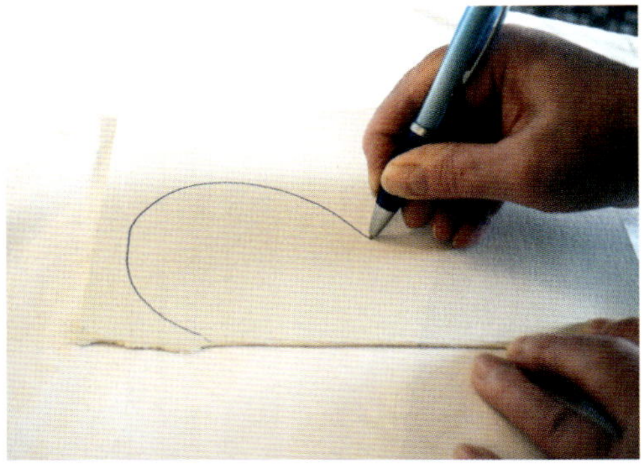

Das Herz wird aus dem Karton ausgeschnitten. Diese Schablone kann man aufbewahren und wiederverwenden.

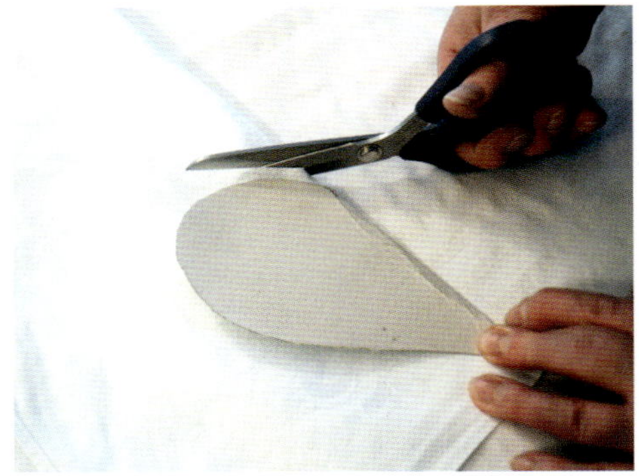

Mit Hilfe der Kartonschablone wird das Herz aus dem Stoff geschnitten.

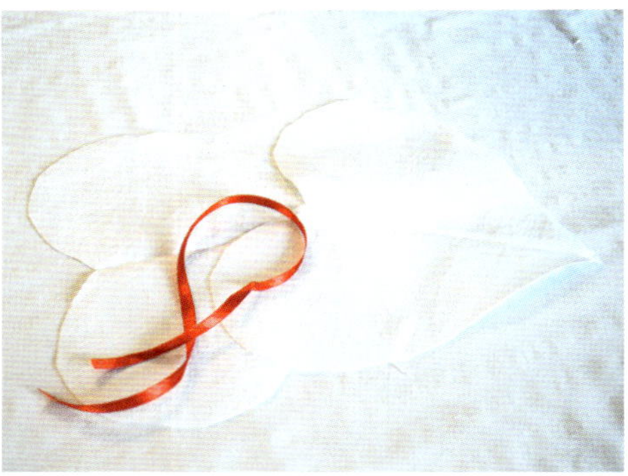

Die zugeschnittenen Stoffteile

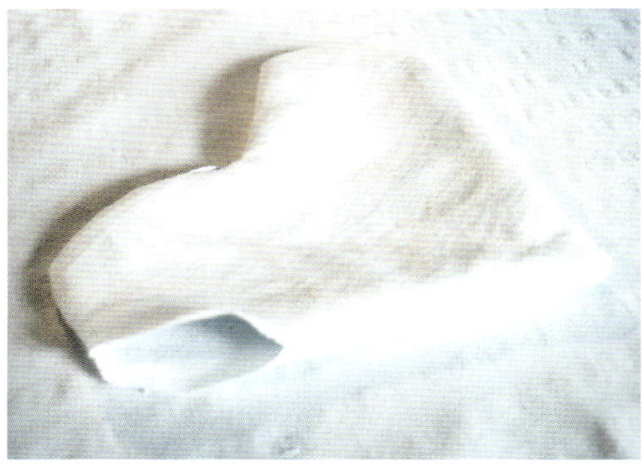

Die Teile werden zusammengenäht, durch eine kleine Lücke wird das Herz umgedreht.

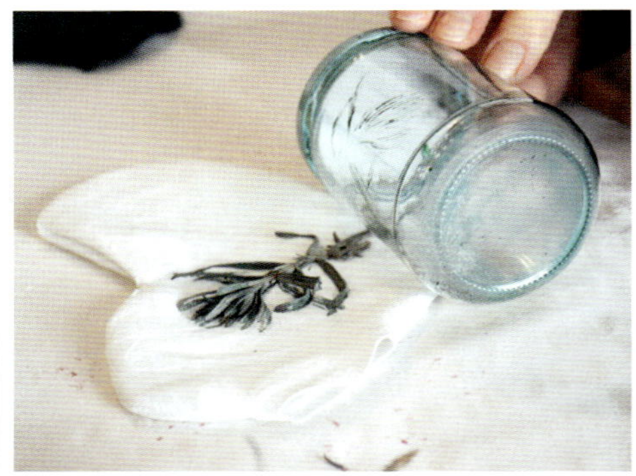

Mit grüner Farbe werden Lavendelblätter aufgedruckt.

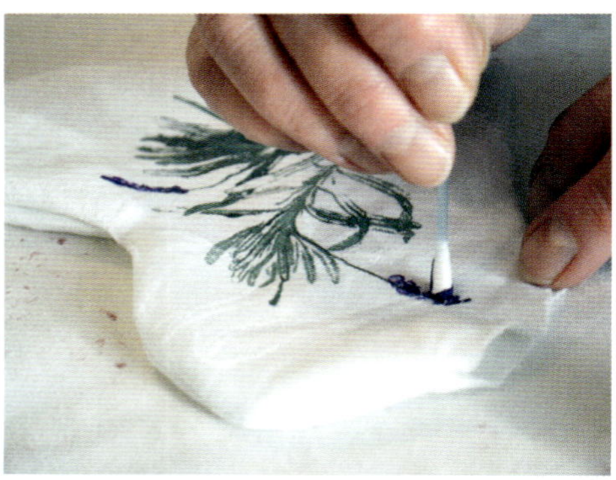

Ein Wattestäbchen dient zum Aufmalen der Blüten.

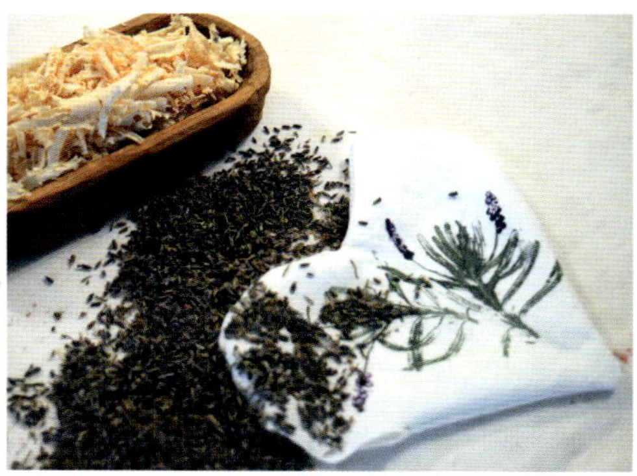

Das Herz wird mit Lavendel und Zirbenholzspänen befüllt.

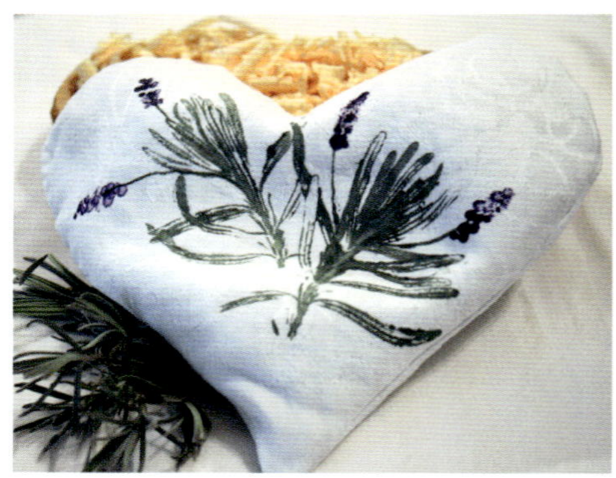

Das fertige Werkstück

TEXTILER BLUMENÜBERTOPF

Für den Valentinstag eignen sich auch „Blumenübertöpfe“ aus textilem Material. Diese sollten nur zum Einsatz kommen, wenn die Pflanze der Wahl bereits in einem Übertopf steht, wenn also kein Gießwasser mehr austreten kann. Für den textilen Übertopf wird ein Sack genäht, wie im Kapitel „Überraschungen zum Jahreswechsel“ erklärt. Dieser Sack sollte groß genug für die gewählte Topfpflanze sein, das Material ist Geschmackssache. Einfarbige Baumwollstoffe eignen sich genauso wie bedruckte Materialien, doch auch alte Leinenstoffe können hier verwendet werden. Nachdem der passende Sack genäht ist, wird er mit den gewünschten Symbolen wie Herzen und Borten oder mit Pflanzen bedruckt.

Selbstverständlich können auch Buchstabenmodel zum Einsatz kommen und der Name des Beschenkten oder Liebesgrüße aufgedruckt werden.

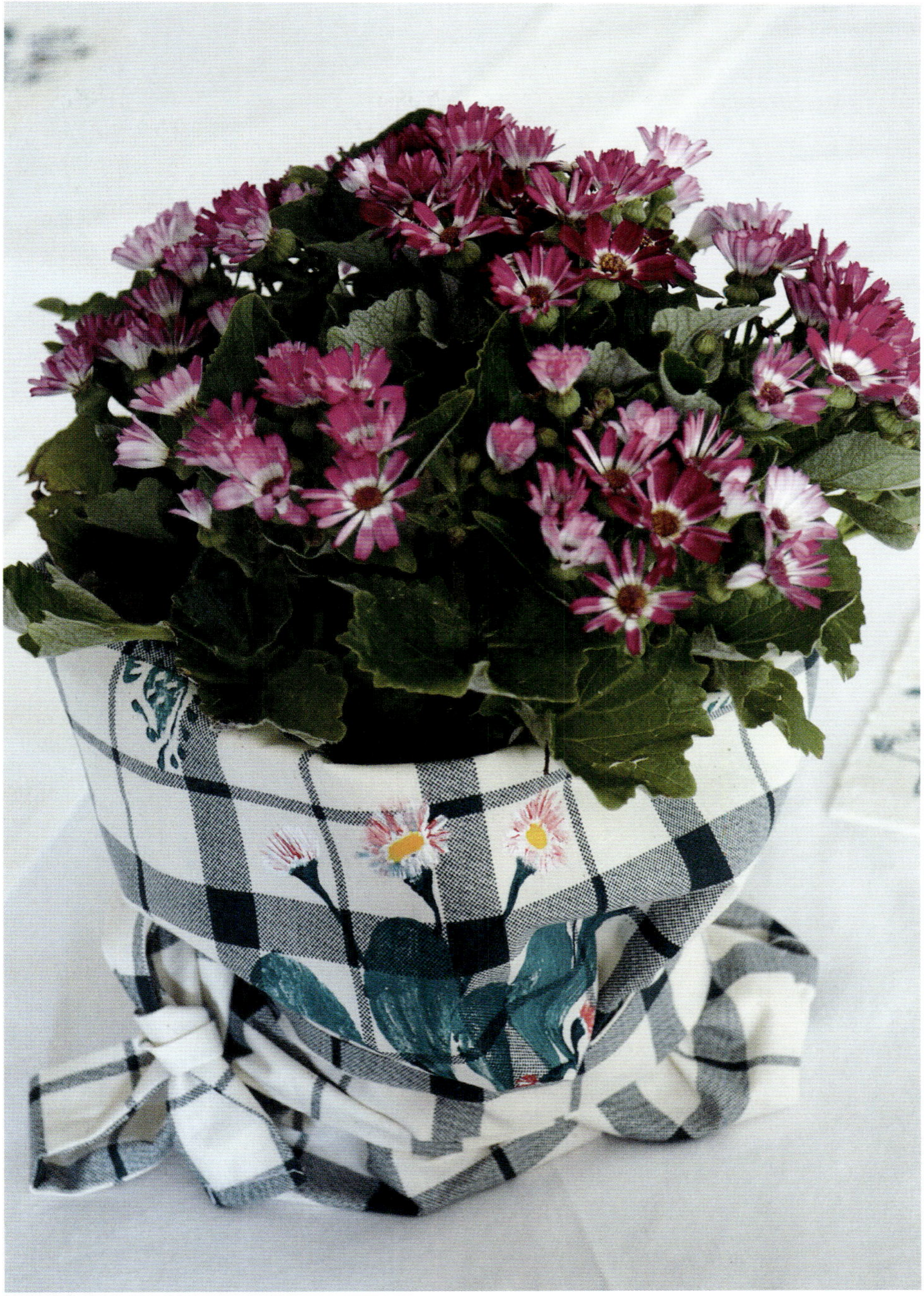

Valentinsgrüße im passenden Übertopf

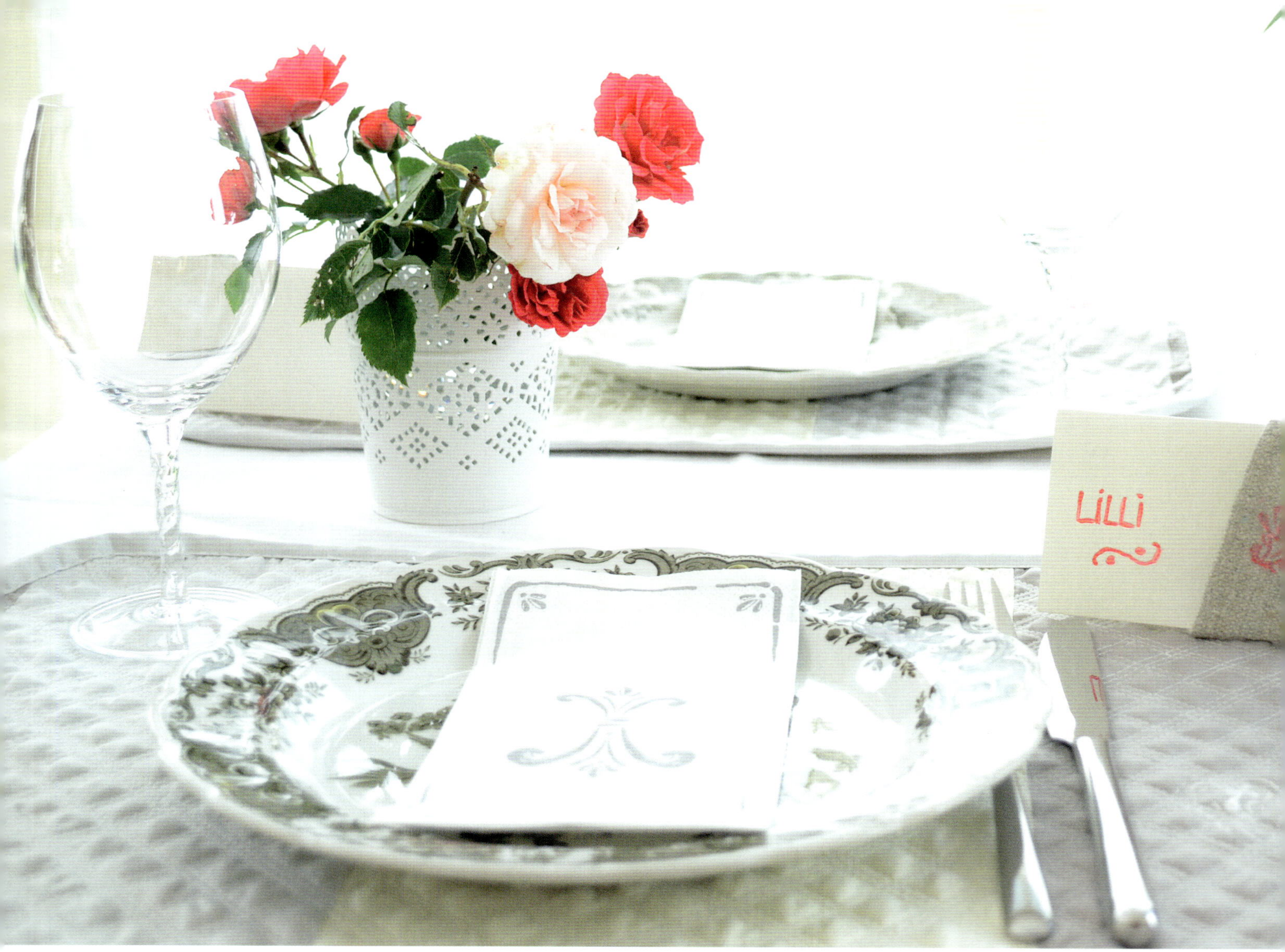

JAHRESZEITLICH UNABHÄNGIGE FESTE

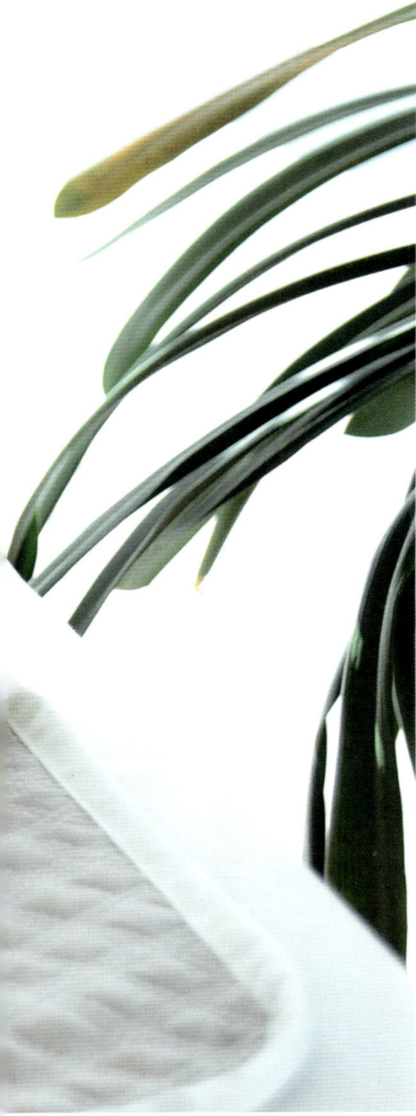

Hochzeitsdekoration (siehe S. 123)

Die Gestaltung verschiedenster Feste mit selbst hergestellten Dekorationsmitteln macht Freude und zeugt von Kreativität und Fantasie. Weg von der Normdekoration, die als Stangenware angeboten wird, hin zu individuellen Ideen, die zu verschiedensten Anlässen verwirklicht werden können, so lautet die Devise. Nachdem Ideen sehr flüchtige Angelegenheiten sind, empfiehlt es sich, besonders gute Dekorationsideen in ein eigenes Heft oder Büchlein zu notieren, um sie zur Verfügung zu haben, wenn man sie braucht. Diese Ideensammlung wird dann auch sofort mittels Stoffdruck gestaltet.

Ideenbüchlein

Dazu schneidet man ein Stück Baumwollstoff in der Größe des Notizbuches zu, mit einem Zentimeter Nahtbeigabe zum Einschlagen an den Längsseiten und fünf Zentimetern Zugabe an den Breitseiten, hier wird der Buchumschlag dann „eingefädelt". Die Nahtzugaben an den Rändern werden eingeschlagen und vernäht, damit der Rand des Buchumschlages ein wenig stabiler ist und nicht ausfransen kann. Zum Abschluss wird die Zugabe an den Breitseiten eingeschlagen und vernäht. Dann kann mit dem Bedrucken des Umschlages begonnen werden und hier darf alles zum

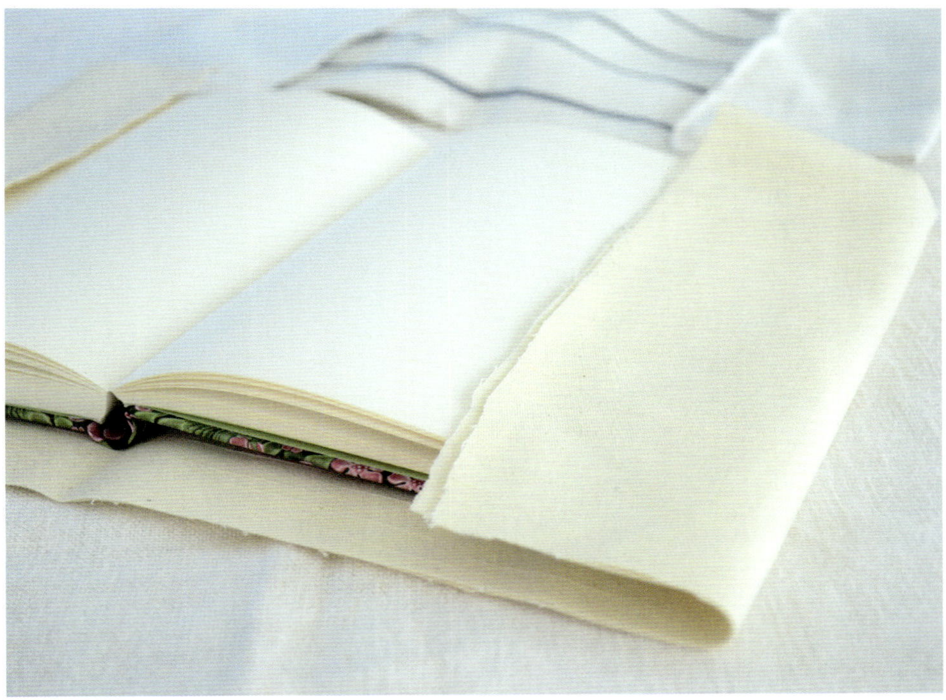

Maß nehmen mit doppelt gelegtem Baumwollstoff

Die vernähten Teile werden umgedreht und erneut vernäht.

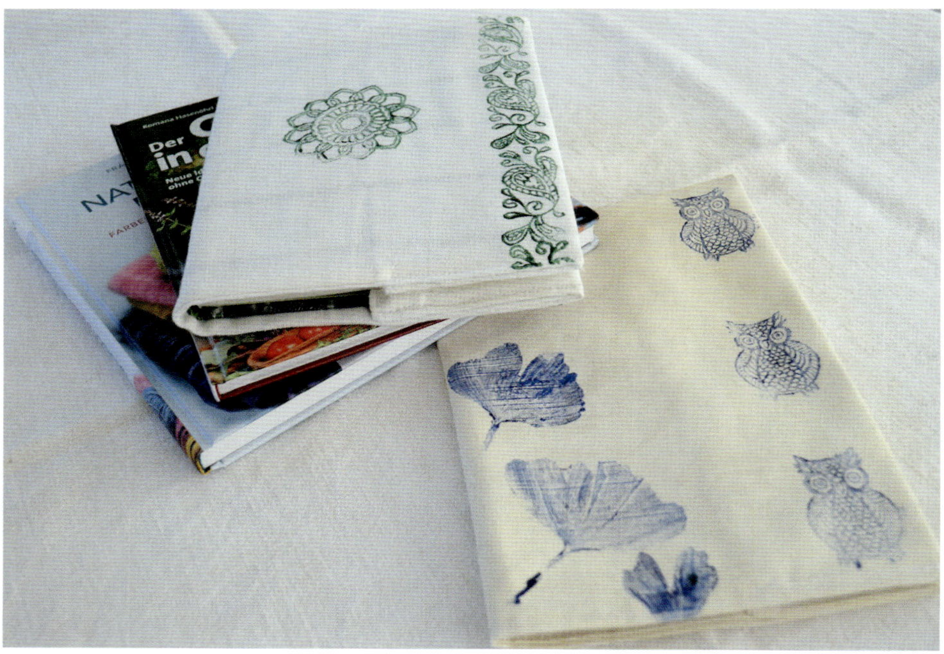

Fertig bedruckte Buchschoner

Einsatz kommen, was Freude macht. Hat man bereits Model selbst geschnitzt, so werden diese hier verewigt, man kann einen Titel mit Buchstaben aufdrucken oder mit den Lieblingspflanzen gestalten. Nach dem Fixieren kann das schlichte Notizbuch in den Buchumschlag eingebunden werden und die besten Ideen finden ihren Platz darin!

GEBURTSTAGSFESTE

Das Geburtstagsfest ist immer ein ganz besonderer Tag, egal ob er im kleinen Kreis oder als großes Fest gefeiert wird, egal, ob im Winter eine Schneewanderung dazukommt oder im Sommer die Gesellschaftsspiele im Garten. Das Wichtigste an jedem Fest ist neben der perfekten Organisation die Einladung. Wie im Kapitel „Das Sommerfest" beschrieben, kann diese aus einem Stoffstück selbst gestaltet werden, doch für Einladungen bieten sich unzählige weitere Möglichkeiten.

Die Einladung kann zusammen mit einem kleinen Geschenk, das das Thema des Festes beschreibt, in einem Säckchen überreicht werden oder aber die Einladung ist ein Geschenk – ein Geschirrtuch zum Beispiel, das in der Folge weiterverwendet werden kann.

Motive wie Luftballone, Herzen oder Wölkchen können die Tischdekoration zieren und sich auch auf der Torte wiederfinden. Wie bereits beim Sommerfest beschrieben, ist hier oftmals weniger mehr: Die Farben dürfen sich in passenden Kerzen, Lampions oder Luftschlan-

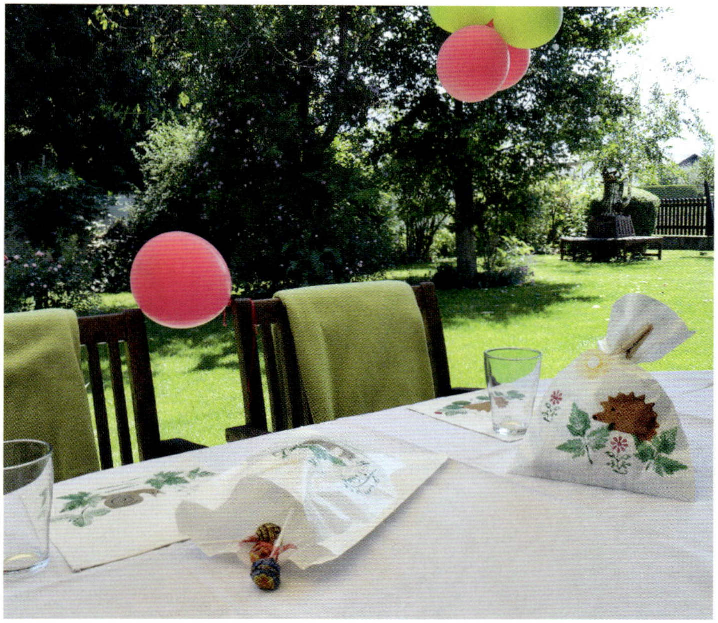

Selbst gestaltete Tischsets und Papiertüten mit Geschenken

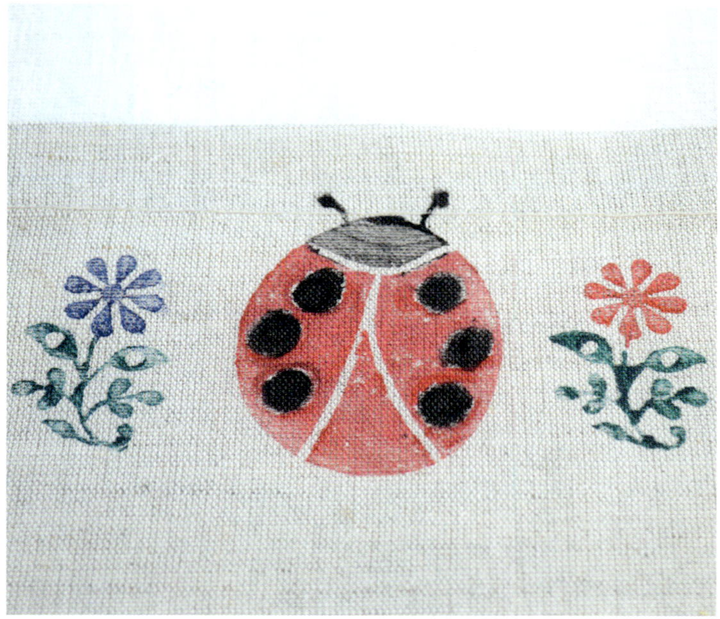

Lustige Tischsets mit Marienkäfermuster

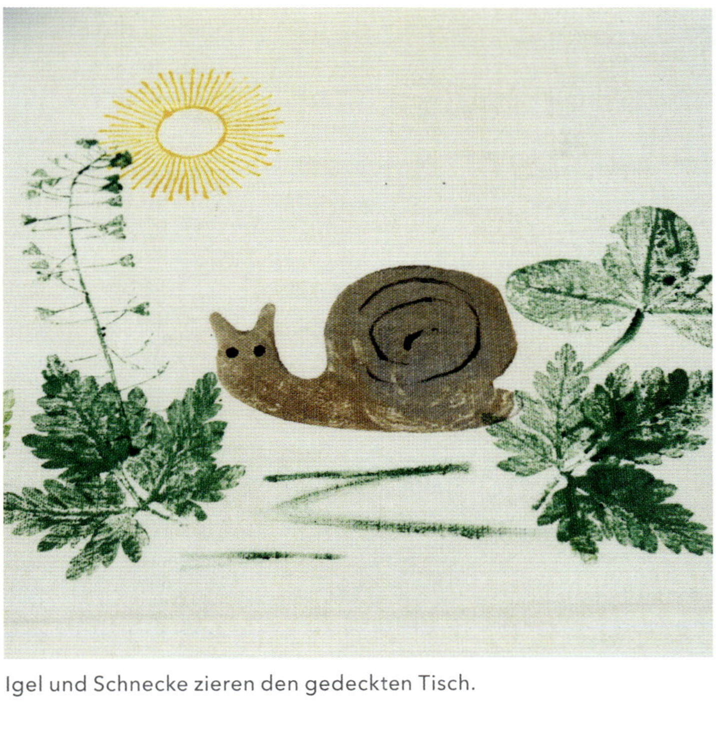

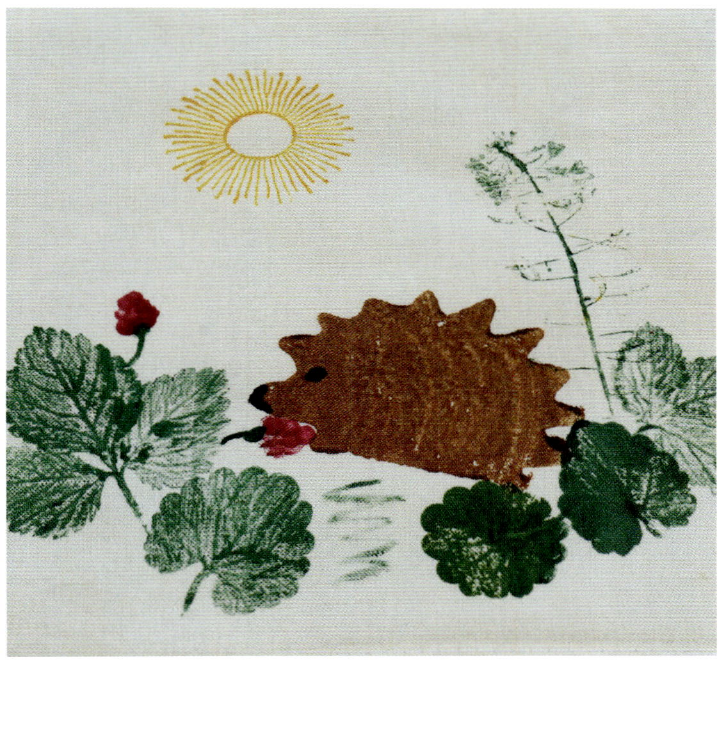

Igel und Schnecke zieren den gedeckten Tisch.

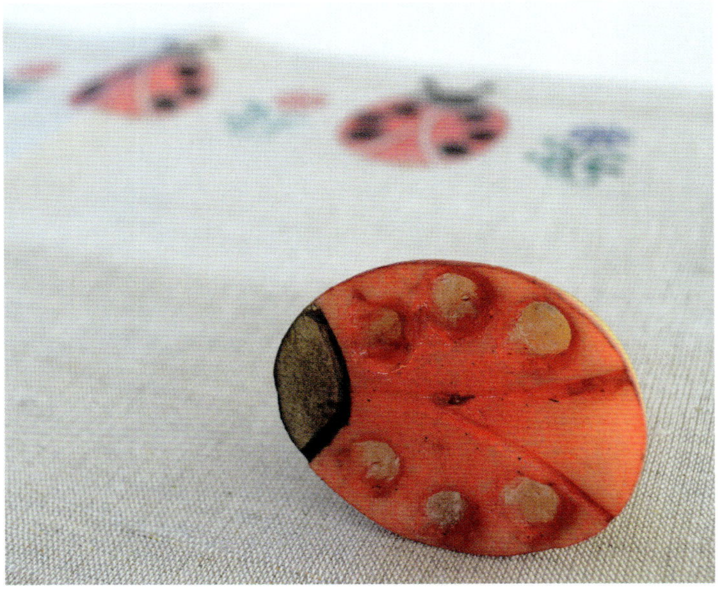

Aus einer Kartoffel lässt sich ein wunderbarer Marienkäfermodel schnitzen.

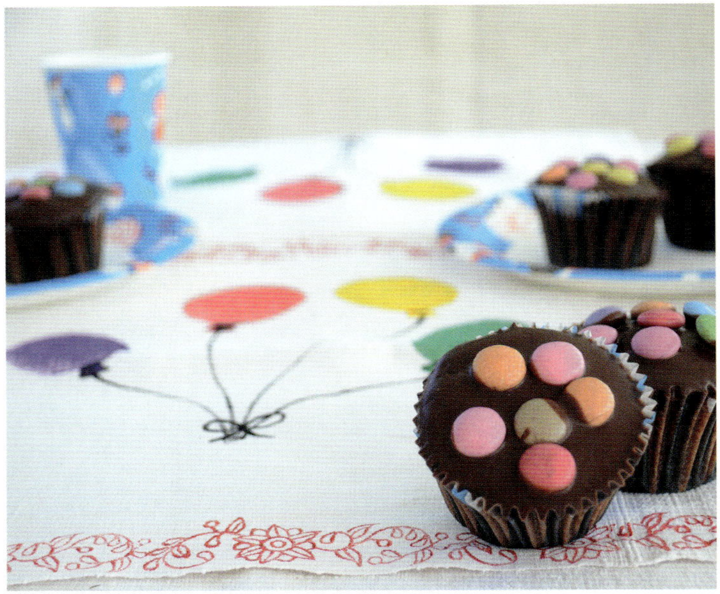

Das macht allen Kindern Freude: Luftballons und Muffins

gen wiederholen, Muster und Drucke dürfen das Motto des Festes widerspiegeln, so es eines gibt.

Vor allem Kinder lieben Feste mit Motto, vom Piratenfest bis zum Wildwestevent für die Kleinsten. Speziell themenbezogene Kinderfeste laden zum Gestalten ein, passende Model können aus Linol gefertigt werden und dann Tischtuch und Polster verschönern. Zu jedem Motto sollte man auch zum jeweiligen Alter der Kinder passende Spiele vorbereiten, damit das Fest ein Erfolg wird. Kinder spielen gern und haben einen enormen Bewegungsdrang, Lauf-, Versteck- und Verkleidungsspiele dürfen also nicht fehlen. Auch Basteln gehört zu den Dingen, die Kinder gerne machen und hier bietet es sich an, mit den Kindern zusammen einige Werkstücke mit Stoffdruck zu erzeugen. Bei Kindern ab dem Schulalter kann man bereits zusammen Model aus Kartoffeln herstellen, für Kinder im Kindergartenalter bereitet man diese vor.

Egal, ob ein Geburtstagsfest für Kinder oder Erwachsene vorbereitet wird, individuelle Muster und Motive, farbliche Gestaltung und kleine Gastgeschenke machen allen Menschen Freude.

HOCHZEIT

Dekorationen für Hochzeiten zu entwickeln zählt zu den aufregendsten und spannendsten Gestaltungsmomenten. Immerhin gilt es, den schönsten Tag des Lebens mit liebevoll entworfenen und arrangierten Accessoires zu verfeinern. Hochzeitsdekorationen werden vorab mit dem Brautpaar genau besprochen, um in Farbe und Gestaltung nicht von deren Vorstellungen abzuweichen. Da eine Hochzeit meist ein großes Fest mit vielen Gästen ist, sollte einige Zeit vorher geklärt werden, was das Brautpaar wünscht und wie viel Zeit die Erstellung der Werkstücke in Anspruch nehmen wird.

Ob man nun die Tischdekoration gestaltet oder Teile der Kirchendekoration übernimmt, Symbole der Liebe und des Vertrauens dürfen für dieses Fest vorgeschlagen werden. Zu den Pflanzen, die für Liebe stehen, gehören Apfel und Erdbeere, Gänseblümchen, Rose und Veilchen, die beliebten Farben zum Thema Liebe sind Rot und Rosa. Neben bedruckten **Tischsets** oder selbst gestalteten **Einladungskarten** können auch die **Tischkärtchen** mit textilen Elementen gestaltet werden. Dazu werden Kartonkärtchen zum Aufstellen gekauft und mit einem Streifen Leinen oder Baumwolle versehen, auf den Motive nach Wahl gedruckt werden. Die Tischkärtchen werden im gleichen Stil wie die Tischsets bedruckt, um so eine durchgängige Linie zu erzeugen.

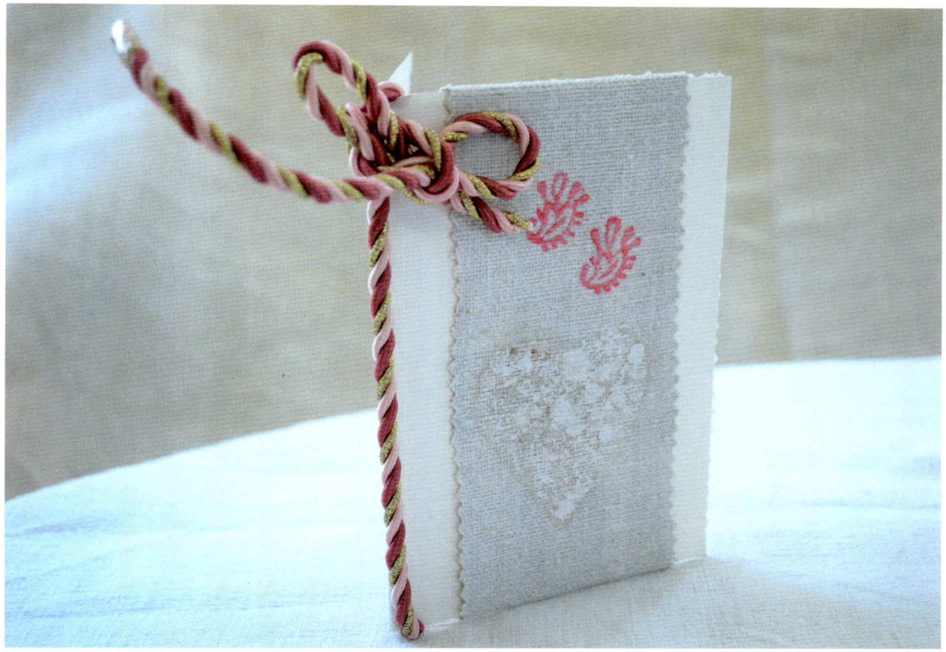

Einladungskarte für die Hochzeit

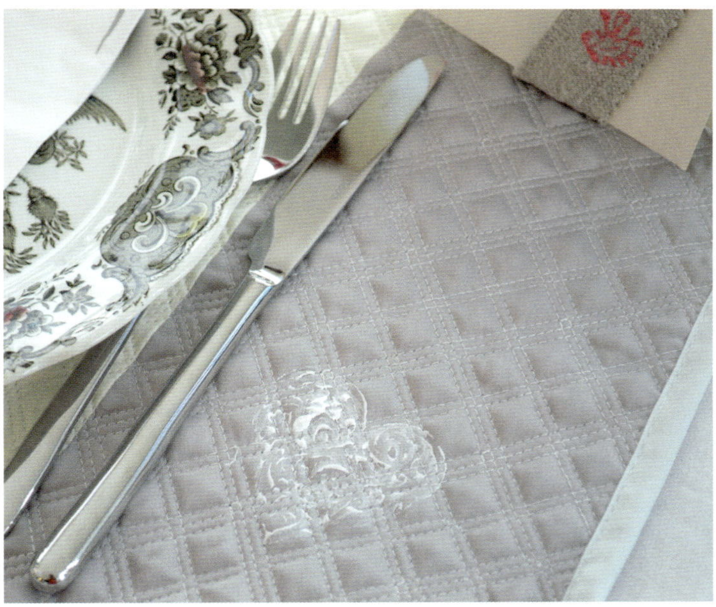

Herzen auf dem Tischset

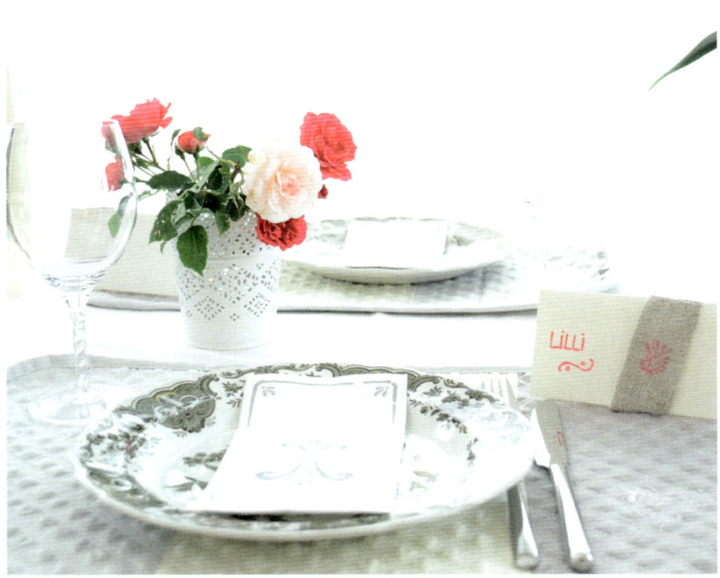

Die festlich gedeckte Tafel

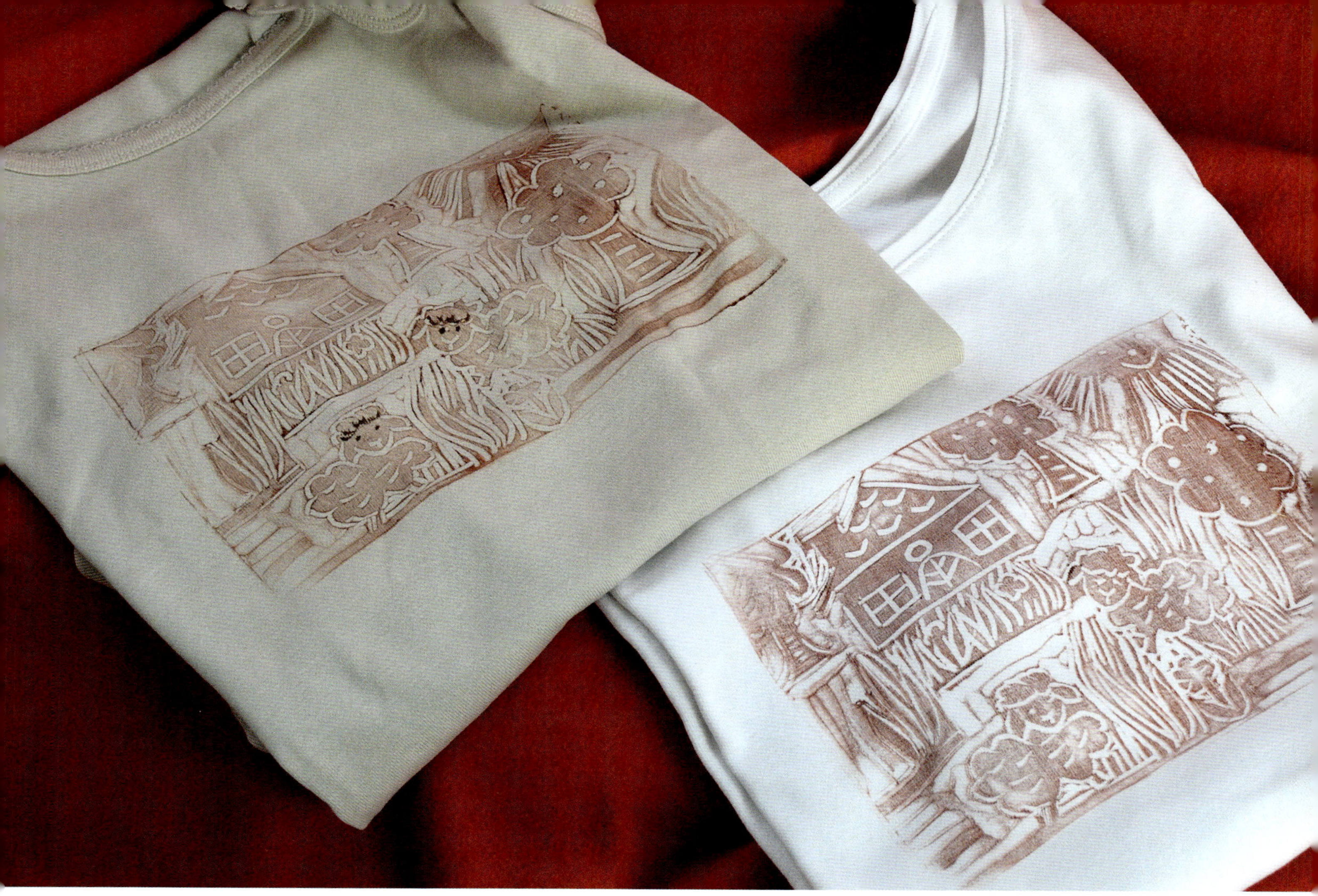

KLEIDUNG, WÄSCHE UND ACCESSOIRES GESTALTEN

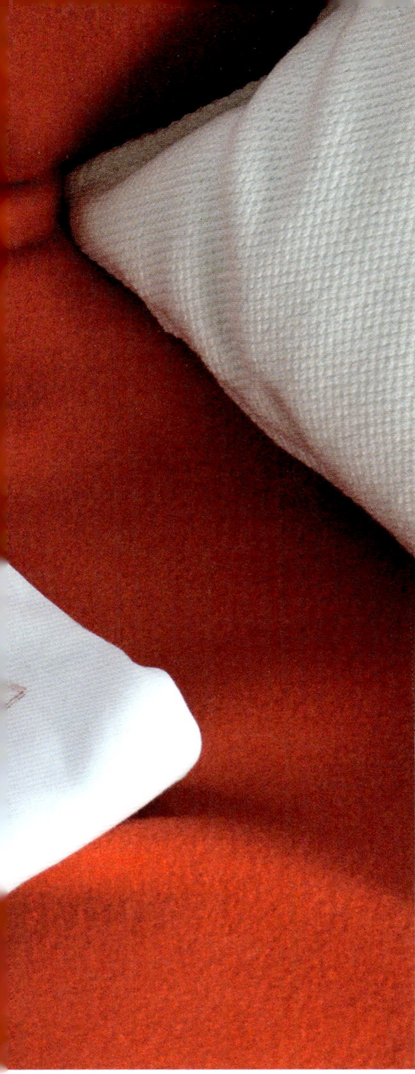

Linoldruck auf T-Shirts

Das kreative Gestalten von Kleidung kommt wieder in Mode. War es in den 1970er-Jahren das Batiken, das Hobbykünstler begeisterte, so folgte in den 1980ern das Selbstfärben von Kleidung und Wäsche. Heute werden all diese Techniken unter dem Begriff „Upcycling“ zusammengefasst und erfreuen sich genauso wie das Bedrucken von Kleidungsstücken größter Beliebtheit. „Upcycling“ bedeutet, dass Produkte, nachdem sie nicht mehr benötigt werden, nicht entsorgt werden, sondern dass etwas Neues daraus entsteht. Abgetragene oder unmoderne Kleidung wird nicht mehr weggeworfen, sondern zu etwas Neuem vernäht oder mittels kreativer Techniken aufgewertet und modernisiert.

Alte T-Shirts, Blusen oder Hosen erstrahlen so in neuem Glanz, Trachtenschürzen bekommen einen modernen Touch oder Schuhe einen völlig neuen Stil – der Fantasie sind keine Grenzen gesetzt. Neben der Upcycling-Idee können aber auch neue Kleidungsstücke und Wäsche mit Stoffdruck individuell gestaltet werden und werden so zu Einzelstücken.

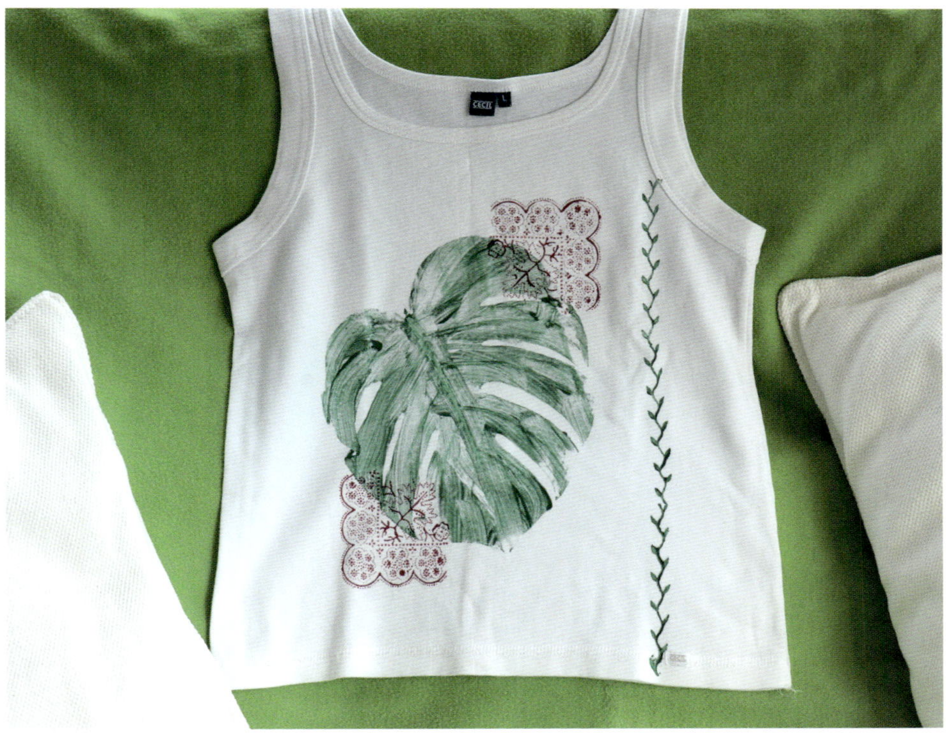

Frisch, saftig, grün: Philodendronblatt auf T-Shirt

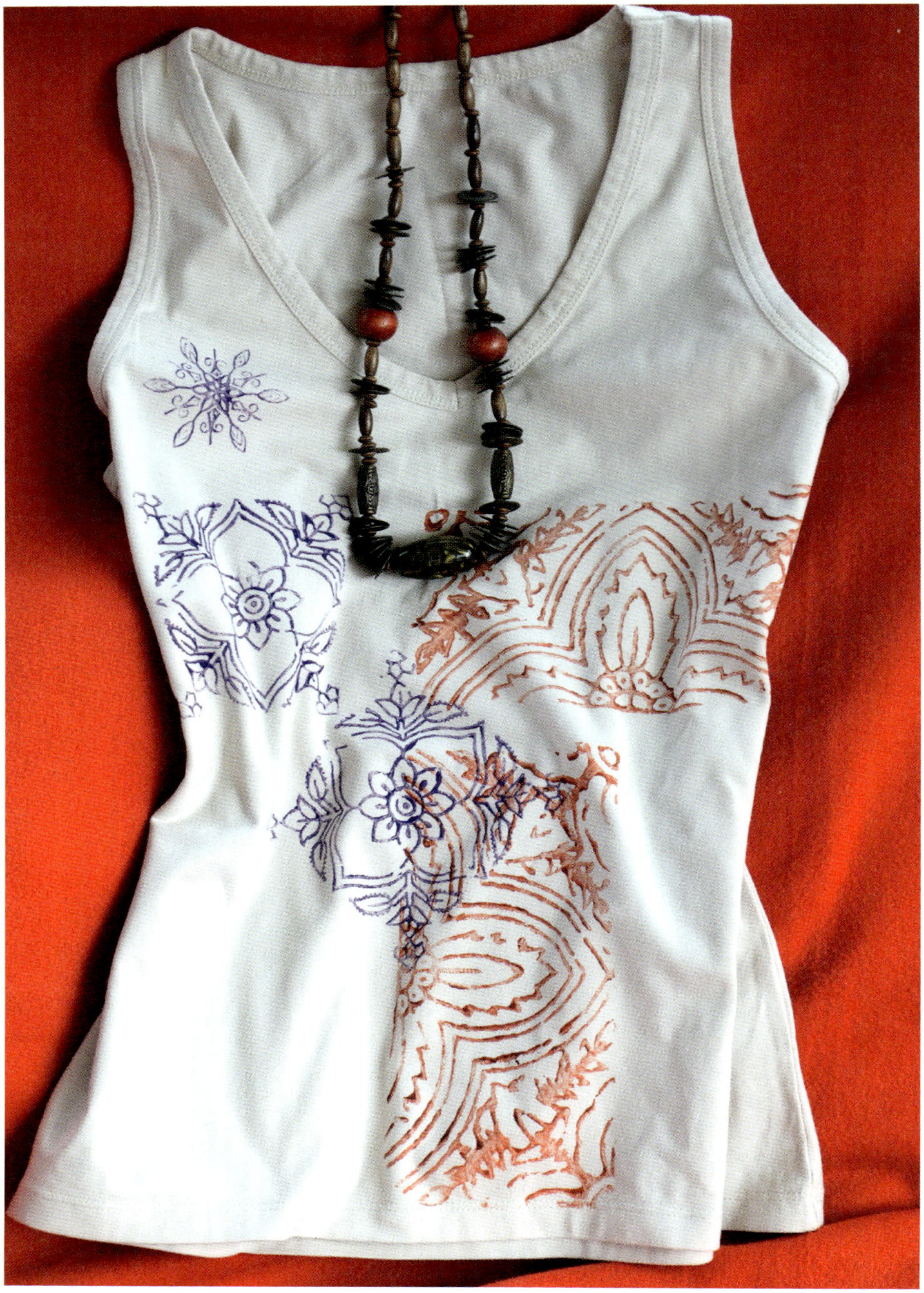

Shirt mit modernem Modelmuster

T-SHIRTS UND JEANS AUS DER EIGENEN KREATIVWERKSTATT

Beim Bedrucken von **T-Shirts, Blusen oder Hemden** gilt es darauf zu achten, dass an den Stellen, an denen die Gefahr des Durchdruckens besteht, eine Zeitung untergelegt wird, um so unschöne Abdrücke auf der Rückseite des Kleidungsstückes zu vermeiden. Im Beispiel wird aus einem schlichten, weißen T-Shirt aus Baumwolle ein frisches Sommershirt mit Orangenmuster. Der Orangenmodel wurde selbst geschnitzt, wie im Kapitel „Die Model" beschrieben.

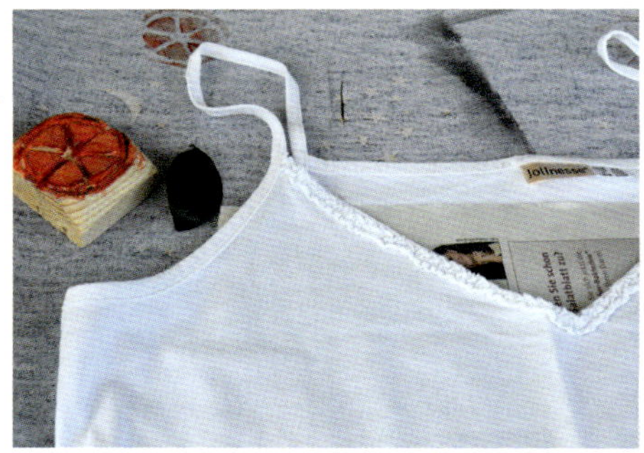

Ein T-Shirt wird gestaltet, die Zeitung schützt vor dem Durchdrucken.

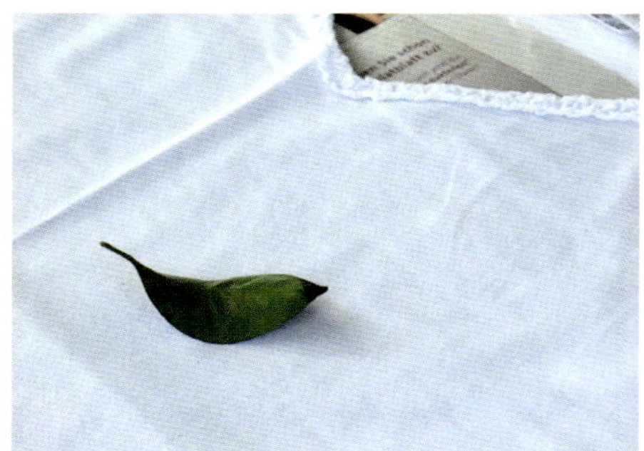

Blätter von einem Orangen- oder Zitronenbäumchen bilden die Grundlage.

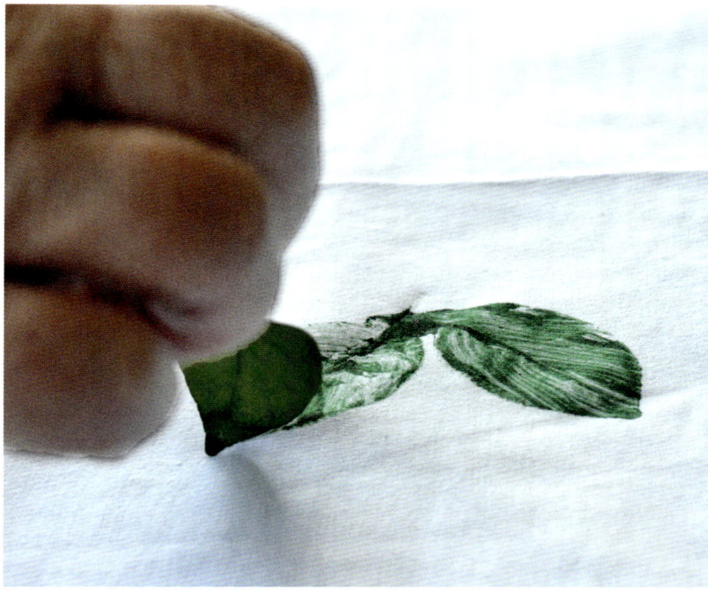

Nach dem Druck können feine Linien mit dem Pinsel nachgezogen werden.

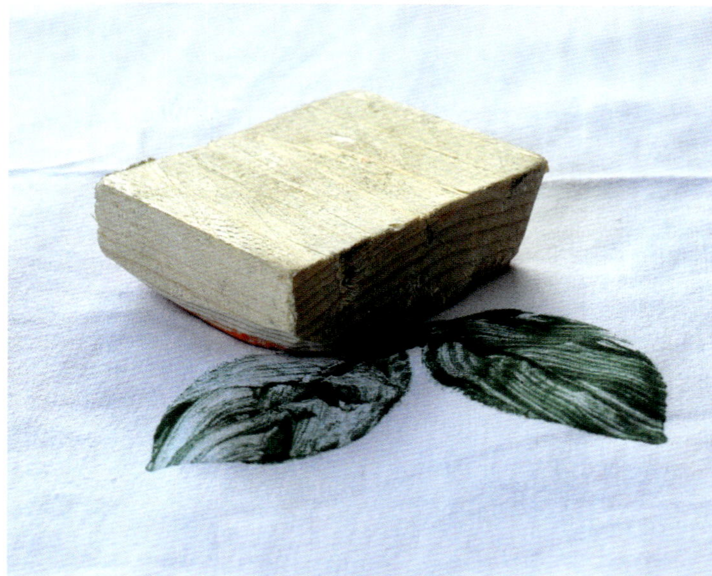

Die Orange wird mit einem selbst geschnitzten Model aufgedruckt.

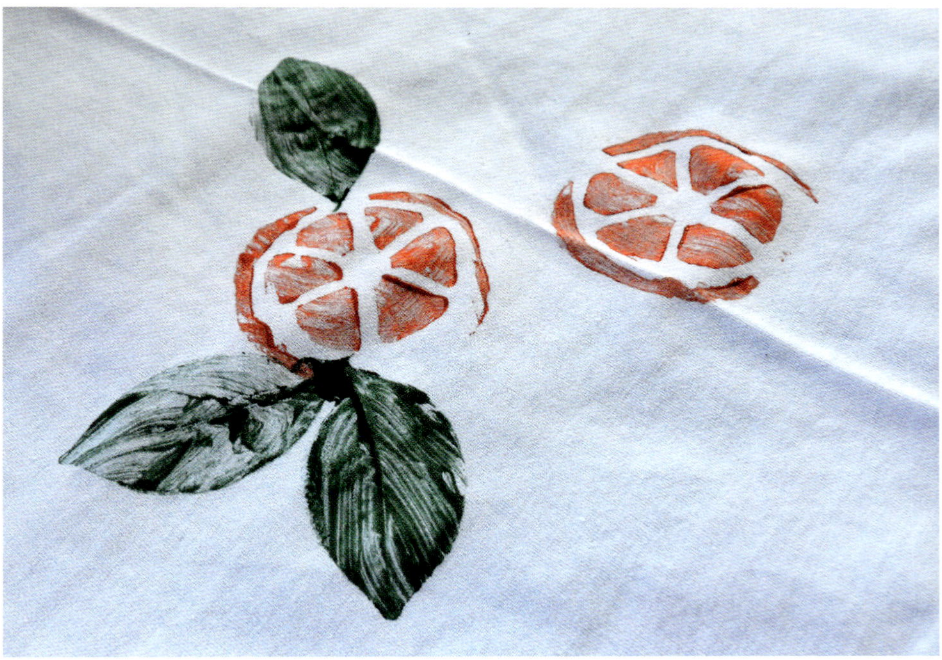

Die Gestaltung folgt Lust, Laune und Fantasie.

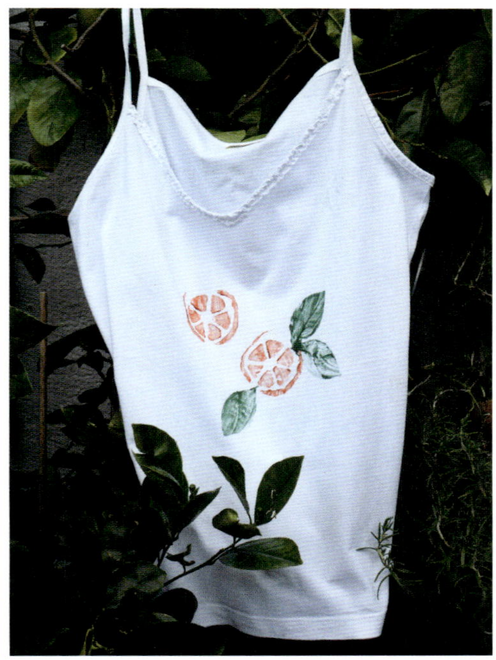

Das fertige T-Shirt am Zitronenbäumchen, das seine Blätter gespendet hat.

Auch **Jeans** können wunderbar mit Stoffdruck gestaltet werden. Frische Muster oder einzelne Motive machen aus Stangenware individuelle Einzelstücke, ausgebesserte Stellen können durch Druckmotive fast unsichtbar gemacht werden. Beim Bedrucken von Jeansstoffen kommen sehr helle Farben am besten zur Geltung, je nach dem Farbton der Hose kann man Weiß mit verschiedensten Farben mischen. Es empfiehlt sich, auf einem Probestoff ähnlicher Farbe zu prüfen, welche Mischung am besten wirkt. Für das Beispiel wurde reines Weiß gewählt und damit eine Borte auf einem Hosenbein angebracht. Dazu benötigt man einen Model, der fortlaufend aufgedruckt wird und einen zweiten, der die Borte abschließt. Das Kleidungsstück wirkt mit einem Mal spannend und wird zum „Hingucker".

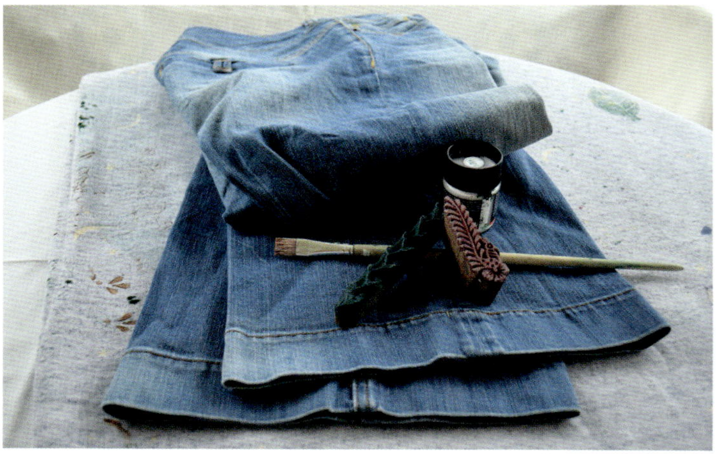

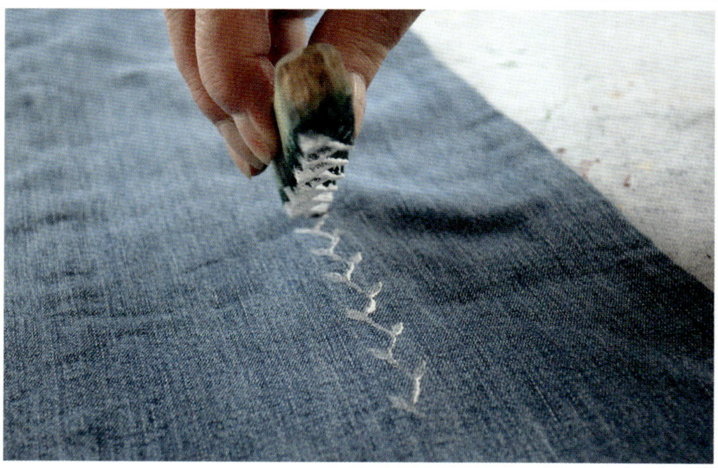

Oben: Model, Farbe, Pinsel und es kann losgehen.
Unten: Der mit Weiß bestrichene Model wird fest aufgedruckt und dann vorsichtig entfernt.

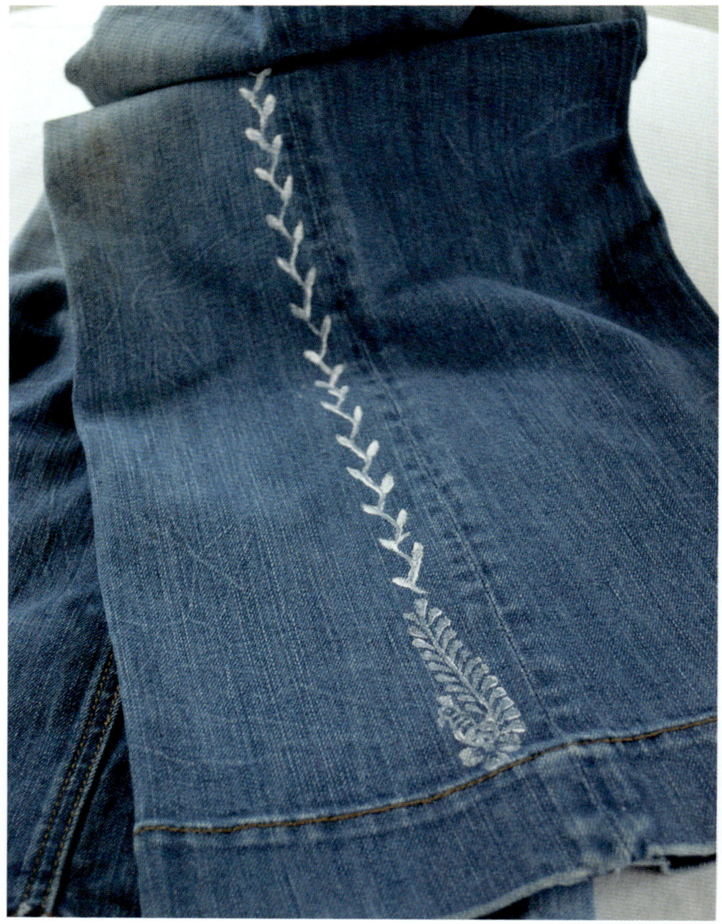

Alte Jeans in neuem Licht

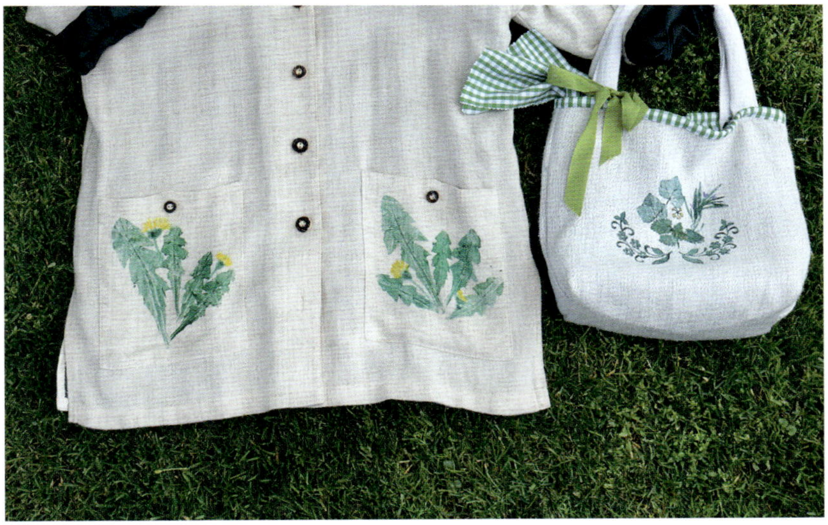

Leinentrachtenjacke mit Löwenzahnmuster

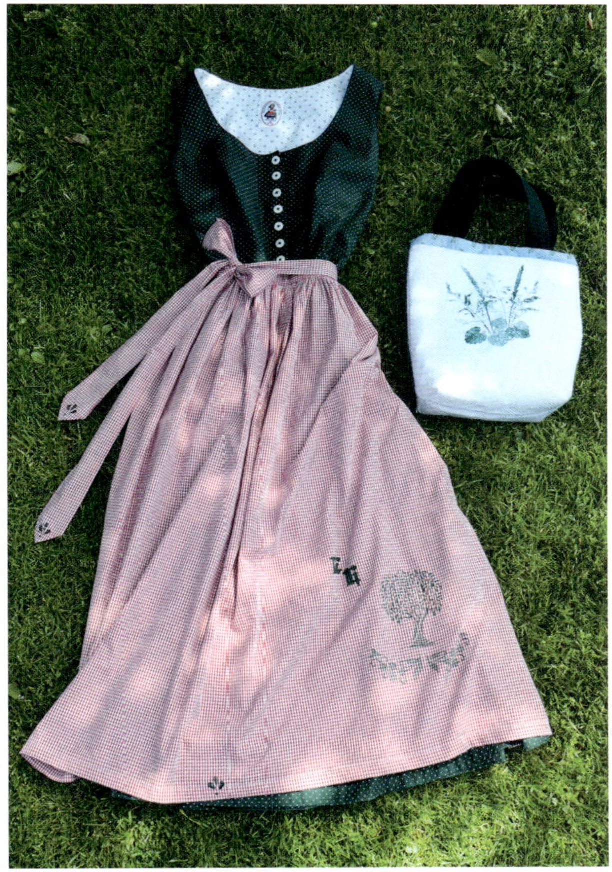

Muster überdrucken: große Symbole auf feinen Linien

TRACHTENMODE SELBST GESTALTET

Auch Trachtenschürzen oder einfarbige Oberteile können mittels Stoffdruck zu neuem Leben erweckt werden. Einzelne Kleidungsstücke und Accessoires können mit Hilfe kreativer Gestaltung aufeinander abgestimmt werden. Dies kann zum Beispiel durch das Aufdrucken gleicher Motive oder die Verwendung gleicher Farben geschehen. Beim Umgestalten von Kleidungsstücken darf man sich vorab ein wenig mit Trends und Farben beschäftigen. Verschiedene Muster zusammen zu tragen war beispielsweise jahrzehntelang verpönt, ist aber nun in der Modewelt durchaus angesagt. Allerdings sollte man dabei einige kleine Regeln befolgen, um Kleidung nicht nur selbst zu gestalten, sondern auch gut aussehen zu lassen.

Große Muster werden beispielsweise nur mit kleinen Mustern kombiniert. Speziell beim Überdrucken von gemusterten Stoffen ist also darauf zu achten, dass man große Motive verwendet, wenn der Stoff kleingemustert ist und auch umgekehrt. Bei der Farbwahl sollte entweder eine Komplementärfarbe verwendet oder ein Grundton gewählt werden, in dem man sich bewegt. Im besten Fall verwendet man Stoffreste zum Ausprobieren oder arbeitet vorsichtig auf der Rückseite eines Kleidungsstückes, um zu überprüfen, wie der erste optische Eindruck ist.

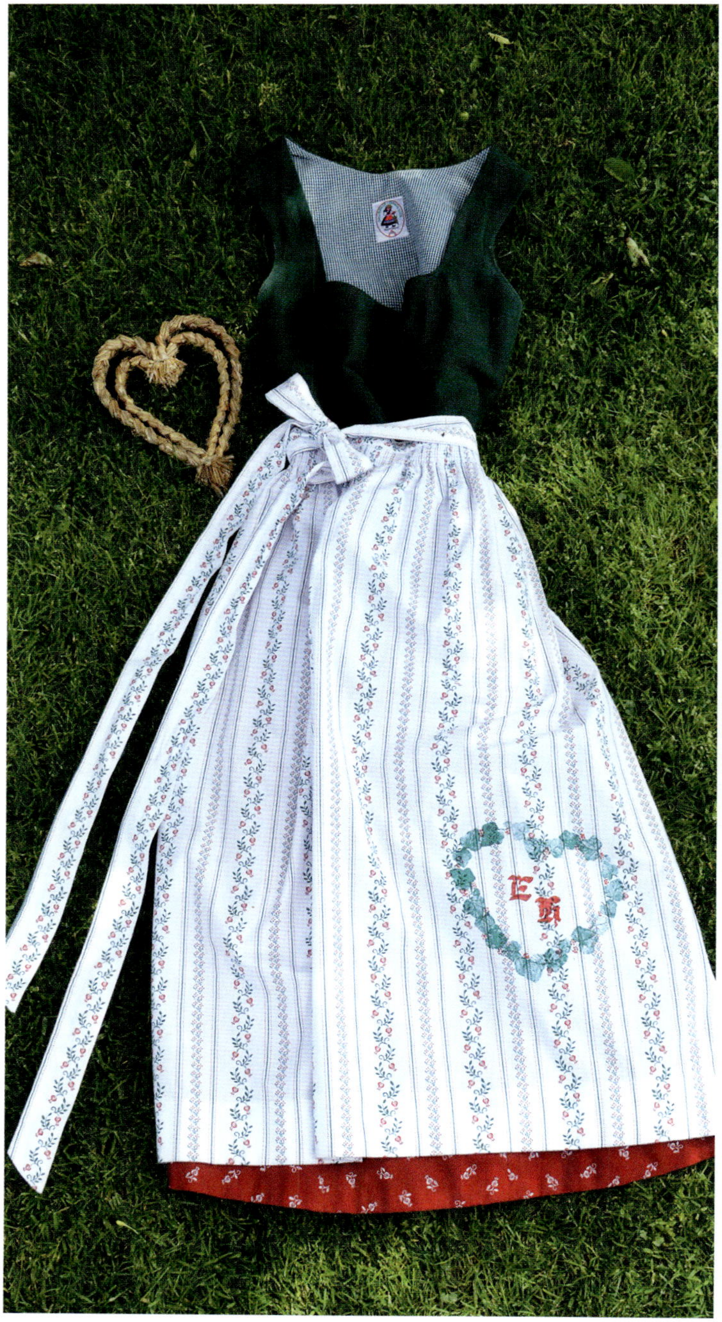

Ganz persönlich: Dirndlschürze mit Efeuranken und Initialen

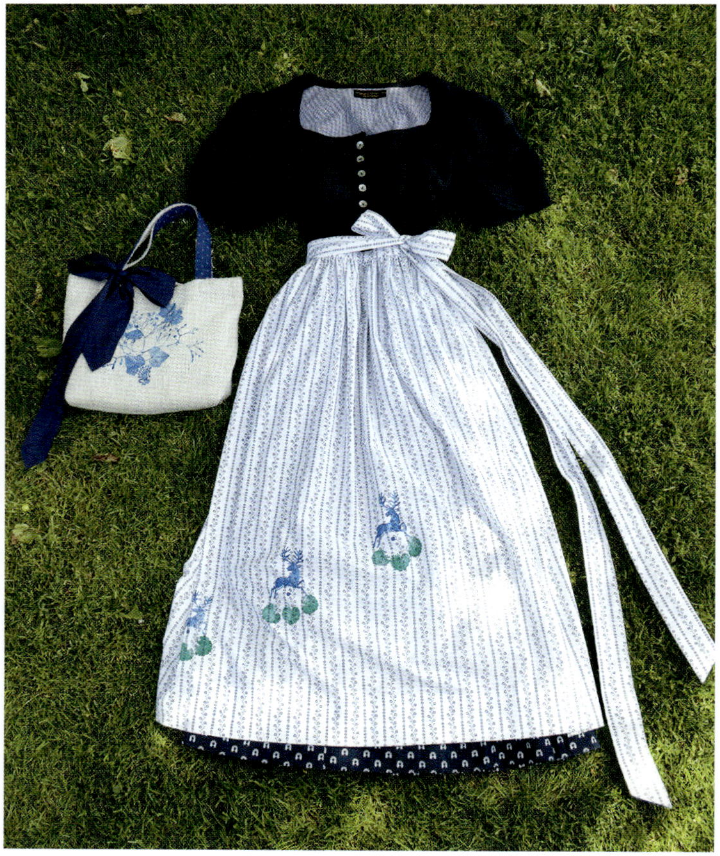

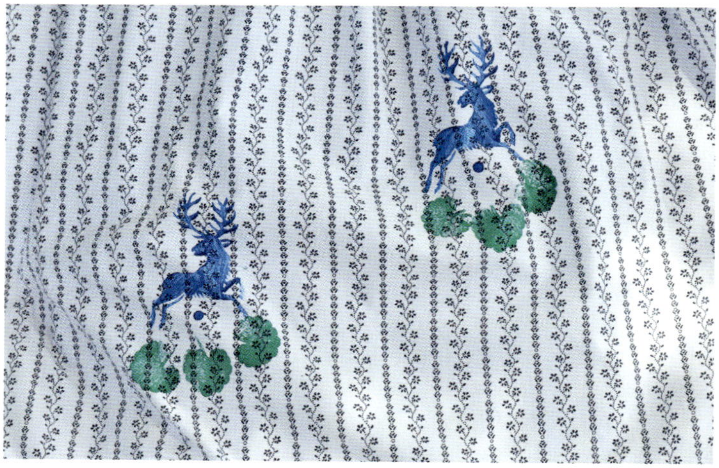

Moderne Kombination auf Tracht: Blaue Hirsche mit Gundelrebe

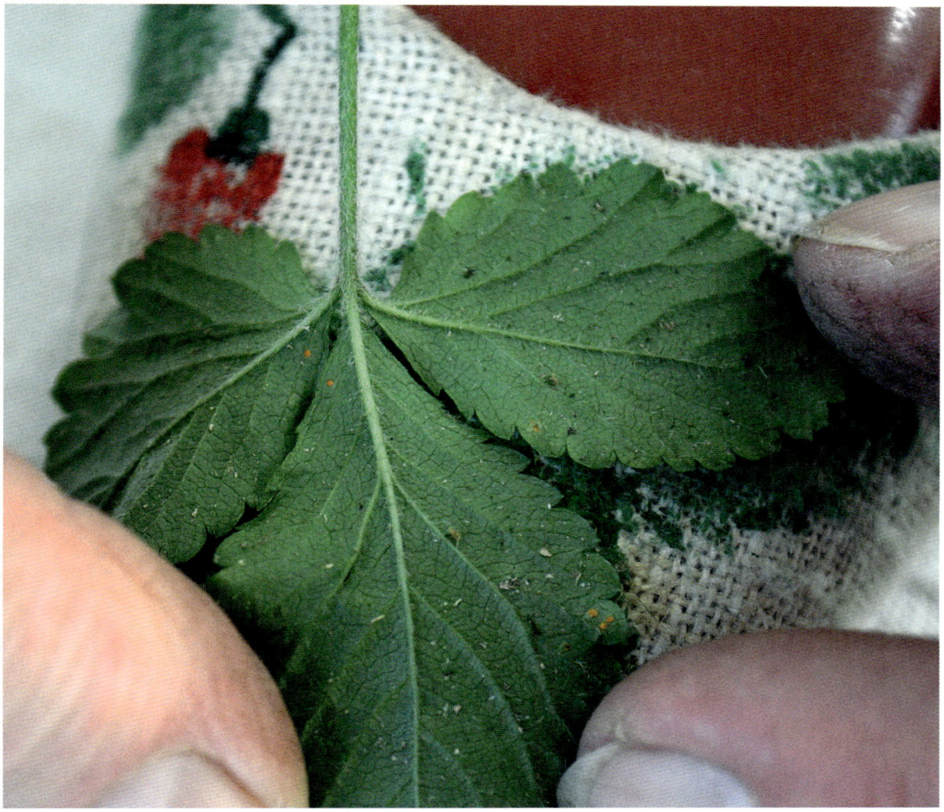

Die Erdbeerblätter werden mit Farbe bestrichen und auf den Schuh gedrückt.

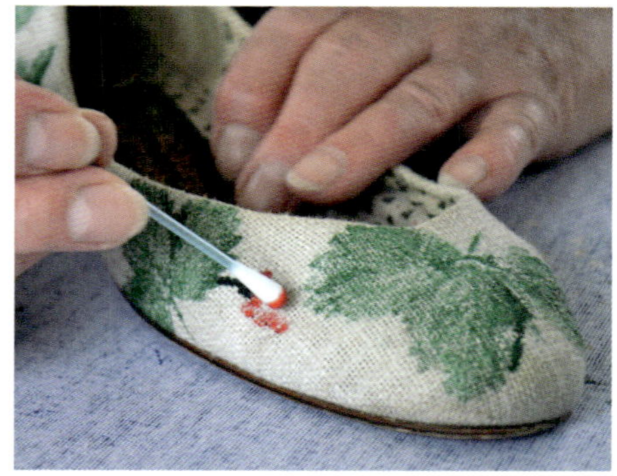

Vorsichtig werden die Früchte aufgetupft.

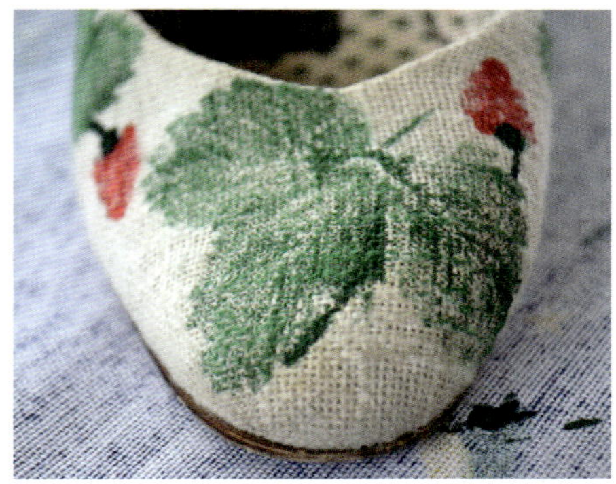

„Erdbeerschuhe" – das Ergebnis kann sich sehen lassen.

Trachtenschuhe

Bein Bedrucken von Schuhen gilt es in erster Linie auf das Material zu achten – nachdem die meisten Stofffarben fixiert werden müssen, eignen sich Schuhe aus textilem Material besonders gut. Trachtenschuhe aus Leinen lassen sich beispielsweise passend zum Dirndlkleid gestalten. Beim Aufdrucken der Blätter, so man das möchte, kann das Glas nicht verwendet werden, sondern die Blätter werden vorsichtig und mit möglichst gleichmäßigem Druck mit den Händen aufgedruckt. Die Gestaltung von Blüten und Beeren erfolgt wie auf anderen Werkstücken mit Pinsel und Wattestäbchen und auch Model werden gleich verwendet, wobei man am besten einen Schuhspanner in den Schuh gibt, um eine möglichst gute Unterlage für den Druck zu haben. Fixiert wird auch am Schuh mit dem Bügeleisen. Dazu muss die Farbe, wie bei allen anderen Werkstücken auch, zuerst getrocknet sein, dann wird ein Tuch auf den Schuh gelegt und der Druck vorsichtig mit dem Bügeleisen fixiert.

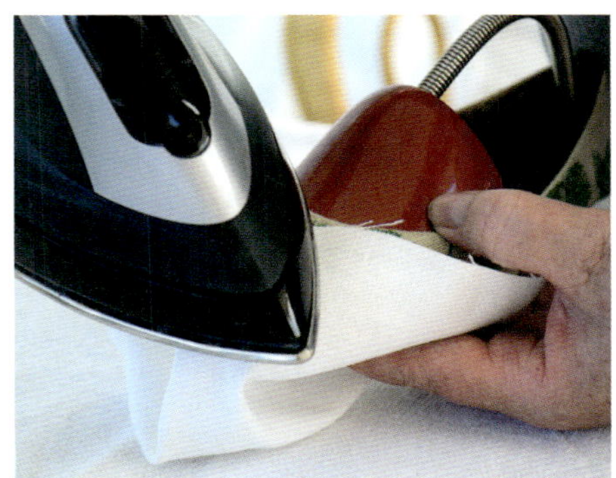

Mit einem Baumwolltuch wird der Druck geschützt und mit dem Bügeleisen fixiert.

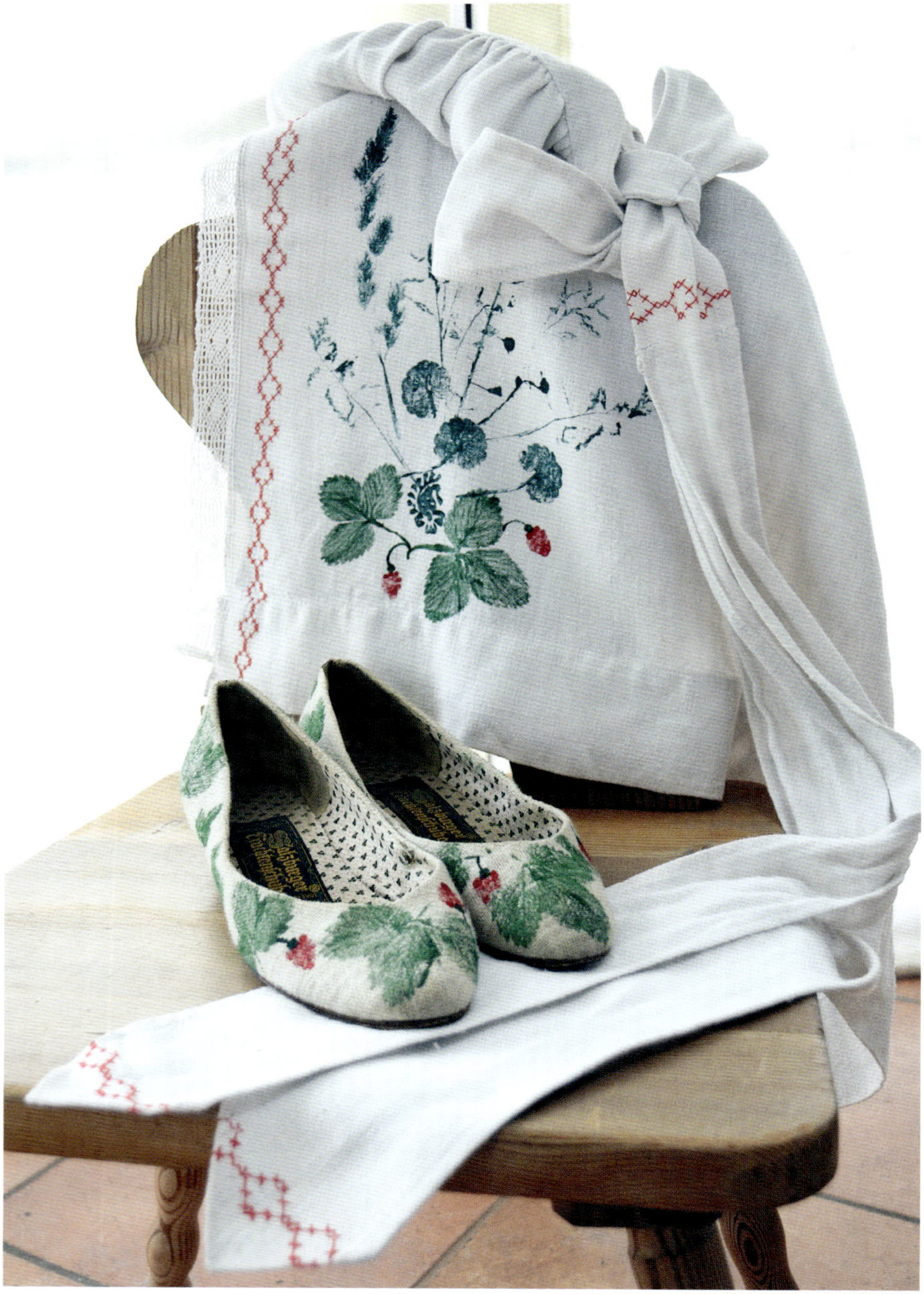

Die selbst bedruckten Schuhe in Kombination mit der passenden Dirndlschürze

Eine Dirndlschürze selbst nähen und bedrucken

Das Nähen von Trachten ist eine Fertigkeit, die man nicht beim ersten Stück sofort beherrschen kann. Dazu bedarf es einiger Übung. Eine Schürze für ein Dirndl gehört aber zu den Dingen, die man auch als Hobbynäherin schafft. Dazu nimmt man die alte Schürze des Dirndlkleides als Vorlage für die Maße. Sollte diese Schürze nicht mehr vorhanden sein, so gilt, dass die Länge der Schürze von der Rocklänge des Dirndls abhängt. Man schneidet den Stoff – einen leichten Baumwoll- oder Seidenstoff, der schön fällt – so zu, dass der Rock unterhalb der fertigen Schürze noch ein wenig zu sehen ist, optimal sind drei bis fünf Zentimeter.

DAS RICHTIGE MASS

Die Breite einer Schürze beträgt mindestens 120 Zentimeter. Für den Bund benötigt man ein Stoffstück mit etwa 60 bis 80 Zentimetern Länge und 10 Zentimetern Breite, für die Schleife zwei Stoffstücke mit jeweils etwa 120 Zentimetern Länge und 10 Zentimetern Breite. Die Länge der Schleife hängt einerseits von der Taillenstärke ab, andererseits davon, ob man die Schürze vorne oder hinten binden möchte.

Hat man noch eine alte Schürze zur Hand, so kann diese auf den Stoff aufgelegt werden. Am unteren Rand der

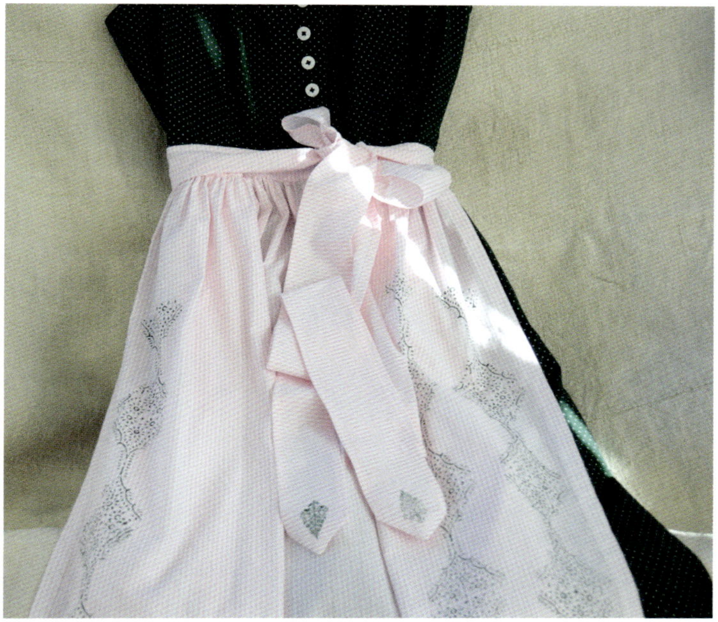

Die selbst gemachte Dirndlschürze

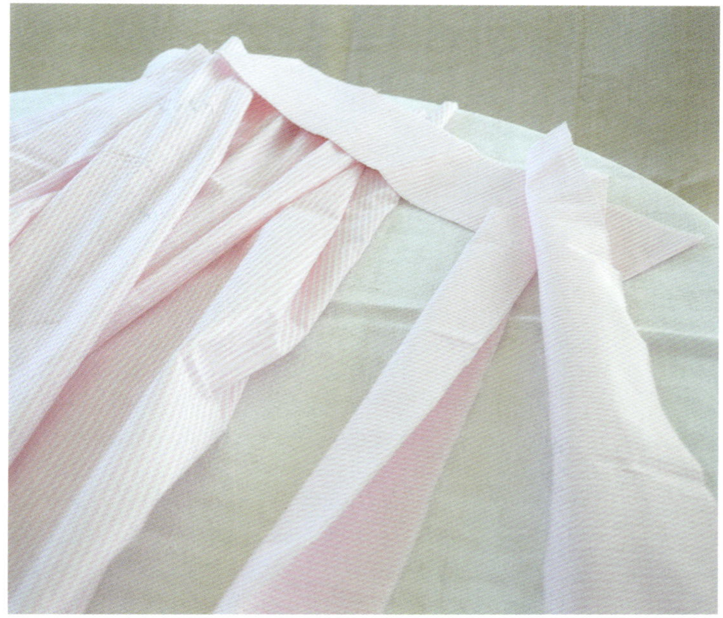

Die Stoffteile, fertig vorbereitet

Schürze kommen drei Zentimeter Stoffzugabe hinzu, an den Seiten jeweils ein Zentimeter. Die Länge der Schürze variiert, denn sie hängt wie erwähnt von der Länge des Dirndlrockes ab. Man kann auch den Rock des Dirndls abmessen und von der gemessenen Länge zwischen drei und fünf Zentimetern abziehen, damit die Schürze etwas kürzer als der Rock ist. Möchte man nun ein durchgehendes Muster auf die Schürze drucken, so sollte dies vor dem Vernähen gemacht werden, da die Dirndlschürze gerafft wird und so danach keine glatte Fläche zum Drucken zur Verfügung steht. Einzelne Motive können auch nach dem Nähvorgang noch aufgedruckt werden.

DIRNDLSCHÜRZE – SCHRITT FÜR SCHRITT

Beim Nähen wird zuerst der obere Teil der Schürze genäht, der später gerafft werden soll. Dazu stellt man an der Nähmaschine eine möglichst große Stichgröße ein und vernäht Anfang und Ende der Naht nicht. Außerdem sollten Ober- und Unterfaden lange gelassen werden. Diesen Vorgang wiederholt man dreimal, man hat dann also drei Nähte nebeneinander. Ist dies abgeschlossen, zieht man vorsichtig am Oberfaden der Naht, wodurch dieser den Stoff zusammenzieht. Man arbeitet von beiden Seiten und achtet darauf, dass die Raffung möglichst gleichmäßig wird. Zum Abschluss verknotet man Ober- und Unterfaden und schneidet den überschüssigen Faden ab.

Nun kann es an das Nähen der Kanten gehen. Man schlägt an den Seiten jeweils den einen Zentimeter Nahtzugabe ein und vernäht diesen. Als Nächstes wird der Bund der Schürze genäht. Dazu wird der Bund unterhalb der Zugstellen an die Schürze geheftet, nach oben geklappt und festgenäht. Auf der Rückseite verfährt man – wie im Bild (auf S. 134) zu sehen – genau gleich. Der Bund reicht nun ein Stück über die Breite der Schürze hinaus, dort wird die Schleife angenäht.
An beiden Schleifenteilen werden die Kanten einen Zentimeter eingeklappt und vernäht, besonders schön wird die Schleife, wenn man den Stoff doppelt einklappt. Am Ende wird eine Spitze erzeugt, wie im Kapitel „Bänder zum Verpacken und Dekorieren" genau erklärt wird. Die Schleife wird dann mit dem Bund vernäht.

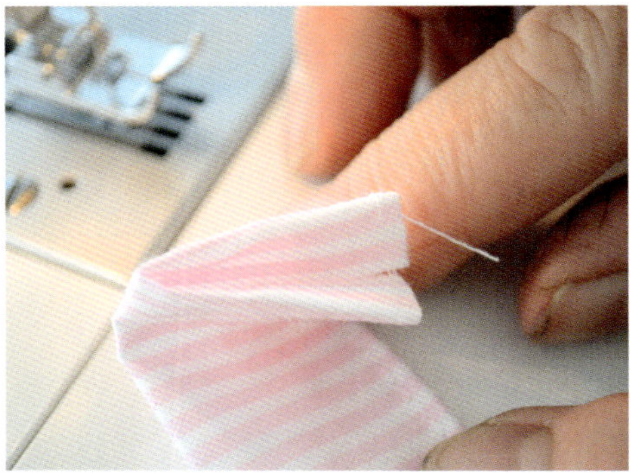
Drei Nähte mit sehr großer Stichgröße kommen untereinander.

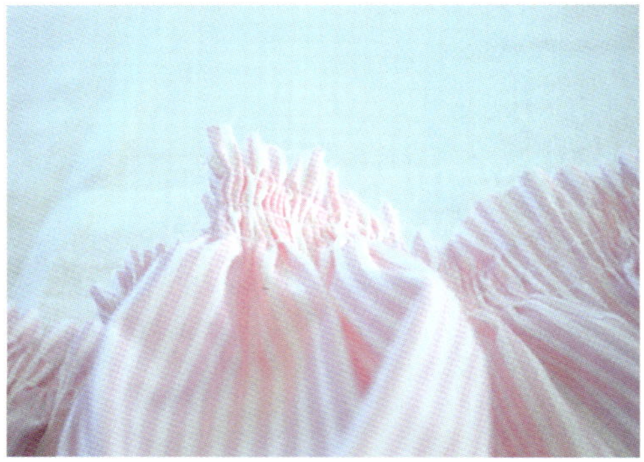
Der Oberfaden aller Nähte wird angezogen, womit sich die Schürze rafft.

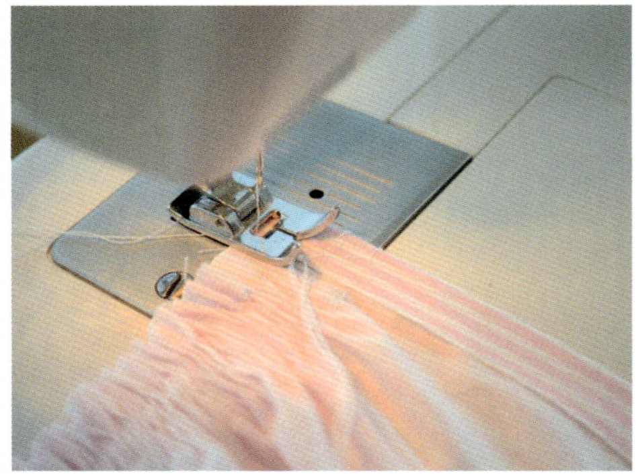
Die Seiten werden eingeschlagen und vernäht.

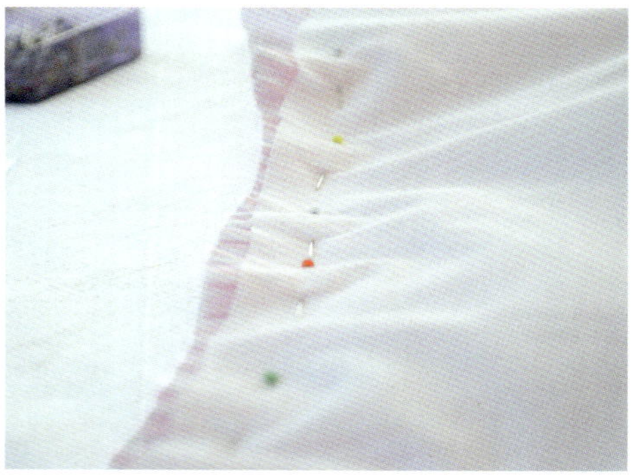
Der Bund wird mit Stecknadeln festgesteckt.

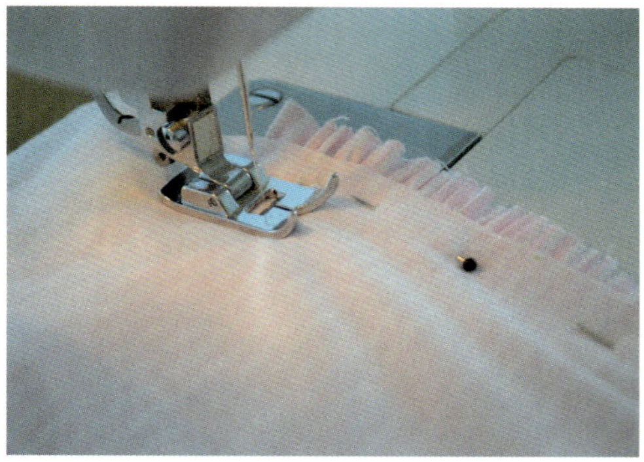
Der festgesteckte Bund wird mit einer Naht angenäht.

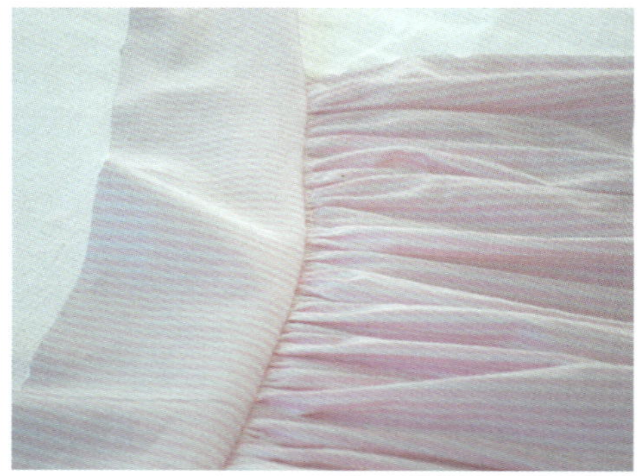
Der Bund wird hochgeklappt und man sieht das Ergebnis.

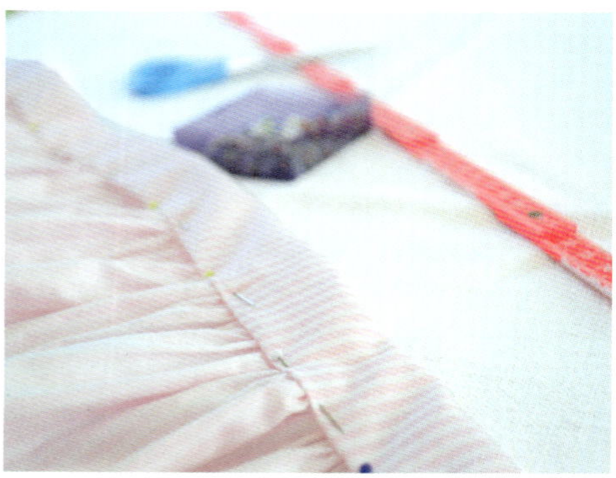
Auch auf der Rückseite wird der Bund festgesteckt und vernäht.

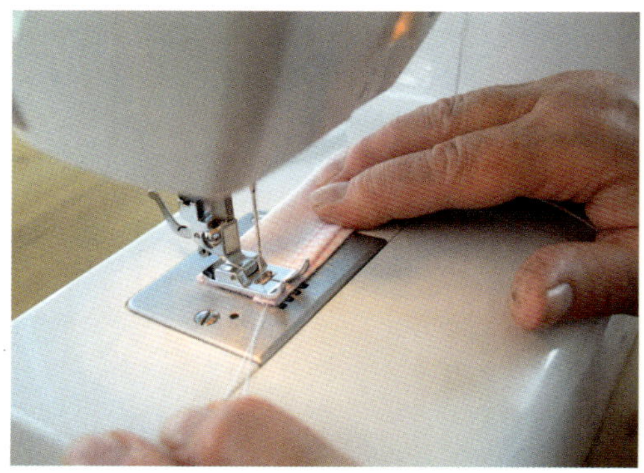
Die Schleife wird längs eingenäht und dann an der Breitseite abgenäht.

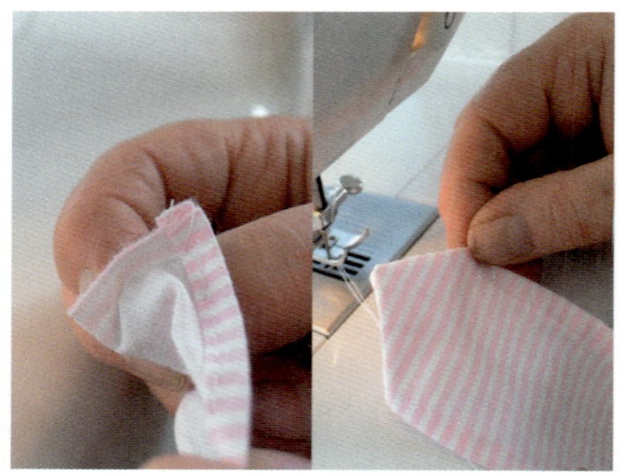
Die abgenähte Stelle wird umgedreht und man erhält eine Schleifenspitze.

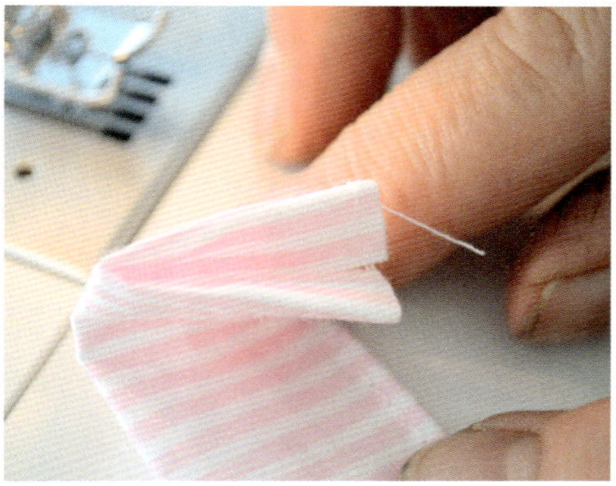

Das Bündchen wird am Rand eingeklappt.

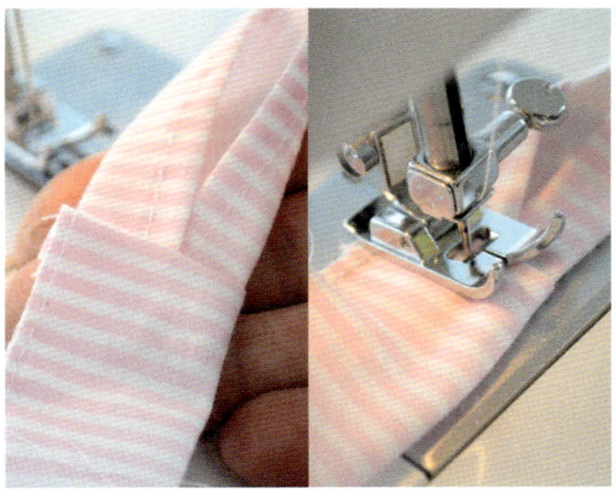

Das Ende der Schleife wird in das Bundende eingeführt und vernäht.

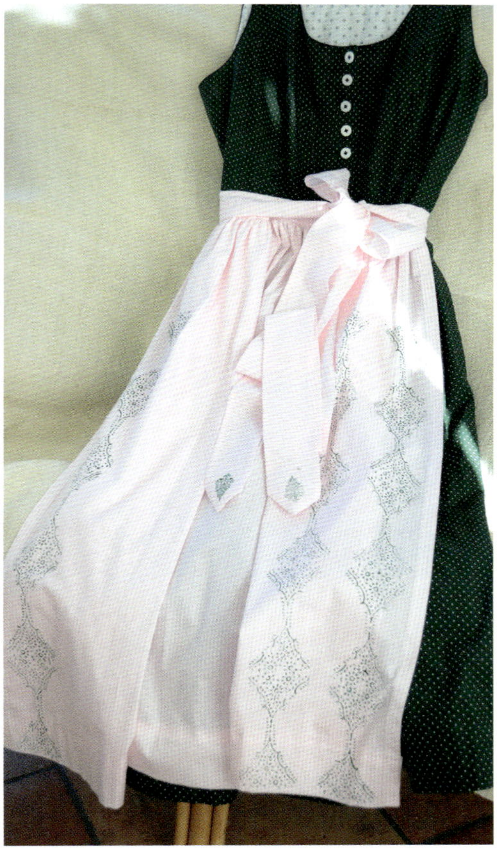

Das fertig bedruckte Stück – eine individuell gestaltete Dirndlschürze

Zum Schluss geht es an den unteren Rand, denn mit dieser Naht wird die Länge der Schürze fixiert. Die Schürze wird an das Dirndlkleid gelegt, am besten zieht man beides an. Der untere Rand das Schürze wird nun so weit eingeschlagen, dass man die gewünschte Länge erhält, dies ist, wie erwähnt, Geschmackssache. Der Rock des Kleides darf aber unter der Schürze hervorlugen.

Das untere Ende der Schürze wird also eingeschlagen und vernäht – nun ist die Länge fixiert. Die Schürze wird nun gebügelt und – wenn man den Stoff noch nicht bedruckt hat, mit den ausgewählten Modeln und Pflanzen bedruckt. Danach darf noch einmal gebügelt werden, zum Fixieren der Farbe, und die Schürze ist fertig!

FRISCHER WIND FÜR HAUS UND WOHNUNG

Neben Tischwäsche und kreativen Ideen für Küche und Badezimmer, wie sie bereits beschrieben wurden, kann grundsätzlich alles in Haus und Wohnung durch Stoffdruck künstlerisch gestaltet werden. Vorhänge und Bettwäsche eignen sich genauso zum Bedrucken wie Teppiche. Solange das Material die Farbe annimmt und man diese auch gut fixieren kann, sind der Fantasie keine Grenzen gesetzt.

Vorhänge

Beim Bedrucken von Vorhängen sollte darauf geachtet werden, dass die Pflanzen und Muster nicht zu hell ausfallen, da das durchscheinende Sonnenlicht sonst vieles verschwinden lässt, aber auch nicht zu dunkel, denn großflächige, dunkle Muster können stimmungsdämpfend, für Kinder oft auch bedrohlich wirken. Bei Vorhängen empfiehlt es sich, einen ersten Versuch auf einem Probetuch zu unternehmen und dieses Tuch dann an das Fenster zu hängen. So lässt sich überprüfen, wie der selbst gestaltete Vorhang unter verschiedensten Lichtverhältnissen aussieht.

Feine Pflanzenmuster in kräftigen Farben bieten sich für die Vorhänge von Kinderzimmern ganz besonders an und können auch jahreszeitlich gestaltet werden. So erleben die Kinder den Jahreszeitenkreis auch in ihren eigenen vier Wänden.

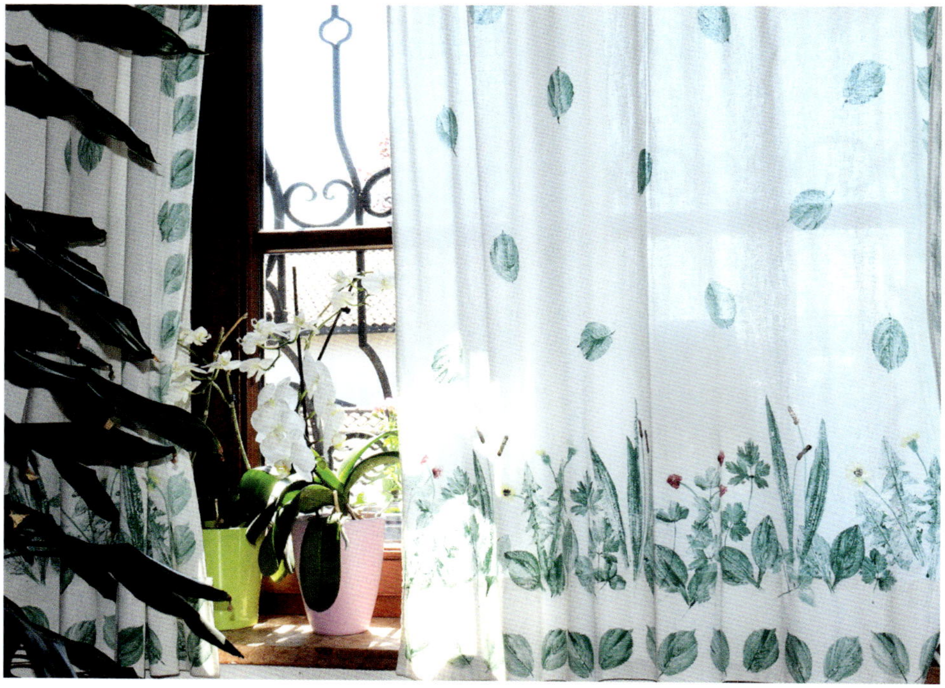

Frische Frühlingskräuter zieren den Vorhang im Flur.

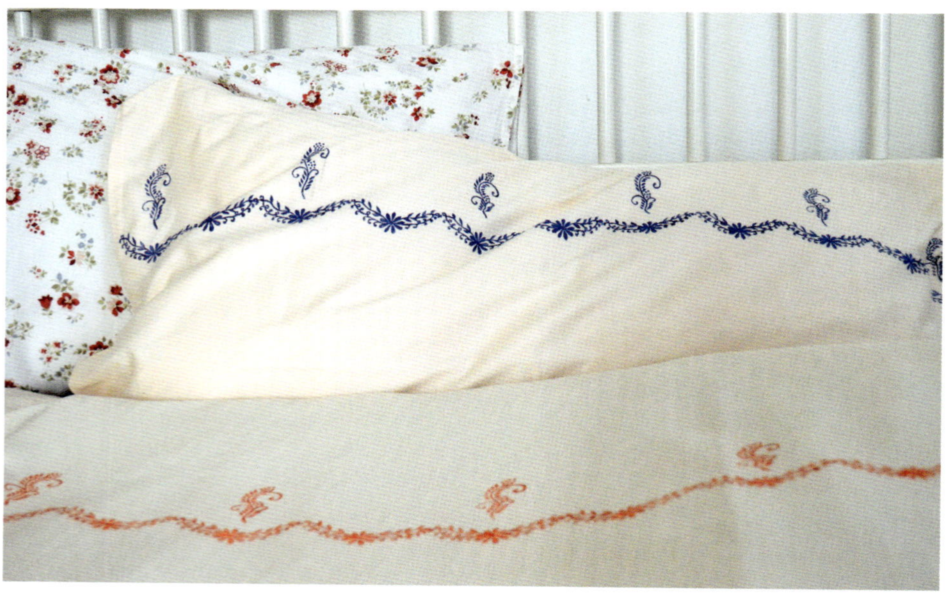

Zarte Borten in zwei Farben – die erste selbst gestaltete Bettwäsche

Bettwäsche

Auch Bettwäsche eignet sich zum Gestalten mittels Stoffdruck. Da es kaum möglich ist, einen Stoffrest aus demselben Material zu bekommen, es sei denn, man näht die Bettwäsche selbst, empfiehlt es sich, beim Material auf Vertrautes zu achten. Leinen oder Baumwolle nehmen die Druckfarbe gut an und behalten sie auch. Möchte man auf Kunstfasern zurückgreifen, so sollte am Farbtiegel kontrolliert werden, ob darauf verwiesen wird, dass bei Kunstfasern andere Ergebnisse zu erwarten sind. Normalerweise funktionieren Farben für Textildruck aber sehr gut auf den verschiedensten Materialien. Im Anhang dieses Buches ist angeführt, wo man Tisch- und Bettwäsche aus echtem Leinen bekommen kann, denn auf diesem Material kommt der Stoffdruck ganz besonders gut zur Geltung.

Bei der Gestaltung von Bettwäsche gilt es, Kreativität und den praktischen Gedanken zu vereinen. Zu viele Muster können unruhig wirken, von großen, dunklen Flächen hat man rasch genug. Wer sich beim Gestalten der eigenen Bettwäsche unsicher fühlt, kann mit zarten Ranken und Borten beginnen, diese fixieren und die Bettwäsche einfach einmal ausprobieren. Nichts spricht dagegen, nach dem ersten Benutzen einfach weiterzuarbeiten!

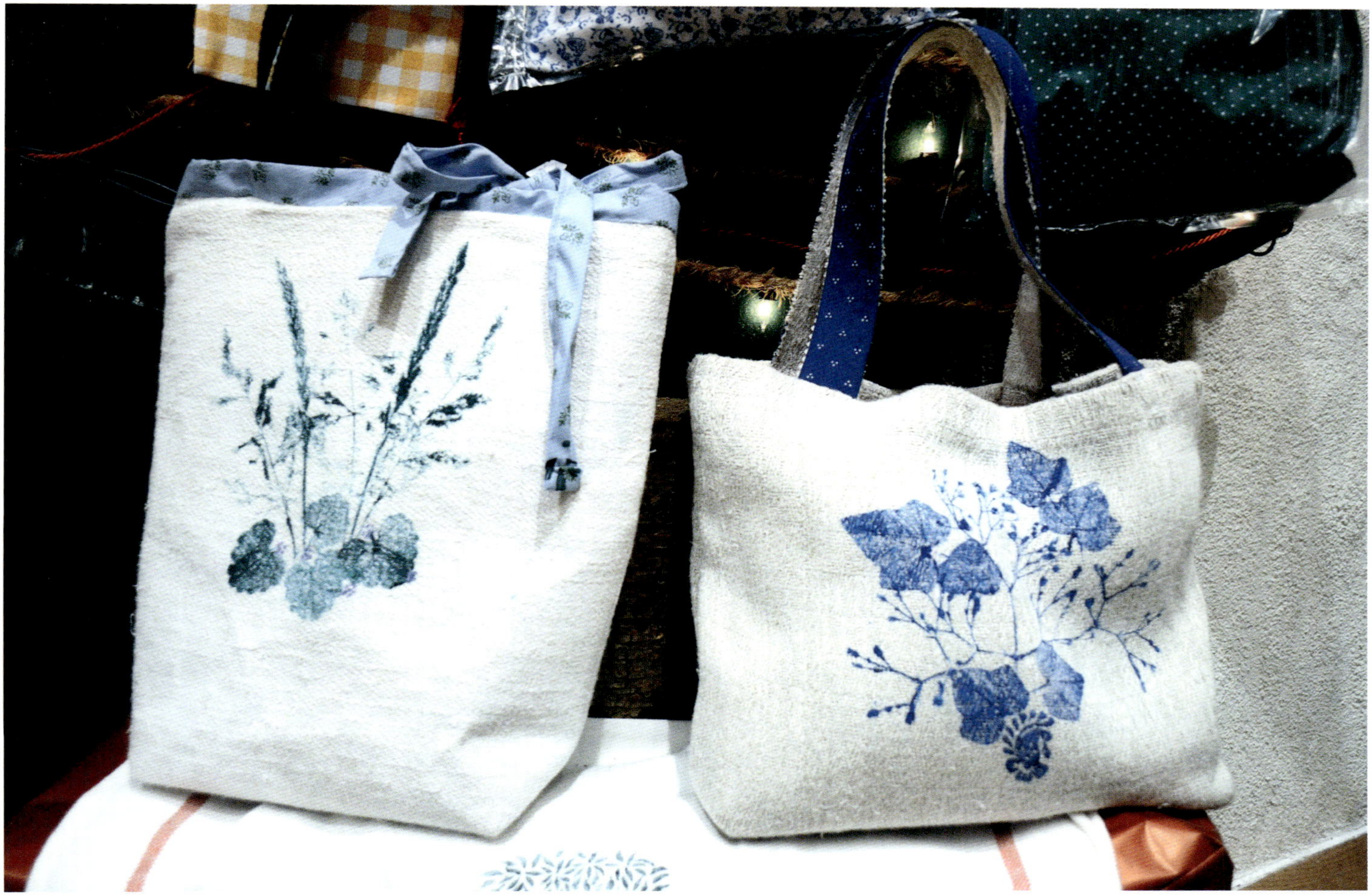

Taschen mit Boden, zwei Henkeln und vernähtem Rand

EINE SELBST GENÄHTE TASCHE

Taschen benötigt man für jeden Zweck. Ob als Einkaufstasche, als Transporttasche für Notebook oder Bücher oder einfach als Accessoires passend zum Dirndl – all diese Taschen kann man natürlich auch selbst nähen und selbst gestalten.

Das Herstellen einer Tasche ist keine Hexerei und je nach näherischem Können und Geduld kann man die Taschen einfach halten oder mit einem Innenfutter ausstatten. Alles, was man braucht, ist der Außenstoff, der im Anschluss bedruckt werden soll, und auf Wunsch einen Innenstoff, der im besten Falle Farben oder Muster des Außenstoffs widerspiegelt. Zusätzlich zum Stoff kommen ein Lineal oder Maßband und eine Stoffschere zum Einsatz. Zuerst wird beschlossen, wie groß die Tasche werden soll. Für den Sonntagsausflug im Dirndl wird man eine kleinere Größe wählen als für die Notebooktasche und je nach Geschmack kann man die Tasche rechteckig oder quadratisch planen.

EINE SELBST GENÄHTE TASCHE – SCHRITT FÜR SCHRITT

Für eine Einkaufstasche oder Notebooktasche empfiehlt sich die Größe von mindestens 40 Zentimetern mal 45 Zentimeter. In dieser Größe schneidet man nun jeweils zwei Rechtecke des Außenstoffes und des Innenstoffes aus. Für die Henkel schneidet man zwei Stoffbahnen in den Maßen 90 mal 5 Zentimeter, dies ergibt eine Henkellänge, mit der man die Tasche bequem über die Schulter hängen kann.

Zuerst legt man die Außenstoffrechtecke aufeinander, und zwar so, dass die „schöne" Stoffseite innen liegt, jene Seite also, die dann die Außenseite der Tasche zieren soll. Bei neutralen Leinenstoffen oder Baumwollstoffen, die noch nicht bedruckt sind, ist die Stoffseite nicht definiert, man muss also darauf nicht achtgeben. Die beiden Stoffrechtecke werden nun an drei Seiten zusammengenäht, eine schmale Seite bleibt offen. Mit den Innenstoffrechtecken verfährt man genau gleich.

Die für die Henkel zugeschnittenen Stoffteile werden jeweils längs zusammengefaltet und an der Längsseite zusammengenäht, auch hier wieder mit der „schönen" Stoffseite innen. Sind beide Henkel vernäht, werden sie umgedreht, sodass die äußere Stoffseite nach innen gekehrt wird. Um zu vermeiden, dass sich die Henkel leicht verdrehen und mehr an einen Schlauch denn an einen Henkel erinnern, wird auf beiden Längsseiten noch eine Naht angebracht, möglichst knapp am Rand. Man kann Henkel auch „wild" mit der Zackenschere zuschneiden und dann nicht vernähen, auch das ist eine Variante, oder von gebrauchten Textilien breite, abgenähte Ränder abschneiden und diese als Henkel verwenden. Auch die Entscheidung, ob man einen oder zwei Henkel verwenden will, ist jedem frei überlassen.

Will man eine sehr einfache Tasche ohne breiten Boden haben, so sind nun alle Grundteile fertig und es geht ans Vernähen. Möchte man aber einen Taschenboden, so faltet man die beiden vernähten Ecken wie im Bild gezeigt und näht diese in einer Höhe von vier Zentimetern ab. Das überschüssige Stoffdreieck kann abgeschnitten werden. Mit der Innentasche verfährt man genau gleich. Die Innentasche wird in die Außentasche gesteckt und zusammen mit den Henkeln vernäht. Will man die Naht verstecken, kann man außen auch noch eine Borte anbringen.

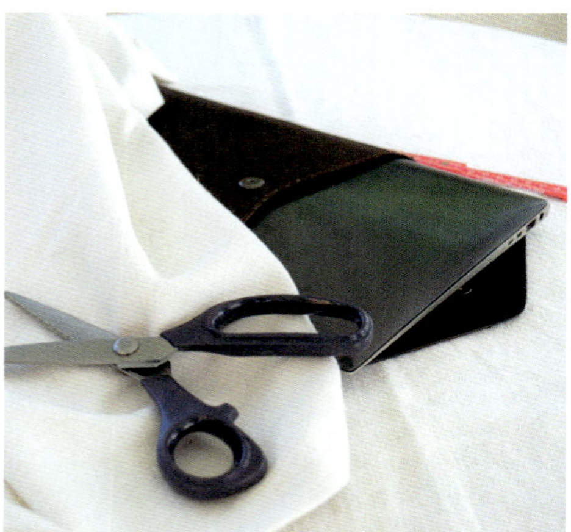

Für eine einfache Tasche braucht man ein Stück Stoff, ein Maßband und eine Zackenschere.

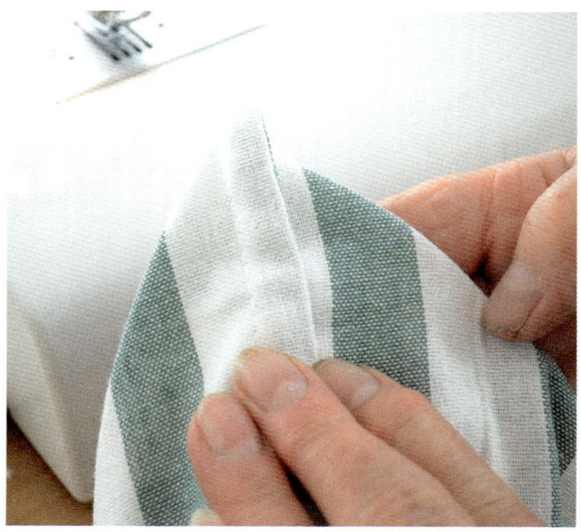

Für eine Tasche mit Boden wird nach dem Zusammennähen die untere Ecke abgenäht.

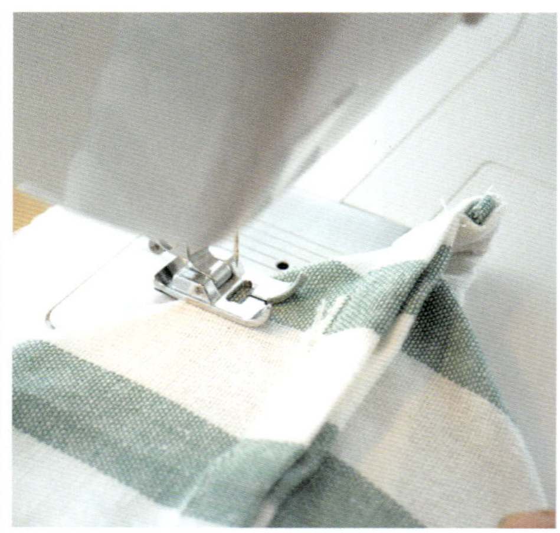

Die Naht führt quer über die Spitze.

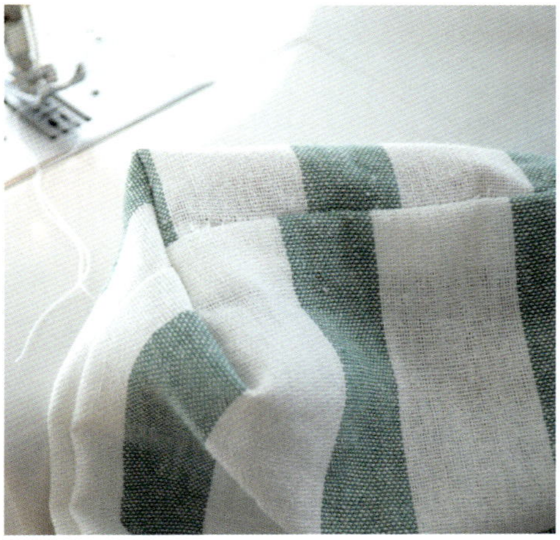

Beim Umdrehen kann man den Boden bereits erkennen.

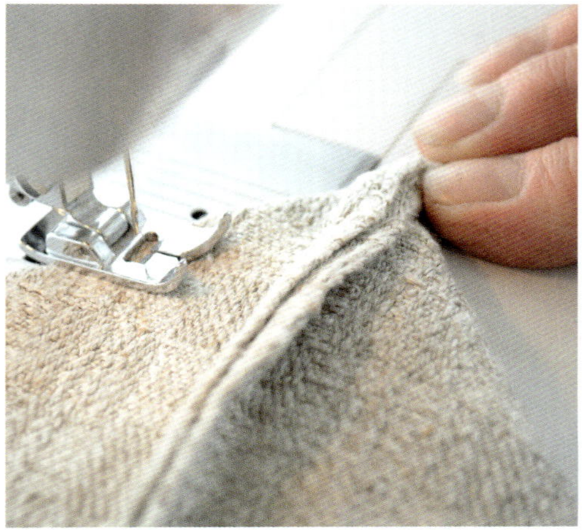

Auch der Stoff der Außentasche erhält einen Boden.

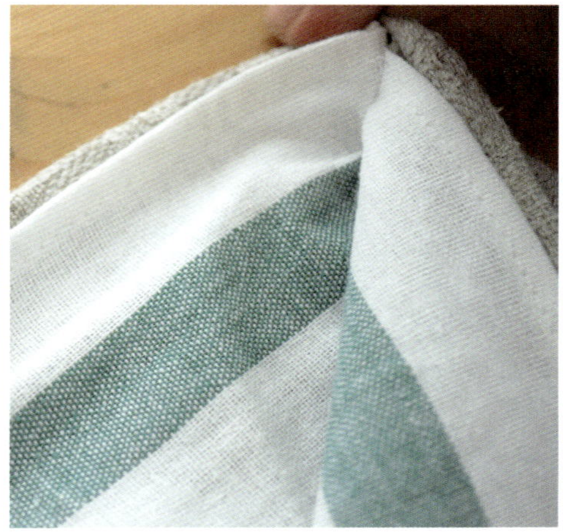

Innen- und Außentasche werden ineinandergesteckt und vernäht.

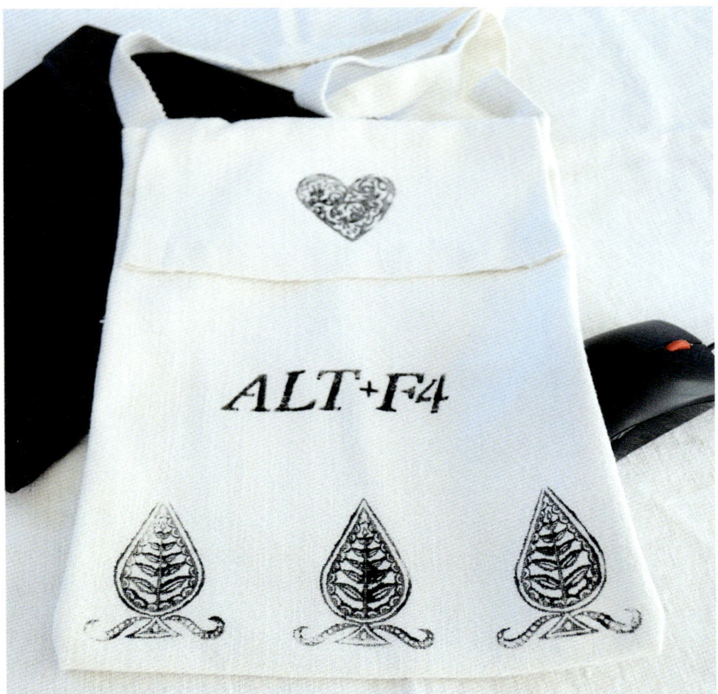

Die einfache Tasche ohne Boden und mit einem Henkel, flott bedruckt für Computerfans.

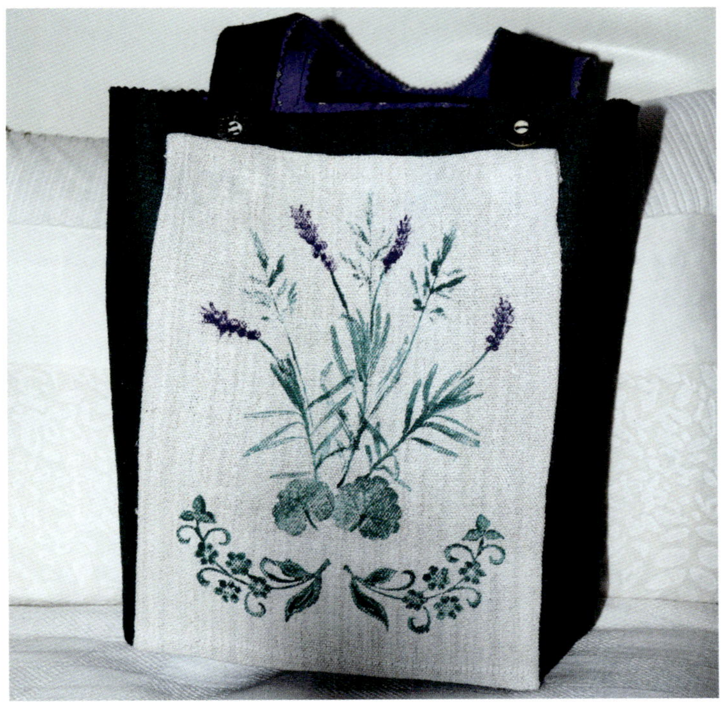

Tasche mit Boden und Lavendeldruck

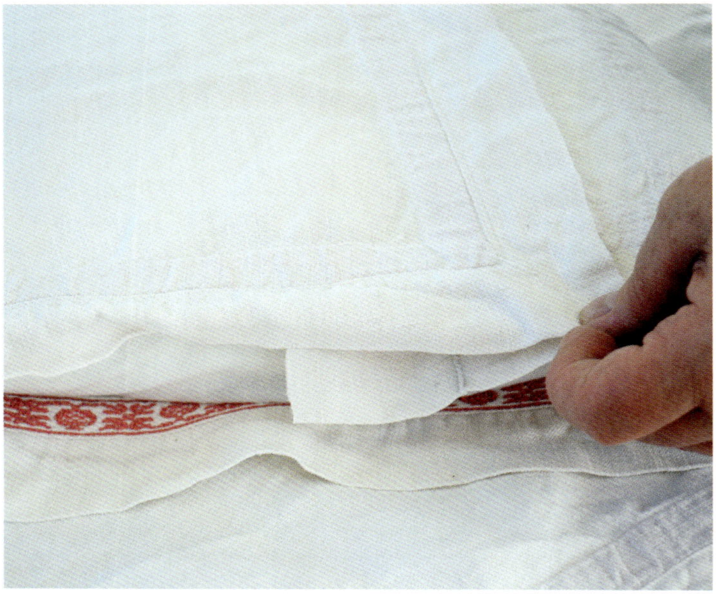

Maß nehmen ohne Maßband: Das Stoffstück wird über den Polster gelegt.

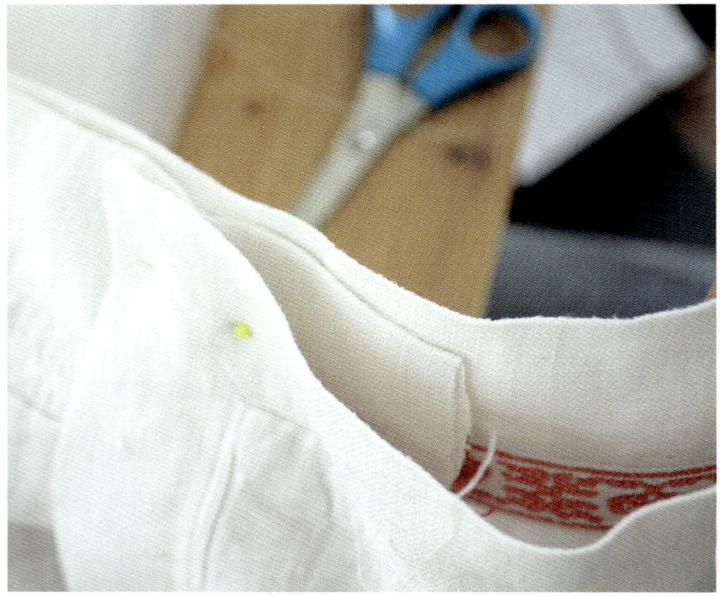

Die überlappende Stelle wird abgesteckt.

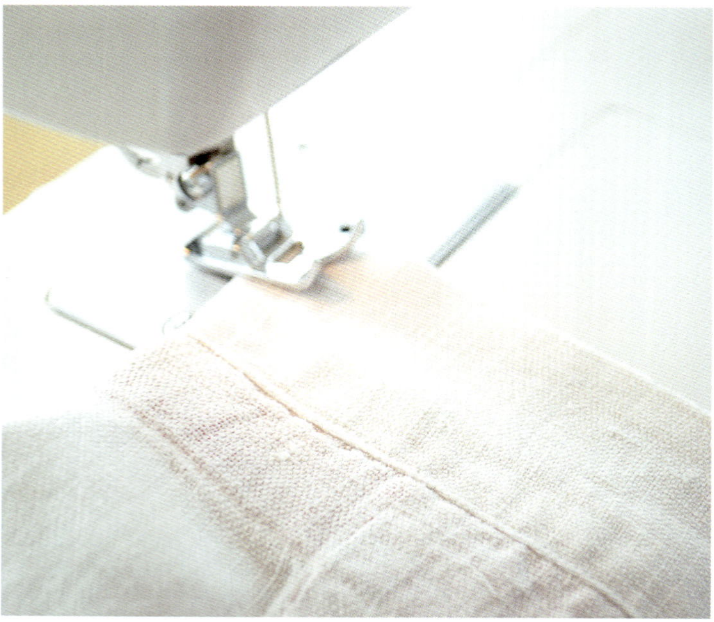

Entlang der Absteckung wird genäht.

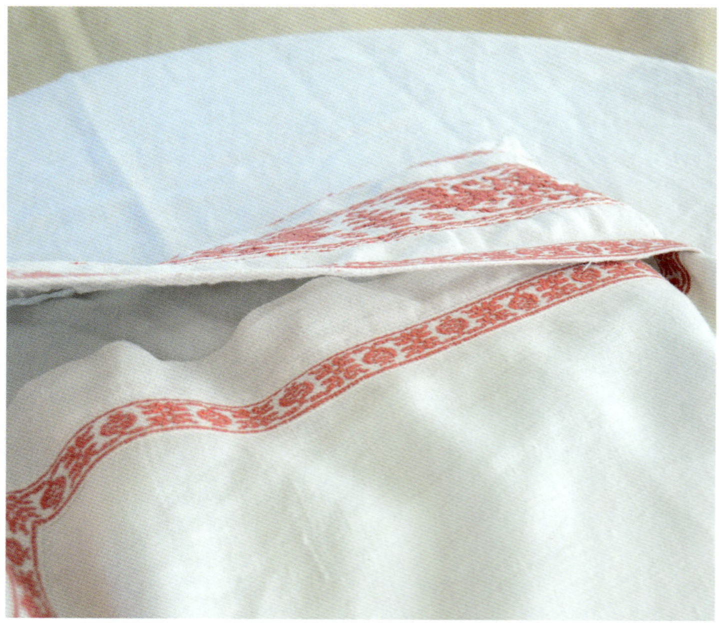

Der Polster kann über die offen gebliebene Stelle auf der Rückseite in den Überzug gepackt werden.

EINEN POLSTERBEZUG SELBST NÄHEN

Polsterbezüge erhält man in verschiedensten Größen und Materialien in jedem Einrichtungshaus. Doch was, wenn das Richtige einfach nicht dabei ist? Einen Polsterüberzug kann man ganz einfach selbst nähen und ist somit in der Auswahl des Materials völlig frei. Besonders praktisch sind Polsterbezüge ohne Knöpfe und Reißverschluss, sogenannte Hotelverschlüsse.

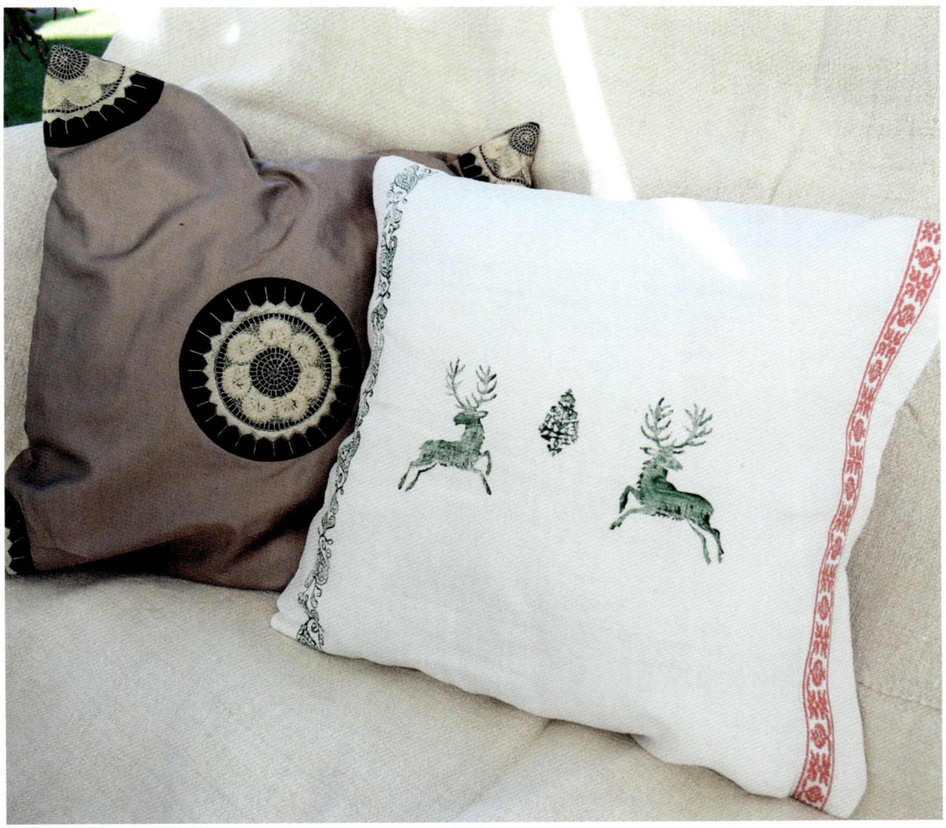

Der fertig bedruckte Polster

EINEN POLSTERBEZUG SELBST NÄHEN – SCHRITT FÜR SCHRITT

Dazu misst man den Polster ab, für den man den Überzug nähen möchte, gibt auf drei Seiten eine Nahtzugabe von einem Zentimeter hinzu und auf der vierten Seite noch einmal die Länge des Kissens plus ein Drittel der Länge. Wenn also der Polster 60 mal 60 Zentimeter groß ist, wird ein Stoffstück zugeschnitten, das eine Breite von 62 Zentimetern und eine Länge von 141 Zentimetern hat. (Zweimal die Größe des Kissens, also 120 Zentimeter Kissenbreite, plus ein Zentimeter Nahtzugabe plus ein Drittel, also 20 Zentimeter.)

Zuerst wird der Stoff in der berechneten Größe ausgeschnitten, an den kurzen Seiten des Stoffes die Nahtzugabe von einem Zentimeter eingeklappt und vernäht. Dann wird die Stoffbahn aufgelegt, mit der Außenseite nach oben, und von einer Seite her werden 20 Zentimeter nach innen geklappt. Nun wird mit dem Maßband an der Längsseite des Stoffes die Länge des Polsters gemessen und der Stoff wird von der anderen Seite her so zur Mitte geschlagen, dass die Länge der des Polsters entspricht. Nun müssen sich in der Mitte die eingeklappten Stoffteile überlappen.

Die offenen Seiten werden nun mit Stecknadeln fixiert, damit sie nicht verrutschen können, und dann zusammengenäht. Dann kann der Polsterüberzug bequem über die offene Stelle umgedreht werden und es geht ans Bedrucken. Zum Bedrucken sollte eine alte Zeitung in den Polsterüberzug gesteckt werden, damit die aufgedruckten Muster und Pflanzen sich nicht auf die zweite Seite durchdrucken.

BEZUGSQUELLEN

Aufgrund der Fülle an Themen und auch an Quellen kann hier nur ein kleiner Überblick gegeben werden. Viele weitere Informationen können Interessierte auf den Färbermärkten, im Fachhandel oder im Internet einholen.

MATERIALIEN ZUM GESTALTEN UND DRUCKEN

Einfache Model sowie Farben zum Drucken erhalten angehende Textildrucker in jedem Bastelfachgeschäft. Wer Interesse bekommen hat und das Textildrucken zum Hobby erklärt, wird bald seine eigenen Lieblingsfarben finden, hier wird ein Überblick über die Farben, Model und weitere Materialien gegeben, die für das Buch verwendet wurden.

Textilfarben und Model

Textilfarben von Marabu
www.marabu.de/kreativ
Textilfarben und Model von Eduard Zinsberger
www.zinsberger.de
Geschnitzte Model von Alexander Kisselmann
www.stoff-druck-stempel.de
Blockwallah – Model aus Indien
www.blockwallah.com
Mucki Fingerfarben für Kinder
www.c-kreul.de

Schnitzwerkzeug

Stubai Werkzeuge
www.stubai.com

Leinen, Geschirrtücher und anderes zum Bedrucken

Weberei Kitzmüller, Schönegg
www.kitzmueller.at
Viehböck Leinen, Helfenberg
www.vieboeck.at

Pflanzen

Die Pflanzen aus der Blumenhandlung wurden freundlicherweise zur Verfügung gestellt von
„Die Blume", Filiale Wals
www.dieblume.cc

Blaudruckstoffe

Blaudruck Wagner, Bad Leonfelden
www.blaudruck.at
Blaudruck Koo, Steinberg
www.originalblaudruck.at

MÄRKTE UND VERANSTALTUNGEN ZUM TEXTILDRUCK

Färbermarkt in Gutau
www.gutau.at/tourismus-freizeit/faerbermuseum/gutauer-faerbermarkt.html
Färbermarkt und Webereimuseum in Haslach
www.textile-kultur-haslach.at/de/

LITERATURVERZEICHNIS

Augustin, Carola: Der Blaudruck. Servus by Benevento Publishing, Salzburg 2015.

Duffner, Heidrun: Pflanzendrucke – eine alte Technik, neu entdeckt. Christophorus Verlag, Freiburg im Breisgau 1986.

Grote, V.; Lackner, H.; Muhry, F.; Trapp, M.; Moser, M.: Evaluation der Auswirkungen eines Zirbenholzumfeldes auf Kreislauf, Schlaf, Befinden und vegetative Regulation. Forschungsbericht Joanneum Research, Institut für Nichtinvasive Diagnostik,2003.

Hirsch, Siegrid; Grünberger, Felix: Die Kräuter in meinem Garten. 20. Auflage. Freya, Linz, 2015.

Hutter, Ernestine: Alles gemodelt. Stoffdruckmodel aus der Sammlung des Carolino Augusteum. Carolino Augusteum, Salzburger Museum für Kunst und Kulturgeschichte, Salzburg, 2000.

Hutton, Ronald: The Stations Of The Sun. A History of the Ritual Year in Britain. Oxford University Press, Oxford, 1996.

Legrand, Catherine: Stoffe, Farben, Kleider. Eine Reise um die Welt. Frederking & Thaler Verlag GmbH, München, 2008.

Nawratil, Waltraud: Die Struktur der Natur. Spaziergänge durch die Jahreszeiten in Acryl & Mischtechniken. Edition Michael Fischer GmbH, Igling, 2014.

Nutz, Beatrix: Ein blaues Wunder. Online-Artikel, veröffentlicht auf der Seite der Universität Innsbruck unter https://www.uibk.ac.at/ipoint/news/2015/ein-blaues-wunder.html.de, Mai 2016.

Sandtner, Hilda: Stoffmalerei und Stoffdruck. Geschichte, Technik, Gestaltung. DuMont, Köln, 1979.

Wagner, Maria; Karl, Verena: Blaudruck Wagner. Überarbeitete Neuauflage der Bad Leonfeldner Heimatblätter – Handwerk in unserem Ort – Blaudruck. Firmenbroschüre der Familie Wagner, erhältlich vor Ort.

Wauer, Alexandra: Der Bergahorn in Volksglauben und Geschichte. http://www.waldwissen.net/wald/baeume_waldpflanzen/laub/wsl_bergahorn/wsl_bergahorn_volksglauben_geschichte.pdf, Mai 2016.

BILDNACHWEIS

Bis auf wenige Bilder stammen alle Fotos von den Autorinnen.

Das Bild der Spindel in der Blaufärbung wurde freundlicherweise zur Verfügung gestellt von Blaudruck Wagner, Bad Leonfelden.

Das Textilobjekt aus Seide auf Seite 17 stellt alte chinesische Zahlzeichen dar und wurde freundlicherweise zur Verfügung gestellt von Künstler und Mathematiker Georg Wengler, www.gwengler.at

Die Fotos der Designerstücke auf Seite 17 wurden auf der Modenschau der Modeschule Hallein im Jahr 2015 aufgenommen. Foto links: Blaudruckdirndl, vorgeführt von Martina Grabovac (III. Jg. B, Schuljahr 2015/16), Foto rechts oben: Blaudruckkimonos, vorgeführt von Sophie Schweighofer, Sarah Pirker (III. Jg. B, Schuljahr 2015/16) und Christina Eibl (III. Jg. A, Schuljahr 2015/16) (v.l.n.r.)

DIE AUTORINNEN

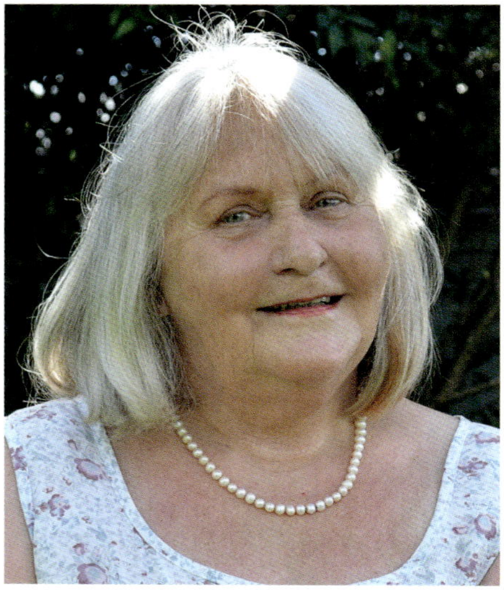

Elisabeth Hasenöhrl

Elisabeth Hasenöhrl beschäftigt sich seit vielen Jahren mit Design und Wohnraumgestaltung. Seit ihrer Pensionierung ist sie begeisterte Stoffdruckerin. Sie sammelt Pflanzen in Wald und Garten und Model aus aller Welt, um damit Tischdecken, Tücher und Accessoires zu gestalten, die sie auch auf Handwerksmärkten vertreibt.

Ihre Tochter **Romana Hasenöhrl** ist freiberufliche Autorin und lebt in Salzburg. Sie hat im Stocker Verlag bereits zwei Bücher veröffentlicht: „Der Garten in der Tasche" ist 2015 erschienen und „Natürlich färben mit Pflanzen" im März 2016.

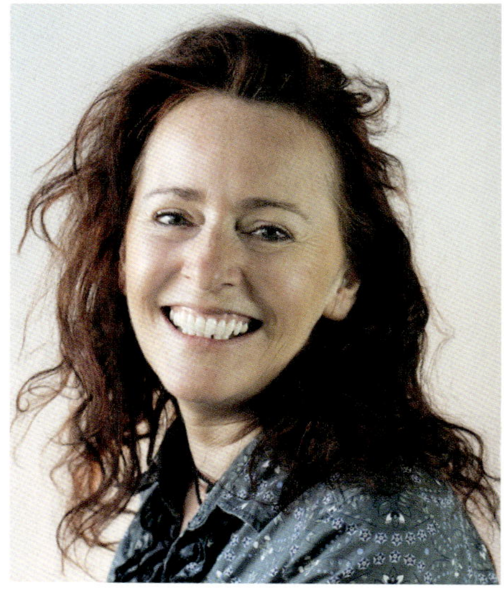

Romana Hasenöhrl

Aus unserem Programm

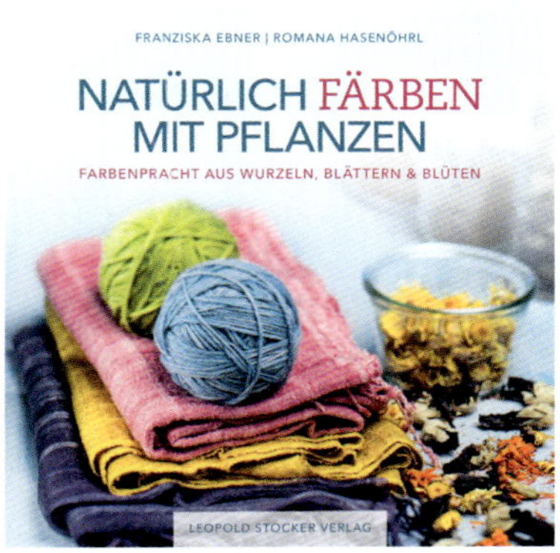

ISBN 978-3-7020-1590-9

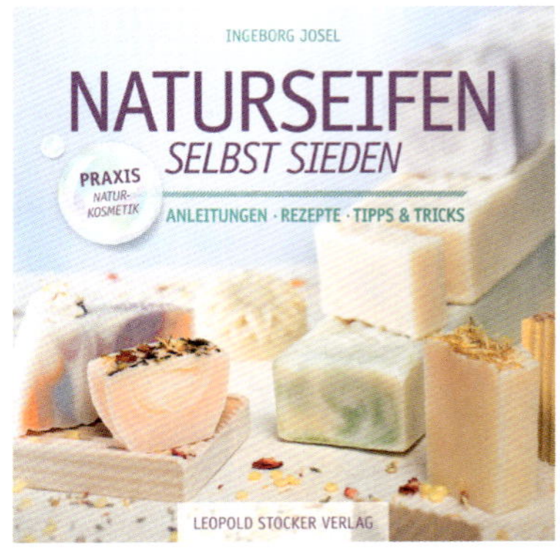

ISBN 978-3-7020-1476-6

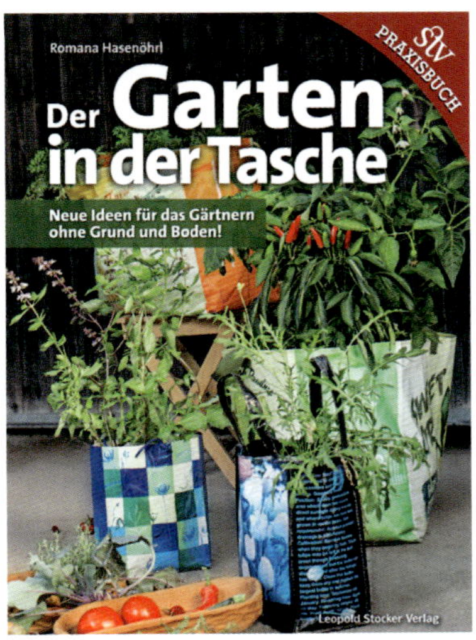

ISBN 978-3-7020-1513-8

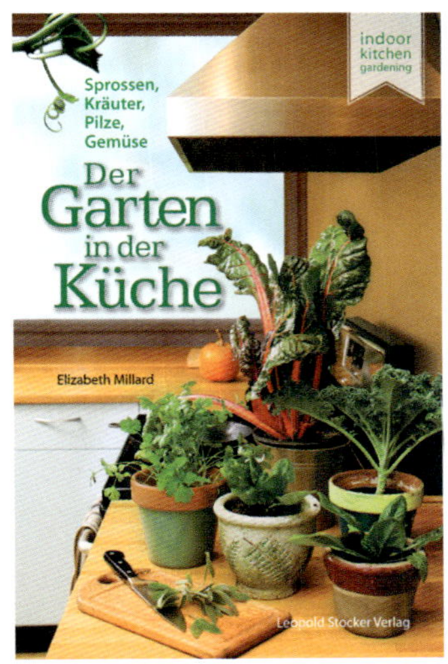

ISBN 978-3-7020-1550-3

Aus unserem Programm

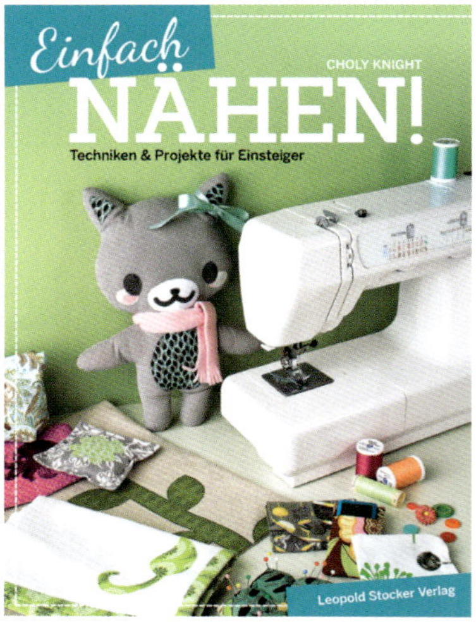

ISBN 978-3-7020-1523-7

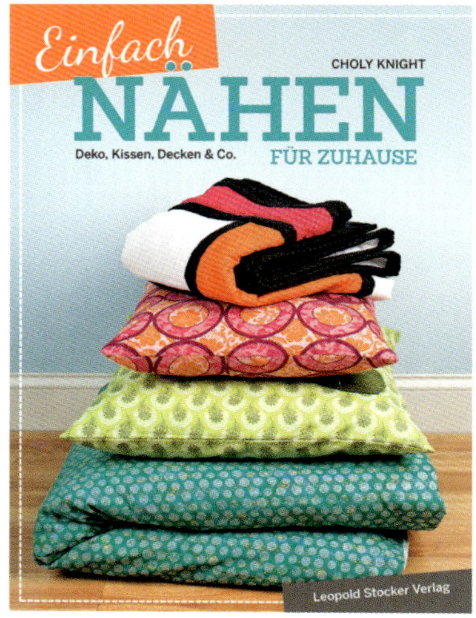

ISBN 978-3-7020-1524-4

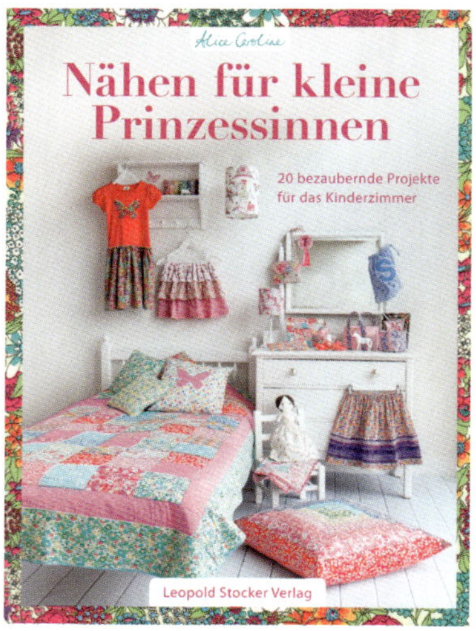

ISBN 978-3-7020-1584-8

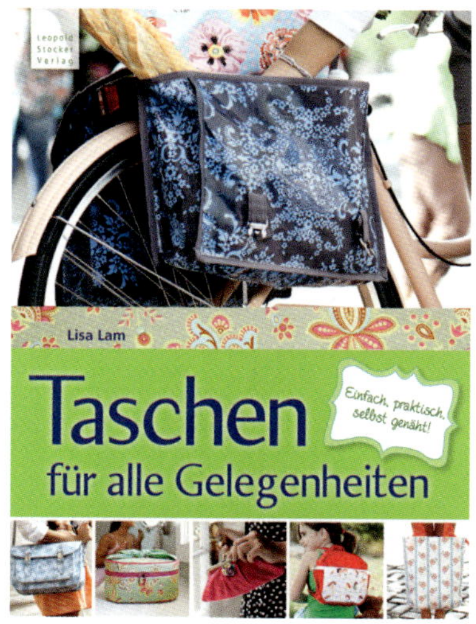

ISBN 978-3-7020-1427-8

Leopold Stocker Verlag

www.stocker-verlag.com

Graz – Stuttgart

Aus unserem Programm

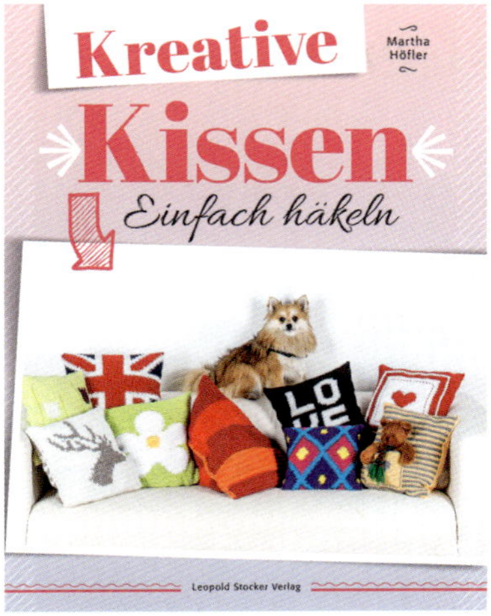

ISBN 978-3-7020-1544-2

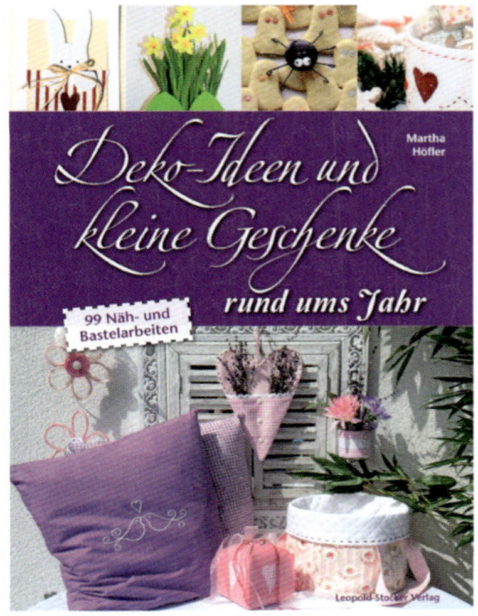

ISBN 978-3-7020-1437-7

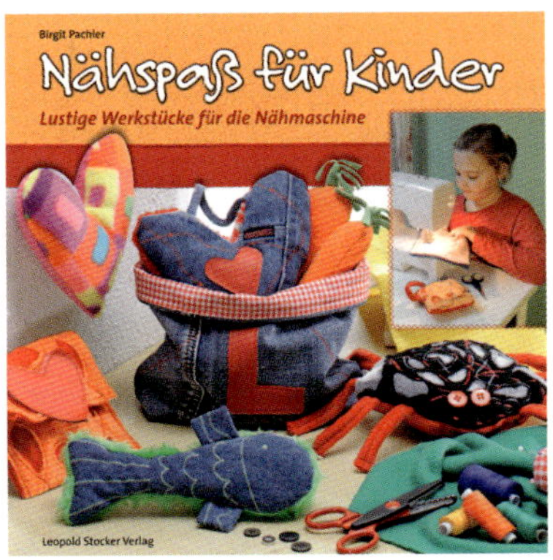

ISBN 978-3-7020-1416-2

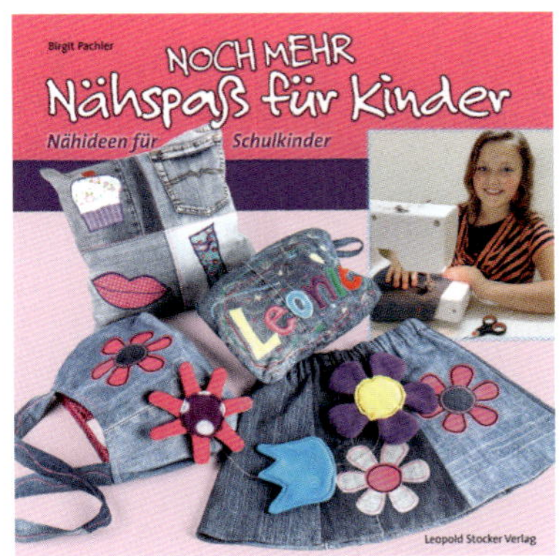

ISBN 978-3-7020-1478-0

Leopold Stocker Verlag
www.stocker-verlag.com
Graz – Stuttgart

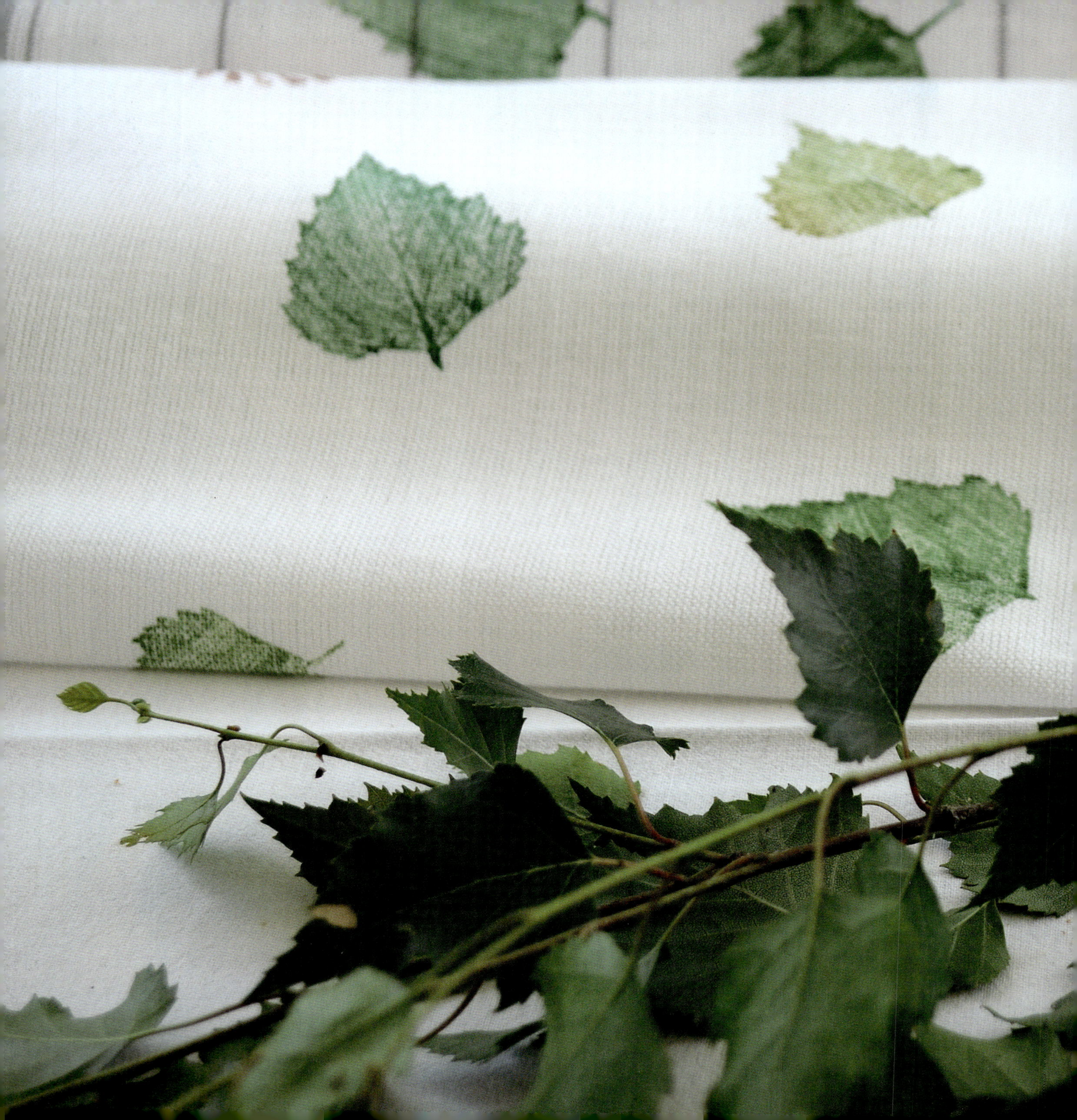